宮田一郎中国語学論集

宮田一郎 著

好文出版

まえがき

　畏敬する後生内田慶市教授が畏友佐藤晴彦教授らと図って，この論文集を編纂してくださった。身に余る光栄ではあるが，稚拙な作品を前にして，穴があったら入りたい思いを禁じえない。

　何を収めるか，どう並べるかはすべて編者にお任せしたが，私は一定のテーマを追うほどの研究者でなく，興味のおもむくままに身をゆだねてきたから，取りまとめにはずいぶん苦労されたことであろう。申し訳ない次第である。

　私は17歳の春，上海に渡り，そこで中国語を学び始めたのだが，教室で教わるのは北京語，街は上海語で，まったく通じず，日本と同じように思っていた田舎育ちの少年には驚きであった。しかし，自然に2つの言語を身につけるようになり，当時は思いもしなかったが，後年30年代の中国文学作品や清末の上海を舞台にした小説を読むのに役立ち，さらに呉語研究に進む要因ともなった。

　教室での中国語教育は徹底しており，一部の科目を除いて，中国人教師と日本人教師のペアで進められ，日本人教師は中国人教師の話の合間に1～2語挟まれる程度であった。具体例を多く挙げ，言い換え例の比較などを通して習熟を図りつつ，反復練習するという手法で，話す力・聞く力は強くなっていったが，用法を理論化する力には欠け，文法的思考力が弱かったように思う。これがコンプレックスとなり，その裏返しとして，しゃにむに文法論に取り組む一時期があった。帰国して中国語に再入門するようになるが，それも文法論からはじまった。

　学校は，中国で経済活動に従事する人材の養成を目指してしたが，中国にあったせいか，学部では『紅楼夢』『児女英雄伝』の講読が必須科目となっており，担当の教授はこの近世口語を日本語でなく，現代中国語に訳しながら，授業を進められた。いま思っても気が遠くなるが，言語のもつ地域差と時代差に目を開く場となったことは言うまでもない。

このようによい環境とすばらしい教師に恵まれながら，戦争で学業が中断されたこともあって，ふさわしい成果をあげられなかったことは，悔やんでも悔やみきれない。しかし，このような私を，かつて友人として，同僚として，学生として私の周りにいた人たちは，変わることなく優しく接し迎えてくださる。まことに有り難いことである。この論文集も，これらの人たちのこの厚き思いによって生まれたものに外ならない。

　編集については内田教授・佐藤教授，細部にわたる点検については大島吉郎教授のお世話になった。また，好文出版尾方敏裕社長，そして編集部の竹内路子・舩越國昭のお二人を煩わした。心からお礼を申し上げる。

2005 年 8 月 31 日

宮田一郎

目 次

目　次

まえがき ……………………………………………… 宮田一郎 … i

近世語にみえる介詞について―在，向，去― ……………………… 1
「動詞かさね式」と賓語 ……………………………………………… 26
"～看" について ……………………………………………………… 41
反復疑問について …………………………………………………… 55
文学作品における語気詞について ………………………………… 71
白話文に於ける呉語系語彙の研究 ………………………………… 91
『官場現形記』の印本について …………………………………… 189
『官場現形記』の版本と語彙 ……………………………………… 210
『官場現形記』の言語 ……………………………………………… 235
『紅楼夢』のことばについて（一） ……………………………… 301
『紅楼夢稿』后四十回について …………………………………… 317
『儒林外史』のことば ……………………………………………… 336
『金瓶梅』のことば（Ⅰ） ………………………………………… 361
『金瓶梅』のことば（Ⅱ） ………………………………………… 381
呉語の語助詞（一） ………………………………………………… 393
呉語の語助詞（二） ………………………………………………… 419
呉語，近世語をめぐって …………………………………………… 429
蘇州語の文法 ………………………………………………………… 444
蘇州語の文法（Ⅱ） ………………………………………………… 467
蘇州語の文法（Ⅲ） ………………………………………………… 490
『海上花列伝』の言語 ……………………………………………… 512

〔附録〕
『海上花列伝』聞き書き（一）……………………………………… 532
『海上花列伝』聞き書き（二）……………………………………… 537
『海上花列伝』聞き書き（三）……………………………………… 543

　著者経歴／著者論著目録………………………………………… 548
　あとがき……………………………………………内田慶市…552
　人名・書名・事項索引…………………………………………… 556
　語彙索引……………………………………………………………560

宮田一郎中国語学論集

近世語にみえる介詞について

——在，向，去——

§1 あるところからものを取りだすときに，その場所をしめす介詞としては，動作の起点をあらわす"從"がもちいられるのが普通である。たとえば，老舎：離婚および老舎：牛天賜には，つぎのような例がある。[注1]

  他把烟斗從牆上摘下來。　　　　　　　　　　　　　（離 10）
  老李把牛勁從心裏搬運出來。　　　　　　　　　　　（同 67）
  張大哥從小店裏，把我掏了出來。　　　　　　　　　（同 113）
  決不像中學生那樣羞羞愧愧的從小口袋裏掏錢。　　　（同 175）
  天賜到底比從親戚家抱來的娃娃强。　　　　　　　　（牛 39）
  把久已藏好的嘩啷棒從衣袋裏掏出，嘩啷了幾聲。　　（同 72）

なお，老舎は"由"をもちいることもある。

  老李把感情似乎都由汗中發洩出來，一聲不出，一勁兒流汗。（離 234）
  王二媽的袍子，聞也聞得出，是剛由當舖裏取出來的。　（牛 34）
  虎太太由天賜的袋中掏出票子來，上了街，去買布。　（同 300）

"由"も，おなじく動作の起点をしめすのにもちいられる介詞である。

これをさらに老舎：駱駝祥子にあたってみると，"從"の用例が3，"由"の用例が1ある。[注2]

  祥子的衣褲都擰得出汗來，嘩嘩的，像從火盆裏撈出來的。（駱 14）（11）
  他的手哆嗦着，把悶葫蘆罐兒從被子裏掏了出來。　　（同 134）（100）
  人把自己從野獸中提拔出，可是到現在人還把自己的同類驅逐到野獸裏去。
  　　　　　　　　　　　　　　　　　　　　　　　　（同 290）
  祥子由那些衣服中撿出幾件較好的來，放在一邊。　　（同 249）（183）

ところが，同書には"向"をもちいているのが1例ある。

  說完，擦淚，順手向皮裏袋裏摸出子煙來，吸了兩口烟。（駱 151）（110）

"向"は，介詞としては，動作の指向点をしめすのにもちいられるのが普通で（〜四面看看，〜他商量など），このように，"從"とおなじく，動作の起点をあらわしているのは，現代語の用法としては，やや違和感をさそうものがある。[注3]

　老舎が他の作品で，はたしてどの程度"向"をもちいているかは，精査のうえでないと明言しがたい。しかし，おそらく僅少で，むしろ例外的なものと推測される。たとえば，老舎：趙子曰でも，"從""由"にはつぎのような用例があるが，"向"はない。[注4]

　　他忽然從腦子的最深處擠出一個主意來。　　　　　　　　（趙 102）
　　武端從衣袋裏亂掏，半天，掏出半小張已團成一團兒的報紙。（同 160）
　　武端從地上把那團報紙撿起來。　　　　　　　　　　　　（同 161）
　　趙子曰把胡琴從牆上摘下來。　　　　　　　　　　　　　（同 181）
　　趙子曰把屋門倒鎖上，從床上把歐陽天風的那把刺刀抽出來。（同 207）
　　他向莫大年端着肩膀笑了一笑，然後由洋服的胸袋中掏出一塊古銅色的綢
　　　子手巾。　　　　　　　　　　　　　　　　　　　　　（同 47）
　　他由床底下的筐籃中掏了半天，掏出幾塊已經長了綠毛的餅干。（同 222）

　このように，"向"のこの種の用法は，現代語においてほとんどみることがない。しかし，近世語においては，この種の表現には，"向"をもちいるのが普通である。『金瓶梅詞話』にはつぎのような用例がある。[注5]

　　那婦人向袖中取出三百文錢來。　　　　　　　　　　　　（3-35）
　　便向茄袋裏取出來。　　　　　　　　　　　　　　　　　（3-38）
　　西門慶便向頭上拔下一根金頭銀簪。　　　　　　　　　　（4-42）
　　西門慶便向袖中取出一錠十兩銀子來。　　　　　　　　　（4-42）
　　西門慶嘲問了一回，向袖中取出銀穿心。　　　　　　　　（4-44）
　　說着向靴桶裏取出六錠三十兩雪花官銀。　　　　　　　　（7-64）
　　用纖干向脚上脱下兩隻紅繡兒來。　　　　　　　　　　　（8-72）
　　向頭上拔下一根金頭銀簪子與他。　　　　　　　　　　　（8-75）
　　一手向他頭上把帽兒撮下來。　　　　　　　　　　　　　（8-77）
　　一面向他頭上拔下一根簪兒。　　　　　　　　　　　　　（8-77）

婦人向箱中取出與西門慶做下上壽的物事。　　　　　　　　(8-78)
那士兵向前唱了一個喏，便向身邊取出家書來。　　　　　　(8-79)
向身邊摸出五兩碎銀子。　　　　　　　　　　　　　　　　(9-88)
便向氈包內取出一套紅衫藍裙。　　　　　　　　　　　　　(12-112)
于是向頭上拔下一根鬧銀耳斡兒來。　　　　　　　　　　　(12-114)
因向袖中取出琴童那香囊來。　　　　　　　　　　　　　　(12-118)
便向茄袋內取出，遞與桂姐。　　　　　　　　　　　　　　(12-124)
婦人便向頭上關頂的金簪兒拔下兩根來。　　　　　　　　　(13-133)
于是除了帽子，向頭上拔將下來。　　　　　　　　　　　　(13-135)
又向袖中取出一個物件的兒來。　　　　　　　　　　　　　(13-136)
馮媽媽向袖中取出一方舊汗巾。　　　　　　　　　　　　　(14-149)
西門慶向袖中掏出三兩銀子來。　　　　　　　　　　　　　(15-155)
這子弟向袖中取出十兩一定銀子。　　　　　　　　　　　　(15-155)
於是向桌上拾了四盤下飯、一大壺酒、一碟點心，打發衆員社吃了。
　　　　　　　　　　　　　　　　　　　　　　　　　　　(15-157)
向袖中取出，遞與西門慶拆開觀看。　　　　　　　　　　　(17-171)
因向懷中取出揭帖遞上。　　　　　　　　　　　　　　　　(18-179)
因向袖中取出文書。　　　　　　　　　　　　　　　　　　(19-195)

　以上は20回までにおける用例をあげたものであるが，この間における他の介詞の用例は，つぎのとおりである。
　西門慶便笑將起來，去身邊摸出一兩一塊銀子。　　　　　(2-28)
　王婆當時就地下扶起武大來。　　　　　　　　　　　　　(5-49)
　這婦人便去脚後扯過兩床被來，沒頭沒臉只顧蓋。　　　　(5-53)
　只見西門慶自袖子裡摸出一錠雪花銀子。　　　　　　　　(6-55)
　陳文昭從牢中取出武松來。　　　　　　　　　　　　　　(10-95)

　上記用例のある箇所はいずれも『水滸』より引いているところで，『水滸』の原文ではつぎのようになっている。[注6]
　西門慶笑將起來，去身邊摸出一兩來銀子。　　　　　　　(水 24-370)

3

王婆當時就地下扶起武大來。	（水 25-396）
這婦人便去脚後扯過兩床被來，匹臉只顧蓋。	（水 25-399）
只見西門慶去袖子里摸出一錠十兩銀子。	（水 25-400）
牢中取出武松。	（水 27-425）

すなわち，おおむね『水滸』をそのまま踏襲しているもので，踏襲個所以外では，すべて"向"によってあらわしているわけである。（なお，『金瓶梅』には，79回につぎの1例がみえる。

那婦人便去袖內摸出穿心盒來。	（79-1047）

"去"については後述。

"向"は『紅楼夢』においてもおおくもちいられている。[注7]

說着便向丫鬟手中接來，親與地戴上。	（3-33）	（32）
香菱答應了，向那邊捧了個小錦匣子來。	（7-72）	（75）
賈璉見問，忙向靴桶取靴掖內裝的一個紙摺略節來。	（17-165）	（171）
向荷包內取出兩個梅花香餅兒來。	（19-189）	（196）
便向枕邊拿起一根玉簪來。	（21-212）	（222）
心中早得了主意，便向袖內將自己的一塊取了出來。	（26-267）	（277）
遂向袖中取出扇子來，向草地下來撲。	（27-275）	（285）
想了一想，向袖中取出扇子。	（28-297）	（308）
便睹氣向頸上抓下通靈玉來。	（29-310）	（321）
便自己向身邊荷包里帶的香雪潤津丹掏了出來。	（30-318）	（329）
向案上斟了茶來，給襲人漱了口。	（31-323）	（335）
說着，回手向頭上拔下一根簪子來。	（44-467）	（487）
寶玉聽了，回手向懷內掏出個核桃大小的一個金表來。	（45-485）	（506）
黛玉聽說，回手向書架上把個玻璃繡毬燈拿了下來。	（45-485）	（506）
然后才向茶隔上取了茶碗。	（51-554）	（578）
向枕邊取了一丈青向他手上亂戳。	（52-568）	（594）
便彎腰向紙灰中揀那不曾化盡的遺紙。	（58-642）	（671）
便彎着腰向靴桶內掏出一張紙來。	（60-657）	（686）
於是令人向圍屏後邢夫人等席上將迎春、探春、惜春三個請出來。	（58-642）	（671）

說着，又向懷中取出一個栴檀的小護身佛來。　　　　（78-888）（925）

これについでは"從"である。

一面從順袋中取出一張抄寫的護官符來。　　　　　　（4-38）（39）

從死人堆裏把太爺背了出來。　　　　　　　　　　　（7-79）（82）

說畢，從搭連中取出一面鏡子來。　　　　　　　　　（12-123）（127）

連忙從衣內取了，遞與過去。　　　　　　　　　　　（15-142）（147）

一面又伸手從寶玉項上將通靈玉摘了下來。　　　　　（19-189）（196）

現從井上取了涼水和吃了一碗。　　　　　　　　　　（60-665）（695）

說着，又命周家的從包袱裏取出四疋上色尺頭。　　　（68-760）（797）

從袖內擲出一個香袋子來。　　　　　　　　　　　　（74-828）（865）

因從紫鵑房中抄出兩副寶玉常換下來的寄名符兒。　　（74-834）（871）

忽又從金桂的枕頭內抖出紙人來。　　　　　　　　　（80-915）（948）

その他としては，"自"が1例ある。

寶玉聽了，方自懷內取出。　　　　　　　　　　　　（64-716）（748）

"在"も1例ある。

誰知竟在入畫箱中尋出一大包金銀錁子來。　　　　　（74-837）（874）

ところが，『児女英雄伝』になると，"向"の用例は僅少となり，これに対して"從"が全面的にもちいられて，現代への転移をしめしている。注8

向大櫃裡取出個大長的錦匣兒來向他懷裡一送。　　　（23-36）

安老爺出來坐下，便向懷裡取出一個封着口的紅包兒來。　　（34-3）

"從"は広汎にもちいられている。

說着，從靴㧊兒裡掏出一個名條。　　　　　　　　　（2-12）

說着，從懷裡掏出一個小小的布包來打開。　　　　　（10-14）

只見跟班的從懷裡掏出一個黑皮子手本來。　　　　　（13-13）

舅太太從外間箱子裡拏出一個紅包袱來。　　　　　　（27-27）

張姑娘從口袋裡拏出來。　　　　　　　　　　　　　（28-36）

他又從一個匣子裡拏出個包兒來打開。　　　　　　　（31-8）

張姑娘從袖裡取出一個經摺兒來。　　　　　　　　　（33-39）

從卷袋裡把草稿取出來。　　　　　　　　　　　　　（34-40）

從佛桌兒底下掏出一枝香根兒。　　　　　　　　　　（37-9）

從袖口兒裡掏了張手紙。 (37-20)
   從那個口袋裡捏出一撮子來。 (37-21)
   從懷裡掏出一封信來。 (40-79)

§2 茅盾：霜葉紅似二月花について，用例をひろってみるとつぎのようである。注9
"從"
   從桌子上那四隻高脚玻璃碟子裏抓些瓜子和糕點放在婉小姐面前。 (46)
   不先補寫那忘了的事，却從書桌上抓起扇子來扇了幾下。 (59)
   從口袋裏摸出一張字條來。 (63)
   徐士秀高高興興從桌子上又拏起那張單子。 (106)
   忽而又從那衣服中拾出一件來。 (122)
   走到書櫥前，從抽屜裏取出三張相片。 (229)
   婉小姐從施媽手裏接過那兩盤東西。 (262)
   和光從烟榻上拏起茶壺正要斟。 (264)

"向"
   說着她就向競新手裏取了那件濕衣。 (163)

ところが，老舍の上掲作品にはみられなかった"在"の用例がある。
   又在炕几上乾果盤內揀一枚蜜餞金橘。 (24)
   婉小姐一邊說，一邊又在身邊摸出一塊錢來。 (46)
   在一些鞋樣之類的紙片中檢出一張小小四方的梅紅紙。 (51)
   伸手在額上捋下一把汗水。 (250)

"在"は，"向"ほどには違和感をおこさせないが，現代語としてはやはり"從"をもちいるのが普通で，茅盾も『子夜』では，つぎにみるように，すべて"從"をもちい，"在"はつかっていない。注10
   從銀匣裏撿了一枝雪茄煙燃着了。 (22)
   杜竹齋把半段雪茄從嘴脣邊拏開，也站了起來。 (64)

從煙盤裏拏過那付老光眼睛來戴好了。　　　　　　　　　（100）
　　粗暴地從孩子的脚下扯出那本書來看。　　　　　　　　　（102）
　　又從死人手裏撈得了那支手槍。　　　　　　　　　　　　（118）
　　胡亂地從樓板上撈起幾件首飾和銀錢，一溜煙逃走了。　　（120）
　　她從范博文手裏取過了她的化妝皮夾。　　　　　　　　　（157）
　　幸而曾家駒已經從口袋裏掏出兩張紙片來。　　　　　　　（172）
　　然後從嘴角拔出雪茄來。　　　　　　　　　　　　　　　（188）
　　他就轉身從板壁上的衣鈎取了他的草帽和手杖。　　　　　（262）
　　從煙匣中取一支雪茄銜在嘴里。　　　　　　　　　　　　（265）
　　慢慢地從嘴脣上拏開那支雪茄。　　　　　　　　　　　　（286）
　　她突然站住了，從韓孟翔的臂彎中脫出她的右手來。　　　（307）
　　用一切可能的手段從那九個廠裏搾取他們在交易所裏或許會損失的教目。
　　　　　　　　　　　　　　　　　　　　　　　　　　　　（349）
　　就像從她自己心裏控出來似的。　　　　　　　　　　　　（350）
　　不知從什麼地方拾來了。　　　　　　　　　　　　　　　（372）
　　就從她剛纔寫着的那些紙中間翻出一張來。　　　　　　　（383）
　　劈手從少奶奶手裏奪過那字條來。　　　　　　　　　　　（531）

　しかし，近世語では"在"のこの種の用例が多く，『拍案驚奇』では，"向"の例もあるが，おおくは"在"によってしめす。注11
"向"
　　先向龜殼中，把自己包裹被囊，取出了。　　　　　　（初 1-18）
　　言畢，即向囊中取出千金，放在案上。　　　　　　　（初 3-61）
　　向衣袖取出一對小小的金扎鈎來。　　　　　　　　　（初 8-146）
"在"
　　又伸手到裏肚裏，摸出十个銀錢來。　　　　　　　　（初 1-8）
　　其人在馬背上拖下一大囊，摸出錢來。　　　　　　　（初 1-9）
　　又在袖中摸出数個金錢，灑將下去了。　　　　　　　（初 7-130）
　　在身邊取出碎銀。　　　　　　　　　　　　　　　　（初 10-204）
　　就在書箱取出，放在桌上。　　　　　　　　　　　　（初 23-435）

就在袖裡摸出太守書來。	（初 29-551）
錢氏帶着疼，就在房裡打米出來，去廚下做飯。	（初 31-582）
周秀才就在匣中取出兩錠銀子。	（初 35-675）
伸手在袖中摸出一條軟紗汗巾來。	（二 2-22）
小道人就在袖裡摸出包來。	（二 2-29）
老兒又在簏中取出舊包的紙兒來包了。	（二 3-55）
急在拜匣中取出來。	（二 3-68）
在袖中取出珠帽來。	（二 5-113）
急在纏帶裡摸出家書來一看。	（二 6-145）
再把自家的在臂上解下來。	（二 9-208）
鳳生即在指頭上勒下來，交與龍香去了。	（二 9-211）
竹林就在腰間，解下鑰匙來。	（二 13-282）
宣教忙在袖裡，取出一包珠玉來。	（二 14-305）
說罷，就在身邊解下那個羊脂玉鬧粧。	（二 17-379）
又在裡面取出些白糕來。	（二 18-397）
我特特在井裡救你出來。	（二 25-539）
說罷：就在洞中手擷出一般希奇的草來。	（二 29-606）

『儒林外史』でも"向""從"はつぎの数例のみで，他はいずれも"在"をもちいている。注12

"向"

因向帳房裏稱出一兩銀子來遞與他。	(23-230)
因腰間錦袋中取出兩個彈丸，拿在手裏。	(34-341)

"從"

從地下取了出來，連罎抬到書房裏。	(31-310)

（これ以外に"朝着"が１例ある。）

牛布衣又睜起來，朝着床裏面席子下拿出兩本書來遞與老和尚。	(20-203)

"在"

在靴桶內搴出一把扇子來。　　　　　　　　　　　　（14-146）
才是船家在烟篷底下取出一碟蘿蔔干和一碗飯與牛浦吃。（22-221）
在腰裏摸出三兩七錢碎銀子來送與兩位相公做好看錢。　（22-223）
因在袖口裏搴出兩本詩來遞與萬雪齋。　　　　　　　　（22-224）
邵管家在被套內取出一封銀子來遞與鮑文卿。　　　　　（25-250）
因叫小廝在房裏取出一封銀子來遞與他。　　　　　　　（25-252）
那人在腰裏搴出一個紅紙帖子來。　　　　　　　　　　（27-269）
叫阿三在轎櫃裏搴出來。　　　　　　　　　　　　　　（27-271）
又在袖裏摸出一卷詩來請教。　　　　　　　　　　　　（30-298）
當下在行李裏搴出銀子。　　　　　　　　　　　　　　（36-354）
因在袖裏搴出一個節略來遞與杜少卿。　　　　　　　　（36-358）
因在行李內取出尤公的書子來。　　　　　　　　　　　（39-385）
因在袖內搴出一卷詩來。　　　　　　　　　　　　　　（40-395）
六老爺在腰裏摸出一詩低銀子。　　　　　　　　　　　（42-413）
慌叫在寓處取了燈籠來。　　　　　　　　　　　　　　（42-419）
因在袖裏搴出湯太爺的名帖遞過來。　　　　　　　　　（44-432）
在梢上一個夾剪艙底下搴出一個大口袋來。　　　　　　（51-498）
丁言志在腰裏摸出一個包子來。　　　　　　　　　　　（54-530）

このようにならべてみると，若干の交錯にもかかわらず，"向"が『金瓶梅』→『紅楼夢』，"在"が『拍案驚奇』→『儒林外史』という，一つの大まかな系統を想定することができるようである。そして，"向"が『児女英雄伝』ではもう姿を消そうとしているのとおなじように，"在"もまたその存在がうすれてゆく。

『児女英雄伝』には，つぎの数例が混在している。

說着，就伸手在套褲裡掏出一根紫竹潮煙袋來。　　　　（4-11）
騰出自己那隻手來在僧衣裡抽出一根麻繩來。　　　　　（5-24）
說着，蹲下在那櫃子底下掏出一個小板櫈兒來。　　　　（7-15）
又在靴掖裡取出筆墨來。　　　　　　　　　　　　　　（10-14）

しかし,『官場現形記』は"向"をもちいず,"在"と"從"のみであるが,用例はつぎのとおりで,"從"が主たるやくわりをはたすようになってしまっている。[注13]

"在"

隨手在靴頁子裏掏出一張四萬銀子的匯豐銀行的匯票。	(8-112)
就在那個人家取出來一看。	(9-131)
在蘭仙床上搜出一封洋錢。	(13-200)
在這賊身上搜出來。	(15-239)
女兒又在自己私房名中,貼了地二百塊錢。	(17-261)
說着,順手在抽屜裏取出一包戒烟丸藥。	(20-330)
又在懷裏掏出一杆京八寸。	(24-394)
朱得貴又在人叢中拉出一個頭戴暗藍頂子的人。	(30-498)
于是師四老爺方在靴頁子裏掏出一大搭的銀票。	(36-614)
九姨太順手在烟盤裏撈起一盒子鴉片。	(36-617)
有的在袖筒管裏或是靴頁子裏,掏出一張紙或是一把扇子。	(42-710)
說罷,便在靴筒子當中抽出一角公文來。	(53-909)
就在袖筒管裏把那件公事取了出來。	(57-992)

"從"

胡理將信從信殼裏取出,看了一遍。	(3-33)
從袖筒管裏取出履歷呈上。	(3-37)
從抽屜裏取出帳來一看。	(8-120)
立刻自己從護書裏找出一張小字官銜名片交代管家。	(9-125)
後來從床上找到一個包袱。	(11-158)
有些孩子,女人都從床後頭拖了出來。	(14-213)
自己又從櫃子裏取出一條毯子。	(15-224)
然後拉達從拜盒裏取出參案的底子來。	(18-297)
便又不時從袖筒裏拿出一張又像條陳又像說帖的一張紙頭。	(19-309)
便從頭上把自己大帽子抓了下來。	(21-345)
從自己枕箱裏找了一回,找出一封信來。	(23-381)
奎官從腰裏摸出鼻烟壺來請老爺聞。	(24-394)

王博高就從袖筒管裏把折稿拏了出來。　　　　　　　　（27-443）
從袖筒管裏掏出一個手摺。　　　　　　　　　　　　　（31-516）
說着，便伸手從衣服小襟袋裏把個名條摸了出來。　　　（32-543）
行李鋪蓋統通從院上搬了出來。　　　　　　　　　　　（33-551）
又從靴頁子裏掏出一張"申報"。　　　　　　　　　　　（33-566）
從帳房櫃子裏取出昨兒新借來的一封洋錢。　　　　　　（34-571）
立刻從懷裏掏出捐冊來送給人看。　　　　　　　　　　（34-578）
從袖筒管裏取出批折，送到他的面前。　　　　　　　　（34-585）
輕輕從抽屜中取出那團字紙。　　　　　　　　　　　　（37-636）
說着，便從懷裏掏出手帕子哭起來了。　　　　　　　　（39-664）
衛占先扭扭捏捏又從袖子管裏掏出一卷紙來。　　　　　（42-711）
他仍舊從公館裏搬了茶飯來吃。　　　　　　　　　　　（43-723）
跟手從袖筒管裏拏履歷掏了出來。　　　　　　　　　　（43-726）
立刻從懷裏掏出一個小布包。　　　　　　　　　　　　（44-736）
說罷，從袖筒管裏抽出一個稟帖。　　　　　　　　　　（45-757）
從抽屜裏取出票來填好。　　　　　　　　　　　　　　（45-768）
然後周小驢子從大襟袋裏取出一個紅封袋。　　　　　　（45-768）
於是從袋裏又挖出兩塊洋錢。　　　　　　　　　　　　（45-768）
從荷包裏摸出一個烟泡，化在茶裏吃了。　　　　　　　（46-777）
從從容容的從袖筒管裏取出一個手折。　　　　　　　　（48-816）
忙從懷裏取出那角公事，雙手送上。　　　　　　　　　（48-823）
從櫃子裏再拿出一包來燒。　　　　　　　　　　　　　（49-833）
說完，從袖筒管裏一把爍亮雪尖的剪刀伸了出來。　　　（49-841）
他從從容容從懷裏掏出一尊銅像來。　　　　　　　　　（50-864）
忙從靴子裏取出一搭子信來。　　　　　　　　　　　　（51-884）
又見洋人從身上摸索了半天，拿出一大疊的厚洋紙。　　（52-906）
從從容容的從地下把那個手折拾了起來。　　　　　　　（53-916）
忙從籤筒裏先把那隻手收了回來。　　　　　　　　　　（54-932）
只見地從袖筒管裏掏了半天，摸出一個東西來。　　　　（55-950）
說完，又從靴筒裏把溫欽差給他的札子雙手遞給制台過目。（56-976）

說着，又從身邊把一卷藥方呈上。　　　　　　　　(57-988)
　　從袖子裏取出一本伙食帳來，送到桌子上。　　　　(59-1035)

　すなわち，『官場現形記』になると，ほぼ現代への推移がおわっているとみられるのである。『老残遊記』もつぎのような反映をみせている。注14
"向"
　　向懷內取出一封信來。　　　　　　　　　　　　　(8-1)

"在"
　　又在自己藥囊內取出一個藥瓶。　　　　　　　　　(3-6)
　　老殘伸手在衣服袋裏將鑰匙取出。　　　　　　　　(13-10)

"從"
　　遂從枕頭匣內取出筆硯來。　　　　　　　　　　　(6-9)
　　於是從枕箱裏取出信紙信封來。　　　　　　　　　(6-10)
　　那老兒便從懷裏摸出個皮靴頁兒來。　　　　　　　(16-3)
　　剛弼便從懷裏摸出那個一千兩銀票。　　　　　　　(16-5)
　　却從袖子裏取出莊宮保的那個覆書來。　　　　　　(17-2)
　　人瑞却從懷中把剛才縣裏送來的紅封套遞給老殘說。(17-16)
　　許大從懷中取出呈上。　　　　　　　　　　　　　(20-9)
　　遂從石壁裏取出一個大葫蘆來。　　　　　　　　　(20-133)

§3　さきに『金瓶梅詞話』に"去"をもちいた例があることにふれ，これが『水滸』とつながりがあることを指摘しておいたが，『水滸』ではおおく"去"によってあらわされている。注15
　　便去身邊摸出五兩來銀子。　　　　　　　　　　　(3-49)
　　去包裹裏取出一錠十兩銀子。　　　　　　　　　　(3-49)
　　李忠去身邊摸出二兩來銀子。　　　　　　　　　　(3-49)
　　自去肉案上揀了十斤精肉，細細切做臊子。　　　　(3-50)
　　滿堂僧衆大喊起來，都去櫃中取了衣鉢要走。　　　(4-73)

去伴當懷裡，取出一帕子物事。　　　　　　　　　（10-151）
便去包裹取些碎銀子。　　　　　　　　　　　　　（10-153）
楊志早去壺中掣出一枝箭來。　　　　　　　　　　（13-189）
吳用去松林裏取出藥來。　　　　　　　　　　　　（16-236）
去身邊取出些碎銀子。　　　　　　　　　　　　　（23-344）
這婦人便去脚後扯過兩床被來。　　　　　　　　　（25-399）
何九叔去裡子裏取出一個袋兒。　　　　　　　　　（26-410）
那婦人心裏暗喜，便去裏面托出一旋渾色酒來。　　（27-428）
石勇便去包裹內取出家書。　　　　　　　　　　　（35-552）
那稍公便去艎板底下，摸出那把明晃晃板刀來。　　（37-585）
宋江聽罷，便去身邊取出一個十兩銀子。　　　　　（38-600）
便伸手去宋江碗裏撈將過來吃了，又去戴宗碗裏也撈過來吃了。（38-604）
去小人身上，搜出書信看了，把信籠都奪了。　　　（40-643）
其餘的人，都去箱子裏，取出弓弩來射的，…　　　（40-646）
便去包裹裡取出海闍黎並頭陀的衣服來。　　　　　（46-762）
小二哥收了釵兒。便去裏面，掇出那甕酒來開了。　（46-767）
戴宗，李逵入列房裏，去腿上都卸下甲馬來。　　　（53-877）
李逵先去包裹裏，取出雙斧，插在兩胯下。　　　　（53-880）
便去包內取了銅錢，逕投市鎮上來。　　　　　　　（54-901）
且去大牢內救出柴大官人來。　　　　　　　　　　（54-907）
去身邊取個蘆管兒，就窗櫺眼裏只一吹。　　　　　（56-941）
湯隆去包袱內取出兩錠蒜條金。　　　　　　　　　（56-944）
打開鎖，去裏面提出一個包袱。　　　　　　　　　（61-1029）
便去船艎底下，取出板刀來。　　　　　　　　　　（65-1108）
當時李逵去腰間，拔出一把板斧。　　　　　　　　（67-1140）
便去身邊拔出暗器。　　　　　　　　　　　　　　（72-1216）
一箇水手便去擔中取一瓶酒出來。　　　　　　　　（75-1256）
又去溪中撈起軍器還呼延灼，帶濕上馬。　　　　　（79-1305）
輕輕去錦袋內偷取箇石子在手。　　　　　　　　　（80-1321）
探手去錦袋內取箇石子。　　　　　　　　　　　　（83-1375）

13

探隻手去錦袋內拈出一個石子。	（83-1377）
解珍急去腰裡拔得刀出來。	（116-1747）
去那庫裡攜了兩擔金珠細軟出來。	（119-1785）

"去"については"向"の用例がおおい。

便向懷中取出一面小鑼兒。	（40-646）
便向身邊取出假公文。	（81-1335）
戴宗便向袖內取出一錠大銀。	（81-1343）
向地上收拾些晒乾的松枝栯柹。	（90-1472）
向錦袋內取一石子。	（94-1507）
便向親隨軍士箭壺中，取兩枝箭。	（94-1509）
便向砌邊揀取雞卵般一塊圓石。	（98-1539）
右手便向繡袋中摸出石子。	（98-1543）
向便袋裏摸出一塊二錢重的銀子。	（101-1572）
王慶向便袋裏取出一塊銀子。	（102-1574）
牛大戶向身邊取出一包散碎銀兩。	（102-1578）
說罷，便向袖中摸出一個紙包兒。	（103-1585）
瓊英向鞍轎邊繡囊中，暗取石子。	（107-1618）
各向身邊取出火種。	（108-1627）
包道乙便向鞘中掣出那口玄天混元劍來。	（117-1757）

その他"從""於""就"などがもちいられている。

李逵只得從布衫兜裏取出來。	（38-602）
只見李逵從店裏取了行李。	（72-1223）
陳太尉於詔書匣內取出詔書。	（75-1258）

『西遊記』はほぼ『水滸』にならう。[注16]

"去"

猴王真個去耳躲裏拿出。	（3-30）
即去耳中掣出如意棒。	（7-70）
行者伸手去耳朵裏拔出一根繡花針兒。	（14-160）
却去耳朵內取出鐵棒。	（45-525）

近世語にみえる介詞について

 等我去南山澗下取些水來。 (57-657)
 一隻手去耳內掣出棒來。 (59-680)
 一隻手去腰間解下一條舊白布搭包兒。 (65-747)
 却去腰間解下三個真寶貝來。 (71-813)
 去山凹裏取將那些藏物。 (97-1093)

"向"
 太宗即向袖中取出遞與。 (11-116)
 沙僧却纔將吊桶向井中滿滿的打了一吊桶水。 (53-617)

"於"
 行者隨於耳內取出一個繡花針來。 (18-208)
 就於袖中取出兩件寶貝。 (33-383)
 行者就於袖中取出葫蘆。 (35-400)
 那菩薩即於衣袖中取出一個錦袋兒。 (59-682)
 即於袖中拿出一方鵝黃綾汗巾兒來。 (73-833)
 毘籃隨於領里取出一個繡花針。 (73-840)

（ただしこの"於"は，"隨""就""即"についている接辞で，介詞性はむしろ"隨""就""即"にあるともかんがえられるが，"～於"のかたちが，いまの"對於"ほど熟成しているとはおもえないので，一応文言虛詞"於"をもちいているものとみた。）

"就"
 就懷中取出一封書來。 (9-96)
 他就耳裏取出針兒來。 (14-164)

なお，『西遊記』には"在"の用例がある。
 却又在袖兒裏一個個搬出。 (25-290)
 行者聞言，即伸手在耳朵竅中摸出。 (76-873)

その他，"自"ももちいられる。
 自腰裏拿將出來。 (33-384)
 水伯自衣袖中取出一個白玉盂兒。 (51-592)

ところで，『水滸』『西遊記』におけるような，"去"をこのような介詞

としてもちいることは，いつごろまでみられるのであろうか。

『拍案驚奇』には"去"の用例がいくつかある。

伸手去頭上拔那隻金鳳釵下來。	（初 23-439）
就把一隻手去床上拖地下來。	（初 26-490）
高公便叫書僮去書房里取出芙蓉來。	（初 27-511）
衆人看不見賽兒，賽兒又去房里拿出一個夜壺來。	（初 31-583）
伸手去腰里摸出一對金鑲寶簪頭來押錢再賭。	（初 36-688）
老兒用手去卓底下摸將出來。	（二 3-55）
遂將手去頭上徐下帽子來。	（二 5-112）
龍香去袖中摸出兩個玉蟾蜍來。	（二 9-211）

『照世杯』では，"去"の用例はなく，"向"と"在"によってしめされている。[注17]

故意向袖中取出情書來。	（10）
那婦人也向後生手里取過帽子來。	（45）
安撫便差丫鬟，向書館裏請出衙內來。	（49）
苗舜格便要向公子頸上褪下來。	（92）

阮江蘭忙在頭上拔下一根金簪子來送他。	（11）
叫他在酒館中取些熱菜來。	（33）
公子乘他們說話，就在袖裡取出汗巾來。	（44）
朱春輝在罈子裡取出一壺酒。	（58）
老婦人在左手袖裡提出一個玉馬來。	（63）
老婦人又在右手衣袖裡提出一個玉馬來。	（63）
穆文光在腰裡取出那百兩一封來。	（98）

（同書には"往"の用例が一つある。

隨即往行李內取出官票與朱春輝看。(54)）

さきにみたように，『儒林外史』『紅楼夢』『児女英雄伝』をはじめとして，『官場現形記』『老残遊記』には，"去"の用例がないところからすると，

清代では中葉以降はもちろんのこと，すでに初期に一般にはもうもちいられなくなっているのかもしれない。

§4　これらの"去""向""在"の近世語における用法は，上述の用例にしめされるような，あるところから物をとりだすさいの，その場所をあらわす介詞としてのやくわりにとどまらない。

　たとえば，『拍案驚奇』においては，"在"は，動作があるところを起点または経由点としている場所をあらわす。

　　在王老家摸時，已在脫線處落出，在門檻邊了。　　　　　　（初 1-4）
　　忽見婦人在屋上走下來。　　　　　　　　　　　　　　　　（初 4-69）
　　路上撞見知觀走來，料是在他家裏出來，早留了心。　　　　（初 17-304）
　　在裏面踱將出來。　　　　　　　　　　　　　　　　　　　（初 23-437）
　　方才的話，在那裏說起的？　　　　　　　　　　　　　　　（初 23-440）
　　恰好趙尼姑也在賈家出來了。　　　　　　　　　　　　　　（初 6-108）
　　正說之間，只見一個人在外走進來。　　　　　　　　　　　（初 2-35）
　　在揚州過江來，帶些本錢要進京城小舖中去。　　　　　　　（初 24-448）
　　那劍忽在匣中躍出，到了水邊，化成一龍。　　　　　　　　（二 3-53）
　　有些燈影在窗隙裏射將來。　　　　　　　　　　　　　　　（二 8-181）
　　主人白大官在京中出來，已在門首了。　　　　　　　　　　（二 3-60）
　　在街上走進店內來。　　　　　　　　　　　　　　　　　　（二 14-302）
　　我在廣里來，帶得許多珠寶在此。　　　　　　　　　　　　（二 14-304）
　　見一個綠袍官人在廊房中走出來。　　　　　　　　　　　　（二 16-347）
　　恰好春花也在裏面走出來，兩相遇着。　　　　　　　　　　（二 18-404）
　　過了好一會，李宗仁才在外廂走到房中。　　　　　　　　　（二 18-406）
　　隔了幾日，商小姐在賈家來到自家家里。　　　　　　　　　（二 20-434）
　　只見一個尼僧在裏面踱將出來。　　　　　　　　　　　　　（二 21-454）
　　須臾之間，似有個人在屋檐上跳下來的聲響。　　　　　　　（二 21-456）
　　自實在裡頭走出來。　　　　　　　　　　　　　　　　　　（二 24-520）
　　方見徐達慌慌張張在後面走出來。　　　　　　　　　　　　（二 25-533）

　（もちろん，"在"が"從"にかわっているのではなく，"從"に並用されてい

るのである。）
　　　一夥人從門上直打進來。　　　　　　　　　　　（初 29-548）
　　　有個白大官打從京中出來的。　　　　　　　　　（二 3-60）

"在"はさらに，動作が指向点としている場所をあらわすこともある。
　　　媽媽，你家男人多在那裏去了？　　　　　　　　（初 3-54）
　　　夫亡多年，只有一子，在外做商人去了。　　　　（初 3-54）
　　　多在何處去了？　　　　　　　　　　　　　　　（初 34-648）
　　　眼見得這一紙在瓜哇國裏去了。　　　　　　　　（二 1-8）
　　　又在市上去買了好幾件文房古物。　　　　　　　（二 3-55）
　　　游好閑自在寓中去了。　　　　　　　　　　　　（二 4-83）
　　　這等，我每須在新都尋去了。　　　　　　　　　（二 4-89）
　　　妻子與女兒另在別村去買一所房子住了。　　　　（二 6-132）
　　　正不知死人屍骸在那裏去了？　　　　　　　　　（二 13-285）
　　　昨夜的袍帶多在那裏去了？　　　　　　　　　　（二 19-418）
　　　某等生在海濱，多是在海裏去做生計的。　　　　（二 36-547）
　　　那個女子又在窗邊來看了。　　　　　　　　　　（二 17-376）

　これらの"在"が，"往""到"にあたることは，つぎのような並用の例によってもあきらかである。
　　　昨日我到城中去了一日。　　　　　　　　　　　（初 34-648）
　　　張貢生自到書房中去了。　　　　　　　　　　　（二 4-86）
　　　事不宜遲，星夜同兄往新都尋去。　　　　　　　（二 4-90）
　　　官人你而今往那裏去？　　　　　　　　　　　　（二 13-285）
　　　讓我們到海中去。　　　　　　　　　　　　　　（二 26-547）

　なお"在"は動詞に後置してもちいられてもいる。
　　　把那一點勃勃的高興，丟在瓜哇國去了。　　　　（初 2-34）
　　　把我妻子舅子，拐在那裏去？　　　　　　　　　（初 8-147）
　　　滴珠依言，走在外邊來。　　　　　　　　　　　（初 2-36）

小官人被羅家捉奸，送在牢中去了。	（初 29-548）
爲甚把你送在庵裏去？	（初 34-653）
這家人搬在那裏去了？	（二 3-56）
魂靈多不知飛在那裏去了。	（二 14-301）

これらは，つぎの例にみられるように，"往""到"におきかえられるものである。

走到太湖石邊來。	（初 3-56）
連夜搬往三山街解舖中去。	（初 15-271）

"在"のこのような用法を，『喩世明言』（古今小説）にあたってみると，つぎのようである。注18

あるところから物をとりだす例。

在婆子手中接書。	（1-24）
阿秀在袖中摸出銀兩首飾。	（2-45）
張遠在袖兒裏摸出兩錠銀子。	（4-85）

（同書では，"在"のほか"向""就""於"などをもちいる。）

大郎見四下無人，便向衣袖裏摸出銀子。	（1-8）
興哥叫住了婆娘，向袖中摸出一封書來。	（1-24）
便向枕邊摸出一件東西來，交與梅氏。	（10-151）
那女子向袖中摸出花箋一幅。	（30-455）
柳翠舒出尖尖玉手，向烏雲鬢邊拔下一對赤金鳳頭釵。	（29-437）
吳山就身邊取出一塊銀子。	（3-70）
陳摶說其緣故，就懷中取出書來看。	（14-203）
用左手揢住尚衙內，右手就身邊拔出壓衣刀。	（15-230）
十二神女各於懷中，探出一玉環來獻。	（13-199）
元伯於囊中取錢。	（16-244）
又知道楊公甚貧，去自己搭連內取十來兩好赤金子。	（19-272）
韋義方去懷裏摸索一和，把出蓆帽兒來。	（33-500）
趙正從懷裡取出一個包兒。	（36-534）

その他の例
一力勸主母在前樓去看看街坊景象。　　　　　　　　　（1-5）
這幾日在那裏去了？　　　　　　　　　　　　　　　（1-12）
王公心中納悶，走左鄰家閒話去了。　　　　　　　　（1-25）

聽得門前喧嚷，在壁縫張看時，只見一箇賣布的客人。　（2-55）

用例がすくないので，これだけではなんともいいかねるが，"在"の用法についてみるかぎり『拍案驚奇』はやや特異な面をもっているようで，その後の作品でも，動作の指向点をしめす用例は散見されるが，起点，ないし経由点をしめす例はすくない。

一個月，倒在媒人家去二十余遍。　　　　　　　　（金瓶梅 2-25）
太監在廣南去。　　　　　　　　　　　　　　　　（同 10-97）
三姐你在那裏去來。　　　　　　　　　　　　　　（同 11-102）
走在前邊去了。　　　　　　　　　　　　　　　　（同 12-123）
昨日只他一位在這裏來，那姓劉的沒來。　　　　　（同 32-345）
　※往東京去了。　　　　　　　　　　　　　　　（同 2-22）
　　上東京去了。　　　　　　　　　　　　　　　（同 19-202）
　　吳大妗子，便往李嬌兒房裏去了。　　　　　　（同 14-137）
　　潘姥姥先起身往前邊去了。　　　　　　　　　（同 14-145）
　　你昨日往那裏去來。　　　　　　　　　　　　（同 16-161）
躲在那裏去。　　　　　　　　　　　　　　　　　（照世杯 74）
　※躲往學堂裏去。　　　　　　　　　　　　　　（同 81）
早躲在一旁去了。　　　　　　　　　　　　　　（兒女英雄伝 5-12）
　※你叫我一個人兒躲到那裡去呢？　　　　　　　（同 5-12）
怕傳在統領耳朵裏去。　　　　　　　　　　　（官場現形記 13-202）
　※就有人把這話傳到張國柱耳朵裏去。　　　　　（同 52-890）

茅盾：子夜に「……からのぞく」とき，"從"と"在"をもちいている例がある。

她從人頭縫裏望見了韓孟翔那光亮的黑頭髮。　　　　（317）

在門縫里一望，……　　　　　　　　　　　　　　　　　　（223）
　現代語ではふつう"從"をもちいるところであるが，近世語では"在"をもちいるのがおおい。
　　張順在壁縫裏張時，只見一個人……　　　　　　　　（水滸65-1110）
　　在門縫裡窺看，只見……　　　　　　　　　　　（初刻拍案驚奇34-641）
　　牛浦偸眼在板縫裏張那人……　　　　　　　　　　（儒林外史22-220）

　この種の"在"はまた，"去""向"でもあらわされる。
　　便跳將起來，去門縫裏張時，只見一個人……　　　　　（水滸45-742）
　　婦人向板壁縫看了道；…　　　　　　　　　　　　　　（同102-1577）
　　悄悄向腮眼裡張看，却不想是他。　　　　　　　　（金瓶梅詞話82-1088）

　※茅盾の作品では，つぎのような"在"の用例がみえる。
　　少奶奶在門外探身進來這麼說。　　　　　　　　　（霜葉紅似二月花59）
　　忽然趙伯韜的腦袋在那邊窗口探了出來。　　　　　　　　（子夜314）
　　突然在那草棚的一扇竹門邊喊出了這一聲來。　　　　　　（同402）

§5　"向"についても，近世語における用法と，現代語の用法とのちがいをみることができる。
　"向"のつぎのような用法は，現代においてもみられる。
　　武二劈面向李外傳打一拳來。　　　　　　　　　　　　（金瓶梅9-91）
　　向西門慶深深道了萬福。　　　　　　　　　　　　　　（同13-132）
　しかし，"向"には，前述の，ものをとりだす場所をしめす，介詞としての用法のほかに，つぎのような用例がみられる。
　　見無人走，向經濟身上捏了一把。　　　　　　　　　（金瓶梅24-252）
　　被玉，故意向他肩膊上擰了一把。　　　　　　　　　　（同31-334）
　　西門慶陪他復遊花園，向捲棚內下棋。　　　　　　　　（同36-404）
　　取出一丸金箔丸來，向鐘兒內研化。　　　　　　　　　（同59-698）
　　這徐先生向燈下打開青囊。　　　　　　　　　　　　　（同62-758）
　　西門慶向海底摸了摸，見精流滿席，余香在被。　　　　（同71-885）

これらの"向"は，動作のおこなわれる場所をしめしているもので，いずれも"在"におきかえられるものである。また"在"をもちいている例もある。

　二人在捲棚內，下了兩盤棋。　　　　　　　　　　　　（同 36-404）

『水滸』にも上記の用例がみられる。
　便入那酒店去，向這桑木桌凳座頭上坐了。　　　　　　（17-241）
　當晚兩箇且向山邊一箇古廟中供床上宿歇。　　　　　　（73-1234）
　且向城中屯駐軍馬。　　　　　　　　　　　　　　　　（79-1303）
　向東華門外，脫去戎裝慣帶。　　　　　　　　　　　　（82-1357）
　向山南平坦處，排下循環八卦陣勢。　　　　　　　　　（107-1620）
　向間壁紙舖裏買了數張皮料厚綿紙。　　　　　　　　　（108-1629）

"向"はまた"從"と並用されて，対句をなしていることがある。
　怒從心上起，惡向膽邊生。（水滸 31-485）（金瓶梅 12-116）など。
　歡從額角眉尖出，喜向腮邊笑臉生。　　　　　（金瓶梅 7-62, 30-326）
　懽從額起，喜向腮生。　　　　　　　　　　　　　（金瓶梅 90-1170）
　怒從心上起，火向耳邊生。　　　　　　　　　（官場現形記 12-184）

これらの"向"は，動作の発生するところをしめすものであるが，つぎのように単用されている例もある。
　向那御屏風背後，轉出一大臣。　　　　　　　　　　（水滸 82-1361）

"向"の上記用例は敦煌変文にみられる。[注19]
　於一日，感祥禎　　忽向菴前瑞氣生　　　　　　（妙法蓮花経変文 9）
　採果汲水却迴來　　忽向道中逢猛獸　　　　　　　　　　　（同 17）
　紅日看將山上沒　　白雲又向嶺頭生　　　　（維摩詰経菩薩品変文 78）
　莫向室中爲久住　　休於林內發狂言　　　　　　　　　　　（同 78）
　舉手已攀枝余葉　　釋迦聖主向袖中生　　　　　（仏本行集経変文 109）
　百千天了排空下　　同向迦毗羅國生　　　　　　　（八相成道変文 134）
また唐代の詩に，"向"の上記用例がみえる。

近世語にみえる介詞について

　　或向巖間坐　　旋瞻圓桂輪　　　　　　　　　　　　　（寒山）
　　但見宵從海上來　寧知曉向雲間沒　　　　　　　　　　（李白）
　　半匹紅綃一丈綾　繫向牛頭充炭直　　　　　　　　　　（白居易）
　　妬令潛配上陽宮　一生遂向空房宿　　　　　　　　　　（同）
いずれも当時の口語を反映したものであろう。

§6　"去"について，その用例を『水滸』よりひろうと，つぎのとおりである。
　　西門慶且不拾筋，便去那婦人繡花鞋兒上捏一把。　　　（24-379）
　　慌忙去面盆裏洗落了胭粉。　　　　　　　　　　　　　（26-408）
　　去裏面一字兒擺着三隻大酒缸。　　　　　　　　　　　（29-452）
　　便去死屍身上割下一片衣襟來，蘸著血，去白粉壁上大寫下八字。（31-477）
　　却好天明，去高阜處下了寨柵。　　　　　　　　　　　（48-794）
　　雷横便去身邊袋裏摸時，不想並無一文。　　　　　　　（56-939）
　　去那帥字旗邊，設立兩箇護旗的將士。　　　　　　　　（76-1270）
　　去周信鼻凹上只一石子打中，翻身落馬。　　　　　　　（77-1289）
　　去那弓袋箭壺內，倒插着小小兩面黃旗。　　　　　　　（78-1297）
　　去那兩面綉旗下，一簇戰馬之中，簇擁着護駕將軍丘岳　（80-1317）
　　去那兩面綉旗下，一簇戰馬之中，簇擁着車騎將軍周昂。（80-1318）

　これらはいずれも動作のおこなわれる場所をしめているもので，現代語では"在"であらわされるところであるが，つぎのように，動作の帰着点をしめす"在"も，"去"でしめされている。
　　把這水火棍一隔，丟去九霄雲外。　　　　　　　　　　（9-134）
　　任原此時有心恨不得把燕青丟去九霄雲外。跌死了他。　（74-1246）
　※"在"でしめしているところもある。
　　　宋江聽說罷，大喜，把愁悶都撇在九霄雲外。　　　　（49-817）
　　把那幾箇屍首都攛去水裏去了。　　　　　　　　　　　（19-275）

　"去"は『水滸』のみならず，『京本通俗小説』『清平山堂話本』にもも

ちいられている。

　去那城中箭橋左側，有個官人，姓劉名貴，字君薦。

(京本通俗小説　錯斬崔寧)

『清平山堂話本』所収の"簡帖和尚"にもこの用法の"去"があるが，『喻世明言』の"簡帖僧巧騙皇甫妻"では，これを削っているのも興味ぶかい。注20

　〔清平山堂話本〕　　　　　　〔喻　世　明　言〕
　去這兩後面又寫四句詩道 (6)　"去"なし。
　去棗槊巷口一個小小底茶坊。　"去"なし。"這"を加える。

ところが，あるところから物をとりだすさいにもちいられる"去"は，そのままになっている。
　官人去腰取下版金線篋兒。　　　　　　　　　　　　　　(9)
　去壁上取下一把箭簝子竹來。　　　　　　　　　　　　　(11)
　皇甫松去衣架上，取下一條縧來。　　　　　　　　　　　(同)
　"去"の用法の消長を語る一例であるかもしれない。

注1　老舎：離婚（上海晨光出版公司　1953年　上海）
　　　老舎：牛天賜（人間書屋　民国29年　上海）
注2　老舎：駱駝祥子（香港南華書店），おわりの（　）内の数字は「人民文学出版社　1955　北京」本の頁数をしめす。
注3　古典文学によくみられる"怒從心上起，惡向胆邊生"や，さらには，"但見宵從海上來，寧知曉向雲間沒"（李太白：把酒問月）の句を想起するむきが多かろう。
注4　老舎：趙子曰（上海晨光出版公司　1949三版　上海）
注5　金瓶梅詞話（香港文海出版社　1963）数字は，回‐頁をしめす。
注6　水滸全伝（人民文学出版社　1954　北京）数字は，回‐頁をしめす。
注7　紅楼夢80回校本（人民文学出版社　1963　北京）数字は，回‐頁をしめす。おわりの（　）内の数字は，人民文学出版社　中国古典文学双書「紅楼夢」の頁をしめす。

注 8 　児女英雄伝:（亜東図書館　民国 21 年 4 版　上海）数字は，回 - 頁をしめす。
注 9 　茅盾：霜葉紅似二月花（華華書店　民国 38 年　上海）
注 10　茅盾：子夜（人民文学出版社　1952　上海）
注 11　初刻拍案驚奇（古典文学出版社　1957　上海）
　　　二刻拍案驚奇（同上）
　　　初，二は書名，数字は，回 - 頁をしめす。
注 12　儒林外史（作家出版社　1954　北京）数字は，回 - 頁をしめす。
注 13　官場現形記（人民文学出版社　1957　北京）数字は，回 - 頁をしめす。
注 14　老残遊記（亜東図書館　民国 23 年　上海）数字は，回 - 頁をしめす。
注 15　水滸全伝（人民文学出版社　1954　北京）数字は，回 - 頁をしめす。
注 16　西遊記（作家出版社　1954　北京）数字は，回 - 頁をしめす。
注 17　照世杯（古典文学出版社　1957　上海）
注 18　喩世明言（中華書局　1961　香港）
注 19　周紹良編：敦煌変文彙録（上海出版公司　1954　上海）
注 20　清平山堂話本（文学古籍出版社　1955　北京）

　　　　　　　　　　　　　　　　　　　　　　　　　　　（1967 年 9 月稿）

「動詞かさね式」と賓語

　"看一看""做一做"，"看看""做做"などの，いわゆる「動詞かさね式」とその賓語の語序について，その歴史的推移をあとづけ，変化の趨勢を明らかにしようというのが，この小論の骨子である。

　「動詞かさね式」については，呂叔湘氏の指導のもとにかかれた，范方蓮：試論所謂"動詞重畳"（中国語文1964年第4期）（以下，范論という）があり，賓語の位置の推移についてものべているが，近代から現代にわたる広汎な統計的資料をふまえての精緻な論考にもかかわらず，所論の一部に疑点がはさまれるので，あわせて同論への反論としたい。

§1 「動詞かさね式」とその賓語の語序の推移をみるには，まず「動詞かさね式」（以下，「かさね式」という）における両型，すなわち〔V―V'〕型と〔VV'〕型にわけて考えるべきであり，さらに単音節動詞と複音節動詞にわけて考える必要がある。〔V―V'〕をA型，〔VV'〕をB型とあらわし，A型における動詞が単音節であるばあいをA_1型，複音節であるばあいをA_2型というようにあらわすこととする。したがって，B型もB_1型，B_2型にわけてあらわされることとなる。

　いま，A_1型における賓語の位置を『元曲選』によってみると，つぎのようである。

(1)
我且入的這廟來。避一避雨咱。	(395)
不動一動手也不中。	(551)
到此菴中覓一覓宿。	(61)
左右是個人死了。我可也破一破慳。使些錢。	(1599)
你可梳一梳頭。	(547)
你兩個到得家中。算一算帳。	(218)

這燈可怎麼又暗了。我再剔一剔這燈咱。　　　　　　　　　（1746）
　　纔則喝了幾碗投腦酒。壓一壓膽。　　　　　　　　　　　　　（48）
　　我有些腿疼。過來與我搥一搥背。　　　　　　　　　　　　（1728）

(2)

　　孤兒你也拜他一拜。　　　　　　　　　　　　　　　　　　（425）
　　得你在這裏伴我一伴也好。　　　　　　　　　　　　　　　（1089）
　　社長。你也幫我一幫。　　　　　　　　　　　　　　　　　（628）
　　你便抱他一抱。打甚麼緊。　　　　　　　　　　　　　　　（462）
　　看學士分上。我辭他一辭。　　　　　　　　　　　　　　　（812）
　　等我一等。我張千也來送柳先生。　　　　　　　　　　　　（145）
　　望哥哥可憐見。扶我一扶過去。　　　　　　　　　　　　　（256）
　　告他一告。二嫂。　　　　　　　　　　　　　　　　　　　（1615）
　　我過去誚他一誚。　　　　　　　　　　　　　　　　　　　（49）
　　等我兄弟過來時。你接我一接。　　　　　　　　　　　　　（735）
　　可怎生不着個太醫來看我一看。　　　　　　　　　　　　　（181）
　　您也留他一留。　　　　　　　　　　　　　　　　　　　　（443）
　　你不認的我。覷我一覷。該死。　　　　　　　　　　　　　（846）
　　你個老叔。你勸他一勸。　　　　　　　　　　　　　　　　（650）
　　你若齋我一齋呵。我傳與你大乘佛法。　　　　　　　　　　（1064）

(3)

　　你看一看好女婿麼。　　　　　　　　　　　　　　　　　　（251）
　　請老相公勸一勸姑姑罷。　　　　　　　　　　　　　　　　（1454）
　　就謝一謝那官人。　　　　　　　　　　　　　　　　　　　（132）

　　陛下。怎生救妾身一救。　　　　　　　　　　　　　　　　（358）
　　老相公來了。須勸老師父一勸。　　　　　　　　　　　　　（1454）
　　我向前望那生一望咱。　　　　　　　　　　　　　　　　　（1169）
　　劉均佐。你齋貧僧一齋。　　　　　　　　　　　　　　　　（1064）

これらの文例をとおして，A₁型における賓語の位置は，〔V — V'O〕式と〔VO — V'〕式の二とおりがあり，どの式をとるかは，賓語がなんであるかにかかわっていることがうかがわれる。
　すなわち，
(1)　賓語が物をしめす名詞であれば，〔V — V'O〕式となる。
(2)　賓語が人称代詞であれば，〔VO — V'〕式となる。
(3)　賓語が人を指す名詞で，それが尊称・卑称の呼称語であれば，人称代詞のばあいにならうが，その他のときは，両式いずれもありうる。

　(1)および(2)の原則は，その後の作品，『水滸』『西遊記』『金瓶梅』『紅楼夢』『児女英雄伝』，さらに清末の『官場現形記』あたりにいたってもかわっていない。
　ただ(2)について，『紅楼夢』の"姐姐何不等一等他回來見一面？"(78回)を，『紅楼夢八十回校本』では，"姐姐何不等一等他，回來見一面，豈不兩完心願？"とつくり，また"……所以好歹真假，我是認得的。讓我認認。"一面說，一面……"(41回)を，おなじく"……所以好歹真假，我是認得的。讓我認一認他。"一面說，一面……"とつくっているので（香坂教授のご指摘による。香坂順一：近世語ノート（四）明清文学言語研究会会報第9号1967)，『紅楼夢』では，代詞の賓語について〔V — V'O〕式が並行してもちいられているようにおもわれるが，兪平伯氏のこの句読にそのまましたがうことはできないようにおもわれる。すなわち，78回の例は，氏の句読の切りかたでは文意がつたわらぬし，また41回の例はおそらく"……讓我認一認。"他一說，一面……"ときるべきところであろう。氏のように切ると，"他"は人を指すのではなく，物を指すこととなるわけであるが，『儒林外史』などほぼ同時代の作品はもとより，それ以降の作品においても，この式がみあたらぬところからして，『紅楼夢』において人称代詞の賓語が一般の名詞のばあいとおなじ位置に立つ方式があらわれると考えるのは，当を欠くものといわざるをえない。

　(3)については，その後の作品に用例が乏しいので，両式の並行現象が

「動詞のかさね式」と賓語

どのように推移したかをうかがうことはむずかしい。

§2 早期の作品では「かさね式」はA型がおおく，B型がふえるようになるのは『西遊記』からである。

これらの作品によって，B_1型における賓語の位置をみてみよう。

(1)

我與哥哥把把脈咱。	（元曲選 1374）
來到這五道將軍躱躱雨咱。	（同 1370）
哥哥。說的話多了。且養養精神者。	（同 506）
只得放下飯碗，抹抹嘴，走將出來，拱拱手，問道。	（水滸全伝 1577）
伸手去摸摸身上，有些發熱。	（西遊記 922）
你帶我往那裏略散散心，耍耍兒去麽？	（同 939）
不要走！也讓老孫打一棍兒試試手！	（同 160）
你且在這路旁邊樹林中將就歇歇，養養精神再走。	（同 285）

(2)

你摸他摸，胸前還有一點熱氣沒有？	（西遊記 476）
等我且戲他戲，看怎麽說。	（同 305）
我這裏邊路生，你帶我帶兒。	（同 264）
哥呀！好歹救我救兒！	（同 441）

(3)

哥哥救救你妹子咱。	（元曲選 1122）
就不謝謝老孫？	（西遊記 549）

すなわち

(1) 賓語が物をしめす名詞であれば，〔VV'O〕式となる。
(2) 賓語が人称代詞であれば，〔VOV'〕式となる。
(3) 人をしめす名詞は，〔VV'O〕式で，物をしめす名詞のばあいに同じである。

(1)(3)の原則は，その後の作品，『金瓶梅』『紅楼夢』『児女英雄伝』，さらに『官場現形記』にいたってもかわらないが，(2)については，『金瓶梅』あたりになると，変化がみられるようになる。

『金瓶梅詞話』

等我哄他哄。	(449)
我明日叫劉婆子看他看。	(352)
他要喜歡那一個。只喜歡那個。敢攔他攔。	(977)
他這咱不來。俺們往門首瞧他瞧去。	(228)
你請他請吧。	(210)
姐夫你與他兩個同送他送。	(515)
你這裏坐着。等我尋他尋去。	(598)
好奴才。恁大膽。來家就不拜我拜兒。	(379)
孟三兒等我等兒。我也去。	(292)
人略斗他斗兒。又臭又硬。就張致罵人。	(362)
你們好人兒就不會我會兒去。	(1067)
你救我救兒。他如今要打我。	(123)
你恁不好。你就不來看我看兒。	(742)
只請要緊的。就不請俺們請兒了。	(1044)
這一回來。你就造化了。他還謝你謝兒。	(415)
我再央你央兒。	(294)
你卜卜俺們。	(517)
俺娘了不得病。爹快看看他。	(631)
你怎的這兩日不來走走。看看我。	(847)
你何不請他來看看你。	(1052)
媽使我來瞧瞧你。	(501)

すなわち，賓語が人称代詞であっても，〔VV'O〕式となって，名詞のばあいの語序に同一化する傾向があらわれはじめているのである。これは，『西遊記』にすでにあらわれるが，『紅楼夢』になると，「かさね式」にお

ける二番目の動詞が「儿化」したものについてのみ〔VOV'〕式がみられ，ふつうは〔VV'O〕式となってしまっている。

 你請我請兒，包管就快了。 (136)
 好姐姐，你也理我理兒！ (251)

 柳嫂子，你等等我，一路兒走。 (883)
 明日大初一，過了明日，你再看看他去。 (115)
 間了的時候，還求過來瞧瞧我呢。 (112)
 你瞧瞧他去！ (629)
 我瞧瞧他去！ (1119)
 你過去瞧瞧，且勸勸他們。 (955)
 你細想想，或問問他們去。 (864)
 我索性問問你，你知道我將來怎麼樣？ (1285)
 等我去問問他。 (1341)

『児女英雄伝』では，つぎの1例以外はすべて〔VV'O〕式である。
 這得先問他問。 (4-21)

そしてこの例が主だった作品にみられる最後の例で，『官場現形記』以降の作品では，〔VOV'〕は完全に姿を消すにいたった。

§3 B₁型において，人称代詞の賓語の位置に変化がおこり，それが『金瓶梅』にあらわれることは，前節にみたとおりであるが，A₁型においても，このような変化がおこることとなる。清末まで変わることのなかった伝統的語序は，現代漢語でも全くみられぬわけではない。
 我便考你一考。 (魯迅小説集 29)
 蕭呀，我底妹妹要見你一見呢。 (柔石：二月 15)
 叫前邊那兩個人救我一救。 (臧伯平：破曉風雲 259)
 咱們再請有才老叔編上個歌，多多寫幾張把村裏貼滿，嚇他一嚇！
           （趙樹理：李有才板話 86）

しかし，多くは〔V －V'O〕型になっている。

我知道阿良在裏頭了，急於要看一看他，他給打得怎樣了呢？
(葉聖陶選集 253)

我教他下來，你看一看他，以後魯家的人永遠不要再到周家來了。
(曹禺選集 88)

見了秦太夫，告訴他，等一等我，有話跟他說。　　(老舍戲劇集 162)

先別決定什麼，讓大家先試一試我，看我能作不能作，肯好好作肯。
(老舍：方珍珠 136)

我不過是勸一勸你，其實只要人家兩個人願意，你願意不願意都不相干。
(趙樹理：小二黒結婚 22)

生亮你們會扎兩路針的，怎麼不出手救一救她呢？　　(高乾大 15)

你來得正好，你也勸一勸她吧！　　　　　　　　　　(同 247)

沒有要緊事，不過是來看一看你。　　(周立波：山郷巨変下 249)

這個孩子是老毛病啦，你動一動他，他就躺在地下耍賴，死不起來。
(高玉宝 93)

蕭之明因為關節疼不敢跑，李鐵，蕭金只好等一等他。
(雪克：戰闘的青春 530)

他在大學時就一直等待着，但一直不敢想什麼時候纔能碰一碰她。
(草明：乗風破浪 256)

歐陽海，來我們北班吧，好好帶一帶我。　　(欧陽海之歌 324)

葫蘆，你可不能要官僚，你得教一教我們怎麼個盡法纔行！
(王汝石：黒鳳 179)

　　なお，『漢語詞典』の"回頭"の注解の例文に，"你說的我還不明白，回頭我再問一問他罷"があげられている。
　　このような変化がいつごろから起きたかは，以上の資料からだけではあきらかでないが，清末までの作品にはこの式がみあたらないところから推して，五四以降におきた新しい現象で，今日においても完全に新旧交替したとはいいきれぬ点があるが，新式の優勢は否めえず，すでに並行状態を脱して，交替完了の域にはいりつつあるものとみとめられる。

A₁型がこのような動態にあることは，この型を動詞の形態とみるか，すなわち単語とみるか，あるいは数量詞補語をともなった一個の構造とかんがえるかに，大きくかかわってくるであろう。范論もそうであるが，A₁型を構造とする見方の根拠の一つとして，人称代詞を賓語とするさいの語序が，〔VO－V'〕で，他の数量詞補語をともなったさいと類比していることがあげられる（等我一等／等我一下，看他一看／看他一下）。しかし，いまみたように A₁ 型における人称代詞賓語の語序は，〔V－V'O〕式に定型化しようとしているのに対して，"等我一下""看他一眼"は，なお〔VO－C〕式の段階にとどまり，〔V－CO〕とはならない（まれにこの種の例もある。"請你照顧一下他。"—韓北屏:高山大峒 作家出版社 1956 p.48。ただし，同書も他では"想上去打他一下"（p.56），"再等他一下吧"（p.212）としており，このような例は，現代漢語では破格として扱かわれ，一般には許容されない）。現代漢語の語法を考えるには，現代漢語の実態に即して，そのなかでみつめてゆくべきもので，近代漢語をもちこむことは適切を欠くというべきであろう。

　しかし，では A₁ 型がまったく B₁ 型とおなじになったかというと，かならずしもそうは断定できない。「かさね式」は，そのなかに"～了"を介入させ，〔V了－V'〕〔V了 V'〕の型をとることができるが，この型をそれぞれ A' 型，B' 型であらわすと，A'₁ 型と B'₁ 型にわける賓語の位置に，今日なおちがいがみられるからである。

　人称代詞の賓語は，A'₁ 型においても，〔V了O－V'〕の語序となる。

我推了他一推便死了。　　　　　　　　　　　　　　　　（元曲選 1065）
他却怪我凶頑，我纔閃了他一閃，如今就去保他也。　　　（西遊記 163）
是師兄攢了他一攢，他就弄風兒，把師父攝去了。　　　　（同 478）

　そしてこの語序は，清末以降でも変わっていない。

新嫂嫂拿眼睛眇了他一眇，也不説別的，仍舊梳他的頭。（官場現形記 118）
後來聽他説話，便拿眼瞧了他一瞧。　　　　　　　　　　（同 602）
那時他的父親還在，騙了他一騙，就治好了。　　　　　　（魯迅小説集 270）
曹玉喜膽怯地望了他一望，又含含糊糊低聲承認。　　　（欧陽山:高乾大 195）

ところが，代詞以外の賓語は〔V 了ー V'O〕である。

右手診了一診，又摸了一摸頭。 （紅楼夢 449）
賈母聽了，皺了一皺眉。 （同 1029）
黛玉略自照了一照鏡子，掠了一掠鬢髮。 （同 1071）
撫院止拱了一拱手。 （官場現形記 88）
劉大侉子擦了一擦眼涙，又擤了一把擤涕。 （同 345）
向他祖母的靈前只是彎了一彎腰。 （魯迅小説集 309）

人をしめす名詞については，両語序がみられる。

擋下拶了武松一拶。 （金瓶梅詞話 93）
賈母又瞧了一瞧寶釵。 （紅楼夢 1241）
太太說完這個，又看了祥子一看，不言語了。 （老舍：駱駝祥子 60）

このように，A_1' 型では，A_1 型にみられるような変化が，五四以降においても起きていないのに対して，B_1' 型においては，事情を異にする。

B_1' 型においては，〔V 了 OV'〕の語序が早期においてはみられる。

若不是我呵，敢着這人搖了那人搖。 （元曲選 1350）
於是用手引了他引兒。那孩子就撲到懷裏。 （金瓶梅詞話 180）

しかし，その後においては，〔V 了 OV'〕の語序はみられず，〔V 了 V'O〕に同一化してしまっている。これはおそらく B_1 型における変化と軌を一にしておこったものであろうから，この点 A_1 型と A_1' 型における関係とは，事情がことなっているわけである。このことはやはり注意されなければならない。

§4 「かさね式」の動詞が二音節になっているもの，すなわち A_2 型，B_2 型は，早期の作品では両型とももちいられている。

『元曲選』
〔A_2〕
這事全仗你衆公卿扶持一扶持。 （1546）

34

「動詞のかさね式」と賓語

到祖墳上去澆奠一澆奠。 (377)
我與大嫂也去賞玩一賞玩。 (235)
我心中悶倦。再睡不覺。起來閒走一閒走。 (939)
你與我整理一整理。 (842)
〔B₂〕
你也打扮打扮。 (547)
也該着衆宰輔每勸諫勸諫。 (1483)
你勸勸的照覰照覰。 (497)

『水滸全伝』
〔A₂〕
我且試探一試探。 (1717)
〔B₂〕
請尊步同到敝莊,有句話計較計較。 (207)
今晚點放火燈,我欲去觀看觀看。 (516)

B₂型のふえるのは,B₁型のばあいとおなじように『西遊記』からである。
『西遊記』
〔A₂〕
且醫治一醫治。 (356)
累煩你引見一引見。 (85)
〔B₂〕
等老豬去幫打幫打。 (633)
師父,也等老沙去操演操演。 (1003)
所以着我兩個去查點查點。 (508)
是特來和你計較計較。 (532)
特來請你救援救援。 (590)
等我裝裝天,也試演試演看。 (387)
把那醜且略收拾收拾。 (920)
御妹甦醒甦醒。 (127)

35

讓我在此歇息歇息。 (273)
且教他把我眼醫治醫治。 (237)
但遇着，以此照驗照驗。 (372)

　その後の作品では，B₂型の比重がさらに大きくなり，一部の作品ではなお少数散発的にA₂型がみられるけれども，趨勢としてはA₂型の消滅にむかい，現代漢語ではまったくB₂型にとってかわられるようになってくる。もちろん，現代漢語でも絶無とはいえないようで，范論ではつぎのような用例をしめている。
　　個個點頭微笑一微笑。 （柔石小説選集 31）

　しかし，きわめてまれなことで，現代漢語としては違和感をおぼえさせるほどである。『漢語教科書』が，二音節の動詞のかさねには"一"をいれないことを強調しているところからも，初期はともあれ，今日の現代漢語としては，A₂型は消滅してしまったものと考えてもよいであろう。

§5　A₁型，B₁型では，人称代詞の賓語がながい間にかわってきていることは，上節でみたとおりであるが，A₂型，B₂型においても同様な推移をたどっている。
　早期の作品にみえる例では，両型とも人称代詞の賓語は，「かさね式」のなかにわってはいり，それぞれ〔VO—V'〕，〔VOV'〕式となっている。
〔A₂〕
你可作成我一作成。 （元曲選 55）
我今日着實撩鬥他一撩鬥，不信他不動情。 （水滸全伝 360）
特告菩薩，望垂憐憫，濟渡他一濟度。 （西遊記 252）
飛將起來，又琢弄他一琢弄。 （同 368）
知慰他一知慰兒也怎的。 （金瓶梅詞話 184）
〔B₂〕
這猴子捉弄我，我到寺裏也捉弄他捉弄。 （西遊記 443）
同僚之間。凡是教導他教導。 （金瓶梅詞話 868）

你央及我央及兒。 （同 599）

　ところが，B$_1$型のばあいとおなじように，B$_2$型においては，『金瓶梅』あたりから，賓語が「かさね式」の後に移る傾向があらわれてくる。
　你買分禮兒知謝知謝他。方不失了人情。 （金瓶梅詞話 130）
そして，『紅楼夢』以降では，この語序に定型化している。
　『紅楼夢』
　什麼事情？也告訴告訴我。 （497）
　好妹妹，媳婦聽你的話，你去開導開導他，我也放心。 （110）
　『児女英雄伝』
　老天怎麼也不可憐可憐你，叫你受這個樣兒的苦喲！ （20-4）
　你們老弟兄們也得衛顧衛顧我。 （31-39）
　少時我見了那大師傅，央及央及他，叫他放你一家兒逃生，如何？ （7-17）
　我們這位山陽縣也該看同寅的分上張羅張羅他。 （12-2）

　『官場現形記』ならびに現代の作品では，いずれもこの語序によっていることはいうまでもない。
　B$_2$型におけるこのような変化に対応するものがA$_2$型にあるかどうかということになるが，A$_2$型それ自体消滅にむかうので，用例があまりなく，特に現代の作品では例をみないため，推断はむずかしい。ただ，A$_1$型のばあいも変化は五四以降におこっていることや，清中葉から清末にかけての作品に，なお〔VO－V'〕型の残存をみることからして，A$_2$型においては賓語位置の変化をみることなく，同型自体が消えていったものと考えられる。
　少停你不奈何我便罷，你少要奈何我一奈何。 （児女英雄伝 25-24）
　明日我便出一個知單，知會同郷，收拾他一收拾。
　　　　　　　　　　　　　　　　　　　　（二十年目睹之怪現状 593）

§6 〔まとめ〕
　以上の考察をとおして，つぎのように概略することができよう。

「動詞かさね式」には，〔V―V'〕型と〔VV'〕型とがあるが，前者をA型，後者をB型としてあらわすと，一般にA→Bの趨勢にあることがみうけられる。B型のふえてくるのは『西遊記』ころからで，後代になるほどB型が優勢になる。「かさね式」の動詞が単音節であるか，複音節であるかによって，やや事情がことなり，これをA_1型，A_2型：B_1型，B_2型というようにしめすと，A_1型とB_1型は，B_1型の優勢のなかに共存するが，A_2型は清の中葉ころには劣勢となり，現代漢語では消滅するようになった。ただ，初期の作品に残影をとどめるのみである。

　「かさね式」とその賓語の語序については，その賓語が人称代詞であるか名詞であるか，また名詞が人をしめすか，物をしめすかによって，早期では判然たる区別があった。人称代詞であるときは，「かさね式」のなかにわってはいり〔V〕のあとに位置し，物をしめす名詞のときは「かさね式」のあと，すなわち〔V'〕のあとに位置した。人をしめす名詞は，もともとは人称代詞と語序をおなじくしたものとおもわれるが，早期においてすでに物をしめす名詞の位置への同化がみられる。人をしめす名詞のこの同化はかなり早くから進んだが，人称代詞にもこの同化傾向があらわれるようになり，「かさね式」のあとにつく語序をX，「かさね式」のなかにわってはいる語序をYでしめすと，一般にY→Xの趨勢がはたらき賓語の詞性がなんであるかにかかわらず，語序が単一化する傾向がみうけられる。

$$\begin{matrix} V―V'O_1 \\ VO_2―V' \end{matrix} \Big\rangle\!\!\longrightarrow V―V'O$$

$$\begin{matrix} V\ V\ O_1 \\ V\ O_2\ V' \end{matrix} \Big\rangle\!\!\longrightarrow V\ V'O$$

これは簡単につぎのようにしめされる。

$$\begin{matrix} X \\ Y \end{matrix} \Big\rangle\!\!\longrightarrow X$$

　しかし，この進行は「かさね式」の各型によってその進度にちがいがある。

人称代詞の賓語がX語序をとるようになるのは，B型においては『金瓶梅』あたりからその例をみるようになることから推して，たぶん明代におきたものであろう。この時代の作品では，人称代詞の賓語がときにXの語序，ときにYの語序をとっていて，新旧交替の時期であったことをしめしている。B型は清末までには完全にXへの単一化がおわっているが，なかでもB$_2$型はB$_1$型よりも早く単一化がおわったようである。

　B型における賓語後移の傾向は当然A型にも影響をおよばさずにはいないが，A$_1$型では，五四以降になってはじめて人称代詞賓語のX語序の例がみられるようになる。今日の作品でもまま伝統的なY語序による例がみられるけれども，X語序はもはや大勢を占めていて，Y語序の例はやや違和感をともなうほどになっており，すでに新旧交替の時期をおえて，定型化にはいったものとみられる。しかしA$_1$'型ではB$_1$'型における変化はおきていない。B$_1$'型では早期にはYの語序がふられるが，B$_1$型における単一化にともなって，おなじような変化がおこり，X語序のみをのこすこととなったが，A$_1$'型においては，なお人称代詞の賓語についてはY語序となっている。しかし，この型に賓語をともなう用例自体がすくなくなっており，賓語を前置するか，あるいは数量詞補語をもちいるようになっているから，この型に今後変化がおこるかどうかはわからない。

〔引例書目〕
元曲選　文学古籍刊行社　1955年
水滸全伝　人民文学出版社　1954年
西遊記　作家出版社　1954年
金瓶梅詞話　香港文海出版社　1963年
紅楼夢　作家出版社　1853年
児女英雄伝　亜東図書館　民国21年
官場現形記　人民文学出版社　1957年
二十年目賭之怪現状　人民文学出版社　1959年
魯迅小説集　人民文学出版社　1956年
曹禺選集　開明書店　1952年
葉聖陶選集　開明書店　1951年

田漢選集　人民文学出版社　1962 年
柔石：二月　人民文学出版社　1962 年
老舎戯劇集　晨光出版公司
老舎：駱駝祥子　香港南華書店
老舎：方珍珠　晨光出版公司 1953 年
趙樹理：小二黒結婚　人民文学出版社　1953 年
趙樹理：李有才板話　人民文学出版社　1953 年
欧陽山：高乾大　人民文学出版社　1953 年
高玉宝：高玉宝　中国青年出版社　1955 年
雪克：戦闘的青春　上海文芸出版社　1960 年
草明：乗風破浪　三聯書店　1960 年
王汶石：黒鳳　中国青年出版社　1963 年
周立波：山郷巨変　作家出版社　1962 年
金敬邁：欧陽海之歌　人民文学出版社　1966 年
臧伯平：破暁風雲　吉林人民文学出版社　1963 年

"～看"について

　動詞の「かさね式」または短時的動作をしめす動補構造について，その動作の嘗試性をあらわす"～看"のおこりと，その後の発展の分布をあとづけてみようというのが，この小論の骨子である。

§1 動詞の「かさね式」のあとに"～看"をつけて，その動作の嘗試・試行をあらわすのは，今日の文学作品ではおおくの作家のものにみられる。
　左右看，沒人，他的心跳起來，試試看吧，反正無家可歸。
　　　　　　　　　　　　　　　　　　　　　　　（老舍：駱駝祥子 124）
　你去上那裏找找看吧，不盼着她真在那裏。　　　　　　（同 208）
　你的腿？我看你滿可以不再拄拐了！走走看，走走看吧！
　　　　　　　　　　　　　　　　　　　　　　　（老舍：西望長安 43）
　你揍揍老太太看！　　　　　　　　　　　　（老舍：方珍珠 31）
　袁丁未也沒有說不願入，只是說等一等看。（趙樹理：三里湾 134）
　你想想看，像我這種賣夜報的嗓子，怎麽能唱歌呢？
　　　　　　　　　　　　　　　　　　　　　（胡万春：家庭問題 70）

　これらの用例における"～看"が「目でみる」という原義をはなれていることはいうまでもなく，呉語では，動詞"看"の「かさね式」にも付けてもちいられる。
　儂自家看看看，嘸沒銅鈿要養雙胞胎！　　　　　　（三個母親 491）
　迪個小団是儂格！來，看看看，生得好看哦？　　　　（同 495）

　したがって，呉語に傾斜した作品には，往々このような例があらわれている。
　你去看看爐子看，我可天天提心吊膽的哩。　（胡万春：家庭問題 118）

このように"〜看"の用例がひろく各作家のものにあらわれているのは"〜看"が口語でひろくもちいられていることの反映であって，共通語のなかに十分定着していることをしめすものである。

§2 "〜看"のこのような用法は，早期白話作品にすでに大量にあらわれている。動詞の「かさね式」が作品に大量にみられるようになるのは，元・明のころからであるが，"〜看"をつけた用例も，このころすでに集中的にあらわれている。
　『水滸』には，つぎのような例がある。
　　這婦人後來桌上提了武松的包裹并公人的纏袋，捏一捏看，約莫裏面是些
　　　金銀。　　　　　　　　　　　　　　　　　　　　　　　（水滸全伝 428）
　　我且與你扮一扮看。　　　　　　　　　　　　　　　　　　（同 483）
　　再仔細搜一搜看，好去回話。　　　　　　　　　　　　　　（同 329）
　　却纔兄弟看不仔細，我自照一照看。　　　　　　　　　　　（同 676）
　　你去張一張看。　　　　　　　　　　　　　　　　　　　　（同 695）

　『西遊記』はさらに多く，またこの作品では，「かさね式」が〔V―V'〕から〔VV'〕に，すなわち数詞"一"のおちる型への移行が顕著化するのを反映して，〔VV'〕型かさねに付く用例が比重をましている。
　　且莫言語，等我把這風抓一把來聞一聞看。　　　　　　　　（西遊記 228）
　　兄弟，還不知那和尚可是師父的故人。問他一問看，莫要錯了。（同 274）
　　我且倚着我的這個名頭，仗着威風，說些大話，嚇他一嚇看。（同 852）
　　菩薩當年在蛇盤山曾賜我三根救命毫毛，不知有無，且等我尋一尋看。
　　　　　　　　　　　　　　　　　　　　　　　　　　　　　（同 858）
　　你猜猜看。　　　　　　　　　　　　　　　　　　　　　　（同 844）
　　且休忙，等我嘗嘗看。　　　　　　　　　　　　　　　　　（同 447）
　　大聖不信時，可把這地下打打兒看。　　　　　　　　　　　（同 277）
　　你再念念看。　　　　　　　　　　　　　　　　　　　　　（同 164）
　　你是認不得我了，我本是這兩界山石匣中的大聖。你再認認看。（同 158）
　　既然幹得家事，你再去與你師父商量商量看，不尷尬，便招你罷。

"～看"について

(同 263)
你去試試看。 (同 541)
拿過葫蘆來，等我裝裝天，也試演試演看。 (同 387)
小弟這一向疎懶，不曾與兄相會，不知這幾年武藝比昔日如何，我兄弟們請演演棍看。 (同 690)

このように，早期白話作品に，今日的用法で大量にもちいられていることは，北方語における"～看"の定着の古さを物語ってあまりあるものである。

§3 早期白話作品には，動詞の「かさね式」に付く例と並行して，一個の動詞そのものに"～看"が付いている例が，少数ながらみられる。
林教頭，太尉鈞旨，道你買一口好刀，就叫你將去比看。 (水滸全伝 119)
還是這位客官省得。我盪來你嘗看。 (同 428)

これらの"～看"が，動作の嘗試をあらわすものであることは，つぎの例の並行によってもあきらかである。
 { 打兩角酒，先把些來嘗看。 (水滸全伝 453)
   客官，試嘗這酒。 (同 428)

しかも，"～看"がその付接する動詞と複合していないことは，その動詞に賓語があるばあい，"～看"との間にはいることからしてもうかがえる。
你們衆人不信時，提俺禪杖看。 (水滸全伝 86)
這等也說得是，你且莫嚷，等我問他們看。 (西遊記 279)

このような例がみえることは，動詞の「かさね式」がおこらない以前に，すでに動詞についてその嘗試をしめす"～看"がひろくもちいられていたことをしめすもので，動詞の「かさね式」がおこるにつれて，両型の交替が進み，明初のころがその過渡期であったことをかたっているものといえよう。

§4 動詞に"～看"のつく例は，唐代の変文にすでにあらわれる。注1
　何者名爲四生十類，及三等之人耳，與我子細說看，令我開悟，解得佛法
　　分明。　　　　　　　　　　　　　　　　　　　　（敦煌変文集 182）
　佛家是誰家種族？先代有沒家門？學道諮稟何人？在身何道德？不須隱
　　匿，具實說看。　　　　　　　　　　　　　　　　　　（同 377）
　暫借天衣著看。　　　　　　　　　　　　　　　　　　　（同 883）
　身上有何伎藝？消得五百貫錢。至甚不多，略說身上伎藝看。　（同 176）

これは，唐代の口語ですでに"～看"がもちいられていたことを反映しているものである。なお，唐代の詩にもあらわれているという。注2
　試待一呼看。　　　　　　　　　　　　　　　　（呂温：詠籠中鳥）
　青鳥殷勤爲探看。　　　　　　　　　　　　　　　（李商隱：無題）

また，さらにさかのぼって，梁の劉孝先に"誰家有明鏡，暫借照心看"という句のあることも報告されている。注3
このように，唐代の口語ですでにもちいられるにいたっている"～看"が，さきほどあげた早期白話につながっていくわけで，五代のころの口語をつたえるとされる『祖堂集』にも，つぎのような例がみえる。
　師云；汝自斷看。進云：學人斷不得，却請和尚斷。（祖堂集卷十一 3-103）
　有明眼漢，出來斷看。還有人斷得摩？　　　　　　（同卷十三 4-13）
　見汝發言，蓋不同常。汝子細向我說看。　　　　　（同卷十六 4-138）
　又云：汝三生中汝今在何生？實向我說看。　　　　（同卷十八 5-69）
　雲峰云：你舉看。其僧便舉前話。　　　　　　　　（同卷十九 5-96）

また，宋の『景德傳燈錄』にも，つぎのような例がみえる。
　若言此經不是佛說，則是謗經。請大德說看。　　（景德傳燈錄卷六 107）
　如未出家時曾作什麼來？且說看。　　　　　　　　（同卷二十八 188）
　僧曰：畢竟如何？師曰：且問看。　　　　　　　　（同卷十三 38）
　師云：我適來得一夢，寂子原了。汝更與我原看。　（同卷九 152）
　還有透不得底句麼？出來舉看。　　　　　　　　　（同卷十九 184）

"〜看"について

師曰：住，住。向後遇作家舉看。　　　　　　　　　(同卷二十一 9)

師以扇子拋向地上曰：愚人謂金是土。智者作麼生。後生可畏。不可總守
　愚去也。還有麼？出來道看。　　　　　　　　　　(同卷二十二 28)

問：本自圓成，爲什麼部分明晦？師曰：汝自檢責看。　(同卷二十二 28)

師上堂謂衆曰：諸上座多少無事，十二時中在何世界安身立命？且子細
　點檢看。　　　　　　　　　　　　　　　　　　　(同卷二十四 79)

若恁麼會，大沒交涉。也須子細詳究看。　　　　　　(同卷二十五 109)

師曰：煩惱作何相狀？我且要你考看。　　　　　　　(同卷二十八 176)

上例では，"〜看"のついた構造のまえに副詞"且"を冠する例が多いが，上掲の唐詩の例にもあったように，"試"を冠する例はさらに多い。

不假三寸試話會看；不假耳根試聽聲看；不假眼根試辨白看。

　　　　　　　　　　　　　　　　　　　　　　　　(祖堂集卷九 3-20)

如今且有與摩漠摩出來，試弄一轉看。　　　　　　　(同卷九 3-34)

作摩生試通個消息看。　　　　　　　　　　　　　　(同卷十二 3-138)

若有舉得，試對衆舉看。若舉得；免辜負上祖，亦免埋沒後來。

　　　　　　　　　　　　　　　　　　　　　　　　(同卷十三 4-22)

『景德伝灯録』にも，つぎのような例が約30例ある。

還有會處也未？若有會處，試說看。　　　　　　　　(同卷二十五 104)

今汝諸人試說個道理看。　　　　　　　　　　　　　(同卷二十五 113)

師問僧：汝在招慶有什麼異聞底事，試舉看。僧曰：不敢錯舉。

　　　　　　　　　　　　　　　　　　　　　　　　(同卷二十一 4)

問：承古人云；見月休觀指，歸家罷問程。如何是家？師曰：試舉話頭
　看。　　　　　　　　　　　　　　　　　　　　　(同卷二十三 52)

"且"，"試"ともに，動作の「姑試」性をあらわすものであって，"〜看"の機能と呼応しているわけである。

宋の口語で，"〜看"がもちいられていたことは，その他の資料からもあきらかである。注4

§5 うえでみたような，唐・宋以来の"～看"が，『水滸』，『西遊記』などの早期白話に継承され，発展していったわけであるが，この流れの外に立つ作品がある。

それは元曲である。『元曲選』によると，"～看"の例として，つぎのようなものがある。

老爹，你敢是要我麼，還再與他算算看。　　　　　　　（元曲選1016）

しかし，元曲としては，このような例はたいへん珍らしいもので，元曲では，"試"を冠して，動作の嘗試をあらわすのが普通になっている。

我試猜波。　　　　　　　　　　　　　　　　　　　　（元曲選405）
拿湯來，我試嘗咱。　　　　　　　　　　　　　　　　（同1113）
你試吃這藥。　　　　　　　　　　　　　　　　　　　（同843）
這是司徒門首。我試喚門咱。　　　　　　　　　　　　（同1548）
就煩你喚將那兩個來。老夫試看咱。　　　　　　　　　（同33）
寫完了，試念咱。　　　　　　　　　　　　　　　　　（同1224）
待我試敲咱。　　　　　　　　　　　　　　　　　　　（同1404）
聽的人語喧鬧。我試覷咱。　　　　　　　　　　　　　（同710）
我脫下這衣服來，試晒咱。　　　　　　　　　　　　　（同1370）
我試睡咱。　　　　　　　　　　　　　　　　　　　　（同301）
怎生得到你手裡？你試說咱。　　　　　　　　　　　　（同27）
不知是何緣故，小聖按落雲頭，化做一白衣秀士。試探問咱。（同296）
你說，老夫試聽咱。　　　　　　　　　　　　　　　　（同20）
相公前廳待客。我且不過去，我試望咱。　　　　　　　（同153）
你不信時，試聞咱。　　　　　　　　　　　　　　　　（同838）
待他來家時，我試問他波。　　　　　　　　　　　　　（同67）
我曾聽的誰說來，我試想咱。哦，想起來了也。　　　　（同1519）
若是俺丈夫見了，必尋我也。我試寫在此咱。　　　　　（同1223）
這半皮襖上不知是虱子，也是虼蚤。我試尋咱。　　　　（同1402）
賢弟，你試尋死波。　　　　　　　　　　　　　　　　（同154）
偏生今日這樣長，我試吟詩咱。　　　　　　　　　　　（同1161）
俺試用咱。　　　　　　　　　　　　　　　　　　　　（同1402）

"～看"について

你看那道人，好似你姐夫。你試喚他一聲咱。 （同 856）
不覺一陣昏迷上來。寡人試睡兒。 （同 362）
請待制試說一遍咱。 （同 42）
好似我倩女小姐。我試問一聲波。 （同 710）
我試問他一番。 （同 1179）
喒在這香車內試看一看咱。 （同 1737）
我試晾一晾咱。 （同 550）

このような"試"を冠し，"～看"をもちいない例は，前掲の各作品にもちいられている。

汝初從父母胞胎中出，未識東西本分事，汝試道一句來。我要記汝。
（祖堂集卷十九 5-81）
汝試舉天皇龍潭道底來。 （景徳伝灯録卷十七 145）
客官，試嘗這酒。 （水滸全伝 428）
雖然如此，試看天命。 （同 1704）
你試變一個我看看。 （西遊記 333）
你試飛舉我看。 （同 18）
我且試看魔王一看。 （水滸全伝 8）
我試彈他一彈，看他是個甚麼妖怪。 （西遊記 356）
你怎麼說三樣待我？你可試說說我聽。 （同 958）
趁此良時，你試演演，讓我等看看。 （同 19）

しかし，これらの作品では，"～看"による表現が重きを占めており，これに対して，元曲では"～看"が皆無にひとしいという，きわだった対比がみられる。このことは，"～看"の推移を考えるうえで，見逃せない点であろう。

§6 『水滸』，『西遊記』などの作品におけるように，"～看"を発展させているグループをA型，元曲のように"～看"を発展させていないグループをB型とすると，『金瓶梅』，『醒世姻縁伝』，『紅楼夢』は，いずれも

B型に属するものと考えられる。
　『金瓶梅』には、つぎのような"試"の例がみられる。
　王勃殿試，乃唐朝人物，今時那裡有？試哄一哄。　　　（金瓶梅詞話340）
　不知你心怎麼生着，我試看一看。　　　　　　　　　　　（同1141）
　你自造的，你試嘗嘗。　　　　　　　　　　　　　　　　（同241）
　請老公公試估估。　　　　　　　　　　　　　　　　　　（同778）
　你們試估估價値。　　　　　　　　　　　　　　　　　　（同330）

　これに対して、"〜看"の例としては、"請官人走兩歩看"（同310）、"只怕有一日，叫我一萬聲親哥，饒我小淫婦罷。我也只不饒你哩。試試手段看"（同653）などがあるが、前者の句の話し手が、他の場では"請歩幾歩我看"（同311）と話していることなどから推しても、「嘗試」の"〜看"とはみられず、一種の連動式とみるべきものであって、このような"看"の用例は、『金瓶梅』のみならず、『西遊記』あたりにも散見されるところである。
　『醒世姻縁伝』にも、"試"の用例としては、つぎのようなものがある。
　我還有一句話，可極不該開口，我試說一說。　　　　　　（醒世姻縁伝182）
　老丈，你試說一說我聽，萬一我的力量做得來，也未可知。　（同505）
　你們試想一想，那個烏大王，你們怕他如虎，情願一年一個把自己的女兒
　　都送了與他，……　　　　　　　　　　　　　　　　（同510）

　"〜看"には、つぎの例がある。
　你等等，待我迸去說看。　　　　　　　　　　　　　　　（同382）
　你回來得甚好！從頭裏一個蝎子在這席上爬。我害怕，我又不敢出去討火。
　你送連擔子來，你去點個火來，咱照照看，好放心睡覺。　（同156）

　"說看"は、前述のとおり、"〜看"の用法としては旧形式に属するもので、はたして、これが当時の口語を反映したものであるかは、疑わしいものがある。
　動詞の「かさね式」が普遍化するにつれ、一般に"試"、"〜看"ともにその用例がすくなくなるのは、この形式のあらわす動作の「短時性」が、

一面において「嘗試性」に通ずることによるものであろう。したがって，少数例の比較で，類型化することは不可能に近く，『紅楼夢』では特に困難である。しかし，つぎの点から推して，やはりB型に属するものと考えられる。

同書の87回に，"且別說滿話，試試看"（紅楼夢1035）という例がみえ，これは棋をうっている場面での会話にあらわれているものであるが，おなじく棋をうつところで，"你試試瞧"（同92-1086）といっているところがある。これは，"〜看"を北京語の"〜瞧"にいいかえたものとおもわれるが，"瞧"には，"〜看"に相当する用法はなく，これは，この書の作者が"〜看"になじんでいないことをしめす一つの証左であろう。

なお，10回に"待我用藥看"（同111），とあるが，"〜看"の用法としては，旧形式に属するもので，"〜看"を発展的に継承したものではない。注5

なお，これら三書に共通しているのは，"試"のかさね式を，動詞の「かさね式」または短時的動作をしめす動補構造のあとなどにつづけていう形式を発展させていることである。

　奴只怕挨不得你這大行貨。你把頭上上圈去了一個，我和你要一遭試試。
　　　　　　　　　　　　　　　　　　　　　　　　　（金瓶梅詞話589）
　我的強娘娘，知不到甚麼，休要亂說，你拿指頭蘸着唾沫，撚撚試試，看
　　落色不落色？　　　　　　　　　　　　　　　　　（醒世姻縁伝48）
　狄希陳起來語道：你來教我教試試！　　　　　　　　（同378）
　你只開門試試，我這裏除着一木楸屎等你哩。　　　　（同483）
　這道士倒有意思，我何不照一照試試？　　　　　　　（紅楼夢127）
　既這麼着，我明兒去試試。你廟里可有簽？　　　　　（同1192）
　これらはいずれも"〜看"におきかえられるものである。

§7 「変文」においてすでにあらわれ，『水滸』，『西遊記』において発展的に継承されている"〜看"が，元曲にみられず，『金瓶梅』，『醒世姻縁伝』，『紅楼夢』にうけつがれていないことは，北方語の中でも，北京およびそこを中心とする方言区では，ながく"〜看"の形成をみなかったこと

をものがたるものであり，西北方言，蘇北方言，北京方言の言語史的なつながりの一面をしめすものでもあろう。

北京語作品で"〜看"が顕著にあらわれるのは，『児女英雄伝』である。同書では，"試"の用例もある。

　你兩個那個出頭和我試斗一斗，且看看誰輸誰贏。　　　（児女英雄伝 15-34）
　老爺說：很好，你就把我薩杭試試。　　　　　　　　　　（同 14-7）

しかし，同書では，このようなばあい，多くは"〜看"をもちいるようになっている。

　等織出布來，親家太太，你摟摟算盤看，一疋布管比買的便宜多少。
　　　　　　　　　　　　　　　　　　　　　　　　　　（同 33-43）
　你等等兒，等我們家裏商量商量看。　　　　　　　　　（同 40-8）
　你不要管，且試試看。　　　　　　　　　　　　　　　（同 6-9）
　等閒了，我弄幾枝沒頭兒的箭試試看。　　　　　　　　（同 31-9）
　待我也學着合公子交交手，頑回拳看。　　　　　　　　（同 18-20）
　你問他一聲兒看。　　　　　　　　　　　　　　　　　（同 23-37）

この点，『児女英雄伝』は，『金瓶梅』，『醒世姻縁伝』，『紅楼夢』とはことなった展開面をしめしているのであるが，これらの作品の基礎になっている方言では，"〜看"の形成がないわけであるから，他の方言からの移入，影響であることはいうを俟たない。これが当時の北京口語そのものの反映で，口語でも日常化していたものであるかどうかはわからない。おなじ北京語作品である『三俠五義』では，つぎの用例しかみられないことを考えあわせると，『児女英雄伝』のそれは，かなり突出したものとみるのが妥当であろう。

　東人，你去說說看。　　　　　　　　　　　　　　　　（三俠五義 42）

しかし"〜看"がこのころあたりには，もう北京方言にはいりこむ状況にあったことは充分うかがうことができる。

§8　北京語に影響を与え，"〜看"をひろめるのに力のあった方言が下江

"〜看"について

官話であったろうことは白話の形成と下江官話とのかかわりぐあいをしめす他の現象からしても,容易に推察されるところである。

　"〜看"の用例がもっともおおくあらわれるのは,清末の呉語小説である。『海上花』における例の一部をしめすと,つぎのとおりである。

耐嘗嘗看,總算倪無姆一點意思。	(海上花 38-10)
吃花酒無俙趣勢,倒勿如尤如意搭去翻翻本看。	(同 14-10)
耐勿去！耐强强看！	(同 5-6)
耐阿要試試看？	(同 36-6)
耐説説看。	(同 10-6)
耐自家算算看,幾花年紀哉！	(同 21-13)
終究要借倻幾花,説撥我聽聽看。	(同 59-7)
我倒要看耐跳跳看！	(同 4-11)
耐自家去想想看。	(同 4-11)
勿曉得阿曾帶出來,讓我尋尋看。	(同 44-2)
倪再行行看。	(同 45-8)
勿如讓倻出來做做生意看。	(同 16-9)
我去搭耐問聲看。	(同 10-1)

　また,下江官話への傾斜をしめす『官場現形記』などにも,用例が多い。

大師不信,不妨派個人去查查看。	(官場現形記 491)
你估估看,能値多少錢？	(同 336)
不過是來碰碰看,併不敢説定老爺一定在這裏。	(同 677)
你姑且再到劉厚守鋪子裏去睡睡看。	(同 432)
你不信,你試試看。	(同 591)
他與本地紳士還聯絡,不如叫他説説看。	(同 279)
慢着,你們算算看。	(同 336)
聽説出息很好。等我去挖挖看。	(同 813)
你老想想看,這可不應了王先生的話嗎？	(同 3)
這個兄弟也得思量思量看。	(同 541)
等我再去斟酌斟酌看。	(同 668)

我們姑且到那邊第三家去問聲看。　　　　　　　　　　（同 673）

　このことは，呉語および下江官話では，すでに『水滸』，『西遊記』のころに，今日的用法に達している"〜看"を，そのままに継承し，発展させていたことをしめすものであって，これが逐次，白話に流入していったものであろう。下江官話が白話の形成にもっとも大きく作用する清末，五四にかけては，特にその影響も大きかったものと考えられる。"〜看"はかならずしも呉語，下江官話に特有のものではないとおもわれるが，呉語からはいったものとして理解するむきの多いのも，この間の事情にもとづくものであろう。注6

　しかし，"〜看"はすでに唐のころには，口語にあらわれており，北宋，南宋には，南方および北方を問わず通用していたことがみとめられ，注7 またこのような背景にこそ『水滸』，『西遊記』にみられるような展開があったのであって，ひろい意味では北方語のなかに位置して来たことは否みえない。北京方言が北方語，ひいて白話の中枢となるにつれて，白話のなかで消長があったものと解すべきであろう。

注1　陸俟明：現代漢語中一個新的助詞"看"（中国語文 1959 年 10 月号）
注2　心叔：関於語助詞"看"的形成（中国語文 1962 年 8-9 月号）
注3　心叔：上掲
注4　労寧：語助詞"看"的形成時代（中国語文 1962 年 6 月号）は，南宋の項安世の撰になる「項氏家説」に，つぎのような記述のあることを指摘している。

　　文字中有用名時本語，後人不知而以他辭文之，失其本意尤多。……因觀《宋徽宗實錄》，見執政議立新君，曰：且召二王來看。蓋北人之語，句末多用"看"字，本是助語，而修史者遽書曰：召二王來觀之。如此，則是執政議時，初未識親王之面，乃今始親相其貌而立之也。其去本意豈不遠哉！（卷十八）

　　俗語助語多與本辭相反，雖言去，亦曰來，如"婦去來"之類也；雖言無，亦曰在，如"沒在"之類是也；於口耳亦曰"看"，如"說看""聽看"是也。（卷四）

　　かれの見解の当否はともあれ，宋代の口語における"〜看"の様子をつたえるものとしては，一個の資料たるを失わない。

注5 "待我用藥看"は，有正書局石印本では"待用藥再看"，庚辰本および甲辰本では"待用藥看看"につくっている。口語として，違和感をおぼえ，連動式にいいかえたものであろう。

注6 陸宗達：關於語法規範化的問題「最後我認爲規範應當具有積極的意義，應當旁搜博采，另外還吸收別的方言區語法，比如吳語區有語氣詞"的"，表示肯定。這個語氣詞是北方話所缺乏的，當然應該吸收。又如吳語"穿穿看"，"說說看"，"作作看"，這個"看"已形成詞尾，我們採取來可以豐富漢語的形態。」(現代漢語規範問題学術会議文件匯編科学出版社 1956年 p.51)

注7 上掲の労寧氏の論考で，「上引項說"北人之語"，句末多用"看"字，正是陸氏所說"這一語現象是在北方話中逐漸發展起來"（注1にあげた陸俔明氏の論文を指す——筆者注）的確證。項安世是括蒼（今浙江麗水縣）人，當時吳方言裏可能還不通用這個語助詞，這從前引語所說"後人不知而以他辭文之"，可以想見他所謂"後人"應當是指宋南渡後的時人；"不知"者，是不知北人有此用法。」とのべているのに対して，上掲の心叔氏は，その論のなかで，宋人の《徽宗實錄》に対する説解は，南北方言のへだたりによるものでなく，文人の口語に対する不認識によるものとし，北宋，南宋の南方人に"～看"の用例があることを例示している。

引例書目

敦煌変文集	人民文学出版社 1957 北京
祖堂集	花園大学祖録研究会 1959 京都
景徳伝灯録	真善美出版社 1967 台北
元曲選	文学古籍刊行社 1955 北京
水滸全伝	人民文学出版社 1954 北京
西遊記	作家出版社 1954 北京
金瓶梅詞話	文海出版社 1963 香港
醒世姻縁伝	広智書局 香港
紅楼夢	人民文学出版社 1963 北京
児女英雄伝	亜東図書館 1932 上海
三俠五義	世界書局 1958 台北
海上花列伝	亜東図書館 1935 上海
官場現形記	人民文学出版社 1955 北京
駱駝祥子	人民文学出版社 1955 北京
方珍珠	晨光出版公司 1953 上海

西望長安　　人民文学 1956 年 1 月号
三里湾　　　通俗読物出版社 1956 北京
三個母親（話劇劇本選 所収）　上海文芸出版社 1960 上海
家庭問題　　作家出版社 1964 北京

反復疑問について

　"來不來？""吃飯不吃？"型の「反復疑問」は，隋唐にその原型をみることができるが，口語のなかで排他的に定型化するのは，近代語以降においてであって，それまでは，"來也不來？""吃飯也不吃？"型が並行しており，"來不？""吃飯不？"にも，近代以前は"來也不？""吃飯也不？"型が並存していた。"也"は唐五代のころ"已""以"と表記されていたもので，"與"に由来する。"吃飯不吃？"型に対する"吃不吃飯？"型は，文献にはあまりあらわれないが，早くからおこなわれていたもので，用例が散見される。

§1　"是不是？""來不來？""吃飯不吃？""有錢沒有？""好不好？"などのように，ある事態についての肯定と否定の両面をしめし，そのいずれかの一面を選択させることによって，相手の意向，見解を確認するという表現型，いわゆる「反復疑問」文型は，現代語において，一般におこなわれているところであるが，古代語においては，文末に否定詞をおいて，この種の確認疑問をあらわすという方法がとられている。

　既已告矣，未知中否？　　　　　　　　　　　（莊子：天地）
　視吾舌尚在不？　　　　　　　　　　　　　　（史記：張儀列伝）
　今日上不至天，下不至地，可以言未？　　　　（三国志：諸葛亮伝）
　晩來天欲雪，能飲一杯無？　　　　　　　　　（白居易：問劉十九）[注1]

　このばあいの否定詞は，現代語の"要不，我自己去""再不，我一起去吧"の"要不""再不"における"不"とおなじように，まえに叙述している内容をうけて，その否定的内容をしめすという，代詞的はたらきになっていて，単なる否定副詞ではない。"中否？""在不？"はそれぞれ"中不中？""在不在？"という意味であって，"中否？""在不？"という表

現の基層には，"中不中？""在不在？"がある。したがって，"是不是？""來不來？"型の表現が顕現してくることもあるわけで，隋唐の詩人の詩句のなかに，つぎのような例があらわれている。

借問行人歸不歸？ （隋，無名氏詩）
相喚聞不聞？ （孟郊詩）
宣州太守知不知？ （白居易詩）注2

おそらくは，当時の口語の反映とおもわれるが，その後の作品においても，口語化のすすんでいるものに，多くこの型があらわれており，唐五代のものには，"有錢沒有？"型，すなわち動詞に賓語などの後置成分がともなっている「反復疑問」文型の用例もあらわれている。以下は，敦煌変文における用例である。

大雪山南面，有一梵志婆羅門僧，教學八萬個徒弟，曾聞不聞？ （敦819）
阿孃上樹摘桃，樹下多埋惡刺，刺他兩脚成瘡，這個是阿誰不是？

（敦131）

陵在蕃中有死色無？ （敦93）

したがって，現代語における"是不是？""來不來？""吃飯不吃？"などのような「反復疑問」文型は，すくなくとも隋唐以来の古い歴史をもつものといわなければならない。しかし，この時代において，この型は唯一の型ではなく，この型に統一されて，口語のなかで定型化するのは，はるか後代になってからである。すなわち，唐五代では，"是也不是？""來也不來？"型が並行してもちいられており，そのころの口語の反映がみられる敦煌変文には，つぎのような用例がみられるのである。

蠻奴是即大名將，乍舒心生不分，從城排一大陣，識也不識？ （敦202）
既是巡營，有號也無？ （敦38）

変文のなかでは，上例におけるように，"也"を肯定と否定の両表現の間に介在させる型と，さきにあげたような，"也"を介在させずに，肯定と否定の両表現を直接につなぐ型が並行してもちいられており，この"也"

を介在させる型は，その後も宋元，明の各作品にわたって，ひろく用例がみられる。『清平山堂話本』『警世通言』『水滸』『金瓶梅詞話』における例をしめすと，つぎのとおりである。

我交官人撰百十錢把來將息，你却肯也不肯？	（清 172）
孩兒，你見也不見？	（警 227）
我自教人把錢來。我也不時自來，和你相聚。是好也不好？	（警 280）
老翁願也不願？	（警 324）
與我捴起着實打，問他招也不招？	（警 369）
官人有妻也無？	（警 587）
你還也不還？	（水 317）
你們還我也不還？	（水 602）
你拿得張三時，花榮知也不知？	（水 521）
宋押司下處不見一個婦人面，他曾有娘子也無？	（水 305）
嫂嫂，你有孕也無？	（水 745）
我店裏有兩個人，好生脚叉。不知是也不是？	（水 1055）
細思當初起將病之由，看是也不是？	（金 735）
熱了水，娘洗澡也不洗？	（金 73）
你既是施藥濟人，我問你求些滋補的藥兒。你有也沒有？	（金 555）
且問嫂子。你下邊有猫兒也沒有？	（金 194）
大姐，陳姐夫會看牌也不會？	（金 184）

『朴通事諺解』にも，つぎのような用例がみえており，明代の口語で，"也"をはさんでいう話法があったことを知ることができる。

你與我看一看，中也不中，將來我念。
你的刀子快也鈍？

もちろん，"也"を介在させる型のみがもちいられていたわけではなく，変文におけるばあいと同様に，"也"をはさまない型も並用されているわけである。

師兄，你見不見？	（清 71）

劉添祥，這劉安住是你姪兒不是？　　　　　　　　（清37）
這個是奪你女兒的不是？　　　　　　　　　　　　（水1233）

　しかし，並用とはいっても，その比重は同じでなく，『水滸』と『金瓶梅』をくらべてみると，『水滸』では"也"を介在させるのが普通になっているのに対して，『金瓶梅』では"也"をはさまないのが一般になっているという，きわだった対照がみられる。『水滸』では，"也"をはさまない型は，上例をふくめて2例ほどであるのに対して，『金瓶梅』では，"也"をはさむ型が，上にあげた例をふくめて，10例ほどしかみられず，"也"をはさまない型は，その数倍にも上っているのである。

姐姐，爹請我做甚麼？你爹在家裏不在？　　　　　（金129）
你燒靈那日，花大，花三，花四，請他不請？　　　（金165）
你爹有書沒有？　　　　　　　　　　　　　　　　（金171）
哥兒，今日來不來？　　　　　　　　　　　　　　（金434）
明日十五衙門裏拜牌，畫公大座，大發放。爹去不去？（金746）
你出去不出走？　　　　　　　　　　　　　　　　（金492）
我醉不醉？　　　　　　　　　　　　　　　　　　（金930）
我有椿事兒史你，依不依？　　　　　　　　　　　（金932）
吾師用酒不用？　　　　　　　　　　　　　　　　（金556）
你家媽媽兒吃小米粥不吃？　　　　　　　　　　　（金688）
那個娘娘怎麼模樣，你認的他不認的？　　　　　　（金695）
哥家裏還添個人兒不添？　　　　　　　　　　　　（金1037）
李三哥來，今有一宗買賣與你說。你做不做？　　　（金1036）
淫婦，你想我不想？　　　　　　　　　　　　　　（金1046）
大妗子，我說的是不是？　　　　　　　　　　　　（金978）
咱安排一席酒兒，請他爹和大姐姐坐坐兒，好不好？（金221）
你會唱"比翼成連理"不會？　　　　　　　　　　（金916）

　この両作品における対照から，宋元，明初では，"也"を介在させる型が比較的に優位を占めていたが，逐次その優位を失い，劣位に転じていく

ことがうかがわれる。この傾向は,清代にはいると,さらに顕著となり,まったく生産性を失うようになる。このことは『醒世姻縁伝』『紅楼夢』にいたる過程に,よくあらわれている。

　據那抄來的招上,你也就是極可惡的人。這是真也不真？　　　（醒871）
　怎麽樣着？去呀不去？　　　　　　　　　　　　　　　　　　（醒591）
　我猜你待要欺心,又沒那膽,是呀不是？　　　　　　　　　　（醒370）
　我說的是呀不是？你姑夫再想。　　　　　　　　　　　　　　（醒815）

"呀"は"也"にあてられているものであるが,『醒世姻縁伝』では,"也（呀）"を介在させる型は,上掲の数例にかぎられていて,『金瓶梅』にくらべても,用例はさらにすくなく,また用いられているケースも,"是呀不是""真也不真"など,きわめて限定されたものになっている。『紅楼夢』では『紅楼夢八十回校本』につぎの3例がある。

　黛玉便忖度着因他有玉,故問我有也無。　　　　　　　　　　（3回 33頁）
　那寶玉聽了,不知依也不依。要知端詳,且聽下回分解。　　　（29回 313頁）
　外人知道這性命臉面要也不要？　　　　　　　　　　　　　　（74回 829頁）

これらは,「校本」がテキストとしている「戚本」によっているものとおもわれるが,この箇所に"也"をもちいていない版本が多く,たとえば,「程甲本」「程乙本」はつぎのようにつくっている。

　黛玉便忖度着因他有玉,故問我有無。　　　　　　　　　　　（甲）
　黛玉便忖度着因他有玉,所以才問我的。　　　　　　　　　　（乙）
　寶玉聽了,不知依與不依。要知端詳,下回分解。　　　　　　（甲）（乙）

「甲戌本」では,3回の上記箇所を"黛玉便忖度着因他有玉,故問我也有無"としているが,黛玉の忖度が,宝玉の"又問黛玉可也有玉沒有"を受けていることを考えあわせると,「原本」がはたして「戚本」のように"也"を介在させる用法をとっていたかどうかも,疑わしい点がある。29回の例にしても,"……下回分解"がしめすように,回のおわりの常套語的な箇所にもちいているものである。"也"を介在させる型は74回にな

お1例あるものの，他に用例がないところからして，"也"はもはや生産性を失っているものとみとめられ，「程甲本」「程乙本」が，この種の"也"を排除したのも，"也"のこの用法が，"也"の一般的用法とかみあわなくなり，違和感をおぼえさすほどになっていたからと思われるのである。

『醒世姻縁伝』『紅楼夢』にうつる過程での，"也"の用法の転変から推して，"也"は明末，清初にかけて衰え，清代ではその力を失うようになっていくものとみられる。そして，ここで始めて，"是不是？""來不來？""吃飯不吃"型が，唯一の型として適用するに至るわけである。この型の祖型ないし原型は，さきにみたように隋唐のころにみることができるが，現代語におけるように，並行する他の型を排除して，唯一の型として，口語のなかに定型化するのは，"也"がその生産性をうしなう清代にはいってからで，近代語になってであるということができよう。文献のうえでは『紅楼夢』以後の作品でも散見されており，たとえば清の後期の作品である『児女英雄伝』に，つぎのような用例がみえる。

你道我說的錯也不錯？	（児 17-86）
你道姊子這話說的是也不是？	（児 26-39）
姐姐道妹妹說的是也不是？	（児 29-27）
你道糟也不糟？	（児 25-21）
那褚一官到底來也不來，都在下回書交代。	（児 3-25）
那安公子信也不信，從也不從，都在下回書交代。	（児 4-26）
這親事到底說得成也不成，下回書交代。	（児 25-28）

しかし，いずれも『醒世姻縁伝』『紅楼夢』におけるばあいと同じく，限られたケースのものであって，固定的踏襲の域を出ておらず，作品全体における疑問文型の使用例からみても，"也"がこの作品のなかで，生産性を保っているとはみなしがたい。旧用法による例が，なんらかのかたちで，その用法が死滅したあとでも，残存することのあることは，文学言語において一般にみられることであり，『児女英雄伝』におけるばあいも，おそらくはこのたぐいに属するものであろう。ほぼ同時代における他の作

品や，会話書『正音咀華』などに類例がみられないことから推しても，当時の口語を反映しているものとは，まずみなしがたい。

§2 "是不是？""來不來？""吃飯不吃？"型に関連して，"是不？""來不？""吃飯不？"の型についても考える必要がある。これらの型は，現代語において，一般にもちいられているわけではないが，「反復疑問」文型の一種もしくは変種としてもちいられており，文学作品にもその用例が散見されている。否定詞を文末において，「反復疑問」をしめすのは，古代語以来の表現法であって，その祖型は遠くにさかのぼることができるわけであるが，この型のばあいも，現代語におけるような型で，口語のなかに定型化するのは，やはり後代になってからである。

古代語では，さきにしめしたように，文末に"否"をおいて，「反復疑問」をしめすのが普通になっているが，"否"のところに"不"をもちいるとも，少数ながらあり，このばあい，"否"との間に基本的な違いはない。敦煌変文においても，つぎのように通用されている。

　軍中有火石否？　　　　　　　　　　　　　　　　（敦86）
　天下有小人不？　　　　　　　　　　　　　　　　（敦855）
　臣說亦恐無益，臣願將陛下往至月宮游看，可否？　（敦225）
　此園堪不？　　　　　　　　　　　　　　　　　　（敦364）

ところが，変文では，この型と並行して，"否""不"のまえに"已""以"を介在させた型がもちいられている。

　昨夜唸經，是汝已否？　　　　　　　　　　　　　（敦177）
　識一青提夫人已否？　　　　　　　　　　　　　　（敦720）
　如今者，若見遠公，還相識已否？　　　　　　　　（敦190）
　卿之所師，敵得和尚已否？　　　　　　　　　　　（敦377）
　此個地獸中有青提夫人已否？　　　　　　　　　　（敦726）
　前者既言不堪，此園堪住已不？　　　　　　　　　（敦365）
　肯修書詔兒已不？　　　　　　　　　　　　　　　（敦42）
　見一青提夫人以否？　　　　　　　　　　　　　　（敦725）

公還誦金剛經以否？ (敦186)

識兒以不？兒是秋胡。 (敦158)

　"已"と"以"は，古文では通用されており，変文においても"所以"を"所已"（敦181），"以後"を"已後"（敦718），"以爲"を"已爲"（敦193）などと表記し，"悲歌以了"（敦12）のごとく，"已了"を"以了"としているところからして，上掲各用例における"已"と"以"はおなじものとみてよい。これは，『孔子項託相問書』の"善哉！善哉！吾與汝共游天下，可得已否？"（敦232）の"已否"を，斯5529では同巻の"已否"すべてをふくめて，"以不"と表記していることからも，うかがうことができる。

　しかし，このように，"否""不"のまえに"已""以"を介在させるのは，変文にはじまるわけではなく，南北朝のころにすでにその用例がみえ，『洛陽伽藍記』巻四の宣忠寺の条に，"莊帝謀殺尒朱榮，恐事不果，請計於徽。徽曰：'以太子生爲辭，榮必入朝，因以斃之。'莊帝曰：'后懷孕於十月，今始九月，可爾已不？'"とある。また，唐人の手になる『五経正義』の『礼記』少儀篇の疏にも，"以測度彼軍將欲如此以否？"とある 注3 したがって，唐五代よりも以前，すくなくとも南北朝のころから，"否""不"のまえに"已""以"を介在させる型が並行していたものとみることができる。

　変文では，この"已（以）"を，"來不？"型のみでなく，"來不來？"型の「反復疑問」構造の間にも介在させている。

父王聞太子歸宮，遣人觀佔太子喜已不喜。 (敦295) 注4

　さきにみたように，変文では"來不來？"型の構造の間に"也"を介在させている用例が多いが，"也"は上掲例文における"已"とまったく同じはたらきをしており，おそらくは，"來已不？""來已不來？"のごとくともに"已（以）"がもちいられていたもので，"來也不來？"は，この"已"に"也"があてられていったものであろう。変文では，"來也不？"と，"來已不？"の"已"に"也"をあてた例はみられないが，宋元以降の作品では，"來已不？"型の"已"にも"也"をあてるようになっている。

你認得那小娘子也不？ (清9)

62

　　　　　　　　　　　　　　　　　　　　　　　反復疑問について

孩兒，你却沒事尋死做甚麼？你認得我也不？　　　　　　（清 14）
我教押司娘嫁這小孫押司，是肯也不？　　　　　　　　　（警 174）
我却有個好親在這裡，未知乾娘與小娘子肯也不？　　　　（警 189）
教授却是要也不？　　　　　　　　　　　　　　　　　　（警 189）
你明日可往胥門童瞎子家起一當家宅課，看財爻發動也不？（警 381）
聞得你家大娘生得標致，是真也不？　　　　　　　　　　（警 535）
我且去看一看，什麼樣嘴臉？真像個孤孀也不？　　　　　（警 536）
乾娘，宅里小娘子說親成也不？　　　　　　　　　　　　（警 189）
柴大官人在莊上也下？　　　　　　　　　　　　　　　　（水 332）
明日隨直也不？　　　　　　　　　　　　　　　　　　　（水 941）
知縣相公教你們堋扒他，你到做人情！少刻我對知縣說了，看道奈何得你
　們也不？　　　　　　　　　　　　　　　　　　　　　（水 841）
范院長是足下甚麼親戚？曾娶妻也不？　　　　　　　　　（水 1596）
畢竟王慶到那里觀看，真箇有粉頭唱也不？　　　　　　　（水 1591）

　ただし，これらの作品では，"來也否？"という型はもちいられていない。"來也不來？""吃飯也不吃？"型には，"來不來？""吃飯不吃？"型が並行しているのに対し，"來也不？""吃飯也不？"には，"來否？""吃飯否？"が並行していて，"來不？""吃飯不？"という型はおこなわれていないのである。この点，変文で"來已否？""來以不？"に，"來否？""來不？"が並行しているのとは，事情をことにしており，"不"は"也"を介して付くのに対して，"否"は"也"を介さずにつくというように，分化するようになっている。文末に直接ついた"否""不"は"否"に，"已（以）"を介していた"否""不"は"不"にわかれたとみることもできる。

照一席大衆也無？能令人明否？　　　　　　　　　　　　（清 199）
奴今七歲，無寶珠，得成佛否？　　　　　　　　　　　　（清 196）
小人告夫人，跟前這個小娘子，肯嫁與人否？　　　　　　（清 213）
你家主人曾婚配否？　　　　　　　　　　　　　　　　　（警 17）
王孫平日曾有此症候否？　　　　　　　　　　　　　　　（警 19）
列位，老太師在堂上否？　　　　　　　　　　　　　　　（警 26）

63

皇帝已復你的原官否？ (警 73)
媽媽，你主意已定否？ (警 316)
你肯隨我去否？ (警 406)
義士知否？ (水 1757)
卿知楚州安撫宋江消息否？ (水 1816)
酒家自與教願滄州別後，曾知阿嫂消息否？ (水 976)
可以迴避否？ (水 1025)

ところが，『醒生姻縁伝』では，"來不？""吃飯不？"型が，"來也不？""吃飯也不？"型に並行するようになっている。
我要吃了虧，你看我背地裏咒你呀不？ (醒 573)
如今你家姐姐去了，正愁單着一位哩。算計請他程師娘，他不知去呀不？ (醒 578)
你說你敢招架他不？ (醒 566)
不知你二位肯叫我去不？ (醒 667)
你算計算計，他去了這半個多月，咱還趕的上他不？ (醒 848)
這是南京地面，我待進城買甚麼去哩，你待要甚你不？ (醒 861)
你叫他凡事都遂了心，你看他喜你不。 (醒 500)

並行といっても，"來呀不？"の型の比重は，"來也不來？"型のばあいとおなじく，小さくなっており，しかもこの型の用例は，『紅楼夢』にはない。『児女英雄伝』には，つぎのような1例があるが，さきにのべたように，やはり残存的用法の一つであって，当時の口語において，この型がなお生産的であったとは考えがたい。
閒話休提；我且問你，褚一官在家也不？ (児 14-17)

『正音咀華』にも"來也不？"型の用例はなく，同書には"來不？"型の用例が多い。
咱們寬坐談談！久別至今，可有十年不？
趙老爺在家不？

64

集場上安靜不？百姓刁蠻不？

　これらの両型の用例は，文献にあらわれることがすくないので，その消長を追うことは困難であるが，『醒世姻縁伝』以降の作品にみえる用例の推移から推して"來也不？""吃飯也不？"型は，やはり明末から清にかけて次第にもちいられなくなり，かわって"來不？""吃飯不？"の型が，口語のなかで定着していったものとおもわれる。この型のばあい，古代語の"視吾尚在不？"（前掲）のごとき例とまったく重なり，直接につながるようにおもえるが，古代語における用法では，"否"と"不"が未分の状態にあり，それが早期白話における分化のあと，"來也不？"型と"來不？"型の並行を経て，口語のなかに定型化したもので，古代語におけるそれと直ちにつながるものではないのである。

§3　宋元以降の作品にみられる，"來也不來？""吃飯也不吃？"，"來也不？""吃飯也不？"型の「反復疑問」文型における"也"のやくわりは，なんであったろうか。
　これには，元曲『水滸』などにおける，「選択疑問」文型にもちいられている"也"の用法が手がかりとなろう。元曲にも，"你不學上古烈女，却做下這等勾當。呸！你羞也不羞？"（金錢記，元27），"我過去打這弟子孩兒。婆婆，可是也不是？"（合汗衫，元132）など，「反復疑問」に"也"をもちいる例が多くみられるが，つぎのように「選択疑問」にも"也"をもちいている。

　　我便道：你是男子也是婦人？他便道：我是婦人，在這裏養娃娃哩。
　　　　　　　　　　　　　　　　　　　　　　　　　　　　　　　（元466）

　　哥，可得了個兒也是女？　　　　　　　　　　　　　　　　　（元466）

『水滸』にもこの用例がある。
　　你見我府裏那箇門子，却是多少年紀？或是黑瘦也白淨肥胖？長大也是矮
　　　小？有鬚的也是無鬚的？　　　　　　　　　　　　　　　　（水642）

「選択疑問」は，'A or B' という選択をせまるのに対して，「反復疑問」は，'A or non-A?' という選択をもとめるのであって，基本的にはおなじ質問方式であり，"也" のやくわりは，選択肢的項目を並列することにあるとおもわれる。ただ，中国語では，古代語，現代語のいずれかを問わず，接続作用の虚詞はかならずしも不可欠でなく，したがって，文法的機能よりも語気的機能でもちいられているものが少なくない。このばあい，ときに襯字化して，ついに省かれて，もちいられなくなってしまうこともあるわけで，"也" もおそらくそういうものであったのである。上掲の「選択疑問」文型における，"是 A 也是 B ?" の "也" も，現代語でははぶかれるようになっており，今日おこなわれている "是 A，是 B ?" 型もこのような過程を経てできてきたものとおもわれる。

　ところで，さきにみたように，宋元以降の作品にもちいられている "也" は，敦煌変文では "已" "以" と表記されているものであった。

　　父王聞太子歸宮，遣人觀占太子喜已不喜。　　　　　　　　（前掲）
　　肯修書詔兒已不？　　　　　　　　　　　　　　　　　　（前掲）
　　識兒以不？　　　　　　　　　　　　　　　　　　　　　（前掲）

　"已" と "以" が通用することは，さきにのべたとおりであるが，この二字は，"與" 字とも通用している。変文における例をあげると，つぎのとおりである。

　　二將研營已了，却歸漢朝。　　　　　　　　　　　　　　（敦 39）
　　　伯本は "已" につくるが，斯 5437 は "與" につくる。
　　遂令武士齊擒捉，與朕煎熬不用存。　　　　　　　　　　（敦 70）
　　　伯 3697 は "與" につくるが，伯 3386 は "以" につくる。
　　今日之下，乞與些些方便，還有紙筆名直，莫言空手冷面。　（敦 252）
　　　斯本は "與" につくるが，伯 2491 は "以" につくる。

　変文では，"來已（以）不？" の "已（以）" に "與" をあてている例はみえないが，上記のような通用から推して，"已" "以" はおそらく "與" であろうとおもわれ，"已" "以" にのちにあてられるようになった "也"

も，実は"與"に由来するものであろう。その後の作品では，"也"の箇所に"與"をあてている例がすくなくないが，これは両者がその機能をおなじくするからにほかならない。注5

　燕順見宋江型意要救這婦人，因此不顧矮虎肯與不肯，燕順喝令轎夫抬了
　　去。　　　　　　　　　　　　　　　　　　　　　　　　　　（水 505）
　令親家裏便與不便哩？　　　　　　　　　　　　　　　　　　　（醒 833）

§4 "是不是？""吃不吃？""有没有？"型の「反復疑問」文において，それぞれの動詞に賓語などの後置成分がともなうばあい，現代語では，"是他不是？""吃飯不吃？""有錢没有？"のように，後置成分をなかにはさむ型（A型）と，"是不是他？""吃不吃飯？""有没有錢？"のように，後置成分をおしまいにおく型（B型）の二つの型がある。両型のあらわす意味はかならずしもまったく同じというわけではなく，A型においては，おわりにつく否定表現の部分が軽声になり，"不是""没有"などは，文末の語気助詞に近いものになって，B型にくらべて，相手に確認をもとめる語勢が弱いというような点がある。しかし，このような語勢のちがいはあれ，両型が「反復疑問」文型として，ともに可能であり，ともにおこなわれているという点では，かわりがない。ところが，いままであげてきた例からしてわかるように，文献のうえでは，A型の用例しかあらわれてない。『金瓶梅』『醒世姻縁伝』ともにそうであったが『紅楼夢』『児女英雄伝』などにおいても同様である。

　你道是新聞不是？　　　　　　　　　　　　　　　　　　　　　（紅 17）
　這藥有名字没有呢？　　　　　　　　　　　　　　　　　　　　（紅 70）
　你可還強嘴不強？　　　　　　　　　　　　　　　　　　　　　（紅 146）
　少什麽不少？　　　　　　　　　　　　　　　　　　　　　　　（紅 214）
　還有什麽法兒解救没有呢？　　　　　　　　　　　　　　　　　（紅 256）
　這姓褚的可是人稱他褚一官的不是？　　　　　　　　　　　　（児 14-14）
　如今我們拿分紙筆墨硯來，大家作個筆談。——只不知姑奶奶可識字不
　　識？　　　　　　　　　　　　　　　　　　　　　　　　　（児 16-22）
　請示，太太合大奶奶還要甚麽不要？　　　　　　　　　　　　（児 29-10）

ばあいによっては，"吃飯不吃飯？"のごとく，後置成分を否定表現のところでもくりかえして，完全なかたちで反復していることもある。

　　{ 楊大郎在家不在？　　　　　　　　　　　　　　　　（金 1204）
　　{ 老爹在家不在家？　　　　　　　　　　　　　　　　（金 988）
　　{ 這遭出來，到我們這里，可要辦些什槍炮機械不要？　（官 972）
　　{ 門生的父親是現任臬司，門生見了上頭，要碰頭不要碰頭？（官 423）

　このようにA型をもちいる点では，『紅楼夢』『児女英雄伝』のような北京語作品のみならず，下江官話への傾斜がみられる『官場現形記』などにおいても同様であって，各作品ともおしなべで，B型がみられない。では，まったくB型が当時おこなわれなかったのかというと，そうではなく，またこのような型が，現代になって忽焉とあらわれるはずもない。清末の会話書である『官話類篇』(A course of Mandarin lessons) に，つぎのような例をあげている。

　　你－想家不想家（想不想家）？
　　這個刀－是你的不是（是不是你的）？
　　先生在中國－服水土不服（服不服水土）？

　同書では，北京でもちいられているいいかたと，南京，山東でもちいられているいいかたを並列してしめすという方法をとっており，上掲の例でいうと，－のあとにのべられているA型が北京，（　）のなかにのべられているB型が南京または山東のいいかたということになるわけであるが，同書ではこのA，B両型についてつぎのようにのべている。

　「A型は正規で，かつより普遍的なかたちであって，肯定部をいいおえてから，否定部にうつるというのが，一般的法則になっている。B型は，山東でよくつかわれており，その他の地方でも，かなりの程度もちいられている。しかし，教師のおおくは，質問されると，A型が正しいと答えることであろう。というのは，かれらは書物のうえで見なれているからである。」注6

B型が，清末に北京以外のところで，かなり広くもちいられていたことは，これによってもうかがえるが，B型の使用がさらに早い時代におこっているであろうことは，いうまでもない。ただ，文献にその例をみないということは，白話の基礎方言になっている北京語でそういわないこと，『官話類篇』の編者がいっているように，A型を正規ないいかただとする，書物のうえから得られた意識が，作者にはたらいていたことなどによるものであろう。しかし，B型がどこかの地方でもちいられている限り，いつかはその反映があるもので，『磨難曲』につぎのような用例がみえる。
　三人進了店．店主說：二位要吃甚麼？解子說：有沒有錢吃酒？
（磨119）

　『紅楼夢』は，このような構造のばあいも"還有什麼法兒解救沒有呢？"（前掲）と，A型をとっているわけである。また，さかのぼって，『金瓶梅』にも，"有菜兒擺上來．有剛才荊部監送來的那讓酒取來！打開我嘗嘗，看好不好吃．"（金961）という例がみえる。一種のB型であって，このようなばあいも，"你說可笑不可笑？"（約19），"可也不知怎麼個人兒，好相處不好？"（醒836）と，A型的にいわれることが多い。これらは，すくなくとも当時，それらの方言区でB型がおこなわれていたことをしめすものである。敦煌変文にも，"佛是誰家種族？先代有沒家門？"（降魔変文，敦377）注7とあり，さらに早い時代にさかのぼることができるが，より興味を引くのは，つぎのような"否"の用法が存在することである。
　不知後來若何結局，曾否放素姐出去游玩，再看下回，便知端的。
（醒761）

　"否"が疑問文をつくるのは，文末についてであって，この通則は古代語，早期白話をとおして生きているものであって，上掲の文例に関連したものをしめせば，"兄長往時，曾訪羅真人否？"（水1533）のようになるのが，普通のいいかたである。このような，通則をやぶるいいかたが生れてくるのは，おそらくは，太田辰夫氏が『中国語歴史文法』で指摘するように，口語にけるB型の影響をうけているものとおもわれる。"否"のこの

ような用法は，若干の制限はあるが，その後にもおこなわれており，『官場現形記』にも"科甲出身人員總求大師給他一個面子,可否免其考試？"（官979）のような用例があり，現代語のなかでも，"是否真理""能否感動群衆""可否参加"のような用法で，もちいられている。このような用法は，"否"のB型的使用であって，口語におけるB型に対応するものである。

注1　劉景農：漢語文言文法より引例。
注2　太田辰夫：中国語歴史文法より引例。
注3　蔣礼鴻：敦煌変文字義通釈（増訂本），P. 352
注4　斯548，斯2682，斯2352による校訂による。伯2999は"已不喜"を欠く。
注5　香坂順一：近世語ノート（三）（明清文学言語研究会報第8号）参照。
注6　C. W. Mateer: *A course of Mandarin lessons* p. 57
注7　太田辰夫：中国語歴史文法 P. 409

引例書目
（敦）敦煌変文集　人民文学出版社　1957　北京
（清）清平山堂話本　古典文学出版社　1957　上海
（警）警世通言　作家出版社　1957　北京
（元）元曲選　文学古籍刊行社　1955　北京
（水）水滸全伝　人民文学出版社　1954　北京
（金）金瓶梅詞話　文海出版社　1963　香港
（醒）醒世姻縁伝　中華書局　1959　香港
（磨）磨難曲　文求堂　1936　東京
（紅）紅楼夢　作家出版社　1953　北京
（児）児女英雄伝　亜東図書館　1932　上海

　（　）は引例における書目の略号。本文引例の略号のあとの数字は頁数，または回数とその頁数をしめす。

文学作品における語気詞について

　語気詞"呢""了"は対立した関係にあるにもかかわらず，文学作品において，用字上かならずしも書きわけられておらず，両系統の語気詞"哪""啦"などを含めて，混用されているのが実情である。混用は主として"了"系統のものを"呢"系統にあてるという方向でなされており，声母のnとlを分けない方言を背景とする作品またはその方言区出身の作家のものに多くみられるが，北京語作品でも皆無ではない。近世北京語の作品のなかでも，"咧"を"了""呢"の両語気にあてていることがあり，北方語における"呢""了"不分をうかがわせる。

§1　"呢"と"了"のしめす時間的語気は，まったく対照的なものである。
$\begin{cases} 下雨了！ & （雨になったよ。）\\ 下雨呢！ & （雨がふってるよ。） \end{cases}$
$\begin{cases} 吃飯了嗎？ & （食事をすませましたか。）\\ 吃飯呢嗎？ & （お食事中ですか。） \end{cases}$

　すなわち，"了"は話しの場において設定されている一定の時点において，新しく一定の事態にはいったことをしめしているのに対して，"呢"はその時点において，その事態がなおつづいていることをしめすという，互いに対立したはたらきをもっている。約言するなら，"了"は事態の変化を，"呢"は事態の不変を指示しているわけである。
　したがって，ある具体的な記述において，"了""呢"のいずれをもちいるかは，具体的様態によって特定されてくるのが常である。
　たとえば，動作の進行，継続，または動作によって生ずる状態が持続していることを記述している文では，"呢"がもちいられて，"了"はもちいられない。すなわち，動作の継続や持続は，ある時点でとらえたばあい，

それは不変であって，変化はみとめられないからである。
　したがって，動作がおこなわれているさなかであることをしめす副詞"正"，またはいまだにそうであることをしめす副詞"還"が動詞を修飾している文では，かならず"呢"がもちいられる。
　劉四老爺正在屋裏喝茶呢。　　　　　　　　　　　　　　（駱155）
　回到家中，李太太正按着黑小子打屁股呢。　　　　　　　（離158）
　真好笑！昨天還蒙在鼓裏呢，今天就要娶媳婦啦！　　　　（新70）

なお，"還"には，'さらになお''そのうえなお'などの語勢をしめす用法があるが，いずれも"呢"が呼応し，"了"とはむすばない。
　天真還要留洋呢！　　　　　　　　　　　　　　　　　　（離80）
　喲，小英的褲子還得補呢！　　　　　　　　　　　　　　（離82）
　你回來，大媽這兒還有事呢！　　　　　　　　　　　　　（老34）
　人家四五十歲的老太太還扭呢！　　　　　　　　　　　　（方88）

　また，動詞に"着"をつけて，その動作の継続または動作によっておこる状態の持続をあらわしている文では，かならず"呢"が呼応する。
　我叫小馬兒去，我的小孫子，在外面看着車呢。　　　　　（駱119）
　他跑了幾步，便趕上了那個人，故意的等着他與曹先生呢。（駱119）
　還不走嗎？他真拿着刀呢！　　　　　　　　　　　　　　（老24）

　南方では，動作の継続状態を，"在"をもちいてあらわすことが多く，北方語でも常用されるようになっているが，このような動作の進行をあらわす文でも，"呢"が呼応する。
　怎麼？說是您在生病呢。您好好的。　　　　　　　　　　（清22）
　孫公堤那兒發現一夥劫道的，在打槍呢。　　　　　　　　（新11）

　以上の型が複合してあらわれていることも多く，このばあい"呢"が呼応することはいうまでもない。
　小梅正在幫忙她姐姐刷鍋洗碗呢。　　　　　　　　　　　（新22）

文学作品における語気詞について

派出所所長，現在還在給他家往外邊舀水呢。　　　　　　　　（老 58）
他推開門，她正在床上斜着呢，穿上平常的衣褲，赤着脚。　　（駱 73）
回頭看了看，老頭子——一個大黑影似的——還在那兒站着呢。（駱 269）

また，"正""還"などがあらわれずに，場に内包されているばあいも，"呢"がもちいられる。

李先生，張大哥請你呢。　　　　　　　　　　　　　　　　　（離 156）
不會來了，他們打牌呢。　　　　　　　　　　　　　　　　　（新 172）
怎能沒看見？他給我看攤子呢！　　　　　　　　　　　　　　（老 35）

これらに対して，動作の完結を記述している文では，"了"がもちいられ，"呢"は呼応しないのが常である。

過去における動作の終了をしめす副詞"已經""早就"が動詞を修飾している文では，"了"が呼応している。

你知道，北京已經解放了！　　　　　　　　　　　　　　　　（老 23）
我已早吃過了，不必讓！　　　　　　　　　　　　　　　　　（駱 65）
要不是北京解放了，我早就真死啦！　　　　　　　　　　　　（老 271）
父親叫王仁利，早死在外邊啦！　　　　　　　　　　　　　　（老 231）

動詞に方向動詞，形容詞などが複合して，動作のある結果が出たことや，一定の状態にはいったことをしめしている文では，"了"が呼応している。

兩三個星期的工夫，他把腿溜出來了。　　　　　　　　　　　（駱 8）
我就是那個孫排長。想起來了吧。　　　　　　　　　　　　　（駱 130）
不知道在什麼時候，他坐下了。　　　　　　　　　　　　　　（駱 27）
我把東西都收拾好了。　　　　　　　　　　　　　　　　　　（騎 245）
我打聽明白了。有憑有據！　　　　　　　　　　　　　　　　（離 164）
缺德！我那麼說慣了！　　　　　　　　　　　　　　　　　　（方 126）
你們考上什麼啦？　　　　　　　　　　　　　　　　　　　　（老 155）
積蓄下多少了，老李？　　　　　　　　　　　　　　　　　　（離 163）

動作の完成，完了にも"了"が呼応する。
　　我活了這麼大的歲數，反倒變成老媽子了！　　　　　　　（方89）
　　看你的大褂，下邊成了泥餅子啦！　　　　　　　　　　　（老19）
　　你也坐下吧！你也干了半夜啦！　　　　　　　　　　　　（老57）

　なお，つぎのように"哪"が対応しているような例もあるが，これは"呢"の語気の"哪"ではなくて，感嘆の語気をしめす語気詞"啊"が，まえの字の韻尾に影響されて変音したものである。
　　可是她也入了團哪！　　　　　　　　　　　　　　　　　（老207）
　　方老板這幾年到底弄了多少錢哪？　　　　　　　　　　　（方25）

　動作の完結はかならずしも過去においておこるものでなく，将来における完結もあるわけで，副詞"就""快"などで将来のある時点での完結をしめしている文でも"了"がもちいられる。
　　你還有多少日子就畢業了？　　　　　　　　　　　　　　（離78）
　　我馬上就搬家了。　　　　　　　　　　　　　　　　　　（老132）
　　學校快考試了吧？　　　　　　　　　　　　　　　　　　（離174）
　　聽說你已經租好了園子，快開張啦。　　　　　　　　　　（方47）
　　你可真要發財了！　　　　　　　　　　　　　　　　　　（老94）
　　他幾乎要跳起來了！　　　　　　　　　　　　　　　　　（駱28）

　動作にかぎらず，一定の性質または状態に変化が生ずるばあいも同様である。
　　孟老師，您給我想想，她都十九歲啦！　　　　　　　　　（方23）
　　唉，我，也快六十歲了，沒兒沒女的！　　　　　　　　　（方136）
　　一清醒過來，他已經是駱駝祥子了。　　　　　　　　　　（駱37）
　　他心中痛快了些，好似危險已過，而眼前就是北京了。　　（駱25）
　　天黑上來了。
　　天快黑了。

動作の未完結,未実現をあらわす文では,副詞"沒(有)"を述語のまえにおき,文末に"了"をもちいない。
　沒事,我沒喝醉！　　　　　　　　　　　　　　　　　　　　（老45）
　我幷沒那麼說！　　　　　　　　　　　　　　　　　　　　　（離79）

しかし,その未完結,未実現の期間がある時点で一定時間量に達したことをあらわすには,時間量をあらわす数量詞もしくは副詞を文中において,文末に"了"を呼応させる。
　我十幾年沒唱了,萬一唱砸了,可怎麼辦呢？　　　　　　　　（老37）
　我已經受管制,兩個多月沒幹活兒了。　　　　　　　　　　　（老39）
　多少日子她沒到過我屋裏了！　　　　　　　　　　　　　　（離184）
　明師傅,可老沒來啦！　　　　　　　　　　　　　　　　　（老118）

これに対して,ある時点でいまなお未完結,未実現のままであることをしめすには,上記の時間量をあらわす語にかえて"還"が,"了"にかえて"呢"がもちいられる。
　不去看看爸爸？他還沒看見你呢！　　　　　　　　　　　　（錐73）
　放我回去吧,我還沒吃飯呢！　　　　　　　　　　　　　　（宝52）
　羊肉還沒買呢！　　　　　　　　　　　　　　　　　　　　（離109）
　我們還沒把這件事作完呢！　　　　　　　　　　　　　　　（老265）

相手に動作の停止をもとめるのは,ある時点において不活動の事態にはいることであるから,"了"がもちいられる。したがって,"了"は制止の語気をおびることとなる。
　什麼都甭說了！　　　　　　　　　　　　　　　　　　　　　（老8）
　我的姑奶奶,別給我惹事啦！　　　　　　　　　　　　　　　（老22）
　您還是養病要緊,不必細問了。　　　　　　　　　　　　　　（老18）

"哪"がもちいられていることがあるが,これは"啊"がまえの字の韻尾の影響で変音したものであることが多い。

我說，別那麼辦哪！ (老45)

　人または事物の性状の程度を強調するのに，副詞"太""可"がもちいられるが，これには"了"が呼応する。
　　你下來！下來！你太老了；禁不住我揍，下來！ (駱269)
　　老李你也太厲害了，誰不知道吳太極的缺是由你補！ (離143)
　　我太高興了，所以弄出錯兒來。 (方112)
　　娶誰也別娶大學畢業生，來派太大了。 (離152)

　　媽，今兒個可熱鬧了，市長，市委書記還來哪！ (老66)
　　還有您的兒子，我也認識！他們姐兒倆可好啦！ (老269)
　　我？哼，事兒可多了！ (駱100)
　　爲婦女商店開張，您可辛苦啦！ (老215)
　　我們這個同志病得可厲害啦！ (新112)
　　嚷什麼！給人聽見可壞啦！ (新19)

　"可"や"太"があらわれずに，場にふくまれているばあいも同様である。
　　瘋哥，娘子，你們也辛苦啦！ (老56)

　これに対して副詞"纔"で強めたばあい，"呢"が呼応する。
　　王先生，您的話纔厲害呢，刺心窩子！ (方112)
　　老太太命纔苦呢！ (離64)
　　二妹妹，這年頭養女兒纔麻煩呢！ (離22)

　"太"は'基準をこえる'，"可"は'予想をこえる'という語勢をふくんでいるところから，これらには変化の語気"了"が呼応し，"纔"は'基準への合致'の語勢をふくむところから，"呢"が呼応してその保持をしめしているものであろう。"才"はその他のばあいでも，"呢"とむすんで，"了"による表現と対立してる。

文学作品における語気詞について

{ 他已二十二了。
{ 他纔二十二呢。

{ 睡一會兒就好了。
{ 睡一會兒纔好呢。

{ 明天要發表了。
{ 明天纔發表呢。

つぎの例は，"纔～呢"の語勢をよくつたえている。

大水指着小梅説："唉！我看你是做了群衆的尾巴啦！"小梅指着大水説：
"嚇！你纔是群衆的尾巴尖兒呢！"　　　　　　　　　　　　　　　（新 196）

§2　"呢"が文末にあらわれるケースを，前節の文例から帰納すると，つぎの型に要約できる。

① 正～呢。（他正看報呢。）
② 還～呢。（他還看報呢。）
③ 在～呢。（他在看報呢。）
④ ～着～呢。（他看着報呢。）
⑤ 還沒～呢。（他還沒看報呢。）
⑥ 纔～呢。（他纔好呢。）

これは，現代の中国語においてすでに確立しているものといえるが，早期白話でもこの型は成立している。たとえば，北京語の"呢""哪"は，元曲にみられる"哩""哪""呢"の用法を継承しているものであるが，上記の用例について，元曲における例をみてみるとつぎのとおりである。

我正等你來打哩。　　　　　　　　　　　　　　　　　　　　　（元 100）
正在那裏吃酒哩。　　　　　　　　　　　　　　　　　　　　　（元 241）
好也，你還在這裏吃酒哩。　　　　　　　　　　　　　　　　　（元 49）
你也還想別的勾當哩。　　　　　　　　　　　　　　　　　　　（元 128）
我繡着一床錦被哩。　　　　　　　　　　　　　　　　　　　　（元 56）
在房裏等着你哩。　　　　　　　　　　　　　　　　　　　　　（元 59）
只怕哥哥還信着他哩。　　　　　　　　　　　　　　　　　　　（元 113）

則他是劉衙內。你要包待制，還不曾來哩。　　　　　　　　（元 41）
你哥哥直睡到紅日三竿，還未起哩。　　　　　　　　　　　（元 105）
我纔十八歲兒哩。　　　　　　　　　　　　　　　　　　　（元 382）

　『紅楼夢』以降の北京語作品では，"哩"にかわって，"呢"が全面的にもちいられるようになるが，用法はすべて上記の用例にならうことはいうまでもない。『紅楼夢』の例をしめすとつぎのとおりである。
這正好，我這裏正配丸藥呢。叫他們多配一料就是了。　　　（紅 25）
奴才今兒到庵裏的時候，他們正在那裏喝酒呢。　　　　　　（紅 1101）
你還作夢呢！　　　　　　　　　　　　　　　　　　　　　（紅 1187）
剛纔老太太還念誦呢！　　　　　　　　　　　　　　　　　（紅 24）
有東西就獻上來吧，我還有事呢！　　　　　　　　　　　　（紅 79）
老爺在大書房裏等着二爺呢。　　　　　　　　　　　　　　（紅 158）
我還替你留着好東西呢。　　　　　　　　　　　　　　　　（紅 196）
你們六個眼睛還沒見我呢。　　　　　　　　　　　　　　　（紅 516）
嬸子和二叔在上房還未吃茶呢。　　　　　　　　　　　　　（紅 116）
你別和你媽媽吵纔是呢！　　　　　　　　　　　　　　　　（紅 208）
磕了牙，那時候兒我纔不演呢。　　　　　　　　　　　　　（紅 277）
你纔糊塗呢！　　　　　　　　　　　　　　　　　　　　　（紅 342）

　このように，古くから固有の用法が確立していて，このような"呢"のところへ他の語気詞がくることがないから，北京語の話し手にとっては，ここに"了"などがもちいられると，はなはだ違和感をおぼえるようである。たとえば，老舎は劇作体験について語っているところで，『われわれはみずから風格をたてるべきで，これはひとの文章の猿まねではえられない。かつて若い劇作家が四川の老作家の書いたものをまねているのをみたことがあるが，四川人は"哪"と"啦"をわけないで話すところから，この作家がいつも"天哪"というところを"天啦"と書くくせになっているところまでまねて，北方人のくせに"天啦"と書いているのである』[注1]という意味のことをのべているが，この老作家と目される郭沫若氏の作品で

は，上記用例における"呢"に"啦"字をあてていることが多い。

　　哦，那瘋子還在那兒罵我們啦！　　　　　　　　　　　　（郭 528）
　　我在整理衣櫥啦。　　　　　　　　　　　　　　　　　　（郭 582）
　　你這不是在罵我了嗎？　　　　　　　　　　　　　　　　（郭 384）
　　我們在找尋如姬夫人啦！　　　　　　　　　　　　　　　（郭 708）
　　雖然不一定是全部，但至少有一部分關係着我啦。　　　　（郭 612）
　　太妃吩咐過我，要我永遠跟着你啦。　　　　　　　　　　（郭 703）
　　我還沒有說完啦。　　　　　　　　　　　　　　　　　　（郭 410）
　　還沒有接到什麼消息啦。　　　　　　　　　　　　　　　（郭 666）
　　哦，那要當心纔好啦。　　　　　　　　　　　　　　　　（郭 613）
　　我看，我們是應該趕趕路纔行了。　　　　　　　　　　　（郭 379）
　　正因為知道是危險，所以纔敢去冒險啦。　　　　　　　　（郭 593）

もちろん，すべてを"啦""了"としているわけではなく，"呢""哪"ももちいていることはいうまでもない。

　　他還是魏國的公族余子呢。　　　　　　　　　　　　　　（郭 521）
　　在你走了之後，就連我的女兒都在責備我呢。　　　　　　（郭 613）
　　差不多全部都關係着你呢。　　　　　　　　　　　　　　（郭 612）
　　南后，慢工出細貨，要想速成，卻愈要慢來纔行哪。　　　（郭 473）

このように，"呢"の語気に"了""啦"の字をあてる傾向は，南方の作家のものには，多少の差はあれ，おしなべてみうけられる。

　　月亮地下，你聽，啦啦的響了，猹在咬瓜了。　　　　　　（魯 38）
　　你簡直是在'對着和尚罵賊禿'了。　　　　　　　　　　　（魯 124）
　　走吧，眉間尺！國王在捉你了。　　　　　　　　　　　　（魯 194）
　　你又在做詩了嗎？　　　　　　　　　　　　　　　　　　（子 41）

しかし，このように"了""啦"字を"呢"の語気にあてるのは，北方の作家のものにもあり，そのもっともいちじるしい例は趙樹理である。

　　我正說去接你啦！　　　　　　　　　　　　　　　　　　（李 96）

人家正在氣頭上啦，說那些冒失話抵什麼事？ （李 16）
人家春媳婦在窗外聽啦！ （李 17）
快走吧！你天命哥哥來了，在家等你啦！ （劉 54）
那忘不了！我腿上還有疤啦。 （李 194）
大家還給我留着個鋪子啦！ （福 147）
老農會還管這些事啦！ （板 69）
兔子們都在家里等着戲啦。 （劉 47）
你爹你娘他們都還在那里等着你啦。 （劉 54）
汽車路兩旁的好地還長着蒿啦！ （地 127）
我的話還沒有講完啦！ （李 148）
你一年多了還沒有回去啦，可以先回去看一下，等幾天我就去了。（李 82）
我覺着這纔是走遍天下餓不死的真正本領了。 （地 127）

しかし，これは趙樹理の全作品に指摘されるものではなく，『劉二和与王継聖』『福貴』『李有才板話』ではすべて"啦"をもちい，"呢""哩"はもちいておらないが，『李家莊的変遷』では，"呢""哩"も一部もちい，『三里湾』では"呢""哩"をもちいて，"啦"を"呢"の語気にあてることはしていない。また『小二黒的結婚』でも"啦"のこのような使用は限られている。

なお，"呢"には"了"に対する時間的語気，強調の語気のほかに，疑惑をしめすはたらきがあり，各種の疑問文にもちいられる。
假若這麼下去，幾時纔能買上車呢？爲什麼這樣呢？ （駱 10）
你們這是農民跟地主算帳呢？還是農民跟農民鬥爭呢？ （新 197）
你可別多心，她到底可靠不可靠呢？ （駱 278）
我的女兒呢？ （駱 269）

"啦""了"字はこのような疑惑の語気にもあてられている。
唵，你叫什麼名字啦？ （郭 439）
你那花環是哪個給你的啦？ （郭 529）

咱憑什麼跟人家算帳啦？ (劉55)
打聽她做甚啦？她的本領多大啦？ (二21)
大家知道不知道爲什麼要救國啦？ (李91)
犧盟會是不是共產黨啦？ (李111)
小毛啦？ (李180)

そして，これらの疑惑の語気をふくめて，"呢"の語気に"了""啦"字をあてる例は，上掲の作者以外の作品にも散見される。

他們叫我啦，紅喜你歇一歇，我一會就來。 (白68)
吃得飽，還剩下啦。 (兒166)
噯呀！你還在這裏劈柴啦！ (呂108)
哦，給你捎着封信啦！ (呂57)
這總得他給咱想個辦法纔行啦！ (呂40)

叔叔住在哪兒啦？活着呢，還是被日本兵殺了？ (兒210)
小羅哥！你在哪兒做事啦？ (兒118)
你的租子是給不給啦？ (呂34)
喜兒啦？ (白25)

北京語作品にはこのような現象はまずない。しかしまったくないというわけではない。

七月一號纔完事呢，還有兩三天了。 (離192)
你還沒吃飯了吧？ (駝101)
我提上鞋等下趟吧，回來一瞧啊：站着八個人啦。 (相57)

§3 "呢"の語気に"了""啦"字をあてることがあっても，中国語全体としては，やはり例外的な用字法であって，"呢""了"はそれぞれ固有の語気にあてられている特定の字であることにかわりはない。ところが，やや事情をことにするのが"咧"である。"了"について，呂叔湘氏は『"了"字作動詞（了結）和限制詞（吃不了）用時音 leau，用作動相詞（吃了飯）和

語氣詞（吃飯了）則音 le，但通常都寫一個"了"字。le 後面合上 a，o，ou 等音成 la，lo，lou，現在分別寫作"啦""囉"或"咯"和"嘍"。舊時又有寫成"咧"的，有些地方用來代表 la，但別處似乎也有用來代表 le 甚至 lo 或 lou 的』注2 とのべ，"咧"を旧白話で"了"の語気の系統にあてられている語気詞としているが，"咧"のあらわれる『紅楼夢』以降の作品についてみると，呂氏の指摘するようになっている。

紅楼夢：

 安玉道：正經叫'晦氣'也罷了，又'惠香'咧！你姪兒幾個？ （紅 20）

 劉老老道：……如今年深日久了，人也沒了，廟也爛了，那泥胎兒可就成了精咧。 （紅 434）

 平兒道：……那是什麼東西！比那強十倍的，也沒昧下一遭兒，這會子就愛上那不值錢的咧？ （紅 844）

 寶蟾把嘴撇，笑說道：罷喲！人家倒替奶奶拉縴，奶奶倒和我們說這個語咧！ （紅 1074）

児女英雄伝：

 過了那山崗子不遠兒就瞧見那二十八棵紅柳樹咧。 （女 5-16）

 我怕甚麼？撤開鴨子就到咧！ （女 21-4）

 哦，你要溺尿啊。你那馬桶早給你拏進來咧。 （女 11-11）

 你也不打聽誰賣的胡琴兒，你就拉起來咧！ （女 5-20）

 一個曲兒你聽了大半拉咧，不聽咧？ （女 4-13）

 咱兒咧，不是轉了腰子咧？ （女 33-33）

 可吃飽咧。齋也開咧。我們姑奶這就不用惦記着咧。 （女 29-39）

 別價儘着折受我咧！ （女 29-37）

三俠五義：

 我與你素不相識，誰又拿了你的銀子咧？ （三 124）

 這個說：你踩了我的裙子咧。那個說：你碰了我的花兒了。 （三 196）

 我纔聽見說，趕着就跑了來咧。 （三 122）

 怎麼了？栽倒咧。 （三 283）

 方纔大人問你。你就揀近的說就完咧。甚麼枝兒葉兒的，鬧一大郎當，作甚麼？ （三 78）

媳婦，我給你請個先生來，求他看看，管保就好咧。　　　　　　（三46）

　しかし、"呢"の語気にあらわれていることもあり、『紅楼夢』につぎの例がみえる。
　　劉老老道：一早就往這裡趕咧，那里還有吃飯的工夫咧？　　　　（三70）

　すなわち、劉老老には、"呢"と"了"の両語気に"咧"をもちいているのである。劉老老は城外にすむ村婦であることをおもえば、これによってかの女が"呢"と"了"を分けない話し手であることを示しているものであろう。『児女英雄伝』、『三俠五義』にもつぎのような例がある。
　　誰知儸了輛小單拱兒，那推車的又是老頭子，倒够着八十多周兒咧，推也
　　　推不動，還沒我走着爽利咧！　　　　　　　　　　　　　　　（女21-4）
　　他還敢驚動舅太太咧？　　　　　　　　　　　　　　　　　　（女29-32）
　　到了廳上一看，那裏還有銀子咧？　　　　　　　　　　　　　　（三71）

　つぎの例もある。
　　我們德州這地方兒，古怪事兒多着咧！　　　　　　　　　　　　（女22-9）
　　俺是知道的，這廟內閙房多着咧。　　　　　　　　　　　　　　（三299）

　この"～着咧"が"～着呢"であることはいうまでもなく、同書ではおおくは"～着呢"としている。
　　那說書說古的菩薩降妖捉怪的多着呢。　　　　　　　　　　　　（女8-11）
　　自古書上說，妖精入門家敗人亡的多着呢。　　　　　　　　　　（三8）

　"呢"の語気に"咧"字をあてている話し手が、'我們德州這地方兒''俺'といっているところから、作者の用意は、『紅楼夢』における劉老老のばあいとおなじものがあるのであろう。
　このように、一部で"呢"の語気にあてられているものの、これは特定の話し手に限られており、基本的には"了"の語気であるとみられるが、現代の北方語作品では逆に"呢"の語気を基本とするようになっている。

這可是個好辦法，我們正愁明天沒法交代咧！　　　　　　　　（呂 20）
你沒聽見嗎？掌櫃的罵咱們咧！　　　　　　　　　　　　　（兒 105）
今晚還要開庭過堂咧！　　　　　　　　　　　　　　　　　（呂 90）
這年月要飯吃的，也不能光是我，可能還有很多人咧。　　　（呂 106）
這椿買賣中還有中人咧，這中人就是豹子溝的郝四兒。　　　（高 155）
你急什麼，我還有話對你說咧。　　　　　　　　　　　　　（野 447）
我又不會造槍，我的手槍還是奪得敵人的咧！　　　　　　　（呂 144）
我們自個兒的地還不夠種咧，爲什麼讓給他們種呀？　　　　（新 192）
他還兇咧！　　　　　　　　　　　　　　　　　　　　　　（洋 73）
裏邊桌子旁坐着個女同志，在笑着對他招手咧。　　　　　　（新 24）
我們在談建立暗抗日根據地咧！　　　　　　　　　　　　　（洋 84）
你在想搭救你外甥咧！　　　　　　　　　　　　　　　　　（洋 31）
人們還在窩棚裏餓着咧！　　　　　　　　　　　　　　　　（兒 246）
你叔叔郭五叔還在窩棚裏勒着褲帶咧！　　　　　　　　　　（兒 245）
大隊長，區長，你們來啦，正盼着你們咧。　　　　　　　　（新 151）
咱們一定會打勝的，可是現在還沒來咧，還在打着咧。　　　（高 261）
呸！燈還沒有掛出來咧！　　　　　　　　　　　　　　　　（葫 35）
我還沒對你講咧！　　　　　　　　　　　　　　　　　　　（洋 65）
你身體還沒完全好咧，快休息吧。　　　　　　　　　　　　（洋 27）
咱們需要向大家說說，人多纔行咧。　　　　　　　　　　　（兒 171）
生旺當密諜還不夠，要把心掏出來到染房裏染一下，染成黑的纔行咧！
　　　　　　　　　　　　　　　　　　　　　　　　　　　（呂 513）
要是把這個解決了，老百姓纔歡迎你咧！　　　　　　　　　（洋 87）
人也沒個躲處，那纔危險咧！　　　　　　　　　　　　　　（洋 92）

　これらの作品では、"呢"の語気におおく"哩"をあてており、"哩"と音が近似している"咧"をおなじく"呢"の語気にもちいているわけである。
　老舍もかれの戯曲『茶館』では、つぎのように"咧"をもちいている。
　劉麻子：一共有多少塊呢？說個數目！
　老　林：那，還不能告訴你咧！

84

老　　陳：事兒能辦纔說咧！　　　　　　　　　　　　　　　（老 104）

　この老林，老陳は，かれの作品『也是三角』の登場人物である逃亡者二名の投影であって，もちろん北京語の話し手ではない。作者は"咧"をもちいることによって，"呢"の話し手との対照をうき出たせているものであろう。
　このように,現代の作品では"咧"字を"呢"の語気にあてているが,"了"の語気にあてている例も一部にある。
　　狹隘死咧！　　　　　　　　　　　　　　　　　　　　　　　（野 260）

　また，時態助詞"了"にあてている例もある。
　　你家春蘭可招咧漢子啦！　　　　　　　　　　　　　　　　　（旗 123）
　　咱們裏，幾輩子沒有坐官的，叫運濤起咧祖了。　　　　　　　（旗 136）

　しかし，この用例は稀れである。
　なお，"呢"の疑惑の語気にあてる例も一部の作品にみられる。
　　爲什麼要叫一個洋鐵桶咧？　　　　　　　　　　　　　（洋　まえがき）
　　洋鐵桶這人是民兵出身，是一個老百姓，他當隊長爲什麼要勤務兵侍候
　　　咧，你不應該寫勤務員！　　　　　　　　　　　　　（洋　まえがき）

　旧白話作品で主として"了"にあてられていた"咧"が，いつごろから"呢"の語気にあてられるようになったのかは，当初から両用の例もあることで，判然としがたいが，清末の『老残遊記』ではすべて"了"の語気にあてており，『官場現形記』では"呢"の語気にあてる例がみえるが，全面的ではなく，おそらく五四以降におきた現象であろう。
　　你瞧！老爺們叫你來爲開心的，你可哭開自己咧！那不得罪人嗎？快別哭
　　　咧！　　　　　　　　　　　　　　　　　　　　　　　（残 13-11）
　　太汛到咧！　　　　　　　　　　　　　　　　　　　　　（残 13-14）
　　纔回來抽不上三袋烟，又是甚麼局里的委員來稟見，現在三正在那裏會客
　　　咧。　　　　　　　　　　　　　　　　　　　　　　　　（官 37）

85

黎錦熙氏は，"咧"を"哩"とならべて解説し，"呢"の語気の一類としているが，呂叔湘氏が旧白話的観点に立っているのに対して，現代における用法からながめているわけである。注3

§4 "哩"は早期白話小説以来もちいられている語気詞で，"呢"はおそらくこの"哩"の変音によってうまれてきたものとおもわれるが，今日も非北京語作品において，ひろくもちいられている。

　我正改作業哩，明天還得發下去。　　　　　　　　　　　　　　（旗 226）
　也不知怎麼啦，我正發楞哩。　　　　　　　　　　　　　　　　（呂 526）
　彭醫生，我正要小蘭找你哩。　　　　　　　　　　　　　　　　（朝 145）
　奶奶當時吐了血，現在還躺在炕上哩！　　　　　　　　　　　　（苦 262）
　可不，咱們還有十幾只船哩嗎？　　　　　　　　　　　　　　　（新 148）
　可得慣，比在家里還好哩！　　　　　　　　　　　　　　　　　（朝 86）
　她要吃奶了，你看，嘴在動哩！　　　　　　　　　　　　　　　（朝 326）
　怎麼好幾天沒有回家了！姑婆在念叨他哩！　　　　　　　　　　（朝 26）
　范富興，你在嘀咕啥哩，麥子霜凍壞了，你負責？　　　　　　　（双 109）
　害病受傷，俺帶着藥哩。　　　　　　　　　　　　　　　　　　（創 260）
　你背上還背着個伢伢哩！　　　　　　　　　　　　　　　　　　（朝 121）
　你看人家也在鷩着哩。　　　　　　　　　　　　　　　　　　　（創 116）
　小娃子和小閨女，跟他們的迷信奶奶着哩。　　　　　　　　　　（創 324）注4
　兩條人命我還沒有和你算哩。　　　　　　　　　　　　　　　　（朝 30）
　我在鄉上開了一早起會，到這時候還沒吃飯哩！　　　　　　　　（創 130）
　鬼子孫們！我還沒死哩！　　　　　　　　　　　　　　　　　　（創 34）
　讓你們但驚受怕，我纔對不住你們哩。　　　　　　　　　　　　（新 108）
　上了戰場，這樣打纔過癮哩！　　　　　　　　　　　　　　　　（期 258）
　那個紅軍媽媽纔好哩！　　　　　　　　　　　　　　　　　　　（朝 212）

　疑惑の語気には"哩"字をあてないで，"呢"をあて，"哩"と"呢"の機能分化をはかっている作品も一部にあるが，この分化はかならずしも生活言語そのものの反映ではないとおもわれ，一般に"哩"も疑惑の語気に

あてられている。

 村裏誰造反哩？ (呂84)
 首長們自己都沒有喝，我怎麼喝得下哩？ (朝289)
 你到這裏睡覺來哩？還是開會來哩？ (創57)
 這裡適宜的稻種，到湯河上愛長不愛長哩？ (創89)
 媽！媽！我媽哩？ (双85)

この"哩"を"了"の語気にあてる作品も一部にある。

創業史：

 他在哪裏放高利貸？放了多少？利息多高？你都調查清楚哩吧？ (創79)
 娃這回可說到你心眼上哩吧？ (創115)
 都分光哩。 (創131)
 怎麼着哩？小光棍漢！尋下個對象哩沒？ (創233)
 拴拴只是樅扎了脚，化了膿，這時已經好哩！ (創433)
 算哩！甭難受哩！是我的不對！咱往啥啥也不管！給咱吃上穿上就對哩！ (創45)

 "啦"字が"呢"の語気にあてられるのは、"呢""了"をわけない方言を背景としたものにみられる現象であるから、逆に"哩"が"了"の語気にあてられることもありうるわけであるが、この現象は一部の作品に限ってみられるもので、北方語作品においては一般的でない。

 同様に、"呢"または"哪"を"了"の語気にあてている例もすくなく、一部の作家のものにまま散見される程度である。

 小妹也不行！這孩子喜歡多嘴，他們也早就釘她的梢呢！ (子459)
 我們的公司在三天之內就可以成立哪！ (子134)
 中央軍形勢轉利，公債馬上就要回漲呢。 (子56)
 我走了，太太就要叫我呢。 (曹10)
 要下雨呢，四妹，我們回去吧。 (子526)

 "呢""哪"が"了"にあてられることのすくないのは、"呢""了"不分

といっても，ともにlでよむところが多く，nでよむところがすくないという事情もはたらいているものとおもわれる。

§5 "哩"が変音して"呢"になったとされ，早期白話でもちいられていた"哩"が『紅楼夢』あたりから"呢"と表記されるようになって，その後の北京語作品に及んでいるわけであるが，上節でみたように，これらの作品で"了"の語気にあてられている"咧"が，特定の登場人物については，"呢"の語気にもあてられていて，北京語の話し手とは区別されているところがある。これは，北京以外のところでは，この両語気が同一声母ではなされていたことを反映しているものであるが，この間の事情は今日においてもかわっておらず，中国の北方においても相当広汎な地域にわたってnとlをわけない現象がある。したがってこれらの方言を背景にしたものには，"呢"と"了"の用字的区別を欠如したものが多いわけである。しかし，"呢"と"了"はその時間的語気の面では明瞭な対立があり，その他の派生的な用法においても，この対立がベースになっている。したがっておおくの作家は，用字上の書きわけに留意しており，郭沫若氏のものにしても，近作の『武則天』（中国戯劇出版社　1962 北京）などでは，"九月的下弦月還很明朗啦"（同書 p.80）などの例若干をのこして，他はほとんど完全に書きわけをおこなっているし，また趙樹理にしても，ほぼ後年の作品になるにしたがって，"啦"字を"呢"の語気にあてる傾向はなくなってきている。しかし，このように用字的区別を原則としておこなっている作品でも，対立の顕著な時間的語気以外のところでは，やはり若干の混用はさけられないようである。たとえば，『新児女英雄伝』では，"可"をともなう強調表現で，"可厲害啦"（112），"可熱鬧啦"（203）など，"了"でうけている例がおおいにもかかわらず，"呢"でうけている例が混入している。

　　你想想吧，這裏面的好處可多呢。　　　　　　　　　　　　　　　　　　（209）
　　中央軍撒丫子跑，這一帶丟下的武器可多呢！　　　　　　　　　　　　　　（8）

一般に"呢"と"了"をわけないところでは，"呢"と"了"のちがいで文の意味をききわけるのではなしに，北京語で"呢"と"了"をえらば

せている言語的条件によってききわけていて，"呢"と"了"はそれらの条件と一体的にとらえられずに，一個の感情色彩をそえる付属単位としてとらえられているのであろうから，強調表現のように，特に感情的語気がおもくて，しかも時間表現におけるような明瞭な対立を欠くものでは，混用の傾向はさけえられないものとおもわれる。

注1　老舎：出口成章（作家出版社 1964 北京）p. 30。
注2　呂叔湘：中国文法要略（商務印書館 1947 上海）p. 208。
注3　黎錦熙：新著国語文法（商務印書館 1924 上海）p. 317。同：漢語語法教材（商務印書館 1959 北京）p. 473。
注4　北京語，河北方言など北方語のおおくは，"吃着飯呢""看着報呢"と動詞と賓語をきりはなしていうが，陝西，甘粛方言では"吃飯着呢""看報着呢"といい，"站着呢""忙着呢"などのいい方と統一化している。A. A. 竜果夫：現代漢語語法研究（科学出版社 1958 北京）p. 140 参照。
　その他の北方語でも"有"とその賓語などについては，同じような傾向がみられる。
是啊，吃了您的包子，回去小嘴兒老念叨您，有個心眼着呢。（駝 115）
孟琮：談'着呢'（中国語文 1962年5月号）参照。

引用書目

(駱)　老舎：駱駝祥子（晨光出版公司 1951 上海）
(離)　老舎：離婚（晨光出版公司 1953 上海）
(宝)　老舎：宝船（中国少年児童出版社 1961 北京）
(老)　老舎：老舎劇作選（人民文学出版社 1959 北京）
(相)　老舎ほか：相声大観（北京宝文堂書店 1955 北京）
(駝)　梅阡：駱駝祥子（中国戯劇出版社 1958 北京）
(新)　袁静、孔厥：新児女英雄伝（新文芸出版社 1951 上海）
(李)　趙樹理：李家荘的変遷（人民文学出版社 1952 北京）
(劉)　趙樹理：劉二和与王継聖（人民文学 1955年8月号　人民文学出版社）
(福)　趙樹理：福貴（『李有才板話』所収，人民文学出版社 1953 北京）
(板)　趙樹理：李有才板話（同上）
(地)　趙樹理：地板（同上）
(白)　賀敬之、丁毅：白毛女（人民文学出版社 1952 北京）

(児) 張孟良：児女風塵記（中国青年出版社 1957 北京）
(呂) 馬烽、西戎：呂梁英雄伝（人民文学出版社 1952 北京）
(高) 欧陽山：高乾大（人民文学出版社 1953 北京）
(洋) 柯藍：洋鉄桶的故事（新華書店 1950 上海）
(双) 李准：李双双小伝（作家出版社 1961 北京）
(萌) 馬烽：宝葫蘆（工人出版社 1950 北京）
(野) 李英儒：野火春風斗古城（作家出版社 1962 北京）
(旗) 梁斌：紅旗譜（中国青年出版社 1961 北京）
(朝) 馬憶湘：朝陽花（中国青年出版社 1961 北京）
(苦) 馮徳英：苦菜花（解放軍文芸社 1958 北京）
(創) 柳青：創業史（中国青年出版社 1960 北京）
(清) 茅盾：清明前後（人民文学出版社 1963 北京）
(子) 茅盾：子夜（人民文学出版社 1952 北京）
(郭) 郭沫若：郭沫若選集（開明書店 1952 北京）
(魯) 魯迅：魯迅選集（同上）
(曹) 曹禺：曹禺選集（同上）
(元) 臧晋叔：元曲選（文学古籍出版社 1955 北京）
(紅) 紅楼夢（人民文学出版社 1963 北京）
(女) 児女英雄伝（亜東図書館 1932 上海）
(三) 三俠五義（世界書局）
(残) 老残遊記（亜東図書館 1933 上海）
(官) 官場現形記（人民文学出版社 1957 北京〕

白話文における呉語系語彙の研究

I 白話文における呉語語彙について

 1 五四文学革命を契機として，いままでの「文言」にかわって，「白話」が文学言語の地位をしめるようになるわけであるが，中国では宋元以来歴代の戯曲や通俗小説はおおくすぐれた口語体でかかれておったのであって，特に清末にかけての通俗出版物は量的にも相当数にのぼり，これらのなかには，五四以降の「白話」文と，文体の面で区別のつけがたいものがすくない。文学革命はおそらくその首唱者たちの青少年時代の，これらの読書体験におもいつきがあったものであろうが，ともあれ「白話」文学はこのような歴代の口語作品の伝統に連続し，その流れのなかに発展していったわけであって，文体あるいは語彙などの面における歴史的継承は「白話」文の考察にあたって看過することのできない一面である。

 「白話」はいうまでもなく北方方言を基礎として形成されていったものであって，このような「白話」でもってものをかくということは，他方言の話者にとってかなり習熟を要したであろうことは想像するにかたくない。しかし，北方方言と他方言とのひらきは，音韻の面における問題は別として，その語彙やシンタックスのうえではたいして差異がみとめられず（なかでもシンタックスにおける距離が最小である。たとえば，北京語と上海語では，"天快要亮了。"を"天要亮快哉。"という点ぐらいが目にたつ程度である。それだけに話者にはつよく意識され，"急煞快""笑煞快"などは，"快急死（了）""快笑死（了）"と翻成されているのがふつうである）。したがって北方方言特有の一部の助詞に留意するだけで，まずまず一応「白話」らしいものはかきあげることができる。『越諺』に，"的、了、麼、呢"について，"越多業幕友。初學必先知此四字。蓋敘刑案口供，如曰小的，你的，打殺了，就是了等語口吻，動筆時照此聲敘無誤。"とあるのは，この間の

一事情をものがたるものといえよう。これは，今日の中国人についてもおうむね言えることであって，概して方言の話者は，そのセンテンスの語の字音を北京音で発音して言いさえすれば，いわゆる「国語」すなわち「普通話」であるとおもっているようである。しかし，実際には方言の語彙には，それ特有のものがあって，たとえ北京音で読んでみても，北京語の話者に了解されず，また漢字で表記しても，理解をえがたいものもすくなからずあるわけであるが，これらが他の語彙，たとえば"水""飯""人""吃""作"などの，北京語音で読めば，そのまま北京語の語彙になるものとまじって，文にあらわれてこようとするのである。もちろん，このばあいいちじるしく方言的色彩のつよいものはさけられようが，北京語ないし北方方言の話者にとっては，ときにかなり難解なものとなる傾向はいなみえない。たとえば，明代の「三言二拍」がそれであって，『拍案驚奇』を編注した王古魯氏は，「凌氏は烏程（いまの呉興にあたる）の人であるので，三言の編者である馮夢龍氏とおなじように，いずれも呉語系統の文人にはいる。したがって，どんなになめらかに，すらすらとかけていても，しらずしらず江浙方言の語彙や，風俗習慣がまじってくることとなる」とのべ，「最近になって，江浙人にはすこしも難解とおもえないところが，北方やその他の地方の小説研究者や愛好家にとっては，なかなか了解されないことがすくなくないということに気づいた。そこで，これらの点について，いささか注釈をくわえた」として，『初刻拍案驚奇』『二刻拍案驚奇』あわせて二百三十有余の項目にわたる注釈をほどこしているほどである。しかし，同書にはこれら以外にも相当数[1]の呉語系の語彙がもちこまれており，呉語への傾斜はさらにおおきいものとかんがえてよい。これらについては別にのべることとするが，両書中にみられる，つぎのような語彙はいずれも呉語系に属するものであろう。

夜頭〔夜裏〕　泥〔土〕　房間〔屋子〕　被頭〔被子〕　面孔〔臉〕　牙齒〔牙〕　肚皮〔肚子〕　這答〔這兒〕　名頭〔名聲〕　說話〔話〕　吃（酒）〔喝〕　摜〔摔〕　挨〔擠〕　揩〔擦〕　喚〔叫〕　喚做〔叫做〕　不捨得〔捨不得〕　記起〔想起〕　忘記〔忘〕　會得〔會〕　冷水〔涼水〕　騫生〔不熟〕　剛剛〔剛〕

白話文における呉語系語彙の研究

※〔　〕内はいずれもほぼ北京語における相当語である。

　胡適が「われわれはできるだけ『水滸』『西遊記』『儒林外史』『紅楼夢』の「白話」を採用すべきである」とのべている『儒林外史』にしてもこの例にもれず，この作品の言語が当時の江南官話を反映していることは，すでに指摘されておるところで，各回に下江官話の語彙が散見されている。そのおもなるものを例示すると，つぎのようである。

做些針指生活。(1)
日逐把牛拴了，坐在柳陰樹下看。(1)
通身冷汗，醒轉來。(2)
都是些粗心浮氣的說話。(3)
賺不得錢把銀子。(3)
摜在地下。(3)
渾家拎着酒，放在桌子上擺下。(4)
遇着個鄉鄉裏的親眷。(5)
陪郎中弄藥。(5)
慌忙揩揩眼淚。(5)
未知事體做的來與做不來。(9)
阿叔再吃一杯酒。(16)
他今朝小生日，同人都在那裡聚會。(18)
還要買些肉饅頭。(18)
今早是舍親小生日。(19)
到開年清明，替老爹成墳。(21)
不尷尬。(23)
順便撞兩處木鐘，弄起幾個錢來。(23)
各自吃了夜飯住下。(34)
酒糟的一副面孔。(41)
不肯同不家做親。(44)
戴了紗帽，着了靴。(51)
小時也是極有名頭的。(53)

93

將手理一理 。(55)[2]

さきにもふれたように，清末には口語による通俗小説が大量に出版されているが，これらの文芸活動の中心が上海にあったこと，これらの活動のにない手のおおくが南方出身の人であったことなどがあいまって，下江官話につよく傾斜した作品があいついでうまれることとなった。すなわち，李伯元の『文明小史』『官場現形記』『海天鴻雪記』をはじめとして，蓬園の『負曝閒談』，姫文の『市声』があり，その他『官場維新記』（佚名），『苦社会』（佚名）など，いずれもこのたぐいに属するものである。これらの作品には「三言二拍」『儒林外史』にあらわれている呉語ないし下江官話系の語彙のうちの相当量がもちいられているほか，つぎのようなものがもちこまれている。

日脚〔日子〕　下半日〔下午〕　爛泥〔泥〕　山芋〔白薯〕　牆頭〔牆〕　面盆〔臉盆〕　牙刷〔牙刷子〕　自來火〔火柴〕　紙頭〔紙〕　人頭〔人〕　大班〔　〕　大姐〔　〕　娘姨〔　〕　捐客〔　〕　包打聽〔　〕　壽頭〔冤大頭〕　脚踏車〔自行車〕　弄堂〔胡同〕　票頭〔票〕　用場〔用處〕　駝〔拿〕　撳〔按〕　搬場〔搬家〕　叉（麻雀）〔打〕　搭漿〔敷衍了事〕　碰頭〔碰見〕　該〔　〕　作興〔可能〕　克己〔便宜〕　滑頭〔　〕　爿〔家〕　幢〔座〕　泡〔陣〕　家頭〔　〕　直頭〔實在〕　齊頭〔齊巧〕[3]

すなわち，あたらしい事物についての新名詞を中心にして，上海地方の語彙が大量にとりいれられているのである。

五四文学革命によって，「白話」文はあたらしい意義をもって，首座にすわることとなったが，前述したように，これは突発的，独創的にうみだされたわけではなく，歴代の口語文学の伝統を継承しているものであって，歴代の「白話」に流入している方言語彙が，その後の「白話」文に影響をあたえていくであろうことは容易に想到されよう。それらの方言語彙のうちで，もっとも大きいものは，なんと言っても呉語系のものである。これ

は江南のもつ文化史的意義ともおおいに関連するものであるが，この傾向は五四以降さらにつよまった。すなわち中国近代史における上海の位置がそれである。五四の作家の中で，呉語系の語彙をおおくとりいれているものに，魯迅，茅盾，葉聖陶などがある。いま茅盾に例をとってみてみると，つぎのようである。

 銅鈿都被洋鬼子騙去了。（春蚕）
 揩臉上的汗水。（〃）
 作興是慢一點的。（〃）
 勉強自家寬慰。（〃）

 摜下了書包。（林家舖子）
 拎在手裡。（〃）
 他記起還有兩注存款。（〃）
 林先生意忘記了。（〃）
 做生意很巴結認真。（〃）
 好好的做人家。（〃）
 面盆早就用破。（〃）
 板起了臉孔。（〃）
 看看林大娘的面孔。（〃）
 肥皂又斷絕了一個多月。（〃）
 看看貨色去。（〃）
 夜飯已經擺在店舖里了。（〃）
 你拆爛污賣一批賤貨。（〃）

 坐黃包車回家。（趙先生想不通）
 象他那樣尷尬的人。（〃）

 燒飯娘姨又送上。（微波）
 一家布店的小開。（〃）

活人會拿腔，全要想吃豆腐。(夏夜一点鐘)
決不會掉槍花。(〃)
側着頭想一想。(〃)

他們自夥淘里又東一句西一句的談着。(第一個半天的工作)
和小李一淘去。(〃)

我說，軋熱鬧的。(兒子去開金去了)⁽⁴⁾

　これらはいずれも呉語系の語彙である。かつてわれわれが中国語をまなんだころは，北京語の日常会話を一応おえたところで，文学作品にはいってゆくのがふつうのコースであったが，そのさい魯迅や茅盾などの作品に接して一様に違和感をおぼえたものである。これは会話のスタイルと文章のスタイルのちがいというよりも，その原因はむしろ使用語彙のちがい，シンタックスの微妙なズレにあったものとかんがえられる。わたくし自身の経験をおもいおこしてみても，動作の進行をあらわす，"他在看書""他在那兒看書"という表現は，やや異様におもわれ（"他看着書呢"という表現しかしらなかった），当時耳おぼえでしりはじめていた上海語の"伊勒拉讀書"という型によって，理解していたようである。すなわち，北京語で"他在家。""他站在那兒不走。"というところを，上海語では"伊勒拉屋里""伊立勒拉勿走。"ということから，"勒拉"を"在""在那兒"におきかえるようになっていたわけで，いまでもわたくしは"在看書""在那兒看書"という型で動作の進行態をあらわすやりかたは，呉語シンタックス的発想であるとおもっている。

　ところで，明，清および五四を通じて，「白話」のなかにはいりこんでいった，これらの呉語系の語彙は，当然「白話」の基礎方言である北方官話の語彙と競合することになるわけで，その結果，一部は残留して共通語の語彙として定着し，また一部は排除されてゆくこととなる。これは中国における漢語規範化のすすみにしたがって，今後あるかたちをとることに

なってゆこうが，その方向をしめすものとしては，さきに葉聖陶が旧作の語彙をあらため，「普通話」としてわかりよいものにして，改版印行している例があり，これらのかきあらためを整理分類することによって，その一端をうかがうことができるであろう。⁽⁵⁾ このほか，断片的ではあるが，中国人の間では，つぎのような意見がだされている。

(1) もともと北方方言のものではないが，それが特殊の意味をもっており，北方方言には同義語としてつかわれているものがないので，よく書きことばにあらわれ，北方でも話しことばとしてもちいられている語彙は「普通話」の語彙にいれてしかるべきものである。例：垃圾，尷尬，瘪三，象煞有介事，噱頭，拆爛汚，扯皮，名堂　など。

「普通話」の語彙をゆたかにするためには，このような性質の方言語彙は，つねに「普通話」のなかにひきあげてこなければならない。これに対して，まま書きことばにあらわれることがあっても，基礎方言のなかでつかいなれている同義語を容易にさがしもとめられるものは，これを「普通話」の語彙のなかに吸収する必要はない。例：晨光，娘姨，寫字間，白相，横竪，打烊，訛頭，水門汀，忽浴。

(2) 二つのいれかわっている言いかたで，語意も用法もまったくおなじでしかもそのうちの一つがおおくある方言にみられるばあいは，「普通話」としては，二つのいいかたのうち，普遍性のおおきいものを採用すべきである。たとえば，"鬧熱，横蠻，識見，道地，聲響，運命，扎掙"のたぐいのおびている方言性はわりあいに濃厚で，これらは"熱鬧，蠻横，見識，地道，響聲，命運，掙扎"と言ったほうが，とおりがよい。(鄭重：現代漢語詞彙規範問題)⁽⁶⁾

要するに，現実的な普遍性という点にかかっているわけで，つぎのような提言もほぼこの線にそっているものである。

i　北京およびその他の北方地区では，たいてい"喝茶"と言って，"吃茶"とは言わない。しかし，西南官語や下江官話では，たいてい"吃茶"といって，"喝茶"とは言わない。この二つの言いかたはかなり

ひろまっているけれども，"喝茶"をとったほうがよい。北京語でそう言うからには，影響もおおきいだろうし，そう言うほうが"吃茶"と言うよりも理にかなっているからである。しかし，"泡茶"と"沏茶"とでは，北京語では"沏茶"と言い，北方のその他の地方でも"沏茶"と言うところがあるが，西南官話および下江官話では，ふつうみな"泡茶"と言い，また北京人も"泡茶"とも言う。すなわち，"泡茶"の影響のほうが"沏茶"よりもおおきいわけである。したがって，これは"泡茶"のほうを規範とすべきであろう。（蕭璋：略談現代漢語詞彙規範問題）[7]

ii "大夫"は北京方言の語で，"郎中"は蘇州方言の語である。ほかの地方の人にむかって"大夫"と言っても，"郎中"と言っても，かれらはなんであるかわからない。しかし，"醫生"といえばわかる。すなわち，"醫生"こそ「普通話」の語彙である。（葉聖陶：什麼叫漢語規範化）[8]

しかし，共通語から排除されるといっても，文学作品においては，芸術的表現手段の一つとして，方言語彙がかなりの範囲にわたってもちいられる可能性はなくなるものではない。もちろん芸術的手段といっても，広範囲の人に了解されねばならぬわけで，おのずから一定の制約のあることは言うまでもない。また排除もしくは定着するにしても，相当の落差をもって，不均斉な過程をたどることが予想され，さきにあげたような傾向をもつ作品は，漢語規範化の進展状況とも関連するが，今後においてもにわかに跡をたつということは，言語変化のありかたからして，かんがえられぬところである。たとえば，最近の作品においても，周而復の『上海的早晨』には相当量の呉語系の語彙がもちこまれており，しかもおくれて出版された第二部のほうが，第一部より方言色を濃厚にしているほどである。これらについては別にのべるとおりであるが，そのおもなるものに，つぎのようなものがある。[9]

號頭〔月〕　味道〔味兒〕　爛泥〔泥〕　中飯〔午飯〕　房間〔屋子〕

白話文における呉語系語彙の研究

房門〔屋門〕　屋檐〔房檐〕　屋頂〔房頂〕　天井〔院子〕　寫字間〔辦公室〕　亭子間〔　〕　肥皂〔胰子〕　牙刷〔牙刷子〕　紙頭〔紙〕　磚頭〔磚〕　面孔〔臉〕　臉孔〔臉〕　額角頭〔腦門〕　牙齒〔牙〕　肚皮〔肚子〕　人頭〔人〕　阿姨〔姨媽〕　女人家〔女人〕　老板娘〔　〕　大亨〔　〕　大班〔　〕　娘姨〔　〕　捐客〔　〕　包大聽〔　〕　壽頭〔冤大頭〕　小鬼頭〔小鬼〕　大鬼頭〔小鬼〕　大鬼頭〔大個子〕　小開〔　〕　阿飛〔　〕　佬倌〔　〕　赤佬〔鬼〕　貨色〔　〕　油水〔利益〕　脚踏車〔自行車〕　弄堂〔胡同〕　站頭〔站〕　名堂〔名目〕　話頭〔話〕　噱頭〔　〕　運道〔運〕　用場〔用處〕　銅板〔銅子兒〕　拎〔拿〕　敲〔打〕　摜〔摔〕　揩〔擦〕　撳〔按〕　燒飯〔煮飯〕　泡茶〔沏茶〕　吃苦頭〔吃苦〕　巴結〔努力〕　落雨〔下雨〕　落雪〔下雪〕　熄〔滅〕　側〔歪〕　講話〔說話〕　讀書〔唸書〕　認帳〔承認〕　記起〔想起〕　忘記〔忘〕　巴望〔希望〕　轉念頭〔想心事〕　響〔言語〕　碰頭〔碰見〕　成功〔成〕　賽過〔好像〕　吃力〔費勁〕　識相〔　〕　觸霉頭〔倒霉〕　賺〔掙〕　軋賬〔　〕　打烊〔　〕　揩油〔　〕　做生活〔做活兒〕　吃豆腐〔　〕　吃不消〔受不了〕　轉來〔回來, 過來〕　作興〔可能〕　折爛污〔　〕　吃湯糰〔　〕　齷齪〔骯髒〕　推板〔差〕　冷水〔涼水〕　隨便（什麼）〔不管〕　出色〔好〕　尷尬〔　〕　陌生〔不熟〕　滑頭〔　〕　篤定〔　〕　結棍〔厲害〕　開心〔高興〕　交關〔很, 多〕　克己〔便宜〕　暗〔黑〕　爿〔家〕　幢〔所〕　部〔輛, 架〕　椿〔件〕　記〔～下〕　自家〔自己〕　別人家〔別人〕　剛剛〔剛〕　更加〔更〕　一道〔一塊〕　蠻〔很〕　邪氣〔　〕

　もちろんこれらのなかには"肥皂"のように，北方語の"胰子"を排除して，共通語のなかに定着してしまっているものもあり，"結棍"のように方言色彩のつよいものもあり，"面孔""忘記"のようにかなりひろくもちいられるようになっているものもあって，さまざまである。いずれにせよ，この作品の主題や風土的背景などからして，呉語系の語彙が相当量あらわれることは当然かんがえられるところであるが，このなかで地域色

99

をうちだすために，意識的にもちいられているとおもわれるものは，その使用場面からして，ごく少数であって，傾斜のどあいには多少の差はあれ，同傾向の作品はやはりあらわれてくることであろう。これはまた文学作品としては当然のことである。

　上述したように，「白話」文にはかなりの呉語系語彙が混入してきているわけであるが，(10) これらの語彙が作品にあらわれてくる密度には，かなりの濃淡がある。たとえば，前掲の清末の文学作品はおおく文中にいわゆる「蘇白」をまじえているのであるが，語彙のなかには「蘇白」にのみあらわれ，他の箇所にはあらわれないものもあるし，さらにこれを明代の「三言二拍」や，五四以降の作品における使用とをくらべてみると，それぞれ錯綜した分布をえがく。もちろん，かぎられた作品によって，ある時代ではもちいられていたが，ある時代以降ではもちいられていない，などという断定をくだすことはできないが，それでも方言語彙の局限性や普遍性の一端をはかることはできるであろう。たとえば，"該"を'そなえている，もっている'の意味でもちいている例は，明代ではすくなくとも「三言二拍」にはないが，清末の作品になると，「蘇白」にはもとよりのこと，数点の作品に用例がみられる。しかし，五四以降になると，「蘇白」の部分や方言による作品以降には用いられていない。これに対して，"做人家"（しまつをしてくらす，家をうまくきりもりしてゆく）は，「三言二拍」にはみえるが，清末では『海上花列伝』の「白」にもちいられているだけのようである。五四以降では，茅盾がもちいており，前掲の『林家舗子』における用例のほか，他の作品にももちいられているが，現在では方言による作品以外にはもちいられていないようである（滑稽劇の脚本である『火焼豆腐店』（鮑楽楽，王一明整理，上海文化出版社，上海（1958）に，"做人家點，勿要把賣柴格銅鈿都吃光。"とある。また蘇州弾詞の『老地保』（上海十年文学選集，曲芸選，上海文芸出版社，上海（1960）所収にも"小囡小來，女人末常年有毛病，好得做人家哙，勉強能過去。"という用例がみえている）。ところが，"記起"になると，明，清，五四をとおしてもちいられており，現代の作品においてもよくもちいられているのである。

2 このような,「白話」文にもちこまれている呉語系の語彙について, その個々の語の意味と用法を整理することは, 各代文学作品の読解にとって欠くべからざるものであるが, しかし, このばあい個々の語の意味をつかむこともさることながら, やはりこれらをとおして, 呉語の語彙体系の特色を系統だてて把握しておくことが必要であろう。すなわち, かくすることによって, 基礎方言ならびに古漢語との距離を測定することができ, それぞれの語の漢語語彙における位置づけが可能となって, 語意の理解も一層その深さを増すものとかんがえられるのである。

これにはまず「白話」の基礎方言である北方方言との比較をこころみるのが, われわれの当面の目的にてらして, 合目的的である。いろいろな方法がかんがえられようが, つぎのようなのも一方法である。

i いわゆる「詞形」(漢字で表記された形をさしてもちいることとする) がおなじであるが,「詞義」がひとしくないもの。

ii 「詞義」がおなじであるが, その「詞形」がおなじでないもの。

前者はさらにつぎのようにわかれる。

  a 「詞形」がおなじで,「詞義」の範囲に広狭のみとめられるもの。
    例：呉語の"賺"は, 北方語の"挣"であらわされるものをもふくみ, 北方語の"賺"より,「詞義」はひろい。これに対して, 呉語の"虧得"は"幸虧""幸而"の意味に限定されていて, 北方語の"虧得"よりせまい。

  b 「詞形」がおなじで,「詞義」に関連はあるが, そのちがいが比較的おおきいもの。
    例：呉語の"泥"は, 北方語の"土"にあたり, 北方語の"泥"は, 呉語では"爛泥"という。また, 呉語の"房間""房門"を, 北方語では"屋子""屋門"といい, 呉語の"屋裏"は, 北方語の"家裏"にあたる。

後者もつぎのようにわけてかんがえられよう。

  a 「詞義」はおなじであるが,「詞形」のまったくことなっているもの。
    例：物事／東西, 面孔／臉

  b 「詞義」はおなじであるが,「詞形」の一部がことなっているもの。

例：音節のちがい（牙齒／牙）。
　　　「詞素」の排列のちがい（鬧熱／熱鬧，道地／地道）。
　　　「詞素」の一部分のちがい（今朝／今天）。
　　　「詞尾」の有無（紙頭／紙）。
　　　「調尾」のちがい（被頭／被子）。
　この程度のワクで全語彙を体系づけて整理することは困難な点もあり，またどのワクにいれるか明確でないものや，いくつかのワクにまたがるケースもあろう。たとえば，氷菓子のアイスバーのことを，呉語では"棒冰"というのに対し，北京語では"冰棍兒"というが，これなどは「詞素」の一部分がちがっているとともに，「詞素」の排列がいれかわっているものである。また，"先起頭"と"起先"は，「詞尾」の有無のちがいと，「詞素」の排列のちがいの複合しているケースである。呉語の"牆頭"は，北京語の"牆頭"と"牆"の両方の意味をふくむから，「詞義」の広狭のワクにも属するし，"牆頭／牆"の対応から，「詞尾」の有無のワクにもいれてかんがえねばならないであろう。このように，具体的な適用にあたっては，いろいろの問題がおこるであろうが，このようなワクの設定によって，ほぼ基礎方言とのひらきやかさなりは測定できよう。
　古漢語との関係については，各方言はいずれも古漢語より発展してきているわけであるから，語彙の継承関係が問題となろう。呉語についていえば，"着衣裳"の"着"，"立起來"の"立"，広東語の"飲茶"の"飲"などはいずれも古漢語の語彙を継承，保存している例である。しかし，実際にはもっとさがって唐，宋，元あたりの口語語彙との比較をこころみることが必要であろう。たとえば，北京語の"長得很好看"の"長"は，呉語ではすべて"生"をもちいるが，宋代の話本あたりも"生"になっている。このような語彙の史的考察をすすめることによって，各方言語彙の系譜があきらかになることが期待されるが，これらは将来にまたねばならない。
　ところで，上述のような比較をこころみることによって，われわれが呉語への傾きをもった作品を読むさいに留意しなければならない点があきらかになる面で，実用的な効果もでてくるであろう。漢字でつづられたものを読むという現状からして，もっとも注意しなければならないのは，やは

り同一「詞形」でことなった「詞義」をあらわすものである。わたくし自身の経験したところでは、"該"と表記されるものであった。この語は『官場現形記』の第一回のはじめのところに、"姓方的瞧着眼熱，有幾家該錢的，也就不惜工本，公開一個學堂"とでてくる。"該"は北京語では、'かりている，支払う義務がある'という意味の動詞で、われわれの脳裏では、"該錢"は'金をかりる'という意味とむすびつきやすい。しかし，そうだとすると，このばあい"有幾家該了錢，……"となったほうが、文脈的にみてむしろ妥当のようにおもえて、なんとなくひっかかっていたわけであるが、呉語作品をよんでみると、"該"で表記されているものは、'そなえている'という意味であって、"言簡意賅""兼賅并蓄"の"賅"の意味につながるものである。そして、これが呉語では話しことばとしてもちいられているのである。たとえば，『海上花列傳』の「白」にも、つぎのような例もみえる。(11)

就算耐屋裏嚮該好幾花家當來裏也無用。
俚哚做老鴇，該仔倪討人要倪做生意來吃飯個呀。
二少爺一逕生意勿好，該着仔實概一個家主姿，難末要發財哉！

『官場現形記』にあらわれている，上記の"該"は、この呉語語彙の"該"であって、同書にはさらにその他の箇所でももちいられている。

他那裡還該得起公館，租了人家半間樓面。　　　　　　　　（11回）
他也不該什麽好衣服，一件復染的亹緞袍子，一件天青緞舊馬掛，便算是客服了。
有些該錢的老爺，外面雖穿棉袍掛，裡頭都穿絲棉小棉襖。　（20回）
還有些該錢的，為着天氣冷，毛頭小了穿着不暖和，就出了大價錢，買了難皮回來叫裁縫做。　　　　　　　　　　　　　　　　　　　（20回）

もちろん，"該"はすべてがこの意味でもちいられているわけではなく，同書のなかでも，'かりている'すなわち"欠"の意味にももちいられている。ただし，このばあいその目的語は人物になっている。

銀子是他該我的，如今他還我，并不是化了錢買差使的。　　（32回）
　　我有數的，也不過還該你三個月沒有付，如今倒賴我說是十三個半月沒付
　　　真正豈有此理！　　　　　　　　　　　　　　　　　　　　（44回）

　"該"を呉語語彙における意味でもちいている例は，他の清末文学作品にもみられる。

　　我不比李伯正的銀子該得多。（市声）
　　他的産業，也沒有數，有人說他該到幾千萬銀子哩。（〃）
　　那該骨董的人又是他蕭山同郷。（雪巌外伝）
　　那兩所屋子是有錢的主子該得，斷不肯賣。（〃）

　このように，"該"は清末文学作品においては，「蘇白」以外でももちいられているから，特に注意を要するわけである。現代の作品には，北方語としての用例しかない。つぎのは方言作品の例である。

　　非但才貌雙全，而且少年得志，我'該'着這様一個伲子，那是一張嘴要
　　　笑得像敲開木魚一様哉。（庵堂認母．上海十年文学選集 曲芸選　所収）

　なお呉語系語彙がもちいられているといっても，かならずしも排他的に，一方的にもちいられているわけではない。たとえば，前掲の清末文学作品には，"站"とすべきところを"立"にしていることがおおい。いうまでもなく，"立"は呉語では口語語彙であるわけであるが，"站"をすっかり排除して，すべて"立"をもちいているのではなくて，無原則に両用しているのである。その他"喝茶"とも"吃茶"ともいうなど，場面にかかわりなく両用されていることがおおい。これらは一方を自由に他方にたがいにおきかえることのできる例であるが，これに対して，一方を他方におきかえることはできるが，あるばあいその逆はできないというものもある。"喚"と"叫"，"喚做"と"叫做"がその例である。
　　北京語では，"他叫李大海"というところを，呉語では"喚"あるいは，

白話文における呉語系語彙の研究

"喊"をもちいてあらわし,「三言二拍」および前掲の清末文学作品もおおくこれによっている。

　姚氏有一女，名喚滴珠。（初刻拍案驚奇）
　喊他爲大爺。（官場現形記）
　那家人名喚黃升。（〃）

しかし，"叫"ももちいられている。

　老生叫賽菊仙，花臉叫賽秀山。（官場現形記）

以上の用例における"喚"と"叫"はたがいに代替されるが，"叫"には"喚"によって代替されない，特有の用法がある。

　無奈女主人不聽他話，也叫無可如何。（官場現形記）

このように"叫"の用法は呉語にはおおくみられ，『海上花列伝』の「白」のところに，つぎのような例がある。

　要是無撥末叫無法子。（15回）
　生意勿好末也叫無法！（28回）
　王老爺也叫瞎說！（10回）

また，最近の滑稽劇の「白」にも，以上の"叫"と通ずる用法がある。

　儂叫嘸沒做過豆腐店老板！（火燒豆腐店，前掲）
　格個外行老爺叫勿曉得官場內幕，硬仔仔候下去。（〃）
　天竺山倒的確有根竹頭，格根竹頭叫來得格特別。（〃）
　三毛呀，儂叫勿曾看慣，看慣仔勿嚇格！
　（三毛学生意　上海十年文学選集　戯劇劇本選　上海文芸出版社　上海1960

105

所収）

　これらの"叫"は，用法としてはほぼ北京語の"是"にあたるものとみられ，『海上花列伝』にも，他の箇所では"叫"となっているところを，"是"としている例もある。

　　故也是無法子。（42回）

　なお"叫"のまえに"真""真真""實在"などの副詞があって，"叫"が語尾化している例も呉語にはおおい。

　　倪先生末真真叫自家勿好。（海上花列伝）
　　格個真叫吃斷命飯，吃滿五日末殺頭完結。（火焼豆腐店，前掲）
　　格個辰光真叫魂靈出竅。（〃）
　　不瞞你先生講，真叫沒有地方要，假使有地方，我老早叫他出松。
　　　　　　　　　　　　　　　　　　　　（三毛学生意，前掲）
　　實在叫嘸沒辦法。（火焼豆腐店）

　これらは，北京語としては"真是""實在是"となるところであろう。老舎にも比較的初期の作品には，このような"～叫"をもちいたものがあるが，あるいは清末の文学作品言語などから影響をうけたものかもしれない。

　　小客廳里收拾得真叫乾淨爽利。（二馬）
　　我住在北京飯店，真叫好地方。（〃）

　"喚做"と"叫做"についておなじようなことがいえる。すなわち，"喚做"と"叫做"はあるばあいは互いに代替できるのであるが，"叫做"には"喚做"によっては代替されない用法があるのである。

　　小名喚做三大兒。（文明小史）

106

白話文における呉語系語彙の研究

這些姨太太，上下等喚做幾姨幾姨。（官場現形記）
綽號叫做狐狸精。（〃）

しかし，つぎの"叫做"は，さきの"叫"のばあいとおなじように，"喚做"におきかえられることがない。
如今是丁憂，也叫做沒法。（官場現形記）
心上很不願意，但是迫於憲令，亦叫做無可奈何而已。（〃）
然而也叫做沒法罷了。（文明小史）
卑職也叫做無法。（官場現形記）
為了吃飯，也叫做投法！（〃）
只怕我們敗了，還要敗下去，直至淘汰乾淨，然後叫做悔不可追哩！
　　　　　　　　　　　　　　　　　　　　　　　　　（市声）
但是陸軍機有一種脾氣，叫做嗜酒如命，量又大，誰都喝他不過。
　　　　　　　　　　　　　　　　　　　　　　　　　（負曝閒談）

前掲の『火燒豆腐店』にもつぎのような用例がある。
　王小毛與衆不同，叫做無睹不輸，有睹必輸，摸牌就輸，押寶亦輸，自從字會睹銅鈿以來，從來嘸沒贏過。
　從前格差人，叫做'欺善伯惡'，馬上板面孔。

"叫做"のあとにきているものには，成語的色彩のあるものがおおいのが特色であるが，このような用法における"叫做"は"喚做"とは代替されず，その意味も'……となづける''……という名である'の実際的内容よりもかなり虚化して，"是"ないし"就是"にちかくなっていることは，上例よりそれぞれ認知されるところである。"叫做"のこのような面の由来をうかがうものとしては，『儒林外史』につぎのような例がある。

原來明朝士大夫稱儒學生員叫做"朋友"，稱童生是"小友"。（2回）
また『七十二家房客（滑稽戯）』（上海文芸出版社1962）につぎの例がみえる。
二房東：這叫做天災人禍，各由天命，誰的褲子誰倒楣！（P19）

107

二房東：我說這是天災人禍，各由天命。（P20）

　"叫做"のこのような用法は，五四以降にもあるわけで，魯迅の『肥皂』にでてくる，"這真叫做不成樣子"の"叫做"のごときもこの例にもれず"這真（是）不成樣子。"と解釈されるものであって，"稱做……"の意味はすでに失なわれているものとみてよい。

　以上を要約するに「白話」文では，その基礎方言である北方官話の語彙が優勢をしめることはいうまでもないが，方言語彙もかなり混入していく傾向があり，明，清，五四を通じて，呉語系語彙が大量にもちこまれた。これらの語彙はそれぞれ基礎方言の語彙と競合して，一部は排除され，一部は定着するにいたるわけであるが，文学作品のなかでは，これらの語彙は今後ともかなり使用されてゆくことであろう。したがって，われわれはこれらの個々の語の意味と用法をしっかり整理しておく必要があるわけであるが，それだけにとどまらないで，すすんで体系的にその特色を把握し，基礎方言などとのひらきをあきらかにすることがのぞまれる。すなわち，かくすることによって，作品の読解にあたって留意すべき諸点もあきらかになってくるというのが，わたくしのかんがえであり，別篇はこのようなかんがえかたによって，明，清，五四，現代にわたる文学作品にみられる呉語系語彙について，語意およびその用法などを整理しようとするものである。

注1.　初刻拍案驚奇　古典文学出版社　上海 1957　P17
　　　王古魯氏編注の『二刻拍案驚奇』（古典文学出版社　上海 1957）でも同趣旨のことをのべている。同書 P18。なお，この注釈を整理紹介したものにつぎの論文がある。
　　　香坂順一：明代の呉語（清末文学言語研究会会報第一号 1962）
注2.　儒林外史　作家出版社　北京 1954 による。
注3.　別編Ⅱ「明清文学作品にみられる呉語系語彙」を参照。
　　　『海天鴻雪記』については，太田辰夫編：海天鴻雪記語彙（1954 油印）が

ある。
注4. 茅盾短篇小説選集　人民文学出版社　北京 1956 による。
注5. 香坂順一:「普通話」語彙小史（中国語学 127 号 1963 所収）および同氏:「普通話」語彙小史（続）（中国語学 128 号 1963）は，葉氏があらためたものを，新旧対照して，「普通話」にあわせるという意識のうえに，どのような方向でおこなわれているかを整理，究明したもので，この発表は大方の注目をひいた。
注6. 現代漢語規範問題学術会議文件彙編科学出版社　北京 1956　P72
　　(1)は同氏論文のうちの「由於吸收方言詞而引起的詞彙規範問題」より
　　(2)は「由於詞素顛倒而引起的規範問題」より，それぞれ呉語語彙に関係のあるものを抽録したものである。
注7. 同上書　P211
注8. 同上書　P282
注9. 別編Ⅲ「現代文学作品にみられる呉語系語彙」を参照。
注10. 語気助詞の"的"，"試試看""穿穿看"などにおける"〜看"も呉語からとりいれたものであることを考えるとき，「白話」文における呉語語彙の量はもっとおおくなろう。
　　"比如呉語區有語氣詞'的'，表示肯定。這個語氣詞是北方話所缺乏的當然應該吸收。又如呉語'穿穿看'，'說說看'，'作作看'，這個'看'已形成詞尾，我們采取來可以豐富漢語的形態。"陸宗達:關於語法規範化的問題（現代漢語規範問題学術会議文件彙編 前掲所収）
注11. 海上花　亜東図書館　上海　民国 15 年による。

Ⅱ　明清文学作品にみられる呉語系語彙

　この篇は清末文学作品にみられる呉語系語彙を中心に採録したもので，これらの語彙で明代の「三言二拍」にあらわれているものについては，それらの例文をあわせ収録した。『拍案驚奇』にあらわれているもので，王古魯が呉語ないし呉俗と注記してあるものについては，すでに香坂順一氏が「明代の呉語」として紹介されているところでもあり，それらの語彙で，清末にあまりあらわれていないものについては，これをおさめなかった。しかし一方，呉語として注記していないものでも，現在呉語としてみ

とめられているものや，あるいはその構語上の特色から呉語とみられ，かつ非北方語色彩のあるもので，清末にもおおくみられるものは，なるべくおおく収録するようにした。例文のあとにローマ字でしめしてあるものは書名をあらわすもので，それぞれ下記による。なお※印を付したものは，「蘇白」における用例である。

A 佚名：官場維新記（1957 古典文学出版社 上海）
B 蘧園：負曝閑談（民国47年 世界書局 台北）
C 姫文：市声（1958 上海文化出版社 上海）
D 李伯元：文明小史（1955 通俗文芸出版社 上海）
E 李伯元：官場現形記（1957 人民文学出版社 北京）
F 籐谷古香：轟天雷（中華書局 晩清文学叢書 小説四巻）
G 大橋式羽：雪巌外伝（同上）
H 佚名：苦社会（中華書局 反美華工禁約文学集）
I 呉研人：二十年目睹之怪現状（1959 人民文学出版社 北京）
J-a 感惺：遊俠伝（中華書局 晩清文学叢書 説唱文学巻）
J-b 泣紅：臙脂血弾詞（同上）
J-c 白雲詞人：藩烈士投海（同上）
J-d 天宝宮人編串：孽海花（同上）
K 花也憐儂：海上花列伝（上海亜東図書館）

a1 凌濛初：初刻拍案驚奇（1957 古典文学出版社 上海）
a2 凌濛初：二刻拍案驚奇（1957 古典文学出版社 上海）

b 馮夢龍：警世通言（1957 作家出版社 北京）
d 馮夢龍：喩世明言（1957 中華書局 香港）

なお，語釈中に「初拍注」「二拍注」としてあるのは，それぞれ『初刻拍案驚奇』『二刻拍案驚奇』に王古魯氏がほどこした注釈をしめし，『語辞辨異』とあるのは，江成編著：北方話江南話語辞辨異（東方書店，上海，

1953），『現代語法』は 王力：中国現代語法（中華書局 北京 1954）である。

◎年，月，日などに関するもの。

年頭〔年〕

年数をさすばあいにもちいてある。"三点鐘／三個鐘頭"における"鐘頭"の用法とおなじ。

走了四個～。（b）

不覺的換了一個～。（a1）

又過了三個～。（a1）

卑職分付當差，整整二十七個～。（E）

到今年已經第五個～了。（E）

舊年〔去年〕

初拍注に"舊年 吳語，'去年'之意"とある。

只爲～點繡女，心裡慌張，草草許了一個韓秀女。（a1）

※吃仔一年多官司，～年底坎坎放出來。（K）

開年〔明年〕

初拍注に"開年 吳語，即'明年'"とある。

到得～，越州太守請幼謙的父親忠父去做記室。（a1）

～想到上海去別尋生意。（H）

學堂里的束修已支到～三月。（H）

月頭〔月〕

"年頭"とおなじ用法である。月数をさすさいにもちいられている。

此人兩～前就到屯溪去拜他親家的壽。（E）

日脚〔日子〕

漢語詞典に"日脚 吳語，猶言日子"とある。

可要多少～方能成就？（G）

※有仔個人來浪陪陪耐，也好一生一世快快活活過～。（K）

今朝〔今天〕
　　我～却不沒興！（b）
　　不知作了什麼罪業？～如此果報得沒下梢。（a1）
　　～是大年三十了。（C）
　　※弗好哉！～嘸啥生意哉！（J-a）
　なお"今早"とかきあらわされていることもある。
　　※～奴進城格辰光，倒說有兩三起興喊冤格呀！（I）

昨日〔昨天〕
　　～湖巡捕回來。（E）
　　我～見公子。（F）
　　※價末～夜頭是俉人住來哚陸秀寶搭，耐阿曉得？（K）

明朝〔明天〕
　　今朝那管～事！（a1）
　　※耐覅動氣，～夜頭我也來擺個雙枱末哉。（K）
　なお"明早"とかきあらわされていることもある。
　　押那告狀的婦人。～帶進衙門面審。（b）

日逐〔逐日〕
　　二拍注に"一作'日著'。吳文英《吳下方言考》：『賈誼新書，日著以請之。案日著，每日如此也。吳中謂論日計事曰'日著'。』'日逐'即'逐日'"とある。
　　～也有生活得做。（b）
　　他～守著爐灶邊，原不耐煩，見了酒杯，那裡肯放。（a1）
　　※耐～咳聲嘆氣，阿是想做官呢？（J-c）
　　小村搭吳松橋兩家頭，勿曉得做俉，～一淘來哚。（K）

日裏〔白天〕
　語辞辨異に"北方話裏說'白天，晚上'，江南話說'日裏，夜裏'，'日里'在北方是書面語。"とある。
　　元來杯河往東去，就是大海，～也有強盜的，惟有空船走得。(a1)
　　兄弟現在是被議人員，～不便出門。(E)
　　※～賞桂花，夜頭賞月。(K)

早半日〔上午〕
　　課程只～，下半日須做工。(C)
　なお"上晝""上半日"といういいかたもある。

下半日〔下午〕
　　～收拾收拾，則往劉河差次而去。(B)
　　※～汰衣裳，幾幾花花衣裳，就交撥我一干仔。(K)
　なお"上晝"ともいう。
　　～時節，是有一個湖州姓呂的客人，叫我的船過渡，到得船中，痰火病大發。(a1)

夜裏〔晚上，夜裏〕
　語辞辨異に"北方話，'晚上'和'夜裏'不同，但是很難用鐘點來劃分大抵掌燈之後叫'晚上'，上床以後叫'夜裏'。江南話'夜'相當於北方話也晚上和夜裏，北方話的'晚飯''晚報'，在江南叫'夜飯''夜報'。"とある。
　　到得～睡不着，越思量越惱。(a1)
　　叫他明天～來見我。(E)
　　直到～十二點鐘，伯廉才回來。(C)
　なお"夜頭"ももちいられている。
　　東山用盡平生之日，面紅耳赤，不要說扯滿，只求如初八夜頭的月，再不能勾。(a1)
　　※夜頭未就住來哚朋友搭哉碗。(K)

◎ものの味，光などに関するもの。
　光頭〔光〕
　　　洋燈是點火油的，那～比油燈容亮得數倍。(D)

　味道〔味兒〕
　　　～鮮的了不得。(B)

◎鉱物に関するもの。
　泥〔土〕
　　　語辞辨異に"'泥'在北方話裏的意思是'濕土'，在江南話裏的意思是'土'，濕土只叫'爛泥'或'爛污泥'"とある。
　　　我這家正要～坯，講倒價錢，我自來挑也。(a1)
　　　把～撥開，～下一片石板。(a1)
　　　角直那些挖～挑糞的平頭百姓，都敬重姓陸的如天地鬼神一般。(B)

　爛泥〔泥〕
　　　"泥"の項を參照。
　　　底下盡是～。(D)
　　　被～塗蓋了。(I)
　　　※耐看我馬掛浪～！(K)

◎動，植物に関するもの。
　猢猻〔猴子〕
　　　二拍注に"吳語稱'猴子'傲'猢猻'"とある。
　　　洞中有一怪，號曰申陽公，乃～精也。(d)
　　　知縣革了，叫化子沒有～了。(B)

　山芋〔甘薯，白薯〕
　　　買幾斤～。(I)

114

◎食事に関するもの。

中飯〔午飯〕
　　　直到下午，〜也不安排我吃。（d）
　　　起碼要擾他一頓〜。（B）
　　　※〜吃大菜，夜飯滿漢全席。（K）
　　"晝飯"ともいう。
　　　〜還沒吃哩。（C）

夜飯〔晚飯〕
　　"夜裏"の項を参照。初拍注に"吳語，稱'晚飯'做'夜飯'"とある。
　　　備下〜，請吏房令史劉雲到家。（b）
　　　六老吃了些〜，自睡。（a1）
　　　留他吃〜。（A）
　　　你們怎麼還在吃〜？（F）
　　　※李老爺就該搭用夜飯罷。（K）

鷄蛋〔――，鷄子兒〕
　　北方語としては，"鷄子兒"がふつうである。
　　　到一個農家去買〜。（A）
　　　一碟就剛才添出來的〜。（E）

◎住居，家具，日用品などに関するもの。

房間〔屋子〕
　　語辭辨異に"在紅南和北方用法有些不同，房子／房子，房項，屋頂／屋頂，房簷／屋簷，屋子，屋／房間，屋門／房門"とある。（北方話／江南話の対比をしめす。）
　　　〜紙畫周之冕（a1）
　　　揀一個〜住。（A）　　〜又多。（H）
　　　※倪先生對面〜裏搭張干鋪，阿是清清脫脫也嘸啥咙。（C）

天井〔院子〕
　　二拍注に"吳俗稱室外院落做'天井'即北京所稱的'院子'"とある。
　　　薛婆逢着頭，正在～裏揀珠子。(d)
　　　門內大～，上面一所大廳堂，上有一匾。(a1)
　　　各家的僕婦擠了一～看熱鬧。(I)
　　　※來裏該搭～裏。(K)

牆頭〔牆〕
　　語辞辨異に"在北方話裏，'牆頭'單指牆的頭上，在江南話裏，除了這個意思，還指'牆壁'，例：一座牆頭"とある。
　　　那堵～不好。(C)
　　なお a1 につぎのような用例があるが，これは'塀のうえ'といういみである。
　　　踏了梯子，一步一步走上去，到得～上。

家生〔家具〕
　　テーブル，椅子などの日用家具，または皿器などをさす。
　　　二人收了，作別回家，便造房屋，買農具～。(d)
　　　找到他那個借外國～的朋友。(E)
　　　※有兩副簇簇新新的寧波傢生。(K)

物事〔東西〕
　　初拍注に"物事 吳語，'物'音近北京音'沒有'的'沒'。相當北方語中的'東西'"とある。
　　　主上賜與我團花戰袍，却尋甚麼奇巧的～獻與官家？(b)
　　　我自到海外一番，不曾置得一件海外～。(a1)
　　　眉毛是一個人五官裏最要緊的～。(G)
　　　雖在隆冬時候，新鮮～，無一不全。(B)
　　　※買兩樣舊～。(K)　　　耐喜歡吃俉～？(K)

116

檯面〔席面〕
　　潘明又謙遜了幾句，便喊擺〜。(B)
　　※擺〜哉，請二少爺就過去。(K)

杌子〔凳子〕
　　二拍注に"吳語稱凳子做'杌子'"とある。
　　　關了房門，用〜填足，先將白練掛於梁上。(b)
　　　命取一個小〜，踢他坐了。(a2)
　　　屋裏只有兩張〜。(D)
　　　在烟榻前一張〜坐了。(E)

被頭〔被子〕
　　這是〜裏做的事，兼有沈公沈婆，我們只好在外邊做手脚，如何俟候得何道着？(a1)
　　〜褥子無處安放。(E)
　　※受仔寒氣，倒是發洩點個好，須要多憲〜，讓俚出汗。(K)

面盆〔臉盆〕
　　拿進一只白銅的小〜來。(B)
　　〜里沖上些香水。(E)

肥皂
　　北方語では"胰子"であるが，"肥皂"のほうがひろまって，"胰子"のほうが方言として感ぜられる。漢語詞典に"今用化學所製之石鹼，吳語亦稱肥皂"とある。
　　※耐晚歇捕面末，記好仔，拿洋〜淨脫俚。(k)
　　剛才先生阿是說，弗要買茂生〜麼？(L)

牙刷〔牙刷子，刷牙子〕
　　毓生放下〜。(D)

飯碗頭〔飯碗〕
　　把我～擠掉了。(C)

筷〔筷子〕
　語辞辨異に"北方只說'筷子',江南還可以單說'筷'"とある。
　　舉～讓菜。(B)
　　提起～來,呼拉呼拉幾口就吃了一碗。(D)

自來火〔火柴〕
　"洋火"は地方で,"火柴"は全国に通用する。"自來火"は上海など呉語地区でいまなおもちいられている。
　　擦根～,吸着'品海'。(C)
　　擦根～,在柴堆上點着了。(D)
　なお"自來火"は'ランプ'の意味にももちいられていることがある。
　　～半明半滅,江裴度把它撐亮了。(B)

電氣燈頭〔電燈泡〕
　　管端就結一個泡,合～組的。(C)
　なお"燈頭"ともいう。
　　口上一個圖形的物事,就象電氣燈的～。(C)

蠟燭〔蠟〕
　語辞辨異に"北方人一般不說'蠟燭',用法對照如下。蠟／蠟燭,蠟油／蠟燭油,洋蠟／洋蠟燭。蠟花／蠟燭花"とある。
　　拿出一盞風燈,插上一枝～。(B)
　　※也來浪房間里點仔一對大～拜個堂呀。(K)

紙頭〔紙〕
　語辞辨異に"用'紙頭'代替'紙'在北方還是比較新的用法,過去'紙頭'僅相當於江南話的'紙脚'。江南話里,'紙頭'比'紙'用得普編"

とある。
　　揣出一張花鼓格的合同樣式的〜。(C)
　　貼了兩張〜。(D)
　　拿出一張又象條陳又象說帖的一張〜。(E)

磚頭〔磚〕
　　語辞辨異に"北方話的'磚頭'指碎磚：如果指整塊的磚，只在表示厭惡的時候才用。江南話的'磚頭'相當於北方話的'磚'"とある。
　　每根椽子裏有幾塊〜。(E)
　　所有的牆大半是泥土砌的，連着〜都不肯用。(D)
　　※耐就去拿仔一塊〜來送撥我，我到也見耐個情。(K)

◎身体に関するもの
身體〔身子〕
　　語辞辨異に"'身體'在北方還是個新語詞，用得也不很普遍，一般只說'身子'，'身體'在江南很普遍，不聽見有人說'身子'"とある。
　　那丫頭被周三那廝壞了〜。(b)
　　他〜雖短小，面目端方，還有福相。(F)
　　※我〜末原來裏上海，我肚皮裏個心也跟仔耐一淘轉去個哉。(K)

郎頭〔頭〕
　　他舅子不服氣的探掉帽子，光〜上出火。(E)

面孔〔臉兒〕
　　既到了手，他還要認甚麼真？翻得轉〜？(a1)
　　一〜都是維新的氣概。(A)
　　沒有一個不是鄉紳〜。(B)
　　※喔唷耐格〜到越發標致哉。(J-b)

面色〔臉色〕

～很不好看。(E)

　　※我看～勿好哩。耐倒要保重點噤。(K)

面皮〔臉皮〕

　　王三變了～。(a1)

　　一面登報削你的～。(A)

　　連～都發了紫醬色的了。(B)

額角〔腦門子〕

　　～上拄上一塊招牌。(A)

嘴唇皮〔嘴唇〕

　　掀開～，翹起兩撇黃鬍子，哈哈的笑了。(B)

牙齒〔牙〕

　　語辭辨異に"北方只說'牙'，不說'牙齒'，江南只拿'牙'作爲辭素用，例：門牙，盡根牙。現在北方知識分子也有說'牙齒'的了"

　　雪白一口好～，比少年的還好看些。(a1)

　　咬着～，向大衆，只管搖頭。(A)

　　咬定～不答應。(E)

　　※嘴里～也剩勿多幾個。(K)

頸脖子〔脖子〕

　　～上就起了幾個大疙瘩。(D)

　　把一張臉直紅到～去。(I)

　なお a1 および d にはつぎのようないいかたがある。

　　頸項　將楊化的～套好了。(a1)

　　頸子　～上有繩子交匝上之傷。(a1)

　　脖項　大泊伸着～，一以望風宿鵝。(d)

肚皮〔肚子〕
　　語辞辨異に"北方只說'肚子'，偶然也說'肚皮子'，不說'肚皮'：江南一般都說'肚皮'"とある。
　　　　拍着〜和腰。（b）
　　　　陳秀才一〜的鳥氣，沒處出豁。（a1）
　　　　嘔了一〜的悶氣。（A）
　　　　餓了〜走了三十多裏路。（E）
　　　　※王老爺〜裏蠻明白來浪。（K）

◎人の呼称，名称などに関するもの。
　人頭〔人〕
　　　　一路上看見〜擁擠，心下甚是駕慌。（D）
　　　　魏老主意極多，外面〜也熟。（E）

　男人家〔男人〕
　　二拍注に"吳語稱男子做'男人家'，稱女子做'女娘家'"とある。
　　　　你家店中〜那裡去了？（a2）

　女娘家〔女人〕
　　"男人家"の項を參照。
　　　　終久是〜見識，看事不透。（a2）
　　"女的"といういいかたもある。
　　　　這裡是個堂子，兩個〜必是偘人。（G）
　　　　※女格，拿酒來！（J-a）

　公公〔爺爺〕
　　初拍注に"吳語稱祖父爲'公公'或'好公'相當北方話'爺爺'"とある，
　　　　忽一日在門前閒立，只見外孫走出來尋〜吃飯。（a1）

　阿哥〔哥哥〕

初拍注に"阿哥　吳語中至今沿用，兄弟稱哥哥做'阿哥'"とある。
　　　～從直些罷，不嫌輕，就是～的盛情了。(b)
　　　～必然聽見的，有甚麼好處？(a2)
　　　我同我的自家～并起并坐，有甚麼要緊？(E)
　　　※勠撥耐～猜着！(K)
　なお"哥子"といういいかたもある。
　　　這個是錢朝奉家～。(a2)
　　　擺出做～的款來。(E)

阿嫂〔嫂嫂〕
　　　怎及得來～這般能幹！(C)
　　　※做～格可以搭耐出力未，總可以幫耐忙格。(J-b)

阿姐〔姐姐〕
　　　～千里間關，同郎君遠去。(b)
　　　菜是要好的，交代本家大～，不要搭漿！(E)
　　　※倪到船浪去陪陪～。(K)

家主公〔丈夫〕
　家長，転じて夫という意味。漢語詞典に"家主公　吳語稱夫"とある。
　　　打童罵僕，預先裝出～的架子來。(d)
　　　※耐個～倒出色得野哚。(K)

家主婆〔妻子〕
　家長のつま，転じて妻という意味。漢語詞典に"家主婆　吳語稱妻"とある。
　　　春花丫頭見～睡着，偸着浮生半日間。(a1)
　　　※人人怕～，總勿象耐怕得實槪樣式！(K)
　なお'妻'をさすものには，つぎのようないいかたがみられる。
　　　家裏　此冤仇實與我無干，如何纏擾我～？(a1)

家小　哥哥，你到家，只怕娶了～不念我。(b)
　　　　　劉尚書被人誣陷，～配入掖庭，從此天人路隔，永無相會之日
　　　　　了。(a2)
　　娘子　正是我定訂的～了。(a1)
　　老小　如何得錢來娶～？(b)
　　　　　而今喜得還了俗，大家尋個～，解解饞罷了。(a1)
　　老婆　還有討～的本錢。(b)
　　　　　要偸別人的～，到舍着自己妻子身體？(a1)
なお「蘇白」には"老母"という言いかたもみうけられる。
　　　説是討偘人做大老母，場面下勿來。(K)
ちなみに『官場現形記』第36回の"倪是要搭耐軋姘頭格，倪勿做倍制台格小老媽！"における"老媽"もこの"老母"の意味であろう。なお同書の"伸手一個巴掌，打的這老媽一個趔趄，站脚不穩，躺下了"(第43回)における"老媽"は北方語におけるものとおなじ意味で，"めしつかいの女"をいう。

爺娘〔父母，爹媽〕
　　　荷得尹宗救我，便是我重生父母，再長～一般。(b)
　　　今要到家裏告訴～一番。(a1)
　　　我便是稱的重生～一般。(C)
　　　※～勿許去。(K)
　　　我身體末是～養來浪。(K)

公婆
　'しゅうとしゅうとめ'をいう。二拍注に"吳語稱丈夫的父母做'公婆'"とある。
　　　娶下一房奇醜的媳婦，十親九眷面前，出來相見，做～的好沒意思。
　　　(d)
　　　一日，～處有甚麼不合意，罵了他：『弄死漢子的賤淫婦！』(a2)

伯伯
　　二拍注に"吳語,侄兒名當面稱伯父做'伯伯'"とある。
　　　你莫非就是我～麼？（a1）
　　　仔細聽着,家是～的聲音。（a2）
　　　吳～,我這個兒子,如今變壞了。（a1）
なお"伯子"といういいかたもみえる。"叔子"の項を参照。
　　　沒有姪兒叫個伯子來家看鵝之理！（a2）

叔子〔叔父〕
　　二拍注に"吳語稱'伯父''叔父''姪兒'做'伯子''叔子''姪子'"とある。
　　　被他～一頭撞來,剛正撞在肚皮上。（E）

親眷〔親戚〕
　　"本家"もふくまれる。二拍注に"親眷　吳語中至今沿用,即'親戚'。"とある。
　　　那些～又來回看他。（B）
　　　～裏面的窮富,總是有的。（C）
　　※耐店裏有拉東洋車個～,阿要坍台嘎？（K）

孤孀〔寡婦〕
　　　後生家～,終久不了。（b）
　　　有個孀母楊氏却是～無子的。（a1）

二婚頭
　　再婚の女。初拍注に"二婚頭　吳俗稱再嫁的婦女"とある。
　　　楊氏是個～,初嫁時帶個女兒來。（a1）
　　　自從娶了那個～,常常家裏搬口舌,挑是非。（E）

拖油瓶

124

"二婚頭"のつれ子。初拍注に、"吳俗指'再嫁的婦女帶到後夫家去的兒女"とある。

　　我又不是隨娘晚，拖來的油瓶，怎麼我哥哥全不看顧？（d）
　　楊氏是個二婚頭，初嫁時帶個女兒來，俗名叫做「～」。（a1）
　　不是你父親養的，難道是你娘～拖來的？（E）

◎職業，身分などに関するもの。

司務〔師傅〕
　　越諺に"司務一切工匠總稱"とある。
　　　假山～郭連元從左官大保營裏奉差來到公幹。（G）
　　※老老頭是裁縫～，陸裏是姘頭。（K）

學生〔徒弟〕
　　他算法精通，從～升到管帳。（C）
　　口語では"學生子"というが、この語はbにみえる。
　　　學生子都來得早，要拜孔夫子。（b）

郎中〔醫生〕
　　漢語詞典に"郎中　南方人稱醫生"とある。また二拍注に"吳語，稱醫生做'郎中'或'郎中先生'"とある。
　　　你女兒痘子，本是沒救的了，難道是我不接得～，斷送了他？（a1）
　　　請是請過一個走方～瞧過。（E）
　　　是紹興下方橋朱～的女兒。（G）

老板〔老闆〕
　　語辞辨異に"北方話，從前稱戲曲藝人爲'老板'，江南話，'資本家'叫'老板'，現在北方也有人稱資本家爲'老板'的了，不過極不普遍"とある。
　　　一位是華發鐵廠裏小～。（C）
　　　又把店裏的～或是管賬的，也一把拖了就走。（D）

125

※開堂子個老班討個大姐做家主婆也無倈勿句。（K）

大班
　　"洋行"の支配人。
　　　我們行裏的〜是老克斯。（C）

大姐〔小老媽〕
　　年齡の若い女中。
　　　滿房中娘姨〜，撅了一張嘴，并不招呼客人。（C）
　　　又看見哀寶珠的〜。（B）

娘姨〔老媽子〕
　　女中で既婚者のものをいう。
　　　樓上自有〜接着。（B）
　　　有許多〜大姐來接應。（E）
　　　※昨夜有個〜來尋仔耐好幾埭哚。（K）

捐客
　　ブローカー。漢語詞典に"捐客，滬語，謂代人，買賣貨物者"とある。
　　　賣鉛字的〜來了一批。（B）
　　　上海的這些露天〜真正不少。（E）
　　　我未賽過做仔〜！（K）

包打聽〔包探，便衣警〕
　　刑事。漢語詞典に"包打聽　滬語，舊時稱租界中巡捕房之包探"とある。
　　　那個戴黑帽結子的人，就是〜的夥計。（D）
　　　※耐阿是做仔〜哉？（K）

賊骨頭〔賊〕

語辞辨異に"北方話'財骨頭'指品行非常惡劣的人,江南話指竊賊"とある。

　　這番把同伴人驚散,便宜那～,又不知走了多少路了。(a2)

壽頭〔冤大頭〕

　おめでたい人,いい鴨。漢語詞典に"壽頭　吳語①猶冤大頭,②稱形狀樸陋舉動駿笨之人"とある。

　　見他～壽腦,曉得生意難做。(D)
　　這種～,不弄他兩個弄誰。(E)

老實頭〔老實人〕

　初拍注に"老實頭　吳語俗指'老實人'"とある。

　　地～,小心不過的。(a1)
　　便一味做出～的土樣子。(C)

◎商売に関するもの。

生意

　語辞辨異に"'生意'在北方僅指做買賣,在江南還指'職業',例:尋生意,老板停我生意。這在北方說'找事情''東家把我歇了'"とある。

　　妓女是做沒本錢～的。(A)
　　小興歇掉～,倒還坦然。(C)
　　將來在上海尋注把～做做。(E)
　　※俚故歇來裏尋～。(K)

貨色〔貨〕

　しなもの。

　　到洋貨舖裏去,看定了～。(B)
　　只要～正路,總不至於吃虧。(C)
　　～可以拍賣,只有房產不容易想法。(E)
　なお b にはつぎのような用例がみえる。

如今看這〜，不死不活，分明一條爛死蛇纏在身上，擺脫不下。(b)

　外快〔外財兒〕
　　　二拍注に"外央錢　吳俗語又稱'外快'，指並非正常收入，包括賄賂等等不正當的收入"とある。
　　　除掉幾兩薪水之外，〜一個不要。(E)

　油水〔利益〕
　　　二拍注に"有些油水　吳俗語，作'有利益可圖解'"とある。
　　　依得的只管依着做去，或者有些〜也不見得。(a2)
　　　這小子從哪裏混來這些〜。(B)

◎乘物に關するもの。
　車子〔車〕
　　　驚得那推車的人，丟了〜。跑回舊路。(a2)
　　　坐上〜。(B)　　雇了一部〜。(C)
　　　※倪個〜幾乎撞翻。(B)

　脚踏車〔自行車〕
　　　撞倒了一個外國人的〜。(F)

　火輪船〔輪船〕
　　　叫管家去買了小〜的票子。(B)
　　　※同乘小〜，行一晝夜，可以抵滬。(K)

◎場所などに關するもの。
　弄堂〔胡同〕
　　　漢語詞典に"弄堂　亦作弄唐，吳語稱小巷"とある。
　　　踱進〜，找着江斐度的相好王小香牌子。(B)
　　　領到一處〜裏。(C)

※耐哚先去等來哚～口末哉。(K)

地頭
所在地，目的地をさす。二拍注に"地頭　吳語，指所在之地"とある。
　　要差人到浙江去問他家裏，又不曉得他～住處。(a2)
　　倘若早到～一天，少在船上住一夜。(E)
　　到了～，自然有人辦差。(I)

鄰舍〔鄰居〕
　　山僻荒居，～罕有。(b)
　　遇見一個～張二郎入京來。(a1)
　　旁邊立著兩三個～。(E)
"鄕鄰"といういいかたもある。
　　親戚，朋友，宗族，～那一個不望他得了一日，大家增光。(a2)
　　我們大家是～，你們也犯不着來害我。(D)
　　托一個～照顧着孩子。(H)

對過〔對面〕
　　在～房裏，與他兩個同睡晚把。(a1)
　　家人們請到～去用飯。(B)
　　住在韓家潭，同小叫天譚老板斜～。(E)
　　※～去吃罷，有只老槍來浪。(K)

～答〔搭〕
指示詞あるいは人をあらわす名詞について，場所をあらわす。
　　這答樹木長的，似傘兒一般，在這所在埋葬也好。(a1)
　　賈家錢舍，要這搭兒安歇。(a1)
　　陶大人還要你搭去請客哩。(E)
　　※就雙珠搭去坐歇末哉。(K)
　　　倪先生間搭勿好住，爲啥要住䶥裏䶥齪格客棧？(C)

129

～面
    指示詞について場所をあらわす。
        至於愚兄這～，同你老弟是自家人，有也罷，沒有也罷。（B）
        ※格～着粉紅衣裳格，阿象是茉莉姑娘嚇？（J-b）
        耐要去末，打歸～走。（K）

◎ その他の名称。
    名頭〔名聲，名目〕
        一生好漢～到今日弄壞，真是張天師吃鬼迷了，可恨！可恨！（a1）
        壞了東家的～麼？（C）
        借他洋東的～，招人合伙。（H）
        "托名"（冒名）のことを"托名頭""叫名頭"という。
        托名頭說在原籍，不在任上。（E）
        也不過叫名頭說說罷了。（D）
        檔子班的女人，叫名頭是賣技不賣身的。（E）

    名堂〔名目〕
        ～財賊人心虛。（B）
        這個～，叫傲辮子保險費。（D）

    辦頭〔辦法〕
        我還有甚麼～。只求寬限幾個月，等我關了餉來還就是了。（B）

    票頭〔票〕
        在身上掏出一疊請客～。（B）
        立刻寫了一涸～。（E）
        ※等俚哚請客～來仔了去正好啘。（K）

    話頭〔話〕
        有了～，便來回報。（a1）

滿口里都是維新的～。（A）

一切陞官發財的～，概行蠲免。（D）

※倒說我幫俚哚哉，故末真真無倷～！（K）

說話〔話〕

　語辞辨異に"說話，在北方只能當動詞短語，例：他說了半天話。在江南還能當名詞用，例：儂迭句說話有道理"とある。

　　你兩個昨晚說了一夜～，一定曉得他去處。（b）

　　宛然是個北邊男子聲口，并不像婦女～，亦不是山東～。（a1）

　　那胡鴻住在朱家了幾時，講了好些閒～。（a2）

　　只說了兩三句～。（A）

　　問了些別的～。（E）

　　※耐格聲～，阿是三禮拜前頭就許倪格？（E）

當頭

　しちくさ。二拍注に"當頭　吳語，指'可以拿到當鋪去典當的物品'"とある。

　　那押的～，須不會討得去，在個捉頭兒的黃胖哥手裏。（a1）

　　竟不是當～，明是叫他去做押款。（D）

簪頭〔簪子〕

　　黃胖哥拿那～，遞與員外。（a1）

調頭〔調兒〕

　　龍珠便抱着琵琶，過來請示彈甚麼～。（E）

號頭〔號兒〕

　　按著金慕暾所說的～，問明進去。（B）

苗頭〔內情，情況〕

一看～不對。(D)　　　看出他的～。(E)

回頭〔回信〕
　　　要寫信，早給兄弟一個～。(E)
　　　但是洋人一邊，太尊總得早些給他一個～。(D)
"回音"がひろくもちいられている。
　　　明日來討～罷。(a1)
　　　問一問看，再給你～。(A)
　　　早上那件事情的～來了。(E)

望頭〔希望〕
　　　國能就心裏～大了。(a2)

座頭（坐頭）〔坐位〕
　　　李白獨占一個小小～。(b)
　　　揀了～坐下。(B)
　　　有二三百個～。(D)

因頭〔因由〕
　よすが，いとぐち，わけ。
　　　他若沒有這箭起這些～，那裏又絆得景家這頭親事來！(a2)
　　　就算打聽不甚詳細，總也有點～。(D)
　　　借此～硬來薦人。(E)
"音頭"とあるのもおそらく同一のものであろう。
　　　只要有點音頭，他見了面，總要搜尋這些人的根柢。(E)

用場〔用處〕
　　　漢語詞典に"用場　吳語謂用途，用處，如'常恐俚自家個用場忒大仔點'見海上花列傳。"とある。
　　　你給我拿過來，我有～。(B)

※倷拿得去也無倷~。（K）

事體〔事兒〕
　　初拍注に"事體　吳語，至今通用，同'事情'"とある。
　　　我們~俱已完了。（b）
　　　衆人~完了，一齊上船。（a1）
　　　難道連吃飯的~，却不打算打算麼？（B）
　　　這~原是自己的錯。（C）
　　　※夷場浪常有該號~。（K）

道理
　　語辭辨異に"北方話的'他沒道理'等於'他沒理由'；江南話的'伊嘸沒道理'等於'他不値得重視'"とある。
　　　現今當京官也無甚~。（F）

◎動作に関するもの。
喫〔吃，喝〕
　　北方語の"喝"にあたるのも，呉語ではふつう"喫"という。語辭辨異に"北方話'喝'用得很普遍，例：喝水，喝茶。江南話平常只用'喫'例：喫水，喫茶，只在特別指'飲'的動作時候才說'喝'例：一口氣喝下去"とある。
　　　那兩個和尚，正在聽中~茶。（b）
　　　如今也不~酒，也不賭錢了。（b）
　　　店裏~酒的甚多。（a2）
　　　留他~茶。（C）
　　　※阿要~口茶？（K）
　　　　爲仔個朋友做生日，去~仔三日天酒。（K）

拎〔拿〕
　　漢語詞典に"拎用手拿東西。（南方話）"とある。

後頭跟着夥計，～着烟槍袋。(B)

　　　手裏～着一大包棉紗。(C)

　　　順手～過一支紫銅水烟袋，坐在床沿上吃水烟。(E)

駝〔拿〕

　　　你要肯賣，我便牽牛去，你去～錢來！好不好？(D)

　　　※捐班道府爲舍勿要考，單～得挨拉開心，夾脫子官，倒也幾千銀子㗲(D)

　　　悟駄格篇賬去，問總管勒駄四百兩銀子，俉搭胡升兩個人去辦去。(G)

　　　馬車錢准其明日子到華安里去拕，阿拉格酒錢，是勿能欠格嚕。(B)

尋〔尋，找〕

　　　語辞辨異に"'尋'在江南是口語，意思是'尋找'，例：書弗見嘞，尋尋看。這種用法在北方不普遍，一般只說'找'；另外，'尋'在北方還讀 sin，意思是'索討'，例：跟您尋根針"とある。

　　　府中正要～一個繡作的人，老丈何不獻與郡王。(b)

　　　連夜走了，那裏去～？(a1)

　　　一百個當中～不出一兩個來。(A)

　　　～着了他世兄弟四個。(B)

　　　※弗見脫子羊末，我搭耐去～。(J-b)

敲〔敲，打〕

　　　北方語ではふつう"打"をつかう。語辞辨異に"在北方，除了'敲竹槓''敲門磚'等極少數語團上用'敲'外，一般比較不火用'敲'字"とある。

　　　恰遇一個瞽目先生～着報君知走將來。(a1)

　　　不～十二點鐘，是向例叫不醒的。(D)

　　　有人～門。(B)

摜〔摔，扔〕

新華字典に"摜　丟擲，扔掉，摔：把碗往地下～（南）"とある。
　　連玉蟾蜍也～碎了。（a2）
　　～在地下。（B）
　　在身邊摸出一塊洋錢，向櫃上一～。（D）

接着〔接到〕
　　昨天～電報。（I）
　　那竹山縣～這道公文。（A）
　　※黎篆鴻昨夜～個電報。（K）

立〔站〕
　　語辭辨異に"北方話説'他站在這裏'，江南話説'伊立拉此地'"とある。
　　門前上下首～着兩個人。（b）
　　塚邊～着一個女人。（a1）
　　～了起來。　吳圖～起身來。（B）
　　※耐阿看見立拉西南角浪格兩個姑娘？（J-b）
　　　俚回報仔我無撥，倒～起來就走！（K）

轉〔回〕
　　説過一年就～，不知怎地擔閣了？（d）
　　魏大老爺是剛剛昨天夜里～的。（E）

挨〔擠〕
　　語辭辨異に"挨　北方話指'靠近'，例：我挨着他坐。江南話指'擠'
　　例：人忒多，吾挨弗進。"とある。
　　有幾個秀才在裏面。俞良便～身入去坐地。（b）
　　許員外把兩隻手排開了衆人，方才～得進去。（b）
　　若～得進去，須要稍物方才可睹。（a2）

打磕銃〔打磕睡，打盹〕

135

正在船上～。(E)

※單剩仔大阿金坐來浪～。(K)

困（睏）〔睡〕

北方語では'ねむい'という意味であるが，呉語の"困"は北方語の"睡"にあたる。"困覺"の項を参照。

叫他睏在榻上養病。(D)

足足困了兩日兩夜，方才困醒。(E)

※倪先生吃醉仔酒，困倒勒㗻床上，動也動弗來。(C)

困覺〔睡覺〕

漢語詞典に"困覺 呉語，謂睡覺"とある。

天也不早了，錢老伯也好～了。(E)

※早點轉去～哉。(K)

着〔穿〕

二拍注に"吳語稱'穿'做'着'，音若'酌'"とある。

正見兩個～紫衫的，又在門前邀請。(b)

至於洗過的衣服，決不肯再著的。(a2)

適才司道府縣各爺多到欽差少師姚老爺船上迎接，說～了小服從胥門進來了，故此同他船上水手急急趕來。(a2)

衣裳～得十分齊整。(C)

杭州女人多不～裙子。(G)

※耐爲倽長衫也勿～嗄？(K)

揩〔擦〕

語辭辨異に"擦，江南話一般用'揩'，只有表示用力磨擦的時候才用'擦'，例：擦皮鞋，北方話只有'擦'沒有'揩'"とある。

那妮子～着眼淚道。(d)

量了些米，煮夜飯，～檯抹凳。(a)

衆和尚聽說，都～着眼淚道。（A）
　　把眼睛～～，一聲兒不言語。（B）
　　用手布～去了痕跡。（B）
　　※早晨～只烟燈，跌碎仔玻璃罩。（K）
　　　先生～面吧。（B）

撳〔按〕
　　新華字典に"撳＜方＞用手接：～電鈴"とある。
　　拏盆熱水，～住了頭，洗了半天，然後舉起刀子來剃。（E）
　　只用指頭一～，當當的響了兩下。（B）
　　拏黃舉人～倒在地。（D）
　　※喊郭老婆相幫，～牢仔榻狀浪，一逕打到天亮。（K）

燒〔煮〕
　　語辞辨異に"一般說來，'燒'在北方僅指'焚燒'或'烘烤'而言，所以江南話的'燒飯''燒菜'在北方只能說'煮飯（或做飯）''做菜'"とある。
　　大家正在～飯。（　）

烘〔烤〕
　　把鞋兒脫下來～～乾。（G）

泡〔沏〕
　　北方語の"沏茶"を"泡茶"という。
　　堂倌～上三碗茶。（B）
　　請到書房裏坐，～蓋碗茶。（E）
　　※我說句閒話就去，勥～茶哉。（K）

搬場〔搬家〕
　　漢語詞典に"搬場　吳語，遷居。"とある。

137

你～未久，只不知住在那裏。（C）
　　　房東又來催～。（H）

生〔長〕
　語辞辨異に"北方'長'用得多　例：他長得挺高。臉上長了一塊癬。
　江南"生"用得多，例：伊生得蠻長。面孔上生一塊癬"とある。
　　　那囚車中。囚着個美丈夫，～得甚是英偉。（b）
　　　年方十六，～得如花以玉。（a1）
　　　～了一雙狗眼。（B）
　　　臉蛋兒～得標緻點。（K）

過世〔死〕
　　　小兒子～，自然是哭泣盡哀。（D）
　　　他老人家～了。（E）
　なお a2 には"故世"といういいかたがみえる，
　　　尊翁故世，家中有甚麼影響否？

出娘肚皮
　　この世に生れる（おふくろのはらからでる）
　　　～，今兒是頭一遭，可把我嚇死了！（E）

叉麻雀〔打麻雀〕
　　　在帳房裏～。（B）
　　　邀幾個相好朋友到家～。（E）

碰和〔打牌〕
　　漢語詞典に"碰和　吳語謂斗牌或打牌"とある。
　　　我不過碰過兩場和，叫過幾個局罷了。（A）
　　　還是～吧。（B）
　　※鐘大少，今朝阿是要來～？（C）

敲竹槓
　　越諺に"攷竹槓　上考平聲，乘人有過索取財物"とある。
　　いいがかりをつけてたかる。
　　　　非敲他一個大竹槓不可。(B)

拆梢
　　"敲竹槓"におなじ。漢語詞典に"拆梢　滬語，謂詐人取財"とある。
　　　　今日倒被你這個流氓拆了梢。(C)
　　　　大家都是面子上的人，不要拆人家的梢。(E)
　　　　※故歇倒要借一萬，故是明明白白拆耐個梢。(K)

撞木鐘〔撞編〕
　　　　不要是～罷！(E)
　　　　京城裏這種人～的人很多。(E)
　　"撞木鐘"には"瞎碰"の意味もある。
　　　　叫他去撞撞木鐘，化了錢沒有用，碰兩個釘子再講。(E)

喫苦頭〔喫苦〕
　　　　一定要叫他纏脚～。(D)
　　　　苦頭總算喫足了。(D)
　　　　走了多少冤枉路，喫了多少苦頭！(E)

開火倉
　　食事の用意をする（ごはんごしらえをする）。
　　　　這幾天就叫這外國人不必～。(E)

赤〔光〕
　　語辞辨異に"'光脊梁''光脚'的'光'，在江南只用'赤'，例：赤膊，赤脚，赤屁股"とある。
　　　　將這賤人剪髮齊眉，蓬頭～脚，罰去山頭挑水。(d)

139

翻下床，不及穿鞋，～脚赶夫。（C）

搭漿
　いいかげんにすます。"敷衍了事"。
　　菜是要好的，交代本家大阿姐，不要～。（E）
　　※就是莊荔甫去～仔一句閒話。（K）

掉槍花
　てれんてくだでだます。"耍手段"。
　　生來鯁直，從不知道～的。（C）

出送〔走，滾〕
　　難道小的藏了女兒，舍得私下～在他鄉外府，再不往來不成？（a）

做人家
　節約する，しまつする，お金をためこむ。
　二拍注に"做人家　吳語，作'積儲貨財興家立業'或'節儉'解"，また"做人家　吳語，作'省吃省用'解"とある。
　　你夫妻是一世之事，莫要冷眼相看，須將好言諫勸丈夫，同心合膽，共～。（b）
　　我做了一世人家，生這樣逆子。蕩了家私，又幾乎害我性命，禽獸也不如了！（a）
　　※實夫倒是～人，到仔一埭上海，花酒也勿肯吃，蠻規矩。（K）

發寒熱〔發燒〕
　"寒熱"はふつうの發熱をさし，マラリヤ式の熱をさすわけではない。
　　不料這夜發起寒熱來了。（G）
　　※單是發幾個寒熱，故也無係要緊。（K）
　"寒發熱"ともいう。
　　又受了驚，又愁事跡敢露，當晚一夜不睡，～。病了七日，嗚呼哀哉。（d）

140

次日～，口發譫語，不上幾日也死了。(a2)

汆

　浮く、浮かぶ。新華字典に"汆 tǔn <方>漂浮：木頭在水上～。油～花生米。"とある。なお同字典初版本は"①人在水上或東西被水推動。②食物整塊放在油鍋裏煎炸（蘇）：油～饅頭"とある。

　　在水中半沉半浮，置～到甕水閘邊。(b)
　　四隻手兒緊緊對面相抱，覺身上或沉或浮，～出水面。(b)

巴結

　語辞辨異に"北方話的'巴結'指'討好'，江南話的'巴結'是'賣力'"とある。

　　好叫他們～向上。(D)
　　望你～上進。(E)
　　※做生意末～點。(K)

繃場面

　むりしてうわべをかざる。新華字典に"繃　硬撐，勉強支持，～場面。(南)"とある。

　　多叫些局，繃繃場面。(B)
　　那小郎兒家窮，繃不起場面。(G)
　　※吃仔一枒酒，繃繃俚場面。(K)

坍臺〔丟醜〕

　　替他請了幾位朋友，總算沒～。(C)
　　祠堂祭不成，大家～。(E)
　　※耐早點說末，倪也勿來買表，阿要～！(C)

軋姘頭

　内縁，あるいは同棲の関係をむすぶ。

漢語詞典に"軋姘頭 吳語，猶搭姘頭"とある。

　　這～事情是不輕容易的。(E)

　　※倪是要搭耐軋姘頭格，倪勿做俉制台格小老媽！(E)

落雨〔下雨〕

　"落雪"の項を參照。

　　瀟瀟的落起雨來。(B)

　　※格兩日～落得氣悶。(J-d)

落雪〔下雪〕

　初拍注に"吳語稱'下'做'落'，'落雪'即'下雪'"とある。

　　落了兩日雪，今日方晴。(d)

　　那人是個遠來的，況兼～天氣，又餓又寒，聽見說了，喜逐顏開。(a2)

熄〔滅〕

　語辭辨異に"把燈或者火熄掉，北方話都說'滅'，只有知識分子有時候用'熄'；江南話都說'熄'或者'陰'"とある。

　　却走進去與老婆子關了門，息了火睡了。(a)

　　熄了各處掛燈，回房睡下。(G)

側〔歪〕

　語辭辨異に"側 北方話裏沒有這個字眼，像江南話的，'船身側轉嘞'的'側'北方話用'歪'字，例：船身歪了。現在北方有些人已從書面語上學會了'側面''側影'這些字眼"とある。

　　他便～着身子，在床面前一張凳子上坐下。(E)

◎言語，心的活動その他に關するもの。

　講〔說〕

　　語辭辨異に"在北方'講'只指'講解'或'商討'，例：先生講，學生聽。講講價錢。在江南，一部分地區和北方的相同，一部分地區用同北方的

'說', 例：講閑話" とある。
　　公子正坐，與京娘～話。(b)
　　在那裏唧唧儂儂的～話。(B)
　　爺兒兩個正在屋裏～話。(E)
　※象前夜頭格注事體，阿要～出來撥勒大家聽聽。(G)

讀〔唸〕
　語辞辨異に"江南話的'唸'指誦讀，例：唸經。北方話的'唸'相當於江南話的，'讀'，例：你唸幾年級？'讀'在北方比較有知識分子氣"とある。
　　～過一年外國書。(C)
　　教他們的子弟～書。(E)

喚〔叫〕
　語辞辨異に"稱呼人，江南也說'喊'，例：吾喊伊弟弟；北方都說'叫'例：我管他叫弟弟"とある。"喊"(xae) は"喚"(xuoe) とも表記される。
　　姚氏有一女，名～滴珠。(a1)
　　悄地～老蒼頭進房，賞以美酒，將好言撫慰。(b)
　　名～孔長勝。(E)
　　那家人名～黃升。(C)

喚做〔叫做〕
　　小名～三大兒，因他是七月七日生的，又～三巧兒。(d)
　　店主～熊敬溪。(a1)
　　這些姨太太，上下人等～幾姨幾姨。(E)
　呉語における"叫"および"叫做"については，別稿を参照。

喊〔叫〕
　"喚"の項を参照。
　　叫他～湯升大爺，他聽說話，就～他爲大爺。(E)

　　　　～堂倌做六個餅。（H）
　　　※快點～大老母來哩！（K）

采（睬）〔理〕
　　語辞辨異に"北方諸只說'理'，例：不要理他．江南話'理'，'睬'，'理睬'都可以說"とある。
　　　　那笑他的也不睬。（b）
　　　　且等他娘家住，不要去接地採他，看他待要怎的？（a1）
　　　　佯佯的不睬地。（C）
　　　　等使自己進來，不去睬他。（D）
　　"理睬"ともいう。
　　　　併不去理睬古三太太。（C）

認帳〔承認〕
　　二拍注に"認帳，吳語，作'相認'或'承認'解。"とある。
　　　　今日說起，已自～。（a2）
　　　　逼出人命，又不～。（H）
　　　　你不～，我又拿你怎樣呢。（I）

覺著〔覺得〕
　　　　吳圖又～有點不好意思。（B）
　　　　大巧～樣樣可口。（C）
　　　　這個數還～嫌少。（E）
　　　　左不是，右不是。（F）
　　　※我也～有點熱。（K）

歡喜〔喜歡〕
　　　　京娘～不盡。（b）
　　　　只爲～這珠子，又湊不出錢，便落在別人機穀中。（a1）
　　　　不～與僧道來往。（B）

144

見館地蟬聯，心中自是～。(E)
※無姆也～耐。(K)

不捨得〔捨不得〕
　現代語法に"'我不捨得離開你'。這是吳粵語的語法。在國語裏，該把'捨'字放在'不'字的前面，說成'我捨不得離開你'"とある。
　　他～吃，將來恭敬兩位小官人。(b)
　　姚公心下～兒子。(a1)
　　曾經有人還過三百兩銀子，孫老六～賣。(B)
　　※阿是耐～三塊洋錢　連水煙才覅吃哉？(K)

當心〔留心〕
　　他們不～，失去若干貨物。(C)
　　商小二父親不～，打破他一個茶碗。(D)
　　※客人要～點唉！(J-a)

記〔想〕
　語辭辨異に"北方話的'記'僅指印在心裏，例：記生字；江南話還指喚起舊的印象，例：記起來嘞。碰到這種情形。北方只說'想'（江南也說'想'）。"とある。
　　急把衆人名字，一個個都～將出來，寫在紙上，藏好了。(a1)
　　李公佐想了一回，方才依稀～起，却～不全。(a1)
　　一路走，一路尋思，那裏～得出這個定菜的店。(C)
　　年深日久，做書的也～不起了。(D)
　　我～起來了。(E)

記掛〔惦記〕
　　姚家～女兒，辦了幾個盒子，做了些點心，差一男一婦，到潘家來問一個信。(a1)
　　田雁門回家之後，正在～黃子文。(B)

你只～着金大姐。（C）

忘記〔忘〕
　　心慌起身，却～了那搭膊。（b）
　　我的眼睛一看過，再不～。（a1）
　　你難道連這兩句都～了麼？（B）
　　不差，倒是我～了。（H）
　　※從前我搭耐說個閒話，阿是耐～脫哉？（K）

巴望〔希望〕
　　他們～此事成功。（D）
　　你們都～我多拿出去一個。（E）

回頭〔回〕
　ことわる，つきかえす。
　　若等他下了轎，接了進來，又多一番事了。不如決絕～了的是。（a2）
　　～他，叫他不要來見我！（E）
　　但是魯總爺的面子，又不好～他，且收下押起來再講。（E）
　　※倘然俚向我借，我倒也勿好～俚。（K）

推頭（推道）〔推說〕
　二拍注に"推頭　吳語，即'藉口'。"とある。
　　又隔了兩日去取，毛烈躲過，竟推道不在家了。（a2）
　　我還好瞞生人眼，說假公道話，只把失盜做推頭，誰人好說得是我。（a2）
　　趙溫一定要他去，賀根推頭天還早，一定要歇一會子再去。（E）

只道〔當是〕
　　婆娘嚇了一跳，～亡靈出現。（b）
　　他～你一時含羞來了，婦人水性，未必不動心。（a）

他二人也是吃驚不小，～捉拐子，逃婢的來了。（I）
　　人家～他深通西學，其實只有二三十年的墨卷工夫。（D）
　　※阿唷，張先生喨。倪～仔耐勿來個哉，還算耐有良心哚。（K）

轉念頭〔想心事，打主意〕
　　轉了第二個念頭，心下愈加可憐起來。（d）
　　及依他到所說的某處，取得千金在手，却就轉了念頭道：……。（a）
　　※耐末勁去轉倽念頭，自家巴結做生意好哉。（K）

響〔言語〕
　　語辞辨異に"'響'在北方僅指東西發聲或聲音響亮，在江南還指人作
　　聲　例：喊伊，伊弗響。'作聲'在北方是'支聲''言語'"とある。
　　坐在那裡，一聲不～。（E）
　　※耐有道理末，耐說哩。倽勿～哉嘎？（K）

碰頭〔碰見〕
　　語辞辨異に"吳語見面曰碰頭，如'他們沒有一天不碰頭的'"とある。
　　與洋東碰了頭，再商量一個絕好的主意。（B）
　　他二人意其沒有一天不～兩三次。（E）
　　※俚碰耐個頭，賽過要趕耐出去，阿懂嘎？（K）
　　　明朝～仔再搭耐說。（K）

遇着〔遇到〕
　　正是那兩年前～多鬚多毛，酒樓上請他吃飯這個人！（a）
　　那上海～新正月裏，另有一番風光。（C）

該
　　語辞辨異に"該　在北方指'欠'，例：我該地錢：在江南指'有'，例：
　　伊只該一兩身衣裳。"とある。
　　我不比李伯正的銀子～得多。（C）

147

他的產業，也沒有數，有人說他～到幾千萬銀子哩。(C)
　　有幾家～錢的，也就不惜工本，公開一個學堂。(E)
　　他那裏還～得起公館，租了人家半間樓面。(E)
　　他也不～什麼好衣服，一件複雜的甯緞袍子，一件天青緞舊馬褂，便算是客服了。(E)
　　那～骨董的人又是地蕭山同鄉。(G)
　　那兩所屋於是有錢的主子～的，斷不肯賣。(G)
　　※就算耐屋裏嚮～好幾花家當來里也無用哚。(K)
　　　俚哚做老鴇，～仔倪討人要倪做生意來吃飯個呀。(K)

成功〔成〕
　　少我一個也不～。(D)
　　再配上一樣水果，合～四樣禮。(D)
　　叫刻字匠替他刻了版，刷～幾千分。(E)
　　※耐勿聲勿響，悶勒肚里是，要～毛病格嚧。(J-b)

至於〔至〕
　　語辭辨異に"江南話裏'至於'和'至'一樣。例：今朝弗至於落雨。北方話裏還有'值得'的意思，例：爲這點小事至於生這麼大的氣嗎？"とある。
　　飲食要自己買，自己煮，也不～十分惡劣，有礙衛生。(B)
　　※但是脾胃弱點，還勿～成功癆瘵。(K)

賽過〔像，好像〕
　　造得～洞天仙一般。(F)
　　～皇恩大赦了。(D)
　　※昨夜耐～勿曾困，晚歇早點轉來，再困歇。(K)
　　　俚雖然勿是我親生妹子，一逕搭我蠻要好，～是親生個一樣。(K)
a および b にも"賽過"はもちいられているが、'……にまさる'といういみである。

148

今日方見恩人心事，～柳下惠魯男子。(b)

這幾句贊，是贊那有智婦人，～男子。(a1)

雖比狄氏略差些兒，也算得是上等姿色。若沒有狄氏在面前，無人再賽得過了。(a1)

模樣雖是娉婷，志氣～男子。(a2)

◎動詞の前または後につくもの。

會得〔會〕

這幾項人，極是'老鯽溜'也～使人喜，也～使人怒，弄得人死心塌地不敢不從。(a1)

怎麼～和鏡子一般。(G)

作興〔可能〕

我們外國規矩，是向來不～送客的。(D)

※人家一個大姐，耐剝脫俚褲子，阿是勿～個！(K)

該應〔應該〕

二拍注に"吳語的'該應'即北方語的'應該'"とある。

却是自家沒有主意，不知～怎的？(a2)

命裏～得錢，一個也不會短。(B)

當初很～照應照應他們。(D)

你就～擺出做哥子的款來。(E)

※價末耐也～請請我倪哩。(K)

落〔下〕

"落雪"の項を參照。

十五個吊桶，七上八落。(a1, B, E)

※吃是倒吃勿～，點點也無倷。(K)

轉〔回〕

急急走～內室，取燈火來照。（b）
　　　妹子被響馬劫去，豈有送～之理。（b）
　　　趕緊振作一番，還救得～哩。（C）
　　　只怕已經到了外洋，怎麼好收～？（E）

轉來〔回來，過來〕
　　語辞辨異に"江南話的'反轉來''倒轉去'的'轉'，北方話說'過'。江南話的'跑轉來''送轉去'的'轉'，北方話說'回'"とある。
　　　既是徐掌家，與我趕上一步，決請他～。（b）
　　　樂和醒將～。（b）
　　　有的不帶餞在身邊的，老大懊悔，急忙取了錢～。（a1）
　　　張果漸漸醒。（a1）
　　　一時間怕不得～。（C）
　　　算是鬼門關上逃～的人了！（A）
　　　這利益是被我們挽回～的了。（C）
　　　漸漸的醒～。（E）
　　　※荔枝，耐～。（G）

轉去〔回去，過去〕
　　"轉來"の項を参照。なお二拍注に"轉去　吳語至今還口頭用着，相當北方語的'回去'"とある。
　　　行不多時，推說遺忘了東西，還要～。（b）
　　　打換些土產珍奇，帶～有大利錢。（a1）
　　　給他個回片，先叫來人～。（E）
　　　迴轉頭去一看，見商務局老爺也在座。（E）
　　　※倪也轉去哉咘。（K）
　　　　說得勿差，耐自家送～好。（K）

◎ものの形状，性質などに関するもの。
　　齷齪〔骯髒〕

新華字典に"齷齪 骯髒，不乾淨。(南)"とある。二拍注に"吳語指汗穢，叫做'齷齪'"とある。

　　見有人糞，明知～。(b)
　　我這樓房里～得很。(D)
　　以後不顧見你這種～人了！(F)
　　※倪搭是～煞個哩。(K)

鬧熱〔熱鬧〕
　　二拍注に"吳語中有許多語彙，和北方語顛倒的。例如北方語'熱鬧'，吳語作'鬧熱'之類"とある。
　　正在～之際，忽見牆缺處有一美少年。(b)
　　只見他們鬧鬧熱熱，炊烟舉火。(a1)
　　北京現在～不～？(E)
　　※今夜頭是～得來！(K)

刮刮叫〔很好〕
　　都是～，超等第一的角色。(E)

推板〔差〕
　　初拍注に"推班 吳語，俗稱'差一點的'做'推班'"とある。
　　左右是一夥的人，推班出色，役一個不思量騙他的。(a1)
　　我這腦袋還～嗎？(B)
　　面子稍些～點。(E)
　　※也算耐眼睛光勿推扳。(K)
　　　推扳點房子才要壓坍哉。(K)

克己〔便宜〕
　　敝學堂～，以廣招徠。(D)
　　價錢～點。(E)
　　如今只要你十塊，真是格外～的了。(E)

便當〔方便〕
　　在這奴才手裏討針綫,好不爽利,索性將皮箱搬到院里,自家～。(b)
　　做那奸淫之事,比和尚十分～。(a1)
　　就是外國人來拜,也～許多。(E)
　　不然就不～。(H)
　　※依倪末蠻～格。(B)

別個〔別的〕
　　小弟有些小事,～面前也不好說,我兄垂問,敢不實言。(a1)
　　～有了銀子,自然千方百計要尋出便益來。(a1)
　　一定送給～相好了。(E)
　　不是～,却是四城門的地保。(D)

清爽〔清楚〕
　　他們又有什麼公分鬧不～。(E)
　　一時也記不～。(E)
　　走進門來,雖是夜裏,還看得～。(E)
　　※倪也勿曾看～。(K)

冷〔涼〕
　語辞辨異に"形容氣溫,風,人對氣溫的感覺,南北一致說'冷',例:天氣冷,冷風,我冷。在這種地方,'冷'和'涼'只有溫度上的差別。形容其他事物,北方只說'涼',例:涼飯,菜涼了,冰涼的,涼碟。江南只說'冷',例:冷飯,小菜冷脫嘞,冰冰冷格,冷盆"とある。
　　恨不得尋口～水,連衣服都吞他的肚裏了。(a1)
　　他一聽此信,猶如渾身澆了一盆～水一般。(E)
　なお,北方語の"着涼"を,呉語では"着冷"という。
　　倘忙夜頭出局去,再着仔冷,勿局個哩!(K)

後生〔年輕〕

152

二拍注に"吳話中'後生'有兩種月法。一作名詞用，指'年輕人'，一形容詞用，指'年輕'"とある。
　　況且年紀～，要勸他改嫁，自己得些財禮。(b)
　　娘子花朵兒般～，怎地會忘事？(a2)

出色〔好〕
　初拍注に"出色　吳語，俗稱'好一點的'做'出色'"とある。
　　又置買田莊數處，家僮數十房，～管事者千人。(b)
　　左右是一夥多人，推班出色，沒一個不思量騙他的。(a1)
　　且莫管她，各有各的～處。(C)
　　據我看來，還是做四六的～。(D)
　　※蕭老耐隻戒指～噲，幾時買格介。(D)

隨便
　北方語では'気がるな，自由な，だらしない'という用法しかないが，吳語では"不管""無論"にあたる用法がある。
　　～給誰看，說你不吃烟，誰能相信。(E)
　　倘若問起來，～英國也好，法國也好，還他個糊里糊塗，橫堅沒有查考的。(E)
　　※～耐要倷，我總歸依耐。(K)
　　我個物事，～倷人勿許動。(K)
　a では"隨分"がもちいられている。
　　隨分甚麼點心，先吃些也好。(a1)
　　沒有銀子便隨分什麼東西准兩件，與小人罷了。(a1)

尷尬〔不正派〕
　同音字典に"①不正常，②不對頭，不合適，不好意思，③形容事情的枝節很多，難以處理（蘇，浙一帶的話）"とある。
　　迎兒，且莫睡則個！這時辰正～那！(b)
　　那月娥是個久慣接客乖巧不過的人，看此光景，曉得有些～，只管盤

153

問。(a1)

此人來得～，莫非不是好人。(C)

※真真是間架事體！(K)

長遠〔好久〕

日子～，有得與你相處，鄉音也學得你些。(a1)

說了許多～惦記的話頭。(A)

梅翁老伯，常遠不見了！(E)

※俚個病終究勿～，吃仔兩貼藥勿要哩。(K)

好像～勿看見。(K)

道地〔地道〕

語辭辨異に"北方習慣說'這是地道的土產'，江南習慣說'這是道地的土產'"とある。

是個～貨來了。(a1)

驀生〔不熟，生〕

漢語詞典に"陌生 吳語，謂對人未見過或對地方等不熟悉"とある。

見了一個～人，也要面紅耳熱的。(a1)

我與你夫妻之情，倒信不過，一個鐵～的人倒并不疑心。(a1)

※難再要去做一戶～客人，定歸勿做個哉！(K)

上海夷場浪，陌生場化，陸裏能夠去哩？(K)

安逸〔安樂〕

吃了這幾年～茶飯。(b)

過得幾天～日子。(B)

沒個舖給人安安逸逸睡個覺。(H)

※吵得一家人才勿安逸。(K)

開心〔快樂〕

想罷甚是～。(D)

※請唔篤吃幾杯～格。(J-a)

吃點鴉片烟尋尋～，陸裏會生病？(K)

なお"開心"には'からかう'（取笑）のいみもある。

唐太守一時取笑之言，只道他不以爲意。豈知姊妹行中心路最多，一句～，陡然疑變。(a2)

拿窮人～。(H)

難爲情〔羞慚〕

我再不給你瞧，朋友面上也～。(E)

※陳老爺，耐倒說得倪來～煞哉。(K)

適意〔快意〕

賺了許多錢，要～些。(C)

硬胎不及軟胎～。(B)

※勿～末，困來浪末哉。(K)

なお"寫意"ともしるす。

四老爺忒倽個寫意哉。(K)

滑頭

ずるい，狡猾な（又はその人）。

是上海灘上的大～。(C)　　上海的～買賣，都在堂子裏做。(C)

劃一〔確實〕

貴行裏也是～的價錢。(C)

※上海浮頭浮腦空心大爺多得勢，傲生意～難煞(K)

◎数量に関するもの。

頭

"二"または"兩"と並用され，"一"をあらわす。二拍注に"頭二兩

呉語，即‘一二兩’"とある。
　　顏色好時，～二兩一疋還有便宜。（a2）
　　他許我的金鐲子，有～兩個月了，問問還沒有打好。（E）

念
　"二十"。現代語法に"別處方言有說‘廿’的，例如吳語和粵語，客家話等"とある。
　　總共有～六萬兩。（C）
　　～塊三十塊望枕箱裏放，也是平常。（H）
　　※～五塊洋錢。（B）

把
　量詞あるいは"百、千、万"などの数詞について，およそそれくらいであることをあらわす。初拍注に"把　吳語，約計之詞。‘年把’即作‘年余’之解，‘個把’作‘一個兩個’解"とある。
　　便早死了年～，也不見得女兒如此！（a1）
　　走上了里～路，到一個僻靜去處。（a1）
　　我們這裡頭還有個把進士，同大公祖一樣出身。（D）
　　這是總得上回～堂，好遮遮人家的耳目。（E）
　　一過年，也想到京裏走走，看有什麼路子，弄封～‘八行’，還是出來做他的典史。（E）
　　※眼前個～月總歸勿要緊。（K）

爿〔家〕
　漢語詞典に"爿　吳語，商店一家曰一爿"とある。
　　一～茶棧。（B）　　　兩～當鋪。（C）
　　一～客棧。（D）　　　一～匯票號。（E）
　　這～洋行。（E）
　　※一～洋行。（E）

張〔把〕
　"椅子"などを"張"でかぞえる。
　　　那～椅子。(B)　　　一～櫈子。(B)
　　　一～椅子。(E)

部〔架，輛〕
　現代語法に"車的單位名詞，在各地最不一致。吳語稱'部'，國語稱'輛'"とある。同音字典に"車一輛，機器一架也叫一部（南方話）"とある。
　　　坐內有幾～素椅。(a1)
　　　幾～機器。(A)　　　一～縫衣機器。(C)
　　　一～馬車。(B)　　　一～小車子。(D)
　　　兩～東洋車。(E)
　　　※一～東洋車子。(B)

幢〔座，所〕
　同音字典に"幢　樓房一所（蘇州等地的話）"とある。なお現代語法に"我在上海租了一幢房子。還是吳語的說法，國語只說'一所'或'一座'"とある。
　　　賃幾～房子住家。(C)
　　　※清和坊有兩～房子空來浪。(K)
　　　兩～樓房。(K)

樁〔件〕
　　　這是一～小故事。(b)
　　　各自請罪，認個悔氣，都道一～事完了。(a1)
　　　一～弟兄爭產的官司。(B)
　　　做幾～事業。(C)　　　一～買賣。(C)
　　　辦一～事情。(D)　　　一～極新鮮的新聞。(I)
　　　※該～事體。(K)　　　一～笑話。(K)

157

兩頭〔兩〕
　　我便老實笑納這三千～，有何不可。(C)
　　那一張二百～的，就算是送與白大爺的做茶敬的。(A)
　　老家人已把手本連二～銀子，一同交給丫環拿進來了。(E)

塊頭〔塊〕
　　拿出　十～一張鈔票。(B)
　　要打牌，總要一百～，少了也沒意思。(C)

轉〔回〕
　　現代語法に"'他來過三轉'。這是吳語的說法。'轉'是'次'的意思"
　とある。
　　尋了一～。(b)
　　吃過這一～虧，以後便事事留心。(E)
　　馬車沒有坐一～。(A)
　　※我說了幾～。(K)
　　　耐下～要尋王老爺末，到東合興去尋好哉。(K)

遭〔次〕
　　老娘，這～出去，不敢忘你恩。(b)
　　這～是你老哥頂辛苦了。(E)

歇〔會兒〕
　　走回來等了一～，掇開門閃身入去，隨手關了。(b)
　　請門房里等一～。(C)
　　※我去一埭去來，耐等一～。(K)

泡〔陣，起〕
　　漢語詞典に"吳語謂一陣或一起亦曰一泡，如'童子良經他這一泡恭
　維'，見官場現形記"とある。

着實恭維一〜。（D）
　　　有影無影，亂吹上一〜。（E）
　　※昨日耐去仔，俚一幹子來喥房間里反仔一〜。（K）

毛
　　数詞のうえについて'おおよそ'のいみをあらわす。漢語詞典に"毛 呉語，大約之意，如毛三十人：約計之利息，亦曰毛利"とある。
　　　世兄也有〜二十歲的人了。（D）
　　　有〜五萬銀子的虧空。（E）

家頭
　　"一個人"のことを"一家頭"，"兩個人"を"兩家頭"などという。
　　　恭喜，恭喜！你們兩〜的事情，怎麼好沒有媒人？（E）

◎指示代詞の類。
　自家〔自己〕
　　二拍注に"呉語，'自家'同北方話'自己'"とある。
　　　當初之事，也是我〜情願，相好在前。（b）
　　　〜屋裏，還到此地，可以相讓。（a2）
　　　咱們都是〜人了。（D）
　　※連搭俚〜也有點糢糊哉。（K）

　別人家
　　現代語法に"呉語的'別人家'，等於國語的'別人'或'人家'"とある。北方語では単に"人家"というのがふつうである。
　　※比勿得〜有面孔。（K）

◎副詞の類。
　剛剛〔剛〕
　　　〜發了文書，刷卷御史徐繼祖來拜。（b）

又過一年，～二十三歲。(b)

～剩下得一個官人在那里。(a2)

～出得頭門，覺得有人在他肩上拍一下。(B)

那天～下了兩點雨。(E)

將自己的表拿出來一對，～慢了五分。(B)

蠻〔很〕

同音字典に"蠻　很。(江、浙等地的話，也寫作'滿'。)"とある。

※倪前頭到～明白格，撥相公實概一說，倒弄得我加二勿明白哉。(J-c)

忒〔太〕

初拍注に"忒　吳語中至今常用，同'太'字。"とある。

點了他妻小，殺了他家人，又教他刀下身亡，也～罪過。(b)

官家作戲，～沒道理！(a1)

～把工藝看得輕賤了。(C)

做的也～鹵莽些。(D)

※我看價錢開得～大仔點。(K)

忒煞〔太〕

初拍注に"忒煞　吳語，同'太'字。"とある。

雖然如此，自古道'子無嫡庶'，～厚薄不均，被人笑話。(d)

你看他兩個白白裏打攪了他一餐，又拿了他的甚麼東西？～欺心！(a1)

你娘舅也～荒唐了。(E)

※老鴇也～好人哉！(K)

　　趙先生，耐忒倷膽心哉！(K)

特爲〔特意〕

今天還～多開了一艘船呢。(I)

特特爲爲叫書啟老夫子做了一篇。(D)

更加〔更〕
　自此鐘明，鐘亮扔舊與婆留往來不絕，比前～親密。(d)
　心裡～幾分不快。(B)
　～上了勁了。(C)
　心上～煩悶。(E)
　※耐說個～勿對！(K)

真真〔真〕
　～氣煞人！(I)
　※倪個無姆～討氣，勿是我要說俚！(K)
　なお，"真正"は呉語では"真真"と同音である。
　真正不知做幾世狗馬，才報得盡。(I)
　※真正是拍馬屁拍子馬脚浪去哉！(K)

直頭〔實在〕
　他們來考試，～是來取辱。(I)
　公館裏事兒忙，加上些沒法兒的應酬，～沒得一天閑空。(C)
　※老三搭魏老～恩得來！(E)
　なお"實頭"ともかきあらわされる。
　到子上海，又是俺格商會請俚演說，實頭鬧忙格。(J-c)

齊頭〔恰巧〕
　漢語詞典に"齊頭　呉語，猶言恰巧"とある。
　他却樸了一個空，～拿頭頂在他嫂子肚皮上。(E)

一淘〔一塊兒〕
　一問是仇老～，就領了進去。(E)
　※我同洪老爺～去。(K)

"一道"ともかきあらわす。

　　　我們就這裏買些酒吃了助威，～躲那兩個婆子。(b)

再有〔還有〕

　　而且鴉片癮又來得大，一天吃到晚，一夜吃到天亮，還不過癮，那裏
　　～工夫去嫖呢。(E)
　　※早辰付仔房錢哉，陸裏～嗄？(K)

亦〔也〕

　　比去短盤至北京，費用～不多。(b)
　　你的終身有托，我兩入死～瞑目。(a)
　　放～放不得。(D)
　　我管不着他，他～管不着我。(E)
　　※俚～勿是錢大人格朋友。(B)

偏生〔偏偏〕

　　二拍注に"偏生　吳語，即'恰巧'之意"とある。
　　　～這等時運，正是：時來風送滕王閣，運退雷轟薦福碑。(a)

終久（終究）〔究竟〕〔到底〕

　　二拍注に"終久　吳語中至今沿用，即'到底'也"とある。
　　周氏雖和小二有情，終久不比自住之時，兩個任意取樂。(b)
　　滴珠終久是好人家出來的，有些羞恥。(a)
　　他終久是要回來的。(I)
　　※耐一幹子住來裏棧房裏，終究勿是道理。(K)

虧得〔幸虧〕

　　語辭辨異に"江南話的'虧得'僅指'幸虧'北方話裏還有'不容易'
　　的意思，例：這麼高的調門，真虧得他唱！"とある。
　　　～李統領在旁，用幾句說話掩飾過去了。(A)

162

～柳知府能言慣道, 不用翻譯。(D)

　　※～耐剛剛有注車錢, 交換倪老娘姨格。(B)

原〔原來〕

　　這是潮州呂大哥, 如何在這裡？一定前日～不曾死。(a)

　　～是爲將來地方上興利起見, 并無歹意。(D)

　　象我這般丑臉, 天下～是少見的。(F)

　　※倪是～要轉去呀。(K)

橫竪〔反正〕

　　我們～總得要進京去當差。(A)

　　他～是單槍獨馬, 一無索掛。(B)

　　～他們到這裏也沒有到大人這裏來拜過。(D)

　　～早晚要換的。(E)

　　※我～勿要緊, 隨便俚倷法子來末哉。(K)

不曾〔沒有〕

　　下頦上眞個一根髭鬚也～生, 且是標致。(a)

　　我可不敢, 原也～一上樓。(C)

　　先搬進一只小轎箱, 外面是用青布套套就的, 却～落鎖。(B)

　　※昨日一夜天, 匡二勿曾轉去。(K)

　　　我一逕勿曾看見過烟火。(K)

加二

　　なお一層, さらに。

　　　店主人～慇懃。(D)

　　　※無姆～要緊殺哉。(K)

初起頭〔起初〕

　　　他～, 也要避生人眼目。(a)

163

弗〔不〕
　　到底得以團圓，可知是逃～過命裏。(a)

起碼
　　～要擾他一頓中飯。(B)
　　　～要四吊一趟。(E)

要緊〔趕緊〕
　　聽說欽差～回京，我們也樂得早了一天好一天。(E)
　　※耐舍～起來嗄？勿適意末，困來浪末哉。(K)

～不過
　　形容詞のあとについて，その性狀のはなはだしいことをあらわす。
　　日光尚早，荊公在主人家悶～，喚童兒跟隨，走出街市閑行。(D)
　　那月娥是個久慣接客乖巧～的人。(a)
　　他的人胡塗～。(B)
　　月娥乖覺～，明知女僕暗中助她。(C)
　　那家人性急～。(G)
　　※是打算收俚格，轎子跑得快弗過格。(I)
　　　伊爲仔落格程大少要好勿過，故歇一逕住來裏外勢哉。(G)

◎介詞の類。
　　連着〔連〕
　　　～我們老夫子也是如此。(E)
　　　※連搭仔桂福也跑仔起來。(K)
　　　　實概大個人，連仔自家發寒熱才勿曉得，再要坐馬車！

164

Ⅲ 現代文学作品にみられる呉語系語彙

　現代の呉語による作品(滑稽劇,蘇州弾詞など)にあらわれる方言語彙については,さきに拙編：江南語語彙集解(清末文学言語研究会会報 単刊2 1963 清末文学言語研究会出版)および拙編：江南語語彙集解(二集)(明清文学言語研究会会報 第4号 1963)に,そのおもなるものを採録したところであるが,"普通話"による作品にもかなり方言語彙がもちこまれることは前述のとおりであって,「明清文学作品にみられる呉語系語彙」にあげたもののほとんどが検出される可能性がある。いま,茅盾：子夜,周而復：上海的早晨第一部および第二部にあらわれているものについて,方言色の濃厚なものをえらんで,語釈および用例をしめすとつぎのとおりである。

　なお引例のあとの(　)内の数字はそれぞれ下記による。
　(0) 茅盾：子夜(1952 重印 人民文学出版社 北京)
　(1) 周而復：上海的早晨第一部(1958 作家出版社 北京)
　(2) 周而復：上海的早晨第二部(1962 作家出版社 北京)
　引例のまえに※を附したものは,現代呉語作品中にみえるもので,(　)内の数字はそれぞれ下記による。
　〔1〕伍賽文原著：三個母親(通俗話劇)(上海十年文学選集 話劇劇本選)
　〔2〕范哈哈整理：三毛学生意(滑稽劇)(上海十年文学選集 戯劇劇本選)
　〔3〕鮑楽楽,王一明整理：火焼豆腐店(滑稽劇)
　〔4〕上海十年文学選集 曲芸選

◎年,月,日などに関するもの。
　號頭
　　"月"のことで,"兩個號頭"は"兩個月"のことである。
　　　這臺車她摸了半個〜,很熟悉。(1)
　　　昨天晚上媽媽答應了,等這個〜廠裏發工資,一定給她買。(2)
　　　※拉儂到巡捕房去讓儂吃兩個〜官司!〔3〕

◎住居,家具,日用品などに関するもの。
　寫字間〔辦公室〕

オフィス。上海語である。
　　裏面放了一張桌子兩張沙發算是～了。(1)

亭子間
　　中二階の小部屋。上海のいわゆる"樓房"の後部の階段の中間にもうけられており，"灶坡間"のうえにある。せまく，採光がわるい部屋である。
　　～的門關着。(2)
　　※我替儂尋着一間～。〔2〕

絹頭〔絹子，手帕〕
　　ハンカチ。
　　阿新姐！你的～忘記在我手里了！(0)
　　※從袋里摸出一條～。〔4〕

◎身体に関するもの。
臉孔〔臉兒〕
　　『越諺』に"臉孔　面也"とある。
　　無表情地看看曾家駒的凶邪的～。(0)
　　～如同雕塑的石象一樣，毫無表情。(2)

額角頭〔腦門子〕
　　『越諺』に"眼睛生東額角頭　傲視世人"ということわざをあげている。
　　方宇～上不斷滲透出汗珠來。(1)
　　爹用右手的食指點了點阿貴的～。(2)
　　※濃也嘸沒介紹過，伊～上又勿刺字，叫我哪能曉得。〔2〕
　　なお，"額頭"とももちいている。
　　把伸過手去，摸摸她用毛巾扎着的～。(1)
　　她～上飛舞着金星，整個房間在她面前旋轉。(2)

◎人の呼称，名称などに関するもの。

阿姨

　母の姉妹。転じて，ふつうの'おばさん'の意味にももちいられている。

　　下次～帶你去。(1)

　　找隔壁張～代洗。(2)

　　※我聽伊姆媽說過，蘇州有個～。〔1〕

◎職業，身分などに関するもの。

大亨

　『新華字典』に"大亨　過去半殖民地上海社會稱投靠帝國主義的流氓頭子"とある。

　　這裏面有一位金融界的～。(0)

　　徐義德加入進去可以提高地位，和工商界～們往來，大概全有好處的。(1)

　　像馬慕韓那些工商界的～，好像全坦白了，沒有一個抵擋得住。(2)

　　※啥事體要拜～做老頭子？〔2〕

大塊頭

　大柄のひと。

　　～在外邊房裏嗎？(0)

　　有些人還不知道徐義德是高個子還是矮個子，只聽說是個～。(2)

　　"塊頭"は"個子""個兒"にあたる。

　　※老板～又大，跑得氣喘吼吼。〔3〕

小開

　店主のむすこ。

　　他姓馬，叫慕韓，工商界的人叫他紅色～。(1)

　　他是徐義德的愛子，是～。(2)

　　※謝謝儂勿要嘩啦嘩啦，從前講～，我有面子，爺是老板。現在講出來想想坍臺，爺是老剝削，我是小剝削。(4)

167

阿飛
　　上海で，'チンピラ'のことをいう。
　　　　他回上海不久，在隔壁弄堂裏認識了'〜'流氓樓文龍。(2)
　　　　五層樓〜活動的場所叫公安局取締了，斂跡了。(2)

赤老〔鬼〕
　　"讓我再看看清爽：地上有人影子未是人，嘸投影子未是〜。"〔3〕の用
　　例がしめすように，北京語の"鬼"にあたり，おおく罵語にもちいら
　　れる。
　　　　就是那些專門寫標語的小〜嗎？(0)
　　　　那麼，是碰到〜，今天該倒霉啦。(1)
　　　　美國〜在走東洋人的老路。(2)
　　　　※ '刻擦'一刀，骷髏頭落地，家裏勿死，死到京裏來，嘸沒仔格個
　　　　　頭，格個〜阿回得轉去格？〔3〕
　　　　大阿嫂，不過迪個小〜，呆頭呆腦勿來三。〔2〕
　　なお，『子夜』は"赤佬"につくる。

大佬倌
　　『越諺』に"大老官　老呼平聲。藉勢張大，好人趨承者也"とある。
　　　　原來福佑藥房朱經理是個空心〜，那一定是敗事的。(1)

白相人
　　『漢語詞典』に"白相人　吳語，猶言流氓"とある。
　　　　專等那班〜把何秀妹軋到冷靜的地方，你就去救她。(0)

癟三
　　かっぱらいなどを常習とする浮浪者。『漢語詞典』に"癟三　吳語，
　　謂流氓中之窮極無聊者"，『方言詞例釈』に"上海人稱城市中無正當職
　　業而以乞討偸竊爲生的游民爲癟三"とある。
　　　　馬路上的小〜，飯可以不吃，香烟屁股一定要抽，那就得招呼你一盒

洋火的生意！〔0〕

※老伯伯，儂想迪個小囝作孽哦，投親不遇，路費也嘸沒，格是要流落在上海格勿要做～格呀？〔2〕

◎商買などに関するもの。

來頭貨

外国品。"來路貨"ともいう。

市面上～的洋火太多了。我們中國人的洋錢跑到外國人荷包裏去，一年有好幾萬萬！〔0〕

生活〔活兒〕

『初拍注』に"吳語，稱'做工'做'做生活'。女人方面，有時指'針綫繡作'，也叫做'針綫生活'"とあり，『儒林外史』にも"只靠着我替人家做些針指生活尋來的錢"（第1回）と出ている。

萬國殯儀館的～還不差！〔0〕

你不做～，日子也過不去。〔1〕

※讓伊去，快點做～。〔1〕

◎その他の名称。

站頭〔車站〕

駅，停留所。

終於電車在華懋飯店門口那～上停住了。〔0〕

不知道過了多少～，經過一段很長很長的時間，這趟車總算到了外灘。〔2〕

噱頭

『同音字典』（五十年代出版社　1955年本）に，"噱頭　是戲劇裏面可以逗笑的地方，上海話"とあり，『新華字典』に"噱頭＜方＞逗笑的話或舉動"とある。

開場白倒蠻有～，怎麼忽然又不講下去呢？〔2〕

※上海人是吃～格。〔4〕
　　　　上真賬，是勿來事格，馬上出～。〔3〕

運道〔運〕
　　運．めぐりあわせ。
　　　只要能守正直，定可逢凶化吉，不久便可以交好～了。(2)
　　　義德畢竟過了關，從此要走好～了。(2)
　　　※格好算～，觸霉頭格。〔3〕

門檻
　　ものごとに精通していることを"～精"，そのような人を"老～"という。
　　　你是老～，我們心照不宣，是不是？(0)
　　　共產黨～精。(2)
　　　※我自以爲是老～，勿曉會碰着別人～還要清。〔3〕

空心湯糰
　　『漢語詞典』に"空心湯糰　吳語，喻有虛名"とある。
　　　什麼香港的工商界有力份子接洽得有了眉目，也許是～罷？(0)

殺千刀
　　罵語。
　　　～的大風！(0)
　　　在心裏罵他"老不死！～！"(0)
　　　※儂格～格黑良心！〔3〕
　　なお『二十年目睹之怪現狀』に"罵到快時，却又說的是蘇州話，只聽得'老蔬菜'（吳人詈老人之詞），'～'兩句是懂的，其餘一概不懂。"(74回)とあり，吳語では常用されるものであろう。

生活

170

なぐられる，たたかれることを"喫〜"という。"挨打"。

　　我們老實不客氣，請她們到公安局裏'〜'。(0)

　　※俉師娘凶來西格，等一歇儂要喫〜格。〔2〕

排頭

　しかられる，どなりつけられることを"喫〜"という。"挨罵""受訓斥"。

　　他非但捐客生意落空，一定還在他那後臺老板跟前大吃〜呢！(0)

　　※是要吃'〜'，做仔二爺連格眼規矩都勿懂。〔3〕

　なお"牌頭"とかきあらわされることもある。

　　※轉去晏了，要吃〜，停生意。〔1〕

訛原

　アラ，ケチをつけるところ。

　　吳蓀甫立刻找到〜了，故意大聲喝道：王媽！到那邊去干麽？(0)

　　在地氈上、桌布上、沙發套上、窗紗上，一一找出'〜'來喝罵那些男女當差。(0)

淘里

　"朋友""夫妻"などの語のあとについて，'……同士''……たち'という意味をそえる。『二拍注』に"姉妹行　即吳語中的'姉妹淘'，也就是'姉妹們'"とある。

　　我也是姉妹〜借來的！(0)

　　現在大家要齊心辦事！吃醋爭風，自夥〜嘰哩咕嚕，可都不許！(0)

　　※伊拉夫妻〜倒也蠻要好格。〔3〕

　　　阿拉夫妻〜一向蠻要好格。〔3〕

◎動作に関するもの。

　識相

　　わきまえる（そうしないと，とんだ目にあうぞ，というようなおどしがき

171

いている。)
　　　這位老舅父未免太不〜了。〔0〕
　　　喂，我說，你〜點，就說了吧。〔1〕
　　※王小毛，儂〜點，跟阿拉走；倘然儂要勿〜，我伲要用鏈條銷勒。〔3〕

成功〔成〕
　"成"におなじ。
　　　楊健說一是一，說二是二，辦不〜的事，楊健一定不先講，凡是他講的事，一定辦〜。〔2〕
　　※儂勿去是勿〜格，我又勿認得俚娘舅。〔3〕
　　　出色，困勿〜了。〔4〕

觸霉頭
　不運なめにあう。"倒霉"。
　　　不下樓招呼客人，讓林宛芝一個人稱能，給她〜，看看她的笑話。〔1〕
　　※伊拉阿是存心來觸我霉頭，搭我拿伊拉趕出去！〔1〕

軋
　"搞"にあたる呉語で、あることをすることをあらわす。
　〜朋友　友人とつきあう。『漢語詞典』に"軋朋友　吳語，結交朋友"とある。
　　　上海場面壞人極多，〜總得小心。〔0〕
　〜姘頭　不正常な男女関係をむすぶ。『漢語詞典』に"軋姘頭　吳語，猶搭姘頭"とある。
　　　你們只會在廠裏胡調，弔膀子，〜！〔1〕
　〜賬　帳薄をつけあわす。『漢語詞典』に"軋賬　吳語，謂查對賬目"とある。
　　　經理，我剛才軋了一下賬。〔1〕
　　　他自己這筆賬怎麼也軋不平。〔2〕

打烊

店をしめる。『同音字典』に"打烊 就是飲鋪歇火上門的意思，本是上海話。例：從開門到晚上打烊總是擁擠着顧客"とある。飲食店にかぎらずもちいられている。

'～'以後，別人紛紛回家去了。(2)

※要是我轉來晏，你早眼～困覺，煤球爐子要當心。〔3〕

揩油

ピンはねする。『漢語詞典』に"揩油 蘇滬語，舞弊到利或白佔便宜之意"とある。

不行，不行！～不是這麼揩的罷？(0)

資本家這樣揩我們的油，我們把褲腰扎緊了也活不下去呀！(1)

※儂當我真格勿要，儂倒想～哉！一張票子揩四角，格是儂立時三刻好發財哉！〔3〕

喫豆腐

からかう，女にたわむれる。『方言詞例釈』に"喫豆腐 欺悔軟弱的人，尤指調戲婦女"とある。

我同女人是規規矩短的，不揩油，不～。(0)

阿永，你又～了。(1)

※儂真勒～。〔3〕

喫湯糰

解放前の上海で，ダンスホール，キャバレーなどで，客のつかぬことを"喫湯糰"といい，いつも客のつかぬダンサーを"湯糰舞女"といった。

她年青的黃金時代已經過去了，不能再去貨腰，靠'～'過不了日子。(2)

『七十二家房客』(滑稽劇)に"她又不是紅舞女，常常'喫湯糰'，人家都叫她'湯糰舞女'"とある。

拆爛污

　　いいかげんにごまかす。『漢語詞典』に"拆爛污　吳語，指不忠不信不負責任或將事辦壞令人難於收拾等而言"，『同音字典』に"拆爛污把事情弄糟。是蘇州四川等地的話"とある。

　　　清花間～，陶阿毛講的對，除塵不淨：雜質太多，造成棉網雲片過多。(1)
　　　※你放心，包你快，包你稱心，不～，雖然我擺一個攤頭，從前我也
　　　　是'白玫瑰'出來的。〔2〕

　　なお"撒爛污"とかきあらわしていることもある。

　　　并不是我們撒三先生的爛污！（0）
　　　可不要～！我們碰了頭，就同到總罷委代表會去！（0）

◎ものの彩状，性質などに関するもの。

　篤定

　　心配ない，安心してよい，大丈夫である。

　　　那沒問題，包在我身上，～泰山！（1）
　　　我這兩天飯也吃得下了，心也～了。(2)
　　　※實梗看，火車做生意倒是規矩格。格是我篤定吃好哉。〔3〕
　　　　馬壽的面孔蠻尷尬，表面上蠻～，心裏到底虛的。〔4〕
　　　　明天早晨八點半一到，我是～頭一個提貨。〔4〕

　結棍〔利害〕

　　ひどい，はなはだしい。

　　　這個消息發表出來，工商界人士的神經緊張了起來，認為這一記很～。
　　　（1）
　　　唐仲笙這一記很～。(2)
　　　※儂勸我勿要哭，儂比我哭得～。〔2〕

　暗〔黑〕

　　くらい。『語辞辨異』に"暗　在北方話裏單指'不暴露在外面的'。例：這門上的鎖是暗的。在江南話裏，除掉這個意思，還有'光綫少'的意思。

例：迭間房間交關暗。碰列這種情形，北方人說‘黑’。雖然有時候也說‘暗’，但是在北方人聽來，那是有書面語氣味的。"とある。
　　走進弟弟斯咖啡館光綫就〜下來。(1)
　　今天林宛芝房間的光綫顯得比往常〜的多。(2)

把細〔小心，仔細〕
　気をつける，念をいれる。
　　勸你〜點，躲開一下吧！現在的日子好過了，不能不〜一點。(1)
　　※好在我手脚自家曉得還算‘〜’，諒你也勿一定看得出啥痕跡。〔4〕
　なお"巴細"ともかきあらわす。
　　※是我的伲子應得認下來，勿是我的伲子，冒認解元公，那是要鬧出
　　　事體來的。
　　還是〜點好。〔4〕

壁脚〔壞〕
　よくない，まずい。『同音字典』に"蹩脚　是說不好。例：這架蹩脚的機器真不好使。(蘇浙一帶的話)"とあり，『漢語詞典』，『新華詞典』ともにこの「詞形」によるが，上海音では"壁脚"biq，"蹩脚"bhiq giaq と，音が近似しており，おなじ語をあらわすものである。
　　我們好姊妹，我一心只想幫襯你，怎麼你倒疑心我來拆你的〜呢？(0)
　　※倘然撥俚算出來，格是還當了得，所以說勿靈，預備觸〜觸脫俚。(3)
　　（拆 caq，觸 coq で，"拆〜" "觸〜"はおなじ語である）

◎数量に関するもの。
開間
　へやのひろさ。『漢語詞典』に"開間　吳語，指房間之寬度"とある。
　　一陣女人的笑聲從那五〜洋房裏送出來。(0)

◎副詞の類。
阿

述語のまえについて，疑問，反問の語気をあらわす。ほぼ"可"の用法にあたる。

　　～要看到閻錫山大出兵！要看到德州大戰！（0）
　　※儂身體～好？〔1〕
　　儂～曉得領格啥人家格伲子？〔1〕

邪氣
　ほぼ"很"にあたる。

　　我的交關～好的麗琳……。（2）
　　※老早班子裏演天老爺戲迷信～重。〔4〕
　　也勿是神仙，也勿是妖怪，不過本事大來～。〔3〕

板定〔必定〕
　かならず，きっと。

　　市場上的籌碼既然～要陸續增加。市場上的變化也就一天比一天利害。（0）

　"板"はほぼ"總"にあたる語で，つぎのような用例がみえる。

　　※我老早曉得板要出事體格。〔3〕
　　秀英曉得板是要我和劉和蘭對證。〔4〕
　　只要是我的親娘，她曉得我就是她的親生伲子，個是板會相認。〔4〕

Ⅳ　現行字典類にみられる呉語語彙

　以上にあげたものは，おおむね字典その他の資料によって呉語とみとめられているものを主としているが，その他のものについては，地域性の認定は困難であるので，各作品にかさなってあらわれ，しかもその用法が北方語的でないものは，一応収録しておいた。したがって，かなりワクをひろげているわけである。地域性の認定は，各字典の編者によってもくいちがっており一様ではない。参考までに，現行の字典に呉語ないし南方語として注記のあるものを対照してみると下表にしめすとおりである。たとえ

176

ば, "蹩脚" は, 『漢語詞典』は "①謂品質不良。②謂失意" との語釈をしめしているが, 方言としての注記はおこなっていない。ところが, 『同音字典』は "'蹩脚' 是說不好。例：這架〜的機器真不好使（蘇, 浙一帶的話）" としており, また『新華字典』は "蹩脚＜方＞品質不好的：那是〜貨" とし, その初版本は＜方＞のところを（呉）としている（呉語であることをとりけしたのではなく同字典ははじめ（京）,（南）,（呉）などと標記していたのを, のちにすべて＜方＞で一括してしめすようになったものである）。これに対して, "肥皂" は, 『漢語詞典』はこれを呉語と認定しているのに, 『新華字典』は, "肥皂　胰子, 用化學方法配合碱和油肥等制成的洗濯用品" としているのみで方言の注記はなく, 『同音字典』もこれにならっている。これは, 字典の編さんの時点ともからみあおうが, 時間的にそうへだたっているわけではないからむしろ語の地域性の認定にちがいがあるとみるべきであろう。本稿では, いずれかが呉語とみているものは, すべてこれを採録してある。

		『漢語詞典』	『同音字典』	『新華字典』
A	阿儂	呉人自呼曰〜		
	阿木林	滬　語		
B	白相	呉　語		
	(孛相)	〃		
	白相人	〃		
	搬場	〃		
	爿	〃	蘇州一帶的話	※（P）
	包打聽	滬　語		
	癟三	呉　語	○	＜方＞ ○
	蹩脚	○	蘇浙一帶的話	＜方＞（呉）
	部		南　方　話	＜方＞（南）
	綳場面	○	○	＜方＞（南）

C	拆爛污	吳 語	蘇州四川等地的話	〈方〉○
	拆梢	滬 語		
	幢	○	蘇州等地的話	〈方〉( )
	辰光	※（乙）	○	〈方〉（南）
D	掉頭	吳 語		
	打烊		本是上海話	〈方〉
	大亨			○
E	我儂	吳 語		
	屙	○	江蘇南部的話	○
F	肥皂	吳 語	○	○
	弗	○	文言和近代蘇州等地方用	○
	繪			〈方〉( )
G	軋	吳 語	蘇州一帶的話	〈方〉（吳）
	～賬	〃	〃	〃
	～朋友	〃	〃	〃
	～姘頭	〃		
	尷尬	○	蘇州一帶的語	〈方〉( )
	摜	○	○	〈方〉（南）
	介	吳 語	蘇州一帶的話	
	價	〃	本來是，蘇州等地的話	
H	回頭	吳 語		
	回嘴	〃	○	
	海外	滬 語		
	浴	吳 語	蘇州一帶的話	〈方〉○
J	家主婆	吳 語		
	家主公	〃		
	交關	〃		
	噱頭		〔上 海 語〕	※（×）
K	開間	吳 語		
	揩油	蘇滬語		○

178

	坎坎	吳　語			
	困			有些地方把	〈方〉（南）
	～覺	吳　語		睡叫'困',也說'困覺'。	〃
	～醒	〃			
	空心湯糰	〃			
L	弄堂	吳　語		蘇州等地的話	〈方〉（吳）
	老板娘	〃			
	露水夫妻	上海等處俗語			
	郎中	南方人稱醫生		南　方　話	〈方〉（南）
	老板	○			○
	俚			蘇州等地的話	
	拎	○		南　方　話	〈方〉（南）
M	姆媽	中南部方言			
	嘸不	蘇　州　語			
	陌生	吳　語		○	○
	毛	〃		○	○
	饅頭	吳　語			
	蠻	〃		江浙一帶的話	
N	奶娘	吳　語			
	囡	〃（小兒）		南方有的地方把小孩子就小囡。	囡（団）〈方〉小孩 初版本
	囝	〃（女兒子孩）		蘇州一帶的話，就是女兒	囝　女孩子（吳）
	能個	〃			
	倪	〃			
	倪搭	〃			
	倪子	〃			
	娘姨	〃			
	儂			①舊詩詞裏常見是古代吳語，現在松江縣等地還這樣說。②上海等地的話	古代吳人的自稱〈方〉你（滬）
P	泡	吳　語			

179

	泡飯	〃			
	碰頭	〃			
	碰和	〃			
	爿	※(B)	※(B)	〈方〉◌	
	撇脱	吳語		〈方〉(南)	
Q	齊頭	吳語			
	捐木梢	〃			
	捐客	滬語	蘇州一帶的話	〈方〉(吳)	
	清頭	吳語			
	渠儂	〃			
	撒	◯	◯	〈方〉◌	
R	日頭	吳語			
	日天	〃			
	日脚	〃			
	肉圓	吳語			
S	壽頭	〃			
T	堂子	〃	◯		
	亭子間	〃			
	銅板	〃			
W	鼯鼪	◯	◯	〈方〉(南)	
	屋			〈方〉◌	
X	先起頭	吳語			
	噱頭		※(J)	〈方〉◌	
Y	一塲括仔	〃			
	夜頭	〃			
	用塲	〃			
	烊			〈方〉(南)	
Z	辰光	吳語	※(C)	※(C)	

180

注1. ○印は記載されているが，方言の注記がないものをしめす。空らんはその語が記載されていないか，記載されていても方言の意味の記載がないもの（たとえば「屋」）をしめす。

注2. 同音字典のらんの〔　〕は，初版には収録されているが，その後はずされていることをしめす。

注3. 新華字典のらんの〈方〉のあとにある記号はつぎのことをしめす。

　　（呉）（南）は，1953年原版本にしめされている注記。

　　⃝は原版本には収録されていないことをしめす。

　　（ ）は原版本に収録されているが，方言の注記がなく，のちに注がくわえられたものであることをしめす。

　　□は原版本に収録されているのみであることをしめす。

　　なお使用した版本はつぎのとおりである。

　　漢語詞典　1957年12月重印第一版　商務印書館　上海。
　　同音字典　1955年2月初版　五十年代出版社　北京。
　　同音字典　1957年12月第2版　商務印書館　上海。
　　新華字典　1953年10月原版　人民教育出版社　北京。
　　新華字典　1962年修訂重排本　商務印書館　北京。

V　呉語の語彙体系の特性について

　呉語の語彙体系の特性をあきらかにするには，いろいろな方法がかんがえられようが，一つの方法は，共通語の基礎方言である。北方語の語彙との対応関係を基本として整理することであろう。この方法は，「白話」文に流入した呉語系の語彙が，北方語の語彙と競合し，文学言語の規範化にあたって，どのように定着し，あるいは排除されてゆくかをみるうえにおいて，有効な資料ともなろうし，また呉語系語彙の混入している作品を読解してゆくうえにも，かなりの実効が期待されるからである。

　これにはつぎのようなワクを設定するとよいであろう。

1000
　「詞形」がおなじで，「詞義」がことなるもの。

1100　「詞形」がおなじで,「詞義」の範囲がひとしくないもの。
　　　1110　方言のほうがひろいもの。
　　　1120　方言のほうがせまいもの。
　　1200　「詞形」がおなじで,「詞義」に関連はあるが,差異がおおきいもの。
2000
「詞義」がおなじで,「詞形」がことなるもの。
　2100　「詞義」がおなじで,「詞形」がまったくことなっているもの。
　2200　「詞義」がおなじで,「詞形」が部分的にことなっているもの。
　　2210　単音節と多音節のちがい。
　　2220　「詞素」の排列のちがい。
　　2230　「詞素」の部分的ちがい。
　　2240　「詞尾」の有無など。
　　　2241　方言にないもの。
　　　2242　方言にあるもの。
　　　2243　「詞尾」のちがい。
このワクは詹伯慧氏の「収集和整理漢語方言語彙」（中国語文1958年11月号）を参考にしたものであるが，同氏がこのワクによってこころみた北京語と広州語，福州語との比較例の代表的なものをしめすと，つぎのとおりである。
　1110　"水"
　　広州語では"雨"をもあらわす。落水／下雨。
　1110　"菜"
　　広州語では"蔬菜"のことであるが，北京語では"下飲的食品"（広州語では"餸"という）をもしめす。
　1200　"屋"と"房"
　　広州語／北京語の対比でしめすと，つぎのようになる（以下各項もおなじ）。
　　屋／房子　　房／屋子
2100
　　羅／拿　　喊／哭　　而家／現在

2210
　　窓／窗戸　　尾／尾巴
2220
　　歡喜／喜歡　　緊要／要緊　　宵夜／夜宵
2230
　　蕃薯／白薯　　電船／汽船
2241
　　鞋／鞋子　　椅／椅子　　花／花兒
2242
　　兄弟仔／兄弟（これは厦門語との対比である）
2243
　　鼻哥／鼻子　　跛佬／跛子

　ちなみに，ここにいう「詞形」とは，「漢字」によってかきあらわしたばあいの「詞」の'字形'であって，音声をうつした'形'ではない。したがって，"人"は北京語では／ren／，上海語では／ngin／で，その音はもとより，その声調もことなるわけであるが，「漢字」であらわしたさいは，ともにその'字形'は"人"であって，この意味で「詞形」がおなじであるというわけである。ただし，方言語彙のばあいは，いろいろな「漢字」をいわゆる「仮借」のかたちで，もちいているばあいがおおい。たとえば，"老板"を"老班"としたり，また"把細"を"巴細"としたりしているなどがそれである。このようなものは，すくなくともその方言のなかでは同一「詞形」としてあつかってゆくべきであろう。

　なお，共通語との比較をするには，上記のような点にかぎらず，「詞形」「詞義」ともまったくおなじであるものをしらべあげてゆくことが，あるばあいもっとも大切なわけであるが，ここではおもに当面の作品読解という目的にしぼっている関係上，上記のような相違点の比較にとどまっているのであって，決して同一語彙の比較の必要性を否定しているものではない。

　さきに採録した呉語系語彙の語釈にあたって，おおむね以上のワクのしめす観点で処理してあるから，説明はそれらについては省略し，ここであ

らたにあげるものにのみくわえることとする。

1100
夜裏　→〔Ⅱ〕"夜裏"の項参照。
生意　→〔Ⅱ〕"生意"の項参照。
牆頭　→〔Ⅱ〕"牆頭"の項参照。
掃帚　北京語では柄がながくて，そとをはくものを"掃帚"といい，ふつうのものは"笤帚"というのに対して，呉語ではいずれをも"掃帚"という。
吃　→〔Ⅱ〕"吃"の項参照。
燒　→〔Ⅱ〕"燒"の項参照。
講　→〔Ⅱ〕"講"の項参照。
討　北京語では"討人嫌""討人喜歡"などにもちいられるだけで，'もとめる'はふつう"要"あるいは"尋"（跟他～根針）であらわされるが，呉語ではともに"討"をもちいる。
　　例：就是～飯，小囝也要拖勒身邊。〔Ⅰ〕
賺　北京語では商売でもうける，利ざやをかせぐことを"～錢"といい，力仕事で報酬をうけることを"掙錢"というが，呉語ではともに"～錢"という。
　　例：儂辛辛苦苦去幫人家做，～仔銅鈿養娘。〔Ⅰ〕
殺　北京語では"～"は人に対してもちい，他の動物には"宰"をもちいるのがふつうであるが（宰牛，宰豬，宰雞），呉語ではともに"～"をもちいる。
記　→〔Ⅱ〕"記（起）"の項参照。
冷　→〔Ⅱ〕"冷"の項参照。
再有　北京語では，そのうえにつけくわわるばあいにのみもちいられるが（～幾天就成了），呉語では，ひいてそののこりがあるさいにももちいる（儂出來之後，房間里～幾個人？）。北京語では"還有"であらわすのがつねである。

184

1120
　虧得　→〔Ⅱ〕"虧得"の項参照。
1200　呉語／北京語の対比でしめすとつぎのとおりである（以下各項もおなじ）。
　泥／土　　〔Ⅱ〕"泥""爛泥"の項参照。
　房／屋　　〔Ⅱ〕"房間"の項参照。
　屋裏／家裏
　　呉語の"屋裏"は北京語の"家裏"にあたり，北京語の"屋裏"（屋子裏）は，呉語では"房間裏"という。
　　例：屋裏還有兩個小囝要靠伊吃格。〔1〕
　賊骨頭　　〔Ⅱ〕"賊骨頭"の項参照。
　閑話／話
　　北京語の"閑話"はむだばなし，雑談を意味するが，呉語ではこのような限定されたはなしではなく，"話"一般をさす。
　　例：儂正像小囝一樣，一眼勿肯聽閑話。〔Ⅰ〕
　說話／話　〔Ⅱ〕"說話"の項参照，
　困／睡　　〔Ⅱ〕"困""困覺"の項参照。
　讀／念　　〔Ⅱ〕"讀"の項参照。
2100
　天井／院子　　物事／東西　　弄堂／胡同　　着／穿　　揩／擦
　赤／光　　升／家　　部／輛　　など。
2210
　蠟燭／蠟　　臉孔／臉　　牙齒／牙　　忘記／忘　　成功／成
　更加／更　　真真／真　　剛剛／剛　　など。
2220
　日逐／逐日　　歡喜／喜歡　　道地／地道　　鬧熱／熱鬧
　不捨得／捨不得
2230
　今朝／今天　　明朝／明天　　昨日／昨天　　上晝／上午　　下晝／下午
　家生／傢伙　　用場／用處　　搬場／搬家　　碰頭／碰見　　便當／方便

自賀／自己　　舊年／去年　　開年／明年
2241
　　筷／筷子　　牙刷／牙刷子　　など。
2242
　　牆頭／牆　　磚頭／磚　　票頭／票　　車子／車　　學生子／學生　など。
2243
　　日脚／日子　　被頭／被子　　肚皮／肚子

　以上は大雑把な対比で，なかにはいずれのワクにいれるべきか判定しがたいものもあるし，また二つ以上のワクにまたがるものもあることは，〔Ⅰ〕においてのべたとおりである。
　以上のような少量の，しかも「白話」文にあらわれてくる程度の語彙で，呉語の語彙体系の特性をひきだすというのは，まことに大胆なことではあるが，以上の初歩的をこころみても，
　① 比較的に二音節語を発達させている。たとえば，"車""學生"は北京語では語尾をつけないが，呉語では"車子""學生子"という。また"更""真""忘"を，呉語では"更加""真正（真）""忘記"という。
　② 語尾としては"〜頭"をおおくもちいる。
などが目につこう。また，上記のワクには接頭辞をもうけなかったが，呉語では人の称呼には"阿〜"をもちいることなども目立つ点で，これらが「詞素」の排列のちがい，「詞素」の部分的なちがいなどとあいまって，一つの特性をかたちづくっているわけである。したがって，これらの語彙が「白話」文に混入してくると，そこになにか肌あいのちがったものをおぼえるわけであり，違和感をもよおすのである。

注1，この項の説明は『語辞辨異』による。
注2，"〜頭"語尾は，〔Ⅱ〕〔Ⅲ〕にあげたもののほか，つぎのようなものがある。
　　鼻頭〔鼻於〕．花頭〔花樣〕
　　　　只好聞臭味，勿必多花頭．捏緊了〜。〔4〕
　　竈頭

買梗一看，格睹是有～！〔3〕
脚頭〔脚〕
　心裡一暢快，四個人的～就快當了。〔4〕
餡頭〔餡兒〕
　大家吃仔幾年，吃勿著～。〔3〕
魂靈頭〔魂靈〕
　儂個人有～哦？〔3〕
攤頭〔攤子〕
　儂還是來吃豆腐漿呢，還是來盤我格～？〔3〕
胸口頭〔胸口〕
　一摸～跳也不跳，鼻孔裏氣也嘸沒哉。〔3〕
竹頭〔竹子〕
　天竺山倒的確有根～，格根～叫來得格持別。〔4〕
租頭〔租子〕
　玉米賣着六石六，把那四石八斗～來下落。〔4〕
なお『越諺』は「頭字之諺」の項を設けて説明している。

あ と が き

　さきに「清末文学言語の綜合研究」に参加して，李伯元の作品（主として『官場現形記』）にとりくんでいるうちに，まず逢着したのは，作品のなかにおける方言語彙の問題であって，方言，同書のばあいは呉語であるが，これらの語彙について，まず正確な把握をもつことの必要性が痛感された。ことに同書のみならず，清末のおびただしい量にのぼる通俗出版物のなかには，同傾向の作品がおおくをしめていることが判明するにつれ，すすんで呉語ないし下江官話と「普通話」とのむすびつきについて，考察することがのぞまれてきた。香坂順一氏が『拍案驚奇』について王古魯氏が呉語ないし呉俗として注釈した項目を整理して，「明代の呉語」として，会報に紹介され，会員の語彙研究に資するとともに，葉聖陶氏が同氏の旧作中の語彙をわかりよい「普通話」におきかえて出版したものについて，新旧の語彙を対照し，「普通話」の規範化の方向をさぐって，『中国語学』誌上に，

「普通話語彙小史」として発表されたのは，この間の事情を代表するものである。わたくしも，このようななかで，「白話」文における呉語系語彙の研究をはじめ，まず現代の呉語作品における語彙の採集からはじめた。さきに清末文学言語研究会から刊行された『江南語語彙集解』は，この作業からうまれたものである。このような作業をとおして，清末文学作品における"該錢""該衣裳"の"該"が，呉語の用法であることなど，最初にいだいていたいくつかの疑問がとけてきた。とけてしまえばなんでもないが，自分なりにといたことは，本当にうれしいことであった。

　最初のねらいが清末文学言語の研究にあったことから，この研究も資料的に清末作品におおくがかけられることとなり，研究自体のバランスとしてはやや均斉をかくようになったわけであるが，清末文学言語がその後の文学言語＝共通語におよぼした影響は，われわれがさらに追究してゆかねばならない問題だとおもっている。その意味では，いままでわれわれは五四に多少幻惑されていたのではないかと反省されるのである。

　資料の整理は時間的な関係からややいそぎすぎた感があり，またわたくし自身の不勉強もてつだって，おおくの問題点をかかえているようであるが，これらについては将来の補正を期したいとおもう。

　おわりに資料その他の面でいろいろとお世話いただいた香坂順一先生にお礼申し上げるとともに，本論文の印刷にあたって，福井県立高志高等学校長岡島繁先生および研究集録編集委員の諸先生からあたたかい御理解をたまわったことに，心からなる謝意をささげる次第である。

以　上

『官場現形記』の印本について

§1　人民文学出版社の刊行にかかる『官場現形記』(1957年, 人民文学出版, 北京)〔以下, 人民本という〕の「出版説明」によると, "這部小說的印本很多。本書是用光緒29（1903年）繁華報本爲底本, 參考光緒30年粵東書局石印本、宣統元年（1909年）崇本堂石印本, 加以校訂的。"とある。

上海亜東図書館の刊行にかかる『官場現形記』(1927年, 亜東図書館, 上海)〔以下, 亜東本という〕はその「校讀後記」において, つぎのようにのべている。

我們決意要標點官場現形記的時候, 我們先注意這部書的本子。我們找得的本子并不多, 只有三種：

(1) 世界繁華報館的鉛印本。「光緒乙巳正月三版」的。卷首有惜秋生一序, 已印入本書。這大概是原排本。西連史紙印的。四號字排的。分訂二十四冊。每冊兩回。計四十八回。第四十八回末有「欲知後事如何, 且聽五編分解」的話, 與適之先生在他的序裏所說正相符合。這一種以下稱「甲本」。

(2) 開卷有「滬游雜誌」四個字的石印本。這個本子裏, 本文有六十回。但目錄分三編, 每編十二回, 只有三十六回。目錄與本文的回數不合, 不解何故。大概是付印時不小心弄錯了。這一種以下「乙本」。

(3) 標點鉛印的新本。這也是六十回的。這一種以下稱「丙本」。

上面三種本子, 我們細細看來, 其實是一種本子, 不過「乙本」和「丙本」的錯字與脫句很多。據我們的斷定, 「丙本」是完全根據「乙本」翻印的：因爲「乙本」有許多錯字的地方, 「丙本」也跟着錯了；「乙本」有些脫句的地方, 「丙本」也跟着脫了。以下我們只說到「甲本」與「乙本」, 不再提到「丙本」了。

我們現在這部標點的官場現形記, 四十八回以前是用「甲本」作底本, 而以「乙本」參照起來, 校正一些錯字的；四十八回以後, 四十九回至六十

回（一編，十二回），是用「乙本」作底本翻印的。「乙本」的錯字是很多的，四十九回以後，我們沒有別本参照了，明顯的錯字，我們只好小心謹慎的校改了。

　人民本の「出版説明」にいう「繁華報本」は，その「后記」に"『官場現形記』有許多不同的印本。本書是以光緒二十九年「上海世界繁華報」鉛印本爲底本。"とあるところからも，「世界繁華報館」の印行にかかるものであることはあきらかであり，同「后記」は同書校訂にさいし参考にした，光緒三十年粤東書局石印本，宣統元年崇本堂石印本にふれて，"這三種本子是最早或較早的本子。"とのべている。したがって，亜東本が底本とした「世界繁華報館」本〔以下，繁華報本という〕よりも以前に刊行されておったもので，（すなわち人民本は光緒二十九年（1903）繁華報本，亜東本は光緒乙巳（1905）繁華報本をそれぞれ底本としている），しかも人民本はこの繁華報本によって，第49回以降も校訂したもののようである。すなわち，人民本「出版説明」「后記」では，この繁華報本が何回のものであるかとは言及せず，しかも第49回，第51回，第54回などにおける誤りの一部を，"三本同時都錯了，……明知是錯而不便隨意改動，暫時仍維持原狀……"の例としてあげているのである。これは亜東本の「校讀後記」の記述とは矛盾する。すなわち，1903年刊行のものが60回の完本であって，1905年のものが48回しかそなえていないとは首肯できないからである。『官場現形記』の著者李伯元は1906年に逝去しているのであるが，胡適が亜東本によせている「官場現形記序」（以下，胡序という）によると，"『官場現形記』是他的最長之作，起于光緒辛丑（1901），至癸卯年（1903）成前三編，毎編十二回。後二年（1904～5）又成一編。次年（光緒丙午，1906）他就死了。此書的第五編也許是別人續到第六十回勉強結束的。"ということである。そして，亜東本の校訂者（汪原放）は，1905年繁華報本が48回であることを，これに関連させ，"與適之先生在他的序裏所說正相符合。"としているわけである。いま，胡適のいうところをみとめるとすれば，1903年繁華報本，すなわち人民本が底本としたものが60回をそなえているとすることは些か理にあわなくなるわけであるが，十分な資料に接しないいまとしては，うたがわしいとおもわれる点をあげておくにとどめる。ただ人民

190

本も「出版説明」において，"作者寫這部小說，原來計畫，分爲十編毎編十二回但在第五編尚未全部完成之時，就因病死去。現在六十回，最後的極小一部分，還是他的朋友代爲補濟的。"としておきながら，1903年繁華報本があたかも60回をそなえているかのような記述を「出版説明」「后記」においておこなっているのは，了解にくるしむところである。

亜東本にいう乙本は，開巻に「滬游雜誌」とある石印本のことであるが，これは筆者のてもとにある「滬游襍記」と開巻にしるしている石印本のことではないかと考えられる。「滬游雜誌」としるしたものがあったとしても，おそらく同一版本であろう。亜東本では甲本と乙本のちがいを一部あげて，乙本がおかしている錯簡および脱句をしめしているが，これは「滬游襍記」とある本とまったく符合するのである。亜東本の「校読後記」ではこの本が本文が60回であるのに，目録は三編，各編12回で36回になっていることをあげ，なにかの間違いであろうといっているが，「滬游襍記」とある本は，二帙になっていて，第一帙は三編（初編，続編，三編）をおさめ，第二帙では四編及び五編を収めている。目録は第一帙の第一冊のはじめに，初編，続編，三編各12回をあげ，第二帙では四編（8分冊），五編（8分冊）の各第一冊に，「四編十二巻」「五編十二巻」としるしたあとへ目録をかかげ，各12回をあげている。これはかならずしも間違いとみるべきではなく，『官場現形記』が分割刊行された事情の反映ともみられぬこともない。いずれにしてもこれをなにかの間違いとみるのは早計であろう。

開巻に「滬游襍記」とある石印本を開巻に"武進李伯元著　歐陽鉅元増註繪圖官場現形記　崇本堂印行"（以下，崇本堂本という）とあるものを比べあわせると，まったく同一版による印刷であることがわかる。ただ前者は16分冊になっているのに対し，後者は17分冊にとじているだけの違いである。崇本堂本にも，「滬游襍記」とある本にも，刊行の年月がしるされていない。人民本が参考にした宣統元年崇本堂石印本が，上記の崇本堂本と同一版のものであることは，ほぼみとめられようが，もしそうとすると，亜東本と人民本とはほぼその翻印校訂の軌を一にしているものといえる。すなわち，亜東本は"四十八回以前是用「甲本」作底本而以「乙

本」參照起來，校正一些錯字的；四十八回以後，四十九回至六十回（一編，十二回），是用「乙本」作底本翻印的."であり，乙本は崇本堂本にほかならないからである。ただ，人民本は崇本堂本のほかに，粤東書局石印本を参考にしているのであるが，あとでみるように，人民本が繁華報本，崇本堂本のいずれにもよらない校訂箇所は全体として微少であるので，基本的には，亜東本と同軌とかんがえてよかろう。ただ粤東書局本をみていないので断定することはできない。

　亜東本の「校読後記」にいう「丙本」がなにを指すのかは明らかではないが（おそらくは羣学社刊行のものではないかとおもわれる，しかし羣学社本は未見），崇本堂本によっている版本の存在することは，この記述からも知られるところである。近年の刊行にかかるもので，今日容易に入手，目睹しうる，民国二十四年（1935）世界書局発行の『足本官場現形記』〔以下，世界本という〕，1956年上海文化出版社発行の『官場現形記』〔以下，上海本という〕はいずれも，「丙本」のたぐいであって，まったくといってもよいくらい，崇本堂本にしたがっている。ちなみに，香港，広智書局発行の『官場現形記』は，世界本と同一版によるもので，そのうちの「本書特點」「官場現形記考」「本書作者李寶嘉傳」の部分を除いている。世界本が崇本堂本のあきらかな誤字を踏襲しているものについては，紙型をけずって訂正したあとがうかがえる。なお，民国四十六年（1957）台湾，世界書局出版発行の『足本官場現形記』は世界本を縮影印刷したものである。

　世界本，上海本がその翻印校訂にあたって，特にどの版本を底本としているかは，別にことわるところがないのであるが，これらが「丙本」のたぐい，すなわち崇本堂本によっているものであることは，校勘をとおしてみとめられる。たとえば章題について，つぎのような異同がある。

	（繁華本，亜東本，人民本）	（崇本堂本，世界本，上海本）
7回	宴洋宮中丞嫻禮節	式宴嘉賓中丞演禮
	辦機器司馬比匪人	採辦機器司馬濫交
20回	巧逢迎爭製羊皮褂	思振作勸除鴉片烟
	思振作勸除鴉片烟	巧逢迎爭製羊皮褂
21回	反本透贏當場出彩	反本透贏當場出醜

『官場現形記』の印本について

（下句は略）　　　　　　　　（下句は略）

　亜東本の「校読後記」のあげる，第4回にみられる崇本堂本の錯簡（"叫我怎麼回頭人家呢。'轉念一想：'橫堅他不久就要回任的，司、道平行，他也與我一樣。他要照應人，何不等他回任之後，他愛拿那個缺給誰，也不管我事，……"を，崇本堂本は，"叫我怎麼回頭與我一樣。他要照應人。何不等他回任之後。久要回任的。司道平行。他也人家呢。轉念一想，橫堅他不愛拿那個缺給誰。他也不管我事。……"としている）などのごときは，世界本，上海本も〔おそらくは繁華報本によって〕正されているが，字句の脱漏箇所はまったく崇本堂本と軌を一にしている。以下にその数例をあげよう（○印を附した部分が，繁華報本にくらべて刪脱している）。

　一個吃個不了，一個念個不了。　　　　　　　　　　　（2回）
　讓他在這裏看戲。他說："卑職不比別人，應得在這裏伺侯的。（4回）
　你們有幾個腦袋？已經有冤沒處伸，如今還經得起再添這們一個罪名嗎？本縣看你們實在可憐得很，……　　　　　　　　　　　（15回）
　一時禮畢。各位站了起來。兩位……　　　　　　　　　（18回）
〔亜東本，人民本はいずれも繁華報本のとおりである。〕

　語序の面でも異同がある。

〔繁華報本，亜東本，人民本〕	〔崇本堂本，世界本，上海本〕	
一定吵着要吃	吵着一定要吃	（1回）
淡了下來	淡下來了	（2回）
老爺同了三老爺	三老爺同老爺	（5回）
一頂八人擡的……	八人抬的一頂……	（6回）
一間帳房	帳房一間	（8回）

　以上の点については，語序の異同をのぞいて亜東本の「校読後記」においてものべているところであるが，われわれにとってもっとも関心のもてるのは，これらの書中において用いられている語彙の異同である。亜東本の「校読後記」にこの点についての言及がないのは，わたくしとしては不思議におもわれるくらいである。たとえば，第1回において，"爸爸"が9個用いられているが，繁華報本，亜東本，人民本がいずれも"爸爸"であるのに対して，崇本堂本，世界本，上海本はいずれも"爹爹"におき

かえており，第 30 回においても"爸爸"は 5 個とも，同様に"爹爹"となっている。いま、その一部を表でしめすと，つぎのとおりである。

(回)	〔人〕	〔亜〕	〔繁〕	〔崇〕	〔世〕	〔上〕
1	擱在肚裏	擱	閣	放	放	放
1	嘴裏不住	內	裏	內	內	內
1	陰間裏的主考	陰 朝	陰間裏	陰 朝	陰 朝	陰 朝
1	方纔開席	方 纔	方 纔	方 且	方 且	方 且
1	嘴裏又說道	口 內	嘴 裏	口 內	口 內	口 內
1	我聖朝	我聖朝	我聖朝	皇上家	皇上家	皇上家
1	王八羔子	羔子	羔子	蛋子	蛋子	蛋子
1	只好罷手	了	手	了	了	了
2	不願意的	的	的	麼	麼	麼
2	頭一遭	遭	遭	次	次	次
2	一副對聯	對 聯	對 聯	對 子	對 子	對 子
2	攀談幾句	攀 談	攀 談	說 來	說 來	說 來
2	弄烹	弄	弄	做	做	做
2	還是念個不了	還 是	還 是	仍 然	仍 然	仍 然
2	怎樣做官	怎 麼	怎 麼	怎 樣	怎 樣	怎 樣
2	出點力	點	點	了	了	了
2	其實是一樣	一 般	一 般	一 樣	一 樣	一 樣
2	姑娘出嫁	出 嫁	出 嫁	出 門	出 門	出 門
2	等到二十八	到	到	至	至	至
2	出外上車	出 外	出 外	出 門	出 門	出 門
2	探聽李四	探 聽	探 聽	打 探	打 探	打 探
2	大門前頭	前 頭	前 頭	外 頭	外 頭	外 頭
2	偏生	偏生	偏生	偏	偏	偏

以上をとおしてみられるように，亜東本は"四十八回以前是用「甲本」作底本，而以「乙本」參照起來，校正一些錯字的"といい，人民本もほぼおなじ校訂態度であったとおもわれるが，単なる錯字の校正でない部面の

あることは注意すべきである。全般をとおしてみたばあい，どちらかといえば，人民本の方が繁華報本に忠実であるといえよう。

崇本堂本，世界本，上海本においては，上記の表にあらわれる限りまったく語彙のずれがないが，全般的にみて，この三者間のずれはきわめて小さく，たとえば第1～2回においては，"鎮日價"（崇）が"鎮日"（世），"整日"（上），"半新半舊"（崇）が"新半舊"（世，上），"轉眼間"（崇）が"轉瞬"（世，上），"從天不亮"（崇）が"從天亮"（世，上）などがあるくらいで，他はとりたてるほどのこともないくらいである。

したがって，われわれは，『官場現形記』の印本については，繁華報の流れをくむものと，崇本堂本の流れに属するもの，二つに分けることができる。前者にはいるものは，亜東本，人民本であり，後者のグループには，世界本，上海本がある。その他の版本も上述の観点からみるとき，おそらくそのいずれかに属せしめることができることであろう。もちろん，こういっても『官場現形記』に二種類があるということではない。これは亜東本の「校読後記」にもいっているとおり，"我們細細看來，其實是一種本子"である。内容的にはまったく同種なわけである。ただこれらの版本によって，清末の文学言語をしらべ，研究してゆこうというときには，この流れをふまえておくことが必要である。すなわち，両者の間にみられる語彙のちがいは看過することのできないものであり，もしこれが北方官話系，下江官話系という対立にいささか関連があると予見されるときには，かなり大きな意味をおびてくるからである。『官場現形記』に二とおりの流れがあるというのは，こういう立場からのことばである。

§2　人民本を中心にして，光緒丙午（1906）正月五版，世界繁華報館刊，『官場現形記』，綫装三十冊，六十回／崇本堂印行　欧陽鉅元増注　『絵図官場現形記』　綫装十七冊，六十回／民国二十四年（1935）十一月初版，世界書局発行，『足本官場現形記』／香港広智書局出版，『官場現形記』／1956年8月新1版，上海文化出版社出版，『官場現形記』／1927年，上海，亜東図書館発行『官場現形記』について，校勘，対照をおこなってみた。この結果について単刊を予定しているので，詳細はゆずらねばならな

いが，語彙の点でつぎの二表をしめすこととしよう（1回より30回までに限定する）。

〔A表〕 人民本が，繁華報本，崇本堂本のいずれにもよらないでいる箇所の語彙はないか。それらの語彙は，亜東本，世界本，上海本ではどうなっているか。

〔B表〕 繁華報本と崇本堂本では，語彙のちがいはどうなっているか。

　A表からうかがえることは，人民本が繁華報本，崇本堂本のいずれにもよらないでいるところはきわめてすくないことである。これらはあるいは粤東書局石印本によったのではないかと考えられるが，同本は未見であるため，推測を出ない。これらの大半は世界本，上海本の所用語彙と一致しており（これらが世界本あるいは上海本と期せずして一致したのかどうかはわからない），これらの語彙は繁華報本，崇本堂本においても他の箇所では使用されているものである。しかし，これだけをみると，人民本においてはわかりやすい方向にかえている点（之→的，怎們→怎麼，杌子→椅子，這們→這麼，醒→擤など）がみられるとともに，下江官話系とおもわれる語彙に逆にかえている点（理→睬，應該→該應など）もあり，かなり任意的であることがわかる。この表からは，したがって，このような比較からは，あまり結論がひきだされえないようである。

　その点，B表は材料も豊富であり，いろいろと錯綜はしているが，かなりバランスのとれた対応をしめしているといえよう。概して，崇本堂本のほうが下江官話系の語彙を豊富に用いているといえるようであるが，これはさらにくわしい語彙のしらべをおこなったうえでないと，決定的なことはいえない。これらについては，つぎの機会にゆずることとするが，これらの異同は，一部は修辞的な理由あるいは工夫にもとづくものとみられるものがあろうが，主として語彙の地域性（方言）を反映しているものとみるべきであろう。たとえば，"爸爸"を"爹爹"とかえているもののごときがそれである。しかし，かならずしも単純にA－Bという図式におさめることもできぬようである。たとえば面孔－臉兒という対立それ自体が，ある箇所では臉－面となっておるし，輫－部，理－睬，睡－困という対立を整理すると，A－Bという図式がえがかれるようであるが，それでもっ

てすべてをおさめられない。かなり交錯がみられるのである。"爸爸"も第 15 回、第 21 回では崇本堂本でもそのまま用いられている。これらは，その語彙を使用している人物，環境などの精査にもまたねばならないであろう。だいたい予見できるところでは，一部は同一官話内の同義語ないし近義語の対立，方言的対立にしても，A－B，A－C，B－C，C－D，A－D というようないりみだれた対立の錯雑という線が考えられる。これは作者の経歴からして一方言しか解さぬとはおもえないから，当然に予想されるところであろう。ただいまとなっては，しかもわれわれには，どの語彙がどのあたりを範囲にして，そのころ用いられていたかをしらべるすべを欠くから，具体的に図式化することはたいへんに困難なことであるけれども，「普通話」の成立過程をたどるという点では，かなりおもしろい資料がえられるし，いろいろな分野から協力がえられるならば，かなり解明に接近することも可能であろう。

崇本堂本は繁華報本よりもおくれて刊行されたことはほぼ確かである。これは人民本の「後記」によってもうかがわれるし，阿英『晩清戯曲小説目』（1954，上海文芸聯合出版社）にも，"官場現形記　南亭亭長（李伯元）著。六十回。光緒癸卯（1903）世界繁華報館刊。綾装三十冊。"とある。1903 年においてすでに 60 回であったかどうかはややうたがわしい点もあるが，この版が最も早いものと考えられる。その繁華報本がより平明な北方官話でものされているのに対し（それにしても，多くの下江官話系の語彙がみられる。これについては太田辰夫先生の「官場現形記のことば」（中国古典文学全集月報第 26 号所収）にものべられており，筆者も「官場現形記を一読して」（当会報第 1 号所収）のなかでふれておいた），おくれて刊行された崇本堂本の方が下江官話系の語彙を多く用いているということは興味あることである。そして，亜東本の校訂者から悪本ときめつけられた崇本堂本によって翻印された版本の方がどうも，繁華報本によったものよりも多いようであるのもまたおもしろいことである。

崇本堂本には「欧陽鉅元」による増注がほどこされているが，この「欧陽鉅元」とは，李伯元のあとをうけて繁華報を発行した「欧陽巨源」であろうとおもわれる（阿英『晩清文芸報刊述略』につぎのような記述がある。周

桂笙「新庵筆記」巻上，有「書繁華獄」一條說：昔南亭亭長李伯元征君創「游戲報」，一時靡然從風，効顰者踵相接也。……丙午（1906）三月，征君赴修文之召，惜秋生歐陽巨源繼之。未幾，惜秋又歸道山，山陰任堇叔復繼之。……）。繁華報本，崇本堂本ともに，光緒癸卯（1903）茂苑惜秋生の序をかかげるが，欧陽巨源は李伯元および『官場現形記』とはかなり密接な関係をもっていたことは想像にかたくない（阿英『晩清戯曲小説目』に"海天鴻雪記　二春居士（南亭亭長）著。南亭亭長評。茂苑惜秋生（欧陽巨源）叙。二十回。光緒甲辰（1904）世界繁華報館刊。四冊。"とある。『官場現形記』以外でも，欧陽巨源は李伯元および世界繁華報館とつながりをもっていたことがわかろう。なお，胡適は胡序において，"這篇序大槪是李寶嘉自己作的。"としているが，かならずしも惜秋生が李伯元であると主張しているのではないようである。なお胡序にも"他死時，繁華報上還登着他的一部長篇小說，寫的是上海妓家生活，我不記得書名了；他死後此書聽說歸一位姓歐陽的朋友續下去，後來不知下落了。"とあり，これはおそらく，欧陽巨源であろうから，その関係のふかさを知ることができる。李伯元のあとをうけて，『官場現形記』を補筆完結させたという友人も，あるいはこの欧陽巨源であったのかもしれない。しかし，もちろんこれは単なる臆測を出ない）。いずれにせよ，欧陽巨源は『官場現形記』の増註者としてははまり役というべきで，もし彼が崇本堂本の校訂にあるはたらきをしたという線でもでてくると，これはおもしろいことになる。というのは，阿英『晩清戯曲小説目』には，"負曝閒談，蘧園（欧陽巨源）著。光緒二十九年（1903）繡像小說。"とみえ，この蘧園が欧陽巨源であるなら，『負曝閒談』はじめ，かれの作品を探索することによって，語彙の面などでえられるところが多いからである。しかし，中国の出版の一般の事情からして，校訂はわれわれの考えるほど厳密ではないのがふつうであるから，多くの期待をかけることはむだだというべきであろう。『負曝閒談』については，別稿にゆずらねばならないが，同書はその小説作法を『官場現形記』とおなじくしており，語彙的にもかなりかさなり，下江官話的色彩は『官場現形記』よりもかなり濃い。また同書に附せられている呉語注釈一巻（世界書局印行のものによる）は，参考になるものである。

以上くどくどとのべたけれども，清末文学言語研究の資料として，『官場現形記』をえらぶうえからは，そのテキストとしてはやはり繁華報本をもととすべきで（『官場現形記』はもともと世界繁華報に登載されたものである。このことは，阿英『晩清文芸報刊述略』にもみえる。同書が繁華報についてのべているなかで，つぎのような記述がある。「"繁華報"完全是一種所謂"消閑"的小型報紙、内容約分爲諷林、藝文志、野史、……小說、論著諸類；……"藝文志"和"小說"却頗多名著；如李伯元的"官場現形記"、"庚子國變彈詞"、吳研人的"糊塗世界"，都是刊載在這張小報上的。」），1903年に世界繁華報館から刊行されていることからして，これは当然のことであろう。しかし，崇本堂本が存在し，またこの流れにある版本もかなりあり，しかも語彙の点でかなり異同がみられるから，これらの事情をあきらかにしておいて，清末の言語の様相を知るうえでの資料として整備することもかならずしも益なしとしない。これはあるいは白話から「普通話」への成長過程をあきらかにするうえに，一資料としての意義をはたせるかもしれない。

　資料その他の面で香坂順一先生，太田辰夫先生からいろいろと御高配をいただきました。附記して感謝の意を表します。

〔4 表〕

〔繁華報本〕 〔崇本堂本〕	〔人民出版社本〕	
瞪口無言	頓	
正言厲色	正言厲顏	（世）
外面雖是大方	雖然	（正、上）
一件甚麼案子	樁	
走了迚去	踱	
打那們一個電報	那麼	（世、上）
這個樣子	這們	
弟兄倆	兄弟	（世、上）
不特幹沒了……	不但	（世、上）
真果的抗著	果真	（亞世、上）
一注買賣	賣買	
可以到得謬州	可	（世、上）
最刁不過	壞	
敦囑過他	叮囑	（世、上）
難末	那末	（世、上）
不能取到 不能找到	劃	
不留情面	面情	（世、上）
如果打官司 真個打官司	真果	（亞）
他姊夫	姊丈	（世、上）
成個甚公樣子	怎麼	
探了下來	脫	
極力的	竭	（世、上）
不去理他	睬	（亞）
原應該伺候	該應	
那邊是烏合之眾	那裏	（世、上）

『官場現形記』の印本について

真正合了一向話	真真	(世、上)
現年十八歲	現在	(世、上)
真正混帳王八蛋	真是	
這凡個船	只	(亜)
果真做賊	是	(世、上)
動身（的）前頭	之前	(世、上)
饅首一百個	饅頭	(世、上)
怎樣偸錢	怎麼	(世、上)
其他之話	的	(世、上)
怎們大	怎麼	
一張杌子	椅子	(世、上)
甚是歡喜	喜歡	
預先一個月	預早	(世、上)
意下如何	何如	(世、上)
各色事情	式	(世、上)
文武屬員	屬官	(世、上)
做官風厲	晉厲	(世、上)
醒了一把鼻涕	擤	(世、上)
這們大	這麼	(世、上)
起得恁般早	怎般	
起得這般早	這麼	(世、上)
怎麼一個館地		
歷年	年年	
今明要來	今朝	(亜)

(注) ( ) のなかに世,上あるいは亜とあるのは,世界本,上海本,亜東本が人民本とおなじ語彙であることをしめす。

〔B表〕

〔繁華報本〕	〔崇本堂本〕
喜歡的了不得	歡喜
有了這麼大的能耐	怎麼
簇擁著向西而去	擁簇
方纔告別回家	方且
嘴里不住的自言自語	內
你爸爸	爹爹
一大口的濃痰	粘痰
這個館不能坐了	處
陰間里的主考	陰朝
不能睡覺哩	呢
一片人聲吵鬧	人音
沒有瞧見	看見
那裡肯依	休
只得收下	收來
有這麼大的經濟	這們
嘴里又說道	口內
替我聖朝養人才	皇上家
滿嘴掉文	口
王八羔子	蛋子
只好罷手	罷了
送禮餞行	餞禮送行
磕頭辭行	告行
頭一遭	次
半新不舊	半新半舊
一副對聯	對子
神像龕子	盒子
還不懂得	曉得
攀談凡句	說來

又加了一弔錢	一百
已過新年	到
等他弄熟	做
插不下嘴	不上
還是念個不了	仍然
順手掄過	拎
真真是混帳東西	真正
提起根煙槍	支
懷里一頂	內
怎麼做官	怎樣
對答不上	回答
替皇上家出點力	皇家
比知縣是大是小	大是小
有起事情來	事
其實是一樣的	一般
姑娘出嫁	出門
方始安寢	方纔
等到二十八	至
簇新的轎車	簇簇新
出外上車	出門
拳眼觀看	抬頭一看
探聽李四	打探
赴溫的家世	家私
揣了去	攜
有點不對	不清
趕去做嗎	甚嗎
偏生	偏偏
大門前頭	外頭
從信殼里取出	信封
磕了三個頭	叩

哭喪著面孔	臉兒
適從上頭回事下來	剛
舊屬的體制	禮制
再造爹娘	爺娘
真是作孽	真正
瞧罷咧	看
夜里也睡不著覺	夜間
開官發財纔好	方
出亂子	岔子
急死小人了	啃
轉眼間	轉瞬
對打起來	打起架來
方纔停當	方始
露毀勤	獻
毫無實在	實濟
一班票號	爿
那樁事情	件
從那兒說起	那裡
現在我情願	如今
盡着使	留着
回到衙內	衙門
老羞成怒	變
不在的時候	時
動到正本	正本錢
他哥懷裏	內
撲過來	將
嘴裏	口
自己身體	身子
各位師爺	衆位
聽見	聽到

204

『官場現形記』の印本について

大家都知	曉得
做了這幾年的官	做了這幾年官
依舊是眉花眼笑	依然
署了藩司	布政司
別人還可	猶
摸不出	不着
回到寓處	寓所
一對書子	書信
甚是覺得有理	甚便
裏頭弄好	裏面
捧着手本	捏
尚如此生疏	且
算得十二分面子	分得
外國家生	傢伙
安放刀叉	刀匙
大衆	衆人
把話說錯	岔
遞條陳	上
地管家睡倒了	困
怎麼又說到做官的呢	甚麼
辛苦呢固然辛苦	果然
倪的阿哥	格
倪格阿哥	個
擺台面	桌面
雖已十六	雖然
灣著舌頭	口頭
同他說	講
這一札拜頭裏	裏頭
捐指一算	屈
上回把堂	一回

205

一輛轎子馬車	部
付銀子	討
露點口風	口氣
鬧壞	弄
真正年輕不能弁事	真真
如果能退	如若
這一趟	只
拜堂結親	成
紅裙披風	外褂
莫明其妙	名
不成功倒好	也
有財可發	好
杳無音信	回信
勸他到別處去	叫
這們大工夫	這等
怎們大工夫	這們
還有一兩只	二
拎了就走	拿
不去理他	睬
把兄弟看外	當
這位	只
一個住家人	家
怎麼一把力	怎們
將底細全盤告訴	細底
出過亂子	岔子
實實少他不得	實在
不敢言語	言說
等到傍黑	天黑
談了半天	的
當統領的	做

『官場現形記』の印本について

意亂心慌	心亂意慌
隨後補了公事	跟手
吃到天明	天亮
寬帶子	解
衝上點開水	些
離着江頭十幾里了	離開
自從同蘭仙鬼混	自
得隴望蜀的心思	意思
打煙	裝
不知怎樣	怎麼
被差上拿去	捕快
立刻開堂	立時
自已尋的死	自已尋死的
停刻	會
備了一個公館	借
吃午飯	中飯
叫他也帶	亦
起先走過	先起
坐首坐	首位
抱着琵琶	把
齊巧	剛巧
四碟小菜	碟子
望着眼饞	眼熱
坐立不安	站
但是一件	椿
脹紅面孔	面
你諸位	衆位
吵鬧衙門	噪鬧
該應多兩個	應該
你身上	身邊

207

雖然有了	縱然
現今	如今
建德具的捕役	捕快
東西被偷	失竊
碰見一人	遇見
擬的稿子	底子
及至臨子	臨來
分辨了兩句	幾
呆了半天	楞
匯給他	寄
便就有	便是
辦理此事	清理
逛了兩天	游
嫁掉四個	了
着實帶得不少	直頭
同他商議	和
一雙靴	靴子
方纔龍手	罷了
誰比誰的講究	時樣
偏偏迂位	不料
借件把	一身
偏偏迂年又冷的早	齊巧
自已恩想	思量
這大的家私	偌
錢莊裏老板	錢店
把場子鬧散	拆
極為硬紮	硬繃
替他教導	教訓
最靈	頂
拼著老臉去做	面

『官場現形記』の印本について

一夜未眠	睡
竭力整頓	整肅
歇了一會	回
向老媽追究	丫頭
長的肥頭大耳	生
一爿小店	鋪
火上添油	加
這幾天	兩
當初	當時
問過幾句	了
我們夫妻	咱兩口子
不能作准	爲憑
弄個把	一個
甚為關照	狠為關切
無分晝夜	不
抓個錯	錯誤
非常得意	非凡
未但不敢	非但
急難的事	緊要
去在一旁	一邊
再弄這們一對	這樣
買給與你	於
什公賣買	買賣
隔壁這位	間壁
捱了三天三夜	熬
躡手躡脚	足
答應下去	得應
怎麼你老忘記了	怎樣
決計不忘記	決定

209

『官場現形記』の版本と語彙

§1 日本で言文一致運動がおこったのは明治20年（1887）ごろであるが，中国ではこれよりおくれること三十年，民国6年（1917）ごろからこの運動がすすめられた。すなわち，1917年1月，当時アメリカに留学中であった胡適が雑誌『新青年』に投じた「文学改良芻議」，同年2月陳独秀が同誌に発表した「文学革命論」をきっかけとし，民国8年（1919）の五・四運動の波及とともに一大潮流となっていった文学革命がそれであって，このなかで新しい白話文学がうまれ，確立していった。しかし，このような白話文学は突如としてうまれたわけではなく，元明清以来の白話小説の伝統，なかんずく清末における白話文学作品の先駆的やくわりをわすれてはならない。明・清の長篇小説『水滸伝』『西遊記』『儒林外史』『紅楼夢』などは，いずれも白話のまさった文章でかかれており，胡適も「建設的文学革命論」のなかで，"我們可儘量採用水滸西遊記儒林外史紅樓夢的白話，有不合今日的用的，便不用他，有不夠用的，便用今日的白話來補助。"としているほどであるが，実際にはさらにてぢかなところに，李伯元の『官場現形記』『文明小史』や，呉趼人の『二十年目睹之怪現状』，曾撲の『孽海花』，劉鶚の『老残遊記』など，かなり徹底した白話でかかれたものがあったわけで，五四文学革命はその前夜これによってかなり地ならしされたところを，すべりだしていったものである。この意味において，清末の文学言語の研究は，中国の文学言語の形成発展をたどっていくうえに，十分な意義と必要性をもつものということができる。

清末の小説はたとえば政治小説，風俗小説，科学小説というように分類することもできるが，言語的立場からは，やや古い時代の作品ではあるが『児女英雄伝』のように北京官話でかかれているもの，『海上花列伝』のように蘇州方言（呉語）でかかれているもの，これらの中間に位するもので，北方官話を基調としながら下江官話の影響をかなり反映しているものなど

『官場現形記』の版本と語彙

にわけることができる。『官場現形記』はいわゆる晩清譴責小説の代表的な作品であって，一種の政治小説で，言語的には，北方官話でかかれているものの，語彙などの面ではかなり下江官話系とおもわれるものが使用されており，『二十年目睹之怪現状』，『負曝閒談』，『官場維新記』，『文明小史』などとともに，清末においてもっとも一般的な部類に属するものである。

中国の標準語（民族共通語），すなわちいわゆる「普通話」は，音韻の面では北京官話の音体系をとりながら，語彙の面では下江官話から大量の移入がおこなわれている。いわば，北京音でよまれる江南語がかなりの部分を占めるにいたっているのである。これは主として文学言語としての「白話」によってうながされてきたもので，清末，五四以後をとおして「白話」には，下江官話のつよい反映がみとめられる。「白話」に混入していた下江官話系の語彙のどれだけが，今日の「普通話」語彙として定着し，またどれだけが「普通話」の形成にさいし排除されていったかは，「普通話」の形成，発展をみるうえにおいて興味ぶかいものがあり，中国語の史的考察をおこなうには欠くことのできぬところであろう。この意味においても，清末の文学作品は大切な資料であり，『官場現形記』をはじめとする，下江官話系の作品はなかんずく貴重なものである。

§2　以上のような立場から，『官場現形記』を考察しようとするとき，まず問題となるのはテキストの選定であろう。版本が一種しかないときは問題とならないが，数種あるときはその異同についてだめおしをしておかないと，あるいはあやまった見解をもつようになることが往々あるからである。

『官場現形記』には数種の版本があるが，比較的よく校訂されているものに，民国16年（1927）11月出版，上海亜東図書館発行のもの（以下，亜東本という）1957年6月，北京，人民文学出版社出版のもの（以下，人民本という）がある。そして，これらにはいずれも校訂にさいしてとった方針がしめされている。以下にそれらを摘記しよう。

〔亜東本〕

我們決意要標點官場現形記的時候，我們先去注意這部書的本子。我們找得的本子并不多，只有三種；

(1) 世界繁華報館的鉛印本。『光緒乙巳正月三版』的。卷首有惜秋生一序，已印入本書。這大概是原排本。西連史紙印的。四號字排的。分訂二十四冊。每冊兩回。計四十八回。第四十八回未有『欲知後事如何，且聽五編分解』的話，與適之先生在他的序裏所說正相符合。這一種以下稱『甲本』。

(2) 開卷有『滬游雜誌』四個字的石印本。這個本子裏，本文有六十回。但目錄分三編，每編十二回，只有三十六回。目錄與本文的回數不合，不解何故。大概是付印時不小心弄錯了。這一種以下稱『乙本』。

(3) 標點鉛印的新本。這也是六十回的。這一種以下稱『丙本』。

上面三種本子，我們細細看來，其實是一種本子，不過『乙本』和『丙本』的錯字與脫句很多。據我們的斷定，『丙本』是完全根據『乙本』翻印的：因爲『乙本』有許多錯字的地方，『丙本』也跟着錯了；『乙本』有些脫句的地方，『丙本』也跟着脫了。以下我們只說到『甲本』與『乙本』，不再提到『丙本』了。

我們現在這部標點的官場現形記，四十八回以前是用『甲本』作底本，而以『乙本』參照起來，校正一些錯字的；四十八回以後，四十九回至六十回（一編，十二回），是用『乙本』作底本翻印的。『乙本』的錯字是很多的，四十九回以後，我們沒有別本參照了，明顯的錯字，我們只好小心謹慎的校改了[1]。

〔人民本〕

"官場現形記"有許多不同的印本。本書是以光緒二十九年"上海世界繁華報"鉛印本爲底本，并參考光緒三十年粵東書局石印本，宣統元年（1909年）崇本堂石印本，加以整理的。這三種本子是最早或較早的本子[2]。

以上によってうかがえることは、亜東本も人民本もともに世界繁華報館刊行のもの（以下，繁華報本という）を底本としていることである。そもそも『官場現形記』は上海において発行されていた『世界繁華報』に連載されていたもので[3]、また胡適の"官場現形記是他的最長之作，起于光緒辛丑（1901），至癸卯年（1903）成前三編，每編十二回。後二年（1904～5）又成一編。次年（光緒丙午，1906）他就死了。此書的第五編也許是別人

212

續到第六十回勉強結束的."(4)という記述からすると，1903年に初版を刊行している繁華報を底本とすることは当然のことであろう(5)。ただ，人民本が光緒29年繁華報本によって60回にわたって校訂しているかのようにのべているのは(6)，胡適ののべるところからすると，うたがわしい。すなわち，1903年には三編のみが完成しており，1905年にいたって第四編ができあがっているわけで，光緒29年（1903）では36回までしかできあがっていないはずであるからである。香坂順一氏所蔵の光緒甲辰四月再版，『官場現形記』（出版所不明，四号活字，鉛印本，綫装，18分冊）が3編36回本であること（光緒甲辰は1904年にあたる），亜東本が底本とした光緒乙巳（1905）繁華報本が4編48回本であることは，胡適ののべている『官場現形記』の成立過程と符合するわけで，胡適ののべていることは認容してさしつかえなかろうから，人民本が底本とした光緒癸卯繁華報本はおそらくは3編36回本であろう。大阪市立大学図書館蔵の「光緒丙午正月五版官場現形記世界繁華報館刊」（光緒丙午は1906年）は5編60回本であり，これも胡適ののべている『官場現形記』の成立期と符合するわけであるが，これらから推論すると，人民本が底本にしたものは，37回～48回（第四編）および49回～60回（第五編）については三版以降のものによっているものとみられる。

　いずれにせよ，亜東本，人民本ともに繁華報本を底本にしているわけで，両者は基本的に校訂方針を一にしているものである。亜東本は同書にいう「乙本」を参照し，49回以降については「乙本」を底本としているのであるが，「乙本」とは人民本にいう崇本堂石印本をさすものとおもわれる。「乙本」とは「開巻有『滬遊雑誌』四個字的石印本」であるが，『滬遊雑誌』は「滬游襍記」のあやまりではなかろうか。筆者所蔵の石印本の一種に，開巻に「滬游襍記」とあるものがあるが，これは「本文有六十回。但目録分三編，毎編十二回，只有三十六回。」であり，その他「亜東本校読後記」にあげている「乙本」の錯簡，脱句の箇所とまったく一致する。「滬游襍記」をあやまったものでないにしても，筆者所蔵の石印本とは同種の関係にあることはあきらかである。おなじく筆者所蔵の開巻に"武進李伯元著歐陽鉅元増註繪圖官場現形記崇本堂印行"とある石印本とくらべてみると，

この絵図本と「滬游襍記」とある石印本とはまったく同一版による印刷であることがわかる。ただ，絵図のくみいれかたに一部ちがいがみとめられるだけで，両者はまったく同一である。この絵図本は崇本堂印行とあるところからして，人民本が参照にもちいた崇本堂石印本であろうとおもわれるから　亜東本にいう「乙本」は崇本堂本に外ならないわけである。ただ絵図本には「崇本堂印行」とあるだけで，刊行の年月の記載はない。しかし五編六十回をそなえているところからして，1906年以降であることはあきらかである。ちなみに「亜東本校読後記」は「乙本」について，"目録與本文的回數不合，不解何故。大概是付印時不小心弄錯了。"としており，たしかに第一分冊目録に初編，続編，三編各12回計36回をあげているだけであるが，四編および五編についてはその編のはじめの分冊の一頁に四編十二巻，五編十二巻としてそれぞれの編の目録各12回をかかげている。これは"付印時不小心弄錯了。"とみるべきものではなく，むしろ『官場現形記』の成立および刊行の事情を反映しているものとみるべきであろう。すなわち，まず三編がなり，ついで四編，五編とできあがり刊行されていったことと関連するのであって，亜東本がいうようにあやまったものではないのである。人民本はさらに粤東書局本を参考にしているのであるが，この版本は目睹のおりをえない。しかし，人民本が繁華報本，崇本堂本のいずれにもよらないで校訂している箇所がきわめてすくないことからして，校訂に大きな影響をあたえたとはおもえない。

　ともあれ，亜東本，人民本はともに基本的に繁華報本を底本とし，崇本堂本を参考としているわけで，その校訂態度はおおむね軌を一にしているのであるが，おもうに『官場現形記』には繁華報本と崇本堂本の二つの系統があるのではなかろうか。亜東本，人民本はいうまでもなく繁華報本の系統であろうし，亜東本のいう「丙本」は崇本堂本の系統であろう。そして，その他の版本もいろいろしらべてみると，そのいずれかにわけることができるようである。

§3　「亜東本校読後記」にいう「丙本」は，同記にその書名をあげていないので，なにをさすのかさだかでないが，おそらくこれは民国12年11

月に上海，羣學社より新式標点をほどこして出版されたものであろう。この年代ごろに同社は『三国志』，『儒林外史』，『紅楼夢』をはじめとする著名小説に，民国9年ごろからいままでの句読点にかわって用いられるようになった西洋流のパンクチュエーションをほどこして出版しているのであるが，その一つに許嘯天を句読者とする『官場現形記』がある。亜東本の出版は民国16年1月であるから，当時すでに出版されていたわけであり，新式標点をほどこしたものはほかにみあたらないことからして，この推定はまずまちがいなかろう。そしてまた，「乙本」すなわち崇本堂における錯簡，脱句，誤字箇所をほぼそのまま襲っていることは，「亜東本校読後記」にのべるとおりなのである。

たとえば，同記にものべているように，崇本堂には第4回につぎの錯簡がある。

　……叫我怎麼回頭人家呢。"轉念一想："橫豎他不久就要回任的，司、道平行，他也與我一樣。他要照應人，何不等他回任之後，他愛拿那個缺給誰，也不管我事，……

〔繁華報本，ただし標点は人民本による〕

　……，叫我怎麼回。頭與我一樣，他要照應人，何不等他回任之後，久要回任的，司道平行，他也人家呢，轉念一想，橫豎他不愛拿那個缺給誰，他也不管我事，……

〔崇本堂本，ただし標点は羣學社本による〕

崇本堂の錯簡はあきらかで，まったく文意がくみとれないにもかかわらず，羣學社本はそのままこれを踏襲しているのである（あとでのべるように，世界書局本および上海文化出版本はいずれも崇本堂本の系統にはいるものであるが，この箇所は訂正している）。しかし，第46回の錯簡のごときは，整理されている。

意思想送欽差八千銀子。他親家道："送銀子不及送東西的體面。"原來巴祥甫城里有什麼事情，都是托他這位親家替他經手的。

〔繁華報本，ただし標点は人民本による〕

意思想送親家道。銀子不及送東西的體面。原來巴祥甫省城裏有什麼事情。都是託他這位親家。替他欽差八千銀子。他經手的。

〔崇本堂本〕
意思想送欽差八千銀子。親家道：『銀子不及送東西的體面。』原來巴祥甫省城裏，有什麼事情，都是托他這位親家，替他經手的。

〔羣學社本〕
これは"欽差八千銀子他"のみをうごかせばすむ錯簡であって，整理が容易であり，発見しやすいことによるものであろう（この箇所については，世界書局本，上海文化出版社本は羣學社本にならっている）。以上はほんの一例をあげたにすぎないが，「丙本」すなわち羣學社本は「乙本」すなわち崇本堂本をまったくそのままに（亜東本校読後記ののべるように）踏襲しているのではないにしても，繁華報本によって校訂されたものでないことはあきらかであって，これは錯簡以外に，字句の脱漏，章題の異同，語彙の異同，語序の異同などからうかがうことができる。人民本，亜東本，羣學社本のほかに，今日容易に目睹しうる，『足本官場現形記』（民國24年11月初版，文芸出版社出版，世界書局発行）（この版本の入手は不可能であるが，民國46年〔1957〕台湾，世界書局出版発行の『足本官場現形記』はこの版を縮影印刷したもので，入手が容易である）（以下，世界本という——なお，香港廣智書局発行の『官場現形記』は世界本のうちの'本書特點''官場現形記考''本書作者李寶嘉傳'の部分をのぞいたもので，本文はまったく同一である。これは同一版の印刷であって，崇本堂本のあきらかな誤字を踏襲したものについては，紙型をけずって訂正したあとがうかがえる。たとえば第1回の"下過十三場"の"過"を崇本堂本は"個"とし，世界本もこれによっているのであるが，廣智書局本では"過"にあらためている。おなじく第1回の"跑到厨房"の"厨房"を崇本堂本，世界本ともに"厨門"としているのを廣智書局本では"厨房"にあらためている。また第2回の"飽餐一頓"の"頓"を崇本堂本，世界本が"飯"にしているのを"頓"にあらためているし，第2回の"托他照料"の"托"を各版本とも"托（託）"としているのに世界本のみが"教"としているのを，廣智書局本では"託"になおしている。ちなみに羣學社本は上記の箇所はいずれも崇本堂本のままである），および1956年，上海文化出版社出版の『官場現形記』（以下，上海本という）などについて，これらの関係をみてみることにしよう。

§4 さきにのべたように，亜東本，人民本は繁華報本の系統に，羣學社本は崇本堂本の系統にはいるわけであるが，世界本，上海本も後者すなわち崇本堂本系に属する。これらの版本はその翻印校訂にあたって，特にどの版を底本としたかことわっていないのであるが，つぎのような点から察せられるのである。

たとえば，第7回の章題は繁華報本，亜東本はいずれもその目録においては"式宴嘉賓中丞嫻禮　採辦機器司馬濫交"としているのに，本文では"宴洋官中丞嫻禮節　辦機器司馬比匪人"としており，人民本は目録における章題を本文にあわせ，ともに"宴洋官中丞嫻禮節　辦機器司馬比匪人"としている。これに対して，崇本堂本，羣學社本，世界本，上海本は目録，本文とも"式宴嘉賓中丞演禮　採辦機器司馬濫交"（ただし崇本堂本は目録においては"演"を"嫻"につくる。また同本は"採"を"采"につくる）であって対照をしめし，第20回章題が繁華報本，亜東本，人民本においては"巧逢迎爭制羊皮褂　思振作勸除鴉片烟"であるのに対し，崇本堂本，羣學社本，世界本，上海本では上句と下句がいれかわり，"思振作勸除鴉片烟巧逢迎爭製羊皮褂"である（ただし崇本堂は目録においては"巧逢迎爭製羊皮褂思振作勸除鴉片煙"としている）。また，第21回の章題の上句が繁華報本のグループでは"反本透贏當場出彩"であるのに対し，崇本堂本は目録ではこれにならいながら本文では"出彩"を"出醜"とし，羣學社本，世界本，人民本は目録，本文ともに"出醜"としている。これらによっても，繁華報本の系列と崇本堂本の系列をかんがえることができるが，脱句箇所をしらべ照合してみると，なお一層あきらかとなる。以下にその数例をあげよう（例文はいずれも繁華報本，亜東本，人民本のものであって，この三者間には字句の出入がほとんどみとめられない。標点は人民本による。なお○印を附した部分が崇本堂本において刪脱されており，羣學社本，世界本，上海本いずれにも同部分の脱漏がみとめられる）。

　　一個吃個不了，一個念個不了。　　　　　　　　　　　（2回）
　　　　（ただし，人民本もこの部分は刪脱している）

　　讓他在這裏看戲。他說："卑職不比別人，應得在這裏伺候的。　（4回）
　　你們有幾個腦袋？已經有沒處伸，如今還經得起再添這們一個罪名嗎？本

縣看你們實在可憐得很，……　　　　　　　　　　　　（15回）
　　（ただし亜東本もこの部分は刪脱している）
這些話豈可在稠人廣衆地方說的，
這喜太守亦正坐此病。他老太爺名叫六十四。這幾個字是萬萬不准人家觸
犯的。喜大守自接府篆……　　　　　　　　　　　　　（42回）
不要說起，今兒替一個朋友忙了一天。錢瓊光門："是什麼事情？"周小
驢子道。…　　　　　　　　　　　　　　　　　　　　（45回）

このような対照は一部の単語配列の順序にもみうけられる。

（繁，亜，人）	（崇，羣，世，上）	
一定吵着要吃	吵着一定要吃	（1回）
淡了下來	淡下來了	（2回）
老爺同了三老爺	三老爺同老爺	（5回）
一頂八人擡的…	八人擡的一頂…	（6回）
一間帳房	帳房一間	（8回）
趕了進來	趕進來了	（10回）
不光匯豐一家是如此	不光是匯豐一家如此	（33回）
上過一次當	上過當一次	（35回）

　これらから崇本堂本──→羣學社本，世界本，上海本という版本の流れがあることをみとめることができるだろう。亜東本，人民本は部分的には崇本堂本によるところもあるが，基調としては繁華報本にのっとっているわけであり，これに対して羣學社本，世界本，上海本はなんら繁華報本によるところがない。

§5　繁華報本と崇本堂本とをくらべたさい，崇本堂本に錯簡，脱句，誤字がみられることは「亜東本校読後記」ののべているとおりであって，テキストとしては繁華報本の方に信頼のおけることは，この面においても当然といわねばならない[7]。したがって，われわれは繁華報本あるいはこの版本を底本としている亜東本および人民本によって，『官場現形記』をよんでゆけばよいわけであるが，亜東本にしても，かならずしもその「校読

218

『官場現形記』の版本と語彙

後記」にいうがごとく"用『甲本』作成本，而以『乙本』參照起來，校正一些錯字"ではないし，また人民本にしても繁華報本を底本として，単に誤字のみを崇本堂本などによって改めた程度にとどまらない。たとえば，第1回の"抗考籃"の"抗"を繁華報本，崇本堂本，人民本はともに"抗"とするのに対して，亜東本のみは"提"にあらためているし，第3回の"外面雖然大方"の"雖然"は人民本のみであって，他の三本はともに"雖是"である。また第4回の"打那麼一個電報"の"那麼"は人民本のみであって，他の三本はいずれも"那們"につくっており，第5回の"一張凳子"の"凳子"も同様に人民本が"凳子"とするのに対して，他の三本は"杌子"となっている。また，第5回の"難道這些百姓果真的抗着不來完嗎？"の"果真"は人民本，亜東本がつくるのみで，繁華報本，崇本堂本はともに"真果"である。このように単なる誤字の校正にとどまらないで，語彙のさしかえまでもがおこなわれているとすると，亜東本，人民本によって，文学言語の研究をすすめるということは問題となる。したがって煩瑣ではあるが，繁華報本，崇本堂本などとの照合校勘をおこなっておく必要もうまれるであろう[8]。筆者がこのような見地から，これらの版本について照合校勘をこころみてみたところ，繁華報本のグループと崇本堂本のグループでは，書中に用いられている語彙の面でもある対応をしめしていることがわかってきた。たとえば，第1回において"爸爸"が9個もちいられているが，繁華報本，亜東本，人民本以外の，崇本堂本，世界本，上海本ではいずれも"爹爹"となっており，第30回における"爸爸"も5個とも"爹爹"となっているのである。すなわち，繁華報本と崇本堂本とでは語彙に若干のちがいがあり，そしてそれらはおおむねその系統の版本にひきつがれていっているわけである。その一部を表によってしめすとつぎのとおりである。

回数	〔人〕	〔亜〕	〔繁〕	〔崇〕	〔世〕	〔上〕
1	擱在肚裏	擱	閣	放	放	放
1	嘴裏不住	內	裏	內	內	內
1	陰間裏的主考	陰朝	陰間裏	陰朝	陰朝	陰朝
1	方纔開席	方纔	方纔	方且	方且	方且

1	嘴裏又說道	口內	嘴裏	口內	口內	口內
1	我聖朝	我聖朝	我聖朝	皇上家	皇上家	皇上家
1	王八羔子	羔子	羔子	蛋子	蛋子	蛋子
1	只好罷手	了	手	了	了	了
2	頭一遭	遭	遭	次	次	次
2	一副對聯	對聯	對聯	對子	對子	對子
2	攀談幾句	攀談	攀談	說來	說來	說來
2	弄熟	弄	弄	做	做	做
2	還是念個不了	還是	還是	仍然	仍然	仍然
2	對答不上	對答	對答	回答	回答	回答
2	怎樣做官	怎麼	怎麼	怎樣	怎樣	怎樣
2	其實是一樣	一般	一般	一樣	一樣	一樣
2	姑娘出嫁	出嫁	出嫁	出門	出門	出門
2	等到二十八	到	到	至	至	至
2	出外上車	出外	出外	出門	出門	出門
2	探聽李四	探聽	探聽	打探	打探	打探
2	趙溫的家私	家世	家世	家私	家私	家私
2	揣了去了	揣	揣	携	携	携
2	有點不對	不對	不對	不清	不清	不清
2	推頭天不早	推說	推頭	推	推	推
2	大門前頭	前頭	前頭	外頭	外頭	外頭
2	偏生	偏生	偏偏	偏偏	偏偏	偏偏
2	賞一封信	賞	賞	寫	寫	寫
3	沒有瞧見過	瞧見	瞧見	看見	看見	看見
3	哭喪着面孔	面孔	面孔	臉兒	臉兒	臉兒
3	臨了一切	臨了	臨了	臨末	臨末	臨末
3	再造爹娘	爹娘	爹娘	爺娘	爺娘	爺娘
4	換了禮節	換	換	改	改	改
4	夜間也睡不着覺	夜裏	夜裏	夜間	夜間	夜間
4	出岔子	岔子	岔子	亂子	亂子	亂子

4	轉瞬間	轉眼	轉眼	轉瞬	轉瞬	轉瞬
4	方始停當	方纔	方纔	方始	方始	方始
4	毫無實在	實在	實在	實濟	實際	實際
4	我們自家人	自己	自家	自家	自家	自家
5	老羞成怒	成	成	變	變	變
5	如今受他	現在	現在	如今	如今	如今
5	不在的時候	時候	時候	時節	時節	時節
5	自己身休	身體	身體	身子	身子	身子
5	各位師爺	各位	各位	衆位	衆位	衆位
5	聽見	聽見	聽見	聽到	聽到	聽到
5	一張凳子	杌子	杌子	杌子	椅子	椅子
5	依舊是眉花開眼	依舊	依舊	依然	依然	依然
5	這樁事	樁	樁	件	件	件
6	回到寓所	寓處	寓處	寓所	寓所	寓所
6	一封書子	書子	書子	書信	書信	書信
6	裏頭弄好	裏頭	裏頭	裏面	裏面	裏面
6	捧着手本	捧	捧	捏	捏	捏
7	算得十二分面子	算得	算得	分得	估得	估得
7	外國家生	家生	家生	傢伙	傢伙	傢伙

すなわち，繁華報本の系統のものと崇本堂本の系統のものとでは，さきにみたように章題の一部，字句の脱漏，語序の一部においてことなっているだけでなく，語彙の一部がことなっているのである。世界本，上海本はもっぱら崇本堂本（というよりも直接には羣學社本といったほうが適切であろう）によっている関係上，この三本の間の差異はほとんどないが，亜東本，人民本は繁華本を底本としながらも崇本堂本をかなり参考にしているため，語彙の面では相当のゆれがみられる。さきにのべたように，誤字の校正のほかに，語彙をさしかえているのである。いずれが繁華報本により忠実であるかは，容易に断定できない。なお亜東本「校読後記」が「甲本」「乙本」について，錯簡，脱句などについてかなり克明にのべながら両版

本の語彙の相違についてなんら言及していないのはいささか了解にくるしまざるをえない。

§6　繁華報本と崇本堂本との間に一部語彙の相違があるわけであるが，そのもようについていささかのべてみよう。

　各回の主なるものを，繁華報本—崇本堂本の順でしめすとつぎのとおりである。
〔1〕喜歡／歡喜，這麼／怎麼，簇擁／擁簇，閣／放，方纔／方且，嘴裏／嘴內，爸爸／爹爹，濃痰／粒痰，陰間裏／陰朝，哩／呢，人聲／人音，瞧見／看見，這麼／這們，嘴裏／口內，我聖朝／皇上家，滿嘴／滿口，王八羔子／王八蛋子，罷手／罷了
〔2〕辭行／告行，頭一遭／頭一次，對聯／對子，龕子／盒子，懂得／曉得，攀說／說來，弄熟／做熟，繁文／虛文，插不下／插不上，還是／仍然，真真／真正，根／支，懷裏／懷內，對答／回答，怎麼／怎樣，皇上家／皇家，一般／一樣，出嫁／出門，方始／方纔，簇簇新／簇新，探聽／打探，家世／家私，兩個／二人，偏生／偏偏，前頭／外頭
〔3〕信殼／信封，面孔／臉兒，臨了／臨末，磕頭／叩頭，體制／禮制，爹娘／爺娘
〔4〕換／改，夜裏／夜間，岔子／亂子，轉眼間／轉瞬間，上壽／暖壽，方纔／方始，露（慇懃）／獻，實在／實濟，椿／件，那兒／那裏，現在／如今
〔5〕時候／時節，正本／正本錢，嘴裏／口裏，身體／身子，各位／衆位，聽見／聽到，依舊／依然，還／猶，心虛／虛心，却是／恰是
〔6〕寓處／寓所，書子／書信，封信／書信，裏頭／裏面，捧／捏
〔7〕家生／傢伙，刀叉／刀匙，大衆／衆人，說錯／說岔
〔8〕遞／上，睡／困，統通／一齊，（辛苦呢）固然（辛苦）／果然，臺面／桌面，（這一禮拜）頭裏／裏頭
〔9〕輛／部，口風／口氣，鬧壞／弄壞，如果／真個，真正／真真
〔10〕如果／如若，音信／回信
〔11〕這們／這等，怎們（大工夫）／這們，（一）兩／二，拎／拿，理／睬，

『官場現形記』の版本と語彙

這位／只位,踱（回）／走,怎麼／怎們,底細／細底,亂子／岔子,實實／實在,言語／言說.
〔12〕不用／不容,這個／只個,歹／醜,跟手／隨後,差使／差事,天明／天亮,寬（帶子）／解,自從／自,心思／意思,裝烟／打烟.
〔13〕眼熟／眼熱,（船上）嚷／鬧,未／不,回稟／稟稱,捕快／差上.
〔14〕立刻／立時,真正／真真,忘八蛋／王八蛋,（停）刻／會,午飯／中飯,真正／着實,好看／耀眼,也／亦,首坐／首位,抱（着琵琶）／把,齊巧／剛巧.
〔15〕碟／碟子,眼饞／眼熱,二（位）／兩,件／椿,面孔／面,諸位／衆位,吵鬧／嗓鬧,身上／身邊,亦／也,攢／捏,踱／走,雖然／縱然,現今／如今.
〔16〕捕役／捕快,被偷／失竊,碰見／遇見,奏稿／奏折,快快／不樂,稿子／底子.
〔17〕終久／終究,安身／頓身,打／從,呆／楞,寄／匯.
〔18〕賣買／買賣,聽說／聽見,製備／做好,打躬（謝賜）／請安.
〔19〕辦理／清理,逛／游,（嫁）掉／了,爲難／難爲,（謝了）再（謝）／又,已經／已,講／說,甚／很,着實／直頭,握／拿,同／和,賣／買,靴／靴子.
〔20〕講究／時樣,偏偏／不料,（借）件把／一身,欺飾／欺騙,屬員／下員,偏偏／齊巧,釘／揪,盛／甚,奢靡／奢華,纔好／方是,思想／思量,個把／個,這（大的）／偌.
〔21〕這樣／只樣,摔下／放下,只（有他一個人）／這,錢莊／錢店,算／數,推／擲,鬧散／拆散,硬紮／硬繃,教導／教訓,最／頂,（拼着）老臉／老面,（未）眠／睡,次天／次日.
〔22〕整頓／整肅,（歇了）一會／一回,老媽／丫頭,長的（肥頭大耳）／生的,第（三天）／頭,掏（腰）／控.
〔23〕小店／小鋪,（火上）添（油）／加,以及／及,當初／當時,我們夫妻／咱兩口子,作准／爲恁,同（他通奸）／與,（弄）個把／一個,官紳／官商,無（分晝夜）／不,甚爲／狠爲,踏勘／踏看,報効／投効,登（在省裏）／頓.

223

〔24〕錯／錯誤，奏保／保奏，（那）副（親熱樣子）／頭，非常（得意）／非凡，不認得／認不得

〔25〕恁般／這般，（見錢）眼開／開眼

〔26〕未但／非但，夠不上／不夠上，召見／朝見，急難／緊要，一旁／一邊，傳論／轉論，這們（一對）／這樣

〔27〕睡／困

〔28〕隔壁／間壁

〔29〕證見／見證，（七月）初七／七日，脚／足

〔30〕等／等待，調／掉，答應／得應，算不了／不算了，決計／決定

〔31〕房子／房屋，混／登，而且／而况，攙／孱，跟前／前，棍／根

〔32〕家裏／屋裏，躺／橫，要好／肉麻，衣服／衣裳

〔33〕找／檢，（以及紙張）等等／等類，如何／何故

〔34〕走／趓，娘兒（兩個）／娘姨，尋／覓，善事／好事，隨後／末後，（這）樣（事）／件，繃繃（面子）／撐撐，人家／人，（忍氣吞聲而）罷止，件／樣，（萬）無（生發）／勿

〔35〕（別開）生面／生路，銀子／銀錢，商量／量商，真正／正真，（那裏）容得（這傢伙）／用，幾（樣）／兩，製辦／置辦，皇上／皇帝，心思／意思，話（不投機）／語，願意／情願，話／說話，押頭／當頭

〔36〕昨兒／昨日，老姆／老媽，丫環／丫頭

〔37〕（洗）臉／面，（摸不着）頭腦／頭路

〔38〕（閱歷）淺／少，看不起／瞧不起，（有）多大（的高帽）／多少，走（門路）／趨，燙／烤，布施／施布，一齊／一同，違命／違拗，乾爸／乾爹，一條（腿）／一只

〔39〕發暈／發昏，别／母，既是／既已，應該／該應，開發／發給，生怕／恐怕，窰子／堂子，嚇毛／嚇急

〔40〕弄堂／衖堂，生（這一回氣）／嘔，吏目／典吏，拖倒／拖翻，交／繳

〔41〕為的是／為，（有些）意見／犄悟，後手／後任

〔42〕咕嘟／聒嘟，什面／仗面

〔43〕仍舊／仍就，擦抹／揩抹，頓（過幾年）／等，（客氣）點／些，賺／賸，臉皮／面皮，（三代）為（官）／做

224

〔44〕　應得／要得，次序／齒序，熱湯／滾湯，俗語／俗話，倆／兩位．（坐在）頭上／上頭
〔45〕　（臨）走／行，票子／票

§7　このような語彙のちがいは，われわれにとってはかなり奇異におもえるのであるが，この程度の語のいれかえや誤字のたぐいは，中国の版書においてはむしろ普通であって，あえてあやしむにたらない。また，『官場現形記』の文学的研究にとっては，なんら本質的にかかわるところはない。しかし，清末の文学言語資料としてあつかうばあいには，それなりに価値のある資料であって，一方を善書とし，一方を悪書としてきめつけることはできない。ことに『官場現形記』のばあいは，悪書とされている崇本堂本を底本とした版本の方が数もおおく，より流布していたとおもわれるのであって，おそらくは宣統年間に出版されたとおもわれる後人の補作による，第6編および第7編は，いずれも崇本堂印行にかかる増注絵図本の形式をふんでいるほどである。

　われわれは，この現象に当時の文学言語すなわち「白話」の反映をみるべきであって，これが五四文学運動をとおして，どのように今日の文学言語の形成に参加し，「普通話」が生誕していったかをしらべる一つのよすがとすることができるであろう。もちろん，これは単に『官場現形記』をしらべていくことで達成されるわけはなく，その周辺の作品の研究をすすめる必要があることはいうまでもない。

　上節にあげた語彙をみてみると，これらは一般的にいって同義語ないし近義語であって，これらの対立を整理すると，ほぼなんらかの方向がみいだされるようである。たとえば，喜歡－歡喜，爸爸－爹爹，瞧見－看見，說錯－說岔，睡－困，輛－部，理－睬，午飯－中飯，也－亦，碟－碟子，着實－實頭，家裏－屋裏，昨兒－昨日，臉－面，應該－該應，擦抹－揩抹などを対比してみると，北方官話－下江官話という線がみとめられる。しかし，『官場現形記』そのものが下江官話にかなり傾斜した作品であるから，前者すなわち繁華報本にかなりの下江官話系の語彙がみられることはいうまでもなく，それを逆に北方官話系の語彙にかえているものもある。すな

わち，面孔－臉兒，家生－傢伙，頭裏－裏頭，個把－一個などがそれである。また，該應－應該，方纔－方始，方始－方纔，椿－件，件－椿など互いにいれかえている例もいくらかみとめられる。これは要するに，できるだけ広汎な地域の人々にわかりやすいようにとの配意が一部にはたらいていたことからくるもので，校訂者あるい書肆の関係者によってかなり任意的に選択されたことにもとづくものである。

　これらの資料をまえにしても，今日においては，特にわれわれ異邦人にとっては，どの地方において，どの範囲において，どのような語彙がもちいられていたかをあきらかにすることができないから，明確な断定はくだしえない。したがって，上述したこともまったく蓋然的なものにとどまるものであるが，予見されるところでは，これらはA－Bというような単純な対立ではなくて，A－B，B－C，A－Cというような，かなり錯綜した方言的対立であろう。

§8 『官場現形記』には二とおりの版本，すなわち繁華報本と崇本堂本があり，今日われわれが目睹できる亜東本，人民本，世界本，廣智本，上海本などはおおむねそのいずれかにわけられることは，上述したとおりであるが，その基本的なちがいは，これも上述したようにその語彙の対立にみとめられるのである。わたくしは，崇本堂本においてこのようなちがいがうまれたものと従来かんがえてきたが，実はこの中間に位置づけできる，いま一つの版本があることを最近発見した。といってもこの版本は基本的には繁華報本の系統にはいるもので，この点は従来の考えをかえる必要のないものであるが，語彙の面で崇本堂本にうつる，一つの過程をあらわすものが発見されたのである。それはまえにふれた，香坂順一氏所蔵の開巻に"光緒甲辰四月再版官場現形記"とある三編36回本で，発行所はわからない。

　この版本を，§4にあげた繁華報本，崇本堂本の比較によって検討するとつぎのとおりである。

〔第7回の章題〕　式宴嘉賓中丞嫻禮　采辦機器司馬濫交（目録），式宴嘉賓中丞演禮　采辦機器司馬濫交（本文），これは崇本堂本におなじである。

〔第20回の章題〕　巧逢迎爭製羊皮褂，巴振作勸除鴉片烟（目録），思振作勸除鴉片烟　巧逢迎爭製羊皮褂（本文）。これは崇本堂本におなじである。
〔第21回の章題の上句〕　反本這贏當場出彩（目録，本文とも）。これは繁華報本におなじである。
〔錯簡および脱句〕　§3にあげた第4回における崇本堂本の錯簡箇所は，すべて繁華報本のとおりであり，§4にあげた第2回，第4回，第15回，第35回における崇本堂本の字句脱漏はともにみられず，繁華報本のとおりである。しかし，第10回の"代爲支吾"（人民本）は繁華報本にくらべて，"代爲搪塞支吾"と"搪塞"を添入しており，崇本堂本もこれにならっている。また同回の"六號門口"（繁華報本，亜東本，人民本）も"六號房間門口"（崇本堂本）となっている。
〔単語配列の順序〕　§4にあげたところについてみてみると1回の例は"吵着一定要吃"，2回のは"淡了下來"，5回のは"老爺同三老爺"（繁華報本は"同"を"同了"とする），6回のは"一頂八人擡的"はじめその他各回いずれも繁華報本のとおりである。

　したがって，やや崇本堂本のような版本のうまれる気配をしめしだしているものの，基本的には繁華報本の系統であることがわかる。これは語彙の面もそうであって，大部分が繁華報本のとおりであるが，一部ことなったところがあり，そしてそれらは崇本堂本にうけつがれていっているのである。初編12回についておもなるものをしめすとつぎのとおりである。(繁華報本をさきにしめす)
〔1回〕　濃痰／黏痰，瞧見／看見，(不做)拉／了，(從小讀)了／着，這麼(大)／這們，我聖朝／皇上家
〔2回〕　崇德堂／崇耻堂，(加了)一弔錢／二百錢，弄熟／做熟，方始／方纔，家世／家私，可會見了(沒有)／可曾見着，恰是／已是，(大門)前頭／外頭
〔3回〕　賞(一封信)／寫，信殻／信封，(套)信殻／信，徐家裏(還不肯)／那窮都，事(忙)／事情，叩(了三個頭)／磕，面孔／臉兒，適(從上頭回事下來)／剛
〔4回〕　瞧／看，夜裏／夜間，(出)岔子／亂子，對打起來／打起架來，

227

方纔／方始，露（殷勤）／獻，（亳無）實在／實濟，椿／件，那兒／那裏，現在／如今，儘着（使）／留着
〔5回〕　藩台（一聽）／他哥，（我們）三個／兄弟，正本／正本錢，各位／衆位，（大家都）知道（太大）／曉得，椿／件，（署了）藩司／布政司，心虛／虛心，（摸不）出／著，却是／恰是
〔6回〕（山西）荒旱／水旱，書子／書信，捧（著手本）／捏，然後（將台上……）／只聽，奏參／題參
〔7回〕　家生／傢伙，（翻譯）忙答應／又連說，刀叉／刀匙，大衆／衆人，瞧不見／看不見，操演／操習，說錯／說岔
〔8回〕　遞（條陳）／上，如有不敷／如果不殼，睡倒／困倒，聽見人家說過／聽見過人家說，怎麼（又說到）／甚麼，統通／一齊，（打發陶）子堯／大人，（同）陶子堯（說）／他，雖已（十六歲）／雖然，（有）得來／回音，（說）着（揚長而去）／罷，（同他）說／講，（這一禮拜）頭裏／裏頭
〔9回〕　追起（這筆銀子）／追逼，上（回把）堂／一回，輛／部，找到／取到，（向陶委員）去討／守取，（前）去（稟見）／來，口風／口氣，如果（打官司）／真果〔崇本堂本は‘真個’，人民本は‘真果’につくる，真正（是我命里所招）／想來
〔10回〕　如果／如若，（不）知道／放心，（都是假）的／格，結（親）／成，披風／外褂，在（身上）／往，（不成力）倒（好）／也，（有財）可（發）／好
〔11回〕　簡直／檢直，怎們（大工夫）／這們，拎（了就走）／拿，捱（到）／要，踱（回棧房）／跑，怎麼（一把力）／怎們，（拉攏）急（大）／愈，（前往）浙江／杭州，亂子／岔子，實實／實在，傍黑／天黑
〔12回〕　跟手／隨後，（談了一會）別的／閑話，天明／天亮，齊巧／偏，寬（帶子）／解，點／些，離着（江頭十幾里）／離開，錢換（停當）／兌換，（一聽此）言／信，打（烟）／裝

　繁華報本からただちに崇本堂本がうまれたのではなく，その間にこの版本などに類するものがあって，これらを経由して，そのあいだに修改（あるいは錯誤）をかさねて，つくられていったことがわかる。やはり，原形

をとどめているものはいうまでもなく繁華報本である。

なお，さきにあげた語彙の対比群をみてみると，このなかには江南音でよむと解釈のつくものがすくなからずある。たとえば，家世－家私，固然－果然，真正－真真，怎們－這們，這－只，不用－不容，賣買－買賣，賣－買，登－頓，隔壁－間壁，答應－得應，棍－根，真正－正真，頓－等，次序－齒序などがそれであって，これらは江南音において同音もしくは近似音であり，多く声調の区別があきらかでないものである。これらは出版書肆が上海であったこと，製版者もおそらくは江南人であったこととすくなからず関連しよう。

§9 『官場現形記』の第五編の一部はあるいは李伯元以外のものの手によってものされたのではないかという，胡適の推定はほぼ認容されるところであり，人民本もその「出版説明」において"作者寫這部小説，原來計劃，分爲十編，毎編十二回。但在第五編尚未全部完成之時，就因病死去。現在六十回，最後的極小一部分，還是他的朋友代爲補齊的。"[9]とのべている。この友人が誰であるかということについて言及したものがないので，いまなお不明であるが，胡適の"他死時，繁華報上還登着他的一部長篇小説，寫的是上海妓家生活，我不記得書名了；他死後此書聽説歸一位姓歐陽的朋友續下去，後來就不知下落了"[10]という文にでてくる友人'歐陽'とは，かれの没後，繁華報を承継したところの'歐陽巨源'ではないかとおもわれる。[11] もちろん，これは単なる臆測を出ない。しかし，欧陽巨源が李伯元と繁華報本などをとおして，きわめて親密な間柄にあったことはいうまでもなく，周佳笙の筆記にあるように，欧陽巨源が惜秋生を号しておったとするなら，[12]『官場現形記』およびおなじく李伯元の著である『海天鴻雪記』に序をよせている茂苑惜秋生その人であるから，[13][14] 補作する人としてはもっとも当をえていた人ということはいえよう。ただこの人であったかどうか，どの部分が補作であるかどうかをきめる手はいまのところみあたらない。

崇本堂印行の『絵図官場現形記』の開巻にかかげる"武進李伯元著，歐陽鉅元増註"の"歐陽鉅元"は"歐陽巨源"をもじったものであろうか。

これも同一人物であるとするとすると（同一人物であれば，増注者としてはもっとも当をえているわけである。あるいは逆にあまりにも当をえている人であるので，もじってその名をもちいたという仮定もなりたとう）増注のさいに一部の語彙に手を入れるということも考えられるから（"爸爸"をすべて"爹爹"にあらためるがごときは，かなり意識的である）繁華報本と崇本堂本の語彙のちがいを検討するうえに参考となろう。たとえば同時代の作品『負曝閒談』は阿英によると欧陽巨源の作とみれるわけであるが，[15] この本は『官場現形記』とおなじく章回小説的作法によっており，その言語はいちじるしく下江官話にかたむいているのである。

§ 10 『官場現形記』は李伯元のもとの計画では十編，各編 12 回，計 120 回にするはずであったという。しかし，かれの死去によりなかばにしておわったもので，第 60 回のおわりでは，これで前半部がおわったということでむすばれている。この前半部は"專門指摘他們做官的壞處，好叫他們讀了知過必改"であるが，後半部は"方是教導他們做官的法子"であるとしている。官界の腐敗した現状を曝露し痛罵するという，この小説のねらいはこれでおわっているわけであるから，形のうえでは未完であるが，すでに完了しているものであり，不完の完ということができる。しかし，中国では名声を博した小説についてはよく後人がこれを倣って，続作してゆくということがおこなわれる。まして『官場現形記』は形のうえでも後半部がつくられるような予期をのこしているので，当然ある回数の続本のでることは予想されるところである。いままで『官場現形記』の「後半部」についての紹介は寡聞のため知らなかったが，最近香坂順一氏が入手された端本によって，その後六編および七編が刊行されたことがわかった。これは後人の作であって，おそらく宣統年間に刊行されたものであろう。その概要をしるすとつぎのとおりである。

第六編は開巻に"增註繪圖官場現形記"とあり，六編十六巻として，つぎのような目録をかかげている。

六編目録
巻六十一　迎聯軍甘心受辱　收公牘刻意求榮

卷六十二　仗外援奉承洋統領　走內線賣通華中堂
卷六十三　待寵新姨弄權賣缺　還俗和尚慕利尋朋
卷六十四　道府開賑信任紳士　官幕謀利聯絡屬員
卷六十五　顯親熱幕賓請酒　崩死志書辦吞烟
卷六十六　署臬兼警差怨聲載道　回關辦木廠利欲薰心
卷六十七　算交代兄弟傷氣　辦巡警道府生嫌
卷六十八　昧先幾自投陷穽　顯明哲早離是非
卷六十九　利盡疎交終生嫌隙　無中生有大設奸謀
卷七十　　追中飽驅入洋教　辦防務擬修炮台
卷七十一　恃己才高擡高身價　因虛驚思聯外交
卷七十二　見鐵敲糖摺奏辦稿　得隴望蜀提調謀差
卷七十三　苟狗營蠅乞憐幕府　偸天換日代理縣官
卷七十四　比徵查稅利慾薰心　勘台裁營指揮如意
卷七十五　因請款先獻裁併策　借誤差特撤測繪員
卷七十六　蒙贊成知縣施威　經保舉監司流毒

第七編は開卷に"最新增注繪圖官場現形記庚戌春仲月湖漁隱題"とあり，七編十六卷として，つぎの目錄をかかげる。

卷七十七　興學堂包觀察詐財　理訟獄張大令得賄
卷七十八　問罪興師尿吏褫職　沐恩圖報老師得官
卷七十九　傷時局決計離宦海　貪花柳失足墮奸謀
卷八十　　蠢阿息巧獻投簡計　張春芳忍受絆繩虧
卷八十一　贖罪罰洋逆旅悔過　尋頭覓路教坊認親
卷八十二　惜聲名同僚興私儀　迷妓女相知起爭端
卷八十三　好色滑深情忘舊友　求差不獲計獻美人
卷八十四　何天侑送妾遭痛罵　黃舜琴寄妻受奇辱
卷八十五　圖報復暗設狠計　犯淫欲苦被鷄奸
卷八十六　潛掠幼姬恩將仇報　承審劫案受賂徇私
卷八十七　金甲富無心遇督憲　汪鎮山有意虐鄉民
卷八十八　開堂子革員得意　駝贓物烏龜下場

卷八十九　入學堂預懷大志　辦喪事巧遇佳人
卷九十　　攀門認親別存深意　尋頭換帖內遇神機
卷九十一　落魄窮途職官作賊　私通內線奴僕市恩
卷九十二　怒前妻誣奸殘生命　娶繼室見姨起淫心

　いずれも石印本，各四冊で，崇本堂印行の絵図本と同一体裁になっている。発行所はしるされていない。そのつづるところも"教導他們做官的法子"をねらいとしたものではなく，章題から察せられるような，低俗な色情をえがいたものにほとんど終始している。官界の人を登場させてはいるが，描写に本質的なつながりをもっているわけではない。世界本の「本書特点」のなかに"本書雖寫盡官場之黑暗，有時或也牽及女性，然絕無一筆涉及淫穢之事，此在章回小說中爲創見；這是特點五。"としてあげているが，[16]このような格調の高さはさらにない。自己の妻をおかされたことの報復として，計略的に乱酔させ，帰路をまちぶせて，無頼漢数名に雞姦させ，しかも塩を局部におしいれるというようなくだりはまったくおはなしにならぬ。このような続編ものについて，なんら取り上げられることのなかったのも，おそらくその羊頭狗肉性にあるのであろう。『拍案驚奇』にみられるロマンもないのである。

　ただ，その言語についてみると，崇本堂本よりもさらに下江官話へ傾斜しているようで，地の文にあきらかに呉語とおもわれるものもすくなからず用いられている。このような作品がそう大きな影響をあたえたとは考えられないし，名目は『官場現形記』を冒していても本質的にはなんの関連もないことはあきらかであるので，この程度の紹介にとどめたい。

　なお，『官場現形記』版本の調査にあたっては，大阪市立大学香坂順一氏，神戸外国語大学太田辰夫氏に多大の御配慮をいただき，特に香坂順一氏には貴重な資料を各種お貸しいただいた。付記して深謝の意を表する次第である。

　また，本稿は「清末文学言語の総合研究」（共同研究）の一環としてお

こなわれた調査研究の一部であって，清末文学言語研究会（大阪市立大学中国語学研究室内）より刊行予定の，拙稿：官場現形記校勘表（初稿），拙編：官場現形記語彙索引とあい関連するものである。なお本稿中，下江官話系の語彙としているものは，筆者編にかかる『江南語語彙集解』（清末文学言語研究会より既刊）および香坂順一：「普通話」語彙小史（中国語学，1963年，1、2月号）を参考にしたものである。

注1. 亜東本，校読後記 P.1～P.2
注2. 人民本，后記 P.1082
注3. 阿英：晩清文芸報刊述略（1959年8月，中華書局，北京）P.56
『繁華報』完全是一種所謂『消閑』的小型報級，内容約分爲諷林，藝文志，野史，官箴，北里志，鼓吹錄，時事嬉談，譚叢，小説，論著諸類；……『藝文志』和『小説』卻頗多名著；如李伯元的『官場現形記』，『庚子國變彈詞』，吳趼人的『糊塗世界』，都是刊載在這張小報上的。
注4. 亜東本，胡適：官場現形記序 P.2
注5. 阿英：晩清戯曲小説目（1954年8月，上海文藝聯合出版社）P.89
官場現形記　<u>南亭亭長（李伯元）</u>著。六十回。<u>光緒癸卯（1903）世界繁華報</u>刊。綫裝三十冊。又<u>光緒三十年（1904）翻印。托日本知新社版，吉田太郎</u>著。
注6. 人民本　后記 P.1082～P.1083，あきらかに誤りとみとめられても任意に変えるわけにもゆかぬものは，暫定的にもそのままにしておくとし，その例として第28回，第33回，第35回，第36回のほか，つぎの例をあげている。第四十九回，分給姨太太毎人三萬銀子，第五十一回却又說三萬吊錢（當時一兩銀子是不止一吊錢的）。第五十四回，"如比并不留難"，"如"字應爲"因"字。
注7. 亜東本校読後記 P.2
　　我們認定「甲本」是比較的可靠的。
注8. 拙稿：官場現形記校勘表（初稿）（清末文学言語研究会単刊予定）を参照されたい。
注9. 人民本，出版説明 P.2
注10. 亜東本，胡適：官場現形記序 P.2
注11. 周桂笙：新庵筆記

　　　　昔南亭亭長李伯元徵君創「游戲報」，一時靡然從風，……遂設「繁華報」，
　　　　別樹一幟。一級風行，千言日試，雖滑稽玩世之文，而識者咸推重之。丙
　　　　午（1903）三月，徵君赴修文之召，惜秋生歐陽巨源繼之。未幾，惜秋又
　　　　歸道山，山陰任堇叔復繼之。……」（阿英：晚清文藝報刊述略 P.55）。

注12. 上記引用文参照。
注13. 阿英：晚清戲曲小説目 P.88
　　　海天鴻雪記　二春居士（南亭亭長）著。南亭亭長評。茂苑惜秋生（歐陽巨
　　　源）叙。二十回。光緒甲辰（1904）世界繁華報館刊。四冊。
注14. 胡適は官場現形記にある惜秋生の序についてつぎのようにいっている。
　　　這書有光緒癸卯（1903）茂苑惜秋生的序，痛論官的制度；這篇序大概是
　　　李寶嘉自己作的。（胡序 P.3）すなわち作者李伯元の自作とみているわけ
　　　であるが，かならずしも惜秋生が作者の筆名であるといっているわけで
　　　はない。
注15. 阿英：晚清戲曲小説目 P.83
　　　負曝閒談　蘧園（欧陽巨源）著。光紐二十九年（1903）繍像小説本。
注16. 世界本 本書特点 P.2

『官場現形記』の言語

§1　『官場現形記』は一部に「蘇白」をもちいるが，もちいられている語彙につぎのようなものがある。

阿　疑問の語気をあらわす副詞。"可"
　　〜是一樣格？（8-111）
　　〜是高昇到別場化去，路過上海格？（8-111）
　　〜是推牌九？（8-111）
　　大人耐格本籤詩〜帶得來？（8-112）
　　耐說格〜是老爺？（8-112）
　　陶大人，耐〜好拿倪格蘭芬討仔去罷？（8-113）
　　倪〜有格早福氣！（8-113）
　　耐〜有姨太太？（8-116）
　　耐格聲說話，〜是三禮拜前頭就許倪格？（10-141）
　　房子〜看好？（10-142）
　　媒人〜有啥挳上門格？（10-142）
　　魏老，〜是？（10-142）
　　耐看俚格人〜靠得住靠勿住？（10-142）
　　別人家勿曉得〜是前世修來格！（36-621）
阿　強調の語気をあらわす副詞。"可"
　　如果是男，將來命裏〜有官做。（8-112）
　　屋裏向幾幾化化紅頂子，才勒浪拜生日，〜要顯煥！（8-112）
阿曾　"可曾"
　　太太〜同來？（8-111）
阿哥　"哥哥"
　　倪格娘有格過房兒子，算倪的〜。（8-112）
　　倪格〜可以做官。（8-112）

235

阿姨　"姨儿"
　　～，耐說格阿是老爺？（8-112）
阿侄　"侄儿"
　　倪格兒子是俚格～。（8-112）
捱上門　『小說詞語匯釈』に"不請自來"（呉語）と注している。
　　媒人阿有啥～格？（10-142）
撥　"給"
　　耐格姨太太一個月～俚幾化洋錢用？（8-116）
　　合式末嫁～俚，勿好末大家勿好說啥。（10-142）
　　倪末將來總要嫁～俚格。（10-142）
撥勒　"給"
　　賣～人家，或者是押帳，有仔管頭，自家做勿動主。（8-111）
白相　"玩"
　　倪又勿是啥林黛玉、張書玉，歇歇嫁人，歇歇出來，搭俚弄～。（10-142）
爿　"量詞"
　　一～洋行（8-112）
纔　"都"
　　上海格規矩～叫小姐。（8-111）
　　屋裏向幾幾化化紅頂子，～勒浪拜生日。（8-112）
　　恩得來，一歇歇～離勿開格哉。（8-118）
　　連一應使費～勒海，一共要耐一千二百塊洋錢。（36-621）
場化　"地方"
　　～小，大人勿厭棄，請過來。（8-110）
　　阿是高昇到別～去，路過上海格？（8-111）
　　到啥～去？（9-124）
搭　"和"（連詞）
　　老三～魏老直頭恩得來！（7-105）
　　倪～俚現在也勿做啥親，還用勿着啥媒人。（10-142）
搭　"替"
　　托仔俚事體理總歸～倪辦到格。（9-123）

『官場現形記』の言語

搭　　"跟"（介詞）
　　倪又勿是啥林黛玉、張書玉，歇歇嫁人，歇歇出來，～俚弄白相。（10-142）
　　現在租好仔小房子，～俚住格一頭兩節。（10-142）
　　倪是要～耐軋姘頭格。（36-621）
　　俚有男人格，現在～俚男人了斷。（36-621）

搭子　　"跟"（介詞）
　　那末，大人做官格身體，～討人身體差勿多哉（8-110）

～得來　　"～得很"
　　老三搭魏老直頭恩～！（7-105）
　　恩～，一歇歇才離勿開格哉！（8-118）

恩　　"恩愛"
　　～得來　を參照。

格　　"這"（指示代詞）
　　～當中是啥格緣故？（8-111）
　　～當中啥個緣故？（8-113）
　　陶大人說格鬧忙煞，～底下說哩。（8-113）
　　～是外國人格事體，關俚啥事。（9-123）
　　耐～聲說話，阿是三禮拜前頭就許倪格？（10-141）
　　倪格碗斷命飯也勿要吃哉。（10-141）

格格　　"這個"
　　有心托仔耐格大人，做仔～媒人罷！（8-113）
　　勿殼張～大砲，倒拿魏老嚇醒。（8-113）

格號　　"這種"
　　倪阿有～福氣！（8-113）

格　　"的"（構造助詞）
　　堂子裏～小姐。（8-111）
　　上海～規矩才叫小姐，也有稱先生～。（8-111）
　　阿是一樣～？（8-111）
　　是啥格船來～？（8-111）
　　阿是高昇到別場化去，路過上海～？（8-111）

237

最靈勿過～是菩薩。（8-112）

倪有仔三個月～喜哉。（8-112）

倪～兒子為啥做勿得官格？（8-112）

倪～娘有格過房兒子。（8-112）

阿姨，耐說～阿是老爺？（8-112）

倪～阿哥可以做官，倪～兒子是俚～阿侄，有啥勿好做～？（8-112）

像倪格蘭芬只要耐八千洋錢。陶大人，耐阿好拿倪～蘭芬討仔去罷？（8-113）

陶大人說～鬧忙煞。（8-113）

俚～住處，耐有啥勿曉得～。（9-123）

嫁人是一生一世～事體。（10-142）

倪勿做啥制台～小老媽！（36-621）

格 "的"（語気助詞）

賣撥勒人家，或者是押帳，有仔管頭，自家做勿動主，才叫做討人身體～。（8-111）

倪格兒子為啥做勿得官～？（8-112）

倪總勿會忘記耐～。（8-113）

魏老格人倒是劃一不二～，托仔俚事體俚總歸搭倪辦到～。（9-123）

倪格人說一句是一句，說話出仔嘴，一世勿作興忘記～。（10-141）

倪是要搭耐軋姘頭～。（36-621）

合式 "合意"

搭俚住格一頭兩節，～末嫁撥俚，勿好末大家勿好說啥。（10-142）

幾化 "多少"

耐做官一個月有～進帳？（8-116）

耐格姨太太一個月撥俚～洋錢用？（8-116）

幾幾化化 "多多少少"

屋裏向～紅頂子，才勒浪拜生日，阿要顯煥！（8-112）

浪 "上"

大人路～辛苦哉！（8-111）

勒 "在"

『官場現形記』の言語

　　　從前也～一爿洋行裏做買辦格。(8-112)
　　　新近升仔道台，連搭頂子也紅哉，就～此地啥個局裏當總辦。(8-112)
勒　　"呢"（語気助詞）
　　　蘭芬雖已十六歲，還是小先生～。(8-116)
勒海　"在内"
　　　連一應使費才～，一共要耐一千二百塊洋錢。(36-621)
勒浪　"在"
　　　屋裏向幾幾化化紅頂子，才～拜生日，阿要顯煥！(8-112)
　　　樣式事體，有倪～，決勿會虧待耐的。(8-116)
俚　　"它"
　　　耐勿要管～先生、小姐。(8-111)
俚　　"他""她"
　　　就是～哉。(8-112)
　　　倪格兒子是～格阿侄。(8-112)
　　　托仔～事體～總歸搭倪辦到格。(9-123)
　　　格是外國人格事體，關～啥事。(9-123)
　　　勿是倪說話勿作准，爲仔～格人有點靠勿住。(10-142)
　　　歇歇嫁人，歇歇出來，搭～弄白相。(10-142)
　　　搭～住格一頭兩節，合式末嫁撥～，勿好末大家勿好說啥。(10-142)
　　　倪末將來總要嫁撥～格。耐想～格人，房子末勿看，銅錢也嘸不，耐看～
　　　　格人阿靠得住靠勿住？(10-142)
　　　～有男人格，現在搭～男人了斷。(36-621)
連搭　"連"（介詞）
　　　新近升仔道台，～頂子也紅哉。(8-112)
嘸不　"沒有"
　　　銅錢也～。(10-142)
末　　停頓をあらわす語気助詞。
　　　合式～嫁撥俚，勿好～大家勿好說啥。(10-142)
　　　倪～將來總要嫁撥俚格。(10-142)
　　　房子～勿看，銅錢也嘸不。(10-142)

239

末哉　"就是了"

　　謝謝耐，後補你～！（8-113）

明朝　"明天"

　　老爺還說～來吃酒呀！（8-112）

拿　"把"（介詞）

　　耐阿好～倪格蘭芬討仔去罷？（8-113）

　　勿殼張格格大砲，倒～魏老嚇醒。（8-113）

那哼　"怎樣"

　　到底～？（9-123）

那末　"那""那麼"

　　～，大人做官格身體，搭子討人身體差勿多哉。（8-110）

難末　"那""那麼"

　　～倪又勿懂哉。（8-112）

耐　"你"

　　～勿要管俚先生、小姐。（8-111）

　　大人～格本籤詩阿帶得來？（8-112）

　　阿姨，～說格阿是老爺？（8-112）

　　倪總勿會忘記～格。謝謝～，後補～末鼓！（8-113）

　　陶大人，～做官一個月有幾化進帳？～阿有姨太太？～格姨太太一個月撥俚幾化洋錢用？（8-116）

　　有倪勒浪，決勿會虧待～的。（8-116）

　　要～多嘴！（10-142）

耐朵　"你們"

　　～做官人，自家做勿動主。（8-111）

耐篤　"你們"

　　～一淘進，俚格住處，耐有啥勿曉得格。（9-123）

鬧忙　"熱鬧"

　　陶大人說格～煞，格底下說哩。（8-113）

倪　"我"

　　也替～起格課。（8-112）

『官場現形記』の言語

　　～有仔三個月格喜哉。（8-112）
　　～格兒子爲啥做勿得官格？（8-112）
　　～格阿哥可以做官，～格兒子是俚格阿侄，有啥勿好做格？（8-112）
前埭　"上回"
　　～老爺屋裏做生日。（8-112）
日天　"天"
　　大人路浪辛苦哉！走仔幾～？（8-111）
啥　"什麼"
　　也勿想～入閣拜相，只要像你大人也好哉。（8-112）
　　～事體要一定自家去？（8-118）
　　格是外國人格事體，關俚～事。（9-123）
　　到～場化去？（9-124）
　　倪又勿是～林黛玉、張書玉。（10-142）
　　勿好末大家勿好說～。（10-142）
　　倪格兒子爲～做勿得官格？（8-112）
　　耐爲～勿響？（10-142）
啥格　"什麼"
　　格當中是～緣故？（8-111）
　　是～船來格？（8-111）
　　～要緊事體，托仔魏老，勿是一樣格？（8-118）
啥個　"什麼"
　　格當中～緣故？（8-113）
煞　"死"
　　陶大人說格鬧忙～，格底下說捏。（8-113）
事體　"事情"
　　啥格要緊～，托仔魏老，勿是一樣格？（8-118）
　　格是外國人格～，關俚啥事。（9-123）
舒齊　"安排好"
　　早～一日，早定心一日。（10-141）
說話　"話"

241

倪格人說一句是一句，～出仔嘴，一世勿作興忘記格。(10-141)

堂子　"妓院"
　　～裏格姑娘。(8-111)

討人
　　大人做官格身體，搭子～身體差勿多哉。(8-110)

脫　"掉"
　　機器退勿～，格是外國人格事體。(9-123)

爲仔　"爲了"
　　勿是倪說話勿作准，～俚格人有點靠勿住。(10-142)

屋裏　"家裏"
　　前埭老爺～做生日。(8-112)

屋裏向　"家裏"
　　～幾幾化化紅頂子，才勒浪拜生日，阿要顯煥！(8-112)

勿　"不"
　　場化小，大人～厭棄，請過來。(8-110)
　　難末，倪又～懂哉。(8-122)
　　倪格兒子是俚格阿侄，有啥～好做格？(8-112)
　　倪總～會忘記耐格。(8-113)
　　啥格要緊事體，托仔魏老，～是一樣格？(8-118)
　　倪搭俚現在也～做啥親，還用～着啥媒人。(10-142)
　　倪格碗斷命飯也～要吃哉。(10-141)
　　耐爲啥～響？(10-142)
　　耐朵做官人，自家做～動主，阿是一樣格？(8-111)
　　倪格兒子爲啥做～得官格？(8-112)
　　恩得來，一歇歇才離～開格哉！(8-118)
　　機器退～脫。(9-123)
　　耐看俚格人阿靠得住靠～住？(10-142)

勿殼張　"料不到"
　　～格格大炮，倒拿魏老嚇醒。(8-113)

勿要　"不要""別"

耐～管俚先生、小姐。(8-111)

響　"言語"
　　耐為啥勿～？(10-142)

小老媽　"小老婆"
　　倪是要搭耐軋姘頭格，倪勿做啥制台格～！(36-621)

曉得　"知道"
　　俚格住處，耐有啥勿～格。(9-123)
　　別人家勿～阿是前世修來格！(36-621)

樣式　"各樣"
　　～事體，有倪勒浪。(8-116)

一淘　"一塊兒"
　　耐篤～出，～進，俚格住處，耐有啥勿曉得格。(9-123)

一歇歇　"一會兒"
　　恩得來，～才離勿開格哉！(8-118)

哉　"了"(語気助詞)
　　大人路浪辛苦～！(8-111)
　　倪有仔三個月格喜哉。(8-112)
　　也勿想啥入閣拜相，只要像你大人也好～。(8-112)
　　就是俚～。(8-112)
　　恩得來，一歇歇才離勿開格～！(8-118)
　　倪格碗斷命飯也勿要吃～。(10-141)
　　倪先來，倪先生也來～。(33-568)

直頭　"實在""簡直"
　　老三搭魏老～恩得來：(7-105)

仔　"了"(時態助詞)
　　走～幾日天？(8-111)
　　有心托～耐格大人，做～格格媒人罷！(8-113)
　　說話出～嘴，一世勿作興忘記格。(10-141)

自家　"自己"
　　啥事體要一定～去？(8-118)

做親　"成親"
　　倪搭俚現在也勿做啥親，還用勿着啥媒人。(10-142)
作興　"會""可能"
　　說話出仔嘴，一世勿～忘記格。(10-141)
　　「紹興白」も二句ある。
東　"在"
　　～來升棧房裏。(10-148)
來東　"在"
　　阿哥，阿嫂～哉。(10-148)

　これらの方言は，上例の「紹興白」が男，「蘇白」のうち"恩得來，一歇歇才離勿開格哉"の一句が男のせりふであるだけで，そのほかはすべて妓女ないし老鴇のものである。
　清末の文学作品には，『文明小史』『負曝閒談』など「蘇白」をはさむものが多い。

§2　以上のような「蘇白」はきわめて限られたものであって，全体の基調としては，北方方言を基礎としたいわゆる「白話」であることはいうまでもない。しかし，李伯元は江蘇武進の人であるだけに，江南方言系の語彙がすくなからず混入してきている。§1にあげた呉語語彙のうち，特異の代語，助詞のたぐいを除いて，大抵のものが「白」および地の文にもちいられている。

阿哥
　　我同我的自家～并起并坐，有甚麼要緊？(10-149)
　しかし，これは紹興人の「白」で，同書に"阿哥"がこの1例であることは，方言としての意識でつかわれたものであろう。同義語としては，つぎのものがある。
　　哥子　　　　1-5-11，　　5-63-18，　　59-1029-6，　　60-1051-3
　　哥哥　　　　36-607-11，　59-1029-11
ちなみに，"哥子"は『漢語詞典』に"謂兄，小說如水滸傳等書中常見"

244

『官場現形記』の言語

とあり，近世語とみてよかろう。もちろん，"阿哥""哥哥"ともに，『水滸伝』にみられるが，"哥子"と同一視することはできない。一般に方言語彙のおおくは，旧白話小説にその用例をみることができる。

白相

我們～了多年，面子上要好，都是假的。（10-141）

上海人の「白」である。

爿

一～茶店（7-107-3）　那～堂子（10-139-11）　那～棧房（10-149-12）
這～洋行（11-165-13）　一～茶館（13-200-14）　一～煙館（15-236-22）
兩～當鋪（21-336-10）　一～小客棧（22-352-1, 22-354-21）など。その他つぎの箇所にみえる。

  24-391-5, 27-439-20, 29-483-8, 30-489-21, 31-511-18,
  33-550-16, 33-550-20, 33-555-13, 33-563-16, 33-567-3,
  34-570-3, 40-677-17, 47-800-18, 47-801-13, 47-802-20,
  48-814-19, 50-846-6. 50-850-3, 50-864-4, 53-913-4,

末

天底下樣樣多好假，官～怎麼好假？（30-499）

"～mo"で，文中の停頓をあらわすのは，南方出身の作家のものにおおくみられる。魯迅：『阿Q正伝』にも下例がある。

列傳麼，這一篇文章并非和許多闊人排在正史裏；自傳麼，我又并非就是阿Q。……別傳呢，阿Q實在未曾有大總統上諭宣付國史館立本傳。

拿（拏）

大家～他抱怨。（1-7）
趙溫朝他作了一個揖，～手本交給他。（2-18）
自己兄弟也不～我當作人。（5-63）
都肯～東西貼給他，不要他的現錢。（6-81）
撫院的意思要～他奏參革職。（6-91）
還～他當作朋友看待。（9-130）

245

その他つぎのとおり。

9-132-12,　9-133-16,　9-134-7,　10-147-4,　13-194-6,
16-243-1,　17-260-2,　20-318-9,　20-320-21,　20-325-12,
22-360-2,　22-362-4,　24-388-10,　25-408-12,　26-433-11,
28-456-18,　28-460-20,　29-474-8,　29-478-22,　29-479-19,
32-537-23,　32-545-16,　40-686-10,　40-688-13,　34-581-20,
34-582-12,　34-583-24,　34-585-2,　35-590-24,　35-592-16,
36-608-14,　36-622-11,　38-644-13,　38-644-15,　38-650-9,
41-702-1,　42-708-11,　42-714-14,　43-721-23,　43-722-1,
43-728-10,　44-739-24,　44-745-22,　44-761-8,　46-785-24,
47-797-24,　48-810-23,　48-813-4,　48-813-17,　48-813-18,
48-813-19,　48-818-7,　48-820-10,　48-835-16,　49-842-8,
53-920-16,　53-920-17,　53-920-22,　56-963-8,　56-967-23,
56-977-9,　57-1000-20,　58-1018-14,　59-1026-18,

"把"ももちいられており、上記の用例に関連して、一部をしめすと、つぎのとおりである。

把哥子攙了出來。(1-5)

拿眼把地上下估量了一回。(1-6)

好容易把廚子騙住了。(1-7)

老家人已把手本連二兩頭銀子，一同交給丫鬟拿進來了。(2-25)

你真正把我當作傻子了。(18-295)

大人若把卑職撤任、參官，卑職都死了無怨。(20-320)

署院把他訓飭慣了。(21-344)

"把"の用例はすこぶる多い。

1-8-12,　1-6-6,　2-16-24,　2-20-9,　2-21-3,
2-21-17,　2-24-16,　2-25-13,　3-33-13,　3-36-23,
3-39-21,　3-42-18,　4-48-9,　4-49-4,　4-59-6,
5-64-24,　5-66-4,　5-68-21,　5-70-13,　5-72-7,
6-77-4,　6-78-9,　など。

なお、"拿"はつねに北方語の"把"の用法でもちいられているわけでは

なく，"用"にあたるものもある。
　～手指指自家的心。(1-3)
　～好話教導與你。(1-4)
　～眼把他上下估量了一回。(1-6)
　不知～什麼話回答他方好。(2-19)
　　　50-504-14,　　31-515-11,　　31-561-21,　　43-722-15,　　44-751-4,
　　　47-794-16,　　など。

事體
　不料這洋人乃是明白～的，執定不肯。(52-899)
　しかし，おおくは"事情""事"をもちいる。

說話
　隨便又問了些別的～。(7-101)
　諸位有什麼～，一齊在小弟身上。(28-454)
　　　11-170-3,　　12-177-25,　　21-335-4,　　23-378-24,　　31-514-14,
　　　31-524-2,　　35-590-5,　　48-815-4,　　50-858-17,　　52-890-15,
　　　52-890-18,　52-896-16,　　52-896-17,　52-898-1,　　52-898-24,
　　　52-904-9,　　53-910-8,　　53-921-2,　　54-928-9,　　54-938-18,
　　　58-1019-21,　59-1034-8,　　60-1042-2,

堂子
　　　7-106-16,　　8-115-3,　　10-145-16　32-541-8,　　34-569-1,
　　　35-593-13,　　39-665-17,　　43-723-14,
以上の用例はおおむね上海などを背景としているなかでもちいられている。
　"窑子"ももちいられている。
　　　2-22-18,　　10-152-10,　　22-355-16,　　29-471-5,　　33-548-3,
　　　39-666-17,　　43-723-11,　　50-846-9,　　39-667-16
　天津あたりを背景としているところでは，"窑子"をもちいるが，かならずしもつかいわけられているわけではない。→43-723-11．43-723-14。

脫
　受累無窮，一世戒不～的。(20-330)

247

因爲生病抽上了鴉片烟，再戒不～。（46-777）

　　少爺想要抵賴，又抵賴不～。（47-801）

　　你一個人怎麼逃走得～的呢？（50-852）

　　我亦是逃不～的！（50-852）

　　料想是逃不～的！（50-862）

しかし，"掉"の用例の方がはるかにおおい。

"掉"

　　洋人那裏的錢就是退不～，還算你因公受過。（9-125）

　　只要烟戒～就是了。（21-343）

19-303-4,	20-316-13,	20-325-5,	20-328-21,	33-549-21,
33-553-16,	33-554-1,	34-578-14,	34-583-6,	54-583-20,
34-586-9,	35-589-7,	36-607-24,	36-609-13,	36-612-2,
36-613-3,	36-613-12,	36-616-21,	37-637-20,	44-735-16,
44-737-20,	46-777-4,	46-791-24,	47-799-17,	47-802-14,
48-811-16,	48-813-3,	48-817-3,	48-824-12,	49-833-15,
49-835-9,	49-836-23,	49-843-4,	50-852-24,	50-860-5,
51-868-15,	51-881-1,	52-891-3,	52-894-16,	52-895-3,
52-895-4,	52-900-10,	52-901-2,	52-902-3,	53-907-4,
54-925-6,	55-941-5,	56-977-5,	58-1014-10,	

響

　　上頭還是不～。（6-90）

　　坐在那裏，一聲不～。（10-142）

　　太太問他他不～。（11-158）

　　滿肚皮不願意，在肚裏不敢～。（17-272）

その他。

13-201-14,	17-268-3,	20-326-5,	21-342-21,	21-344-2,
25-410-21,	25-411-16,	27-436-5,	29-470-7,	30-500-19,
31-516-11,	32-543-15,	35-602-22,	37-638-11,	37-638-13,
39-668-18,	41-692-5,	42-706-14,	42-717-15,	48-810-16,
50-858-1,	50-859-5,	50-859-21,	51-874-22,	51-876-20,

『官場現形記』の言語

　　51-877-9,　　　57-992-1,

これに対して、"言語"をもちいる例はすくない。

一聲也不敢言語。(3-37)

聽了不敢言語。(3-38)

一聲也不言語。(5-62)(10-143)

なお、ふつうの音声がひびくのにももちいられる。

轟轟隆隆、鬧的鎮天價〜。(18-283)

小火輪的氣筒嗚嗚的〜了兩聲。(18-287)

署院起先但聽得聲音〜。(21-342)

曉得

　他是曾經發達過的人,〜其中奧妙。(1-3)

2-16-3,	2-20-1,	2-22-4,	3-32-14,	3-38-22,
3-43-11,	4-57-16,	5-63-12,	5-70-7,	5-73-19,
6-84-4,	6-89-24,	7-97-3,	9-130-14,	11-159-12,
12-174-7,	12-174-15,	12-175-4,	12-176-9,	12-176-11,
12-181-1,	12-182-17,	12-184-11,	13-189-22,	13-192-14,
13-192-17,	13-194-9,	13-194-12,	13-196-24,	14-219-16,
16-244-24,	16-245-1,	16-252-21,	16-252-23,	17-261-6,
17-261-13,	17-275-1,	18-279-12,	18-287-12,	18-292-12,
18-293-24,	18-296-4,	18-296-14,	18-296-23,	19-310-3,
19-311-15,	19-311-23,	19-312-11,	20-316-5,	20-317-18,
20-319-20,	20-320-2,	20-321-22,	20-323-12,	20-326-18,
20-328-17,	20-329-16,	20-329-24,	21-332-17,	21-333-6,
21-342-12,	21-343-2,	21-348-1,	21-348-13,	22-351-23,
22-352-4,	22-356-7,	22-356-23,	22-357-5,	22-357-19,

など。

"曉得"は以上のほか、ほぼ400例ほどみられるが、これにくらべて"知道"の用例はすくない。

"知道"

　大家〜他就有錢付。(3-33)

249

不要叫局裏那些人～。（3-41）

～這事不成功，只好垂頭喪氣出來。（3-45）

  4-59-18, 5-65-4, 5-73-10, 6-85-2, 10-152-20,

  15-228-1, 17-259-14, 17-261-7, 17-270-1, 17-276-5,

  18-287-11, 18-296-2, 19-308-15, 19-311-5, 20-329-24,

  23-367-22, 23-373-22, 23-375-12, 25-411-8, 25-415-11,

  25-420-3, 29-470-15, 32-531-8, 36-611-13, 36-613-10,

  39-661-5, 40-675-21, 43-722-10, 48-809-22, 48-813-8,

  48-820-3, 50-852-2, 51-884-20, 53-910-14, 54-935-22,

  56-975-21, 58-1003-5, 58-1008-13, 58-1012-16,

一淘

  一問是仇老～，就領了進去。（8-108）

 この一例のみで、"一塊""一塊兒""一起"の用例がおおい。

"一塊"

  17-261-2, 24-402-19,

"一塊兒"

  8-115-5, 9-128-2, 16-254-7, 22-360-23, 24-402-12,

  47-802-24, 49-837-14, 49-842-23, 52-900-21, 60-1050-8,

"一起"

  32-546-22, 49-834-22, 50-851-7,

一歇

  不多～，劉瞻光同了兩個朋友先到。（8-115）

 "一會""一會子"が並用されている。

  不多一會 11-163-16

  不多一會子 12-176-12

自家

  拿手指指～的心。（1-3）

  這些都是王鄉紳～的官銜。（2-15）

 その他、7-97-4, 37-637-16, 37-637-19 などにみえるが、おおくは"自己"をもちいる。

"自己"

　　7-99-5,　　　7-103-16,　　　7-103-18,　　　20-322-23,　　　45-772-16,
など。

また"自家人"（4-59-1, 45-766-16）よりも"自己人"をおおくもちいる
（8-118-1, 24-389-1, 25-406-15, 32-538-15, 36-611-6, 41-692-4, 50-860-22）。

做親

　　怎麼倒做起親來呢？（2-22）

　　上年臘月纔～，至今未及半年。（53-914）

　　把家兄招贅在家裏～的。（60-1044）

　　同義語としては，"成親"の用例がある。

　　～不到三月，便把他補實游擊。（38-645）

作興

　　無論幾千字，一直到底，不～一個錯字。（11-168）

　　吐了再吃，吃了再吐，從不～討饒的。（13-195）

　　脊梁筆直，連帽纓子都不～動一動。（24-386）

　　怎麼沒有交情我就不～認得他的？（32-545）

　　一封信念到完，一直順流水瀉，從不～有一個隔頓。（42-714）

　　外國人不～磕頭的。（55-949）

　　難道他們那班戴頂子，穿鞋子的人，就不～有不規矩的事嗎？（60-1069）

§3　以上のほかにも，呉語，下江官話系に属する語彙がすくなからずある。

把 (1)

　　弄封～八行。（2-17）

　　化上百～銀子。（3-32）

　　賞派個～差使。（3-36）

　　その他

　　　　4-58-3,　　　8-79-15,　　　99-126-20,　　　9-129-21,　　　10-140-18,
　　　　10-145-19,　　10-146-16,　　10-147-19,　　13-194-5,　　16-248-1,
　　　　17-265-24,　　18-295-21,　　20-320-24,　　20-326-2,　　23-371-16,

24-401-21, 25-411-6, 27-446-23, 33-550-3, 50-854-16, 59-1029-12, 59-1032-20, 59-1034-16,

把 (2)
～不出錢。(19-301)

巴結 (3)
自然望你～上進。(1-4)
心上并兆不知～向上。(37-633)
自然也要～上進。(56-979)
しかし，"奉承"の意味にももちいられている(2-26-15, 3-41-2, 37-632-23, 59-1032-19)。

巴掌 (4)
一伸手就是一個～。(13-201)
順手又打了兒子幾～。(22-353)
その他。
15-237-9, 43-734-9, 48-810-23, 53-919-24,
このほかに，"嘴巴""耳刮子"が並用されている。

"嘴巴"
22-356-18, 23-366-16, 29-475-24, 36-621-10, 50-854-7, 54-933-4, 59-1032-7,
ただし"嘴巴"には，つぎのような用例もある。
第二要～會說，見人說人話，見鬼說鬼話。(58-648)

"耳刮子"
1-11-23, 20-316-8, 22-356-3, 53-919-6,

被頭 (5)
～褥子無處安放。(43-723)

便當 (6)
就是外國人來拜，也～許多。(6-82)
這倒～得很。(8-109)
その他。
11-160-21, 21-338-13, 45-757-20, 47-804-18,

『官場現形記』の言語

標致[7]
　跟局大姐着實～。(7-105)
　年紀又輕，臉蛋兒又～。(12-179)
　その他。
　　　12-185-9,　　22-351-18,　　23-369-13,　　32-544-2,　　35-591-22,
　　　45-759-8,
"俊"ももちいられるが，用例はすくない。
　長的很～？(24-402)
　那個姑娘不比我長的～！(29-476)
部[8]
　兩～東洋車。(7-104)
　その他。
　　　8-114-14,　　8-117-4,　　11-154-1,　　32-546-1,　　58-1008-13,
"輛"の用例もほぼ同数ほどある。
　　　9-128-5,　　27-447-24,　　29-480-9,　　43-718-10,
叉麻雀[9]
　時常邀幾個相好朋友到家～。(21-333)
　その他。
　　　34-572-19,　　45-760-16,
　しかし，"打麻雀"の用例の方がおおい。
　　　21-334-8,　　21-335-5,　　29-473-16,　　29-474-5,　　44-751-12,
拆梢[10]
　不要拆人家的梢。(11-165)
長遠[11]
　陶某人辦機器的事情也～了？(9-136)
　その他
　　　9-136-11,　　31-520-2,
"常遠"という書写例もある。
　梅翁老伯，～不見了！(43-729)
成功[12]

253

你將來要把他讓～謀反叛逆，纔不讓他呢！（2-21）
　　その他。
　　　20-321-23，　　45-773-18，　　54-926-14
出娘肚皮[13]
　　～，今兒是頭一遭。（55-946）
搭[14]
　　過天陶大人還要到你～去請客哩。（8-110）
搭漿[15]
　　菜是要好的，交代本家大阿姐，不要～！（8-115）
　　這一次是不會搭你漿的了。（10-151）
打瞌銃[16]
　　統領大人正在船上～。（12-183）
　　その他。
　　　14-213-8，　　29-479-23，
　　しかし，おおくは"打盹"をもちいる。
　　整整鬧到四更多天，纔下來打了個盹。（7-97）
　　　8-110-21，　　14-212-1，　　15-224-5，　　15-225-24，　　31-512-19，
　　　38-651-5，　　43-719-12，　　43-719-19，
當心[17]
　　一個不～，就被他們賺了去。（2-21）
　　以後的事須得你們諸位格外～纔好？（11-167）
　　その他。
　　　7-96-15，　　7-97-5，　　18-288-2，　　20-320-5，　　21-342-6，
　　　21-346-20，　25-404-14，　44-747-5，　　57-991-19，　59-1025-8，
　　　59-1031-24，
　　これとともに，"留心""留神""小心"がもちいられている。
"留心"
　　　2-15-6，　　35-600-20，　36-623-20，　37-626-12，　39-657-8，
　　　47-805-14，　53-909-16，　54-928-20，
"留神"

254

『官場現形記』の言語

31-521-12,　　31-522-23,

"小心"

　　　5-73-11,　　　6-90-17,　　　44-747-22,

當頭[18]

　　太太還鬧着贖~？（3-33）

　　　21-347-18,　　35-603-22,

登[19]

　　三荷包官場~久了的？（6-80）

　　他在官場~久了。（31-512）

"頓"とも書きあらわされている。

　　我同他~在一塊兒許多年。（12-178）

　　早知如此，我不會~在省裏候信。（23-381）

登時[20]

　　兩個人你一句，我一句，~拌起嘴來。（10-143）

　　その他。

　　　20-330-18,　　21-340-14,　　23-374-23,　　28-453-24,　　30-495-18,
　　　30-498-20,　　30-499-8,　　32-542-9,　　32-542-12,　　33-568-11,
　　　37-635-10,　　38-646-13,　　38-653-11,　　38-654-18,　　39-664-3,
　　　40-685-2,　　42-707-3,　　43-720-14,　　44-751-1,　　47-801-1,
　　　48-822-22,　　49-840-23,　　50-864-19,　　51-875-14,　　52-894-13,
　　　54-930-15,　　54-935-9,　　54-930-21,　　55-946-20,　　55-952-24,
　　　55-954-4,　　55-956-13,　　57-997-18,　　60-1047-10,　　60-1049-13,

"頓時"ともかきあらわされている。

　　　20-325-5,　　23-372-8,　　27-435-2,　　28-464-1,　　31-519-20,
　　　31-521-23,　　50-864-19,　　53-910-1,　　58-1018-1,　　59-1030-6,
　　　59-1032-18,　　60-1041-19,　　60-1048-20,

地頭[21]

　　倘若早到~一天，少在船上一夜。（13-191）

　　到~的頭一天，稟見堂翁下來。（44-745）

動氣[22]

255

我說句話你別～。(3-38)

その他。

6-90-11, 6-90-17, 13-186-13, 13-190-11, 15-232-6, 15-233-15, 24-394-1, 31-514-9, 31-525-3, 45-758-3, 50-854-6,

しかし、"生氣"の方がおおくもちいられている。

1-11-9, 13-193-20, 14-212-3, 18-295-22, 20-316-14, 22-351-19, 22-353-17, 25-405-21, 27-440-4, 27-440-23, 27-441-6, 31-520-13, 31-520-19, 32-537-14, 32-545-10, 32-545-19, 33-558-1, 36-608-13, 39-665-6, 42-714-5, 43-722-24, 44-738-18, 44-738-19, 46-779-16, 46-788-4, 48-810-20, 55-941-17, 58-1004-15, 59-1034-22,

"動火"の用例もある。

31-520-4,

肚皮[23]

餓着～走了三十多里路。(1-7)

1-8-10, 2-14-14, 3-40-23, 5-67-8, 5-69-10, 10-151-5, 11-164-4, 13-190-4, 14-215-13, 14-218-11, 14-221-5, 15-228-21, 15-232-6, 17-272-8, 23-371-4, 26-426-24, 27-438-23, 30-500-18, 30-505-15, 31-517-10, 31-517-12, 31-517-13, 32-537-2, 32-542-14, 34-573-24, 34-581-8, 35-599-7, 36-605-1, 36-605-8, 37-638-13, 38-642-20, 38-648-13, 42-712-6, 43-727-12, 45-761-13, 50-859-12, 52-890-6, 53-911-20, 53-918-7, 53-921-16, 55-941-6, 58-1004-6, 60-1040-24,

これにくらべて、"肚子"の用例は少い。

7-99-5, 24-397-24, 36-618-22, 36-618-24, 39-665-2, 53-912-14, 56-982-11,

房間[24]

只見他兄弟三大人走進～。(4-57)

『官場現形記』の言語

その他。

 2-16-2, 5-66-14, 6-82-11, 8-115-24, 10-150-22,

 18-296-7, 19-308-24, 24-398-3, 27-436-7, 32-545-19,

 36-617-24, 36-618-1, 36-618-10, 49-827-24,

"屋子"も数例ある。

 12-172-13, 24-398-2, 39-670-9, 39-670-21,

"房屋"も1例ある。

 31-509-2,

非但[25]

這洋人～不肯退，而且還要逼後頭的。(9-124)

その他。

 9-133-6, 10-140-24, 13-186-3, 13-188-5, 15-229-6,

 15-230-6, 15-231-6, 15-234-1, 15-234-20, 18-279-16,

 18-285-5, 19-314-5, 20-319-23, 22-356-20, 26-428-17,

 27-441-22, 28-460-21, 30-488-9, 30-495-16, 31-511-11,

 31-511-13, 31-523-7, 31-527-9, 31-527-17, 33-550-12,

 34-570-6, 34-575-22, 35-603-23, 36-622-19, 41-702-10,

 46-785-24, 49-837-24, 51-885-24, 52-892-3, 54-927-23,

 55-948-13, 57-992-19,

"不但"も並用されるが，"非但"よりはすくない。

 5-72-8, 9-131-12, 13-186-5, 16-256-24, 18-290-19,

 30-494-1, 42-711-14, 45-760-12, 47-798-8, 47-802-14,

 48-810-22, 48-822-11, 48-824-1, 48-824-6, 49-828-4,

 50-846-5, 52-896-11, 54-934-16, 56-980-8, 57-997-11,

 59-1027-15, 59-1033-18, 60-1048-22,

該[26]

有幾家～錢的，也就不惜工本，公開一個學堂。(1-1)

他那裏還～得起公館。(11-158)

その他。

 20-321-6, 20-325-3, 38-645-20, 45-773-2, 49-828-13,

257

56-965-12, 59-1027-1,

該應[27]

你就～擺出做哥子的款來！（5-63）

その他。

5-69-24, 7-101-16, 10-147-12, 11-163-7, 13-186-6,
14-216-8, 21-338-21, 20-321-18, 21-339-3, 21-339-24,
22-354-3, 23-375-6, 23-380-16, 23-380-19, 28-459-14,
28-461-4, 31-520-10, 31-527-15, 36-611-5, 39-659-9,
45-764-14, 53-923-16, 57-997-16,

しかし，"應該"ももちいられている。

2-17-19, 13-192-20, 15-227-3, 15-233-20, 16-249-21,
16-252-21, 17-275-19, 17-275-22, 19-300-21, 19-302-1,
22-350-7, 23-380-12, 33-562-5, 34-576-7, 41-700-24,
42-707-6, 44-746-11, 45-763-18, 48-821-5, 49-843-20,

剛剛[28]

～那個電報，到底是那裏來的？（10-143）

那黃、文二位亦～纔到？（12-178）

その他。

17-263-6, 23-377-1, 24-398-1, 28-466-22, 29-477-22,
33-565-17, 39-667-22, 44-740-3, 45-770-7, 52-898-24,
53-921-15, 60-1042-3,

"剛纔"も並用されている。

3-38-18, 4-51-11, 5-65-21, 5-73-1, 5-74-21,
6-78-6, 7-96-22, 8-113-10, 15-223-6, 18-283-15,
18-294-9, 20-316-2, 21-332-1, 23-370-19, 23-370-20,
23-371-24, 24-390-22, 24-402-14, 27-448-7, 31-520-15,
31-523-18, 32-544-6, 34-572-2, 35-603-15, 60-1042-2,
60-1048-1, 60-1048-22,

なお"纔剛"が1例ある。

60-1050-13,

258

『官場現形記』の言語

"剛剛"はつぎのところでは"正巧"の意味でもちいられている。

 1-2-22, 1-4-19, 5-64-20, 10-139-16, 14-215-8,

 17-262-3, 19-311-6, 20-330-18, 22-352-20, 23-374-8,

 23-376-3, 26-434-22, 31-518-12, 33-550-7, 38-641-13,

 38-654-3, 42-712-17, 44-753-3, 45-768-8, 50-851-11,

 55-942-18, 57-987-9, 57-987-11, 58-1004-20,

同意語としては、"剛正""剛巧"がもちいられている。
"剛正"

 5-64-19, 13-190-21, 16-250-18, 24-389-24, 30-498-10,

 30-506-5, 31-515-18, 36-610-21, 42-704-13, 48-823-2,

"剛巧"

 10-151-8, 14-217-10,

なお"剛"も両様の意味でもちいられている。

 13-200-2, 17-263-24, 21-334-14, 21-342-10, 23-371-8,

 24-388-7, 32-532-4, 35-596-3,

摜[29]

 把炒菜的杓子往地下一～。(1-7)

 21-337-4, 33-558-13,

"摔"も並用されている。

 把封洋錢～在地下。(42-707)

 42-708-1, 46-788-9, 55-944-18,

歡喜[30]

 心中自是～。(1-1)

 3-32-7, 6-77-15, 8-80-18, 8-115-22, 9-129-12,

 12-180-4, 16-242-3, 16-242-15, 16-243-17, 20-319-15,

 21-332-17, 21-336-8, 21-341-5, 23-376-24, 23-382-24,

 24-384-3, 24-400-20, 25-405-5, 25-406-10, 28-451-14,

 28-465-10, 29-472-20, 30-505-10, 33-564-15, 35-593-4,

 36-616-23, 36-624-6, 38-644-1, 38-645-12, 39-670-20,

 40-674-16, 42-710-9, 42-710-18, 42-711-21, 42-714-11,

44-754-8,　　46-778-9,　　46-779-12,　　46-782-15,　　46-788-5,
46-789-8,　　46-791-4,　　48-814-4,　　48-824-1,　　52-899-8,
52-902-8,　　54-927-5,　　55-951-3,　　55-959-21,　　56-971-18,
57-990-9,　　58-1007-9,　　58-1019-15,　　59-1022-12,　　59-1025-12,
60-1041-11,

"喜歡"も並用されるが，用例はすくない。

1-1-11,　　13-193-6,　　16-244-24,　　16-257-10,　　24-388-10,
25-414-2,　　26-434-18,　　25-414-2,　　26-434-18,　　29-474-11,
42-709-7,　　42-715-5,　　46-783-4,　　47-798-20,　　52-903-3,
54-929-10,　　54-931-21,　　57-1001-3,　　58-1007-21,

喚[31]

名字～蔣福。(5-72)

一早便～女兒起身。(54-571)

28-452-19,　　34-569-4,　　41-696-4,　　43-723-11,

"喊"をもちいているところもある。

他聽說話，就～他爲大爺。(22-358)

しかし，"叫"も並用されている。

江湖上又送他一個表號，～他爲雙刀盧五。(28-453)

名字～翠喜。(51-521)

31-524-13,　　5-73-3,　　32-531-10,　　51-884-23,

同様に，"喚做""叫做"も両用されている。

回頭[32]

～他——，叫他不要來見我！(2-25)

3-43-12,　　4-56-18,　　15-235-13,　　15-240-5,　　17-271-8,
24-394-23,　　39-667-17,

なお，"回頭"は"回信"の意味にももちいられている。

早給兄弟一個～。(17-276)

記掛[33]

無非是仰慕他，～他。(1-6)

11-169-23,　　22-357-11,　　50-853-4,　　58-1004-24,　　59-1030-2,

"掛記"が1例ある。

50-859-10,

これに対して，"惦記"は用例が少ない。

32-536-22, 36-608-21,

記起（來）[34]

又記起末後還叫他下去候着的話。(35-603)

我記起來了。(21-341)

しかし，"記"よりも"想"をもちいる方がおおい。

10-150-9, 31-512-9, 32-536-6, 32-541-22, 43-721-9,

家頭[35]

你們兩～的事情，怎麼好沒有媒人？(10-142)

家生[36]

外國～。(7-94)

"傢伙"をもちいることがおおい。

7-97-10, 77-97-24, 54-927-21,

叫名頭[37]

檔子班的女人，～是賣技不賣身的。(45-766)

揩[38]

管家絞上一把手巾，接來～過。(7-104)

8-113-24, 31-511-3, 40-675-12,

開心[39]

獨自一個坐在棧房，甚是～。(10-146)

20-323-8, 40-675-8, 54-927-18,

克己[40]

價錢～點。(8-119)

45-768-22, 52-900-9,

"便宜"ももちいられている。

價錢很～。(8-121)

困[41]

足足～了兩日兩夜，方纔～醒。(2-26)

261

8-113-16,　　8-114-12,　　8-117-3,　　13-197-1,　　15-224-12,
　　　27-436-10,　　29-479-20,
　　なお，つぎの"困"は"躺"の意味にもちいられている。
　　　7-103-10,　　22-351-13,　　30-503-6,　　49-830-20,
　　"困"よりも"睡"がおおくもちいられる。
　　　7-103-24,　　13-196-22,　　など。
　　また"睡"も"躺"の意味にもちいられる。
　　　5-66-15,　　39-658-23,　　など。
　　ちなみに"躺"の用例をあげるとつぎのとおり。
　　　22-352-16,　　24-398-4,　　30-503-9,　　32-543-2,　　36-617-24,
　　　43-723-3,
　　"橫"の用例もある。
　　　14-212-1,　　35-596-4,

困覺[42]
　　天也不早了，錢老伯也好～了。(2-21)
　　又困了一覺中覺。(19-312)
　　しかし，"睡覺"がはるかにおおい。
　　　2-14-13,　　2-26-23,　　11-157-6,　　12-181-14,　　12-181-24,
　　　13-196-11,　　14-211-24,　　21-337-23,　　21-338-23,　　23-379-18,
　　　43-719-24,　　43-721-3,

郎中[43]
　　請是請過一個走方～瞧過。(39-658)
　　"走方郎中"というかたちで1例あるのみで，おおく"醫生"をもちいる。
　　　23-370-18,　　35-598-8,　　36-617-15,　　37-626-21,　　49-829-10,
　　なお"大夫"が39回でもちいられている。
　　　39-658-3,　　39-659-9,　　39-662-18,

老板[44]
　　那家票號里的～。(9-130)
　　船～(12-184)

錢店裏～（21-337）

南貨店的～（54-938）

冷水⁽⁴⁵⁾

一盆～從頭頂上澆了下來。（5-61）

猶如渾身澆了一盆～一般。（44-753）

立⁽⁴⁶⁾

說完了話，～起身來？（21-345）

  31-523-2, 31-523-4, 32-534-11, 38-655-2,

しかし，"站"をおおくもちいる。

  5-63-20, 5-73-3, 10-151-23, 10-152-1, 24-388-4,

  25-412-3, 25-417-3, 33-560-23, 45-761-1, 52-897-19,

拎⁽⁴⁷⁾

鄒太爺～了衣包，一走走到當鋪里。（11-158）

  2-20-14, 11-158-16, 13-187-14, 13-187-15, 14-205-14,

  33-559-24, 40-688-14, 44-736-2,

面扎⁽⁴⁸⁾

～漲得通紅。（2-16）

  3-37-22, 3-38-12, 5-72-7, 7-102-17, 8-111-15,

  9-135-19, 10-148-4, 10-150-19, 10-151-16, 11-156-19,

  12-184-20, 12-185-6, 16-252-7, 17-272-2, 20-319-17,

  20-320-7, 21-342-9, 21-347-11, 23-367-15, 24-391-8,

  27-448-9, 29-476-6, 32-537-14, 32-540-16, 33-552-20,

  33-565-20, 33-568-11, 34-571-5, 34-574-19, 35-591-21,

  36-615-5, 36-615-16, 36-616-12, 36-621-3, 38-644-10,

  38-648-5, 39-671-1, 45-770-6, 46-780-20, 47-804-14,

  49-840-23, 51-883-3, 52-888-8, 53-913-5, 55-955-12,

  56-963-10, 57-993-1, 60-1039-19,

"臉（兒）""臉蛋（兒）"があるが，用例はすくない。

"臉"

  55-69-11, 8-113-24, 11-157-20, 15-225-5, 24-391-18,

31-511-3,　　31-527-12,　　32-542-16,　　45-756-20,　　46-788-18,
　　　50-865-6,
"臉兒"
　　　3-38-1,
"臉蛋兒"
　　　12-179-18,　　13-186-9,　　29-474-20,
"臉蛋"
　　　13-196-5,
面盆⁽⁴⁹⁾
　　～裏沖上些香水。(46-783)
名堂⁽⁵⁰⁾
　　這個～叫做"朝天一炷香"。(24-386)
娘舅⁽⁵¹⁾
　　自己坐了轎子去找～。(19-312)
　　　21-343-24,　　30-496-15,　　30-496-17,　　30-497-2,　　30-498-13,
"母舅""舅舅"も並用される。
"母舅"
　　　19-314-15,　　19-314-17,
"舅舅"
　　　5-67-21,　　5-67-23,　　30-496-20,
難爲情⁽⁵²⁾
　　三荷包看着很～。(7-97)
　　　13-187-7,　　16-249-1,　　18-296-19,　　33-549-15,　　33-559-16,
　　　48-815-10,　　49-839-18,　　54-928-3,
鬧熱⁽⁵³⁾
　　稱兄道弟，好不～。(12-172)
　　　29-470-4,　　50-849-18,
しかし，"熱鬧"の用例がおおい。
　　　13-193-6,　　29-483-15,　　38-647-3,　　43-719-10,　　45-760-6,
　　　46-780-3,　　49-828-18,　　50-846-9,

『官場現形記』の言語

弄堂 "衖堂"[54]
    8-108-1,   8-110-15,   8-114-4.   40-672-14,   40-673-3,
    50-846-7,

泡茶[55]
    泡蓋碗茶。(2-25)
    3-33-20,   10-149-22,   51-874-24,

碰和[56]
    9-129-22,   11-163-4,   34-569-13,

碰頭[57]
    他二人竟其沒有一天不～兩三次。(18-291)
    52-897-21,

碰着[58]
    ～一個現惠的。(4-56)
    33-564-24,   34-572-22,   35-588-2,   36-618-3,   45-756-19,
"碰到" ももちいられている。
    22-350-6,

偏生[59]
    ～要好不得好。(2-26)
    2-27-4,
この2例のほかは，すべて"偏偏"をもちいている。
    5-32-9,   4-52-10,   4-56-16,   5-71-18,   9-135-23,
    10-149-16,   11-163-8,   12-174-11,   14-210-14,   14-215-14,
    17-263-10,   18-289-6,   18-291-9,   19-308-22,   23-377-8,
    24-388-15,   25-412-2,   28-465-8,   31-516-15,   31-524-19,
    31-525-21,   31-526-4,   33-564-15,   34-571-17,   34-572-22,
    34-573-22,   40-681-19,   42-705-15,   42-712-17,   43-729-3,
    44-735-3,   44-752-20,   44-753-4,   45-756-19,   45-761-10,
    46-780-7,   46-784-5,   46-785-1,   47-793-6,   49-830-4,
    49-830-12,   49-838-24,   53-918-10,   53-920-10,   59-1032-6,
    59-1032-21,   60-1045-1,   60-1045-8,

票頭(60)
　　立刻寫了一個～。(9-132)
　　　10-151-15,
姘頭(61)
　　他的～大姐老三小房子裏找着。(9-132)
　　　10-141-15,
齊頭(62)
　　～拿頭頂在他嫂子肚皮上。(5-64)
　　　26-426-6,
"齊巧"が並用されていて，この方がおおい。
　　　3-34-24,　　17-273-24,　　26-434-14,　　48-813-24,
親眷(63)
　　自以爲是制台的～。(40-689)
この1例のみで"親戚"をもちいることがおおい。
　　　3-42-8,　　　60-1046-16,
清爽(64)
　　他們又有什麽分鬧不～。(3-41)
　　找到仇五科，交代～。(8-121)
　　　11-161-8,　　18-289-5,　　24-395-13,　　37-636-8,　　44-742-10,
しかし，おおくは"清楚"をもちいる。
　　一時也記不～。(8-108)
　　　11-166-6,　　14-210-3,　　18-283-19,　　19-298-3,　　20-324-5,
　　　20-329-3,　　21-349-5,　　24-398-18,　　26-429-9,　　27-446-5,
　　　29-469-16,　　29-484-21,　　31-509-2,　　31-512-2,　　31-517-1,
　　　31-522-19,　　35-602-6,　　35-603-24,　　48-816-11,　　51-871-13,
　　　52-895-16,　　53-917-11,
"清爽"には，つぎのような用例もある。
　　替你辦起來，讓你～～，還不好？(29-477)
　　　6-87-2,
日裏(65)

266

～不便出門。(3-42)

"白天"の用例の方がおおい。

  13-202-14, 21-337-18, 22-358-19, 31-516-3, 37-634-8,

人頭[66]

魏老主意極多，外面～也熟。(9-132)

  12-172-17, 13-195-6, 15-224-22, 15-227-16, 15-229-2,
  15-229-11, 16-247-7, 18-280-14, 18-280-15, 32-543-4,
  35-590-20, 35-598-24, 38-654-21, 45-760-5, 45-774-1,
  49-839-20, 53-919-23,

生意[67]

尋注把～做做（10-140）

在窰子裏做～。(22-355)

後來有了～就不讀了。(32-530)

ちなみに，"買賣"ももちいられているが，これはいわゆる「しょうばい」（取引）の意味で，しかも"賣買"と書写することがおおい。

"賣買"

  6-79-14, 7-105-5, 17-275-16, 23-366-8, 24-399-1,
  25-419-2, 26-427-4, 26-428-22, 27-448-12, 31-511-17,
  36-624-4, 50-848-7, 50-849-12, 50-864-22, 50-865-3,
  51-874-13, 51-874-16, 52-898-9, 54-927-17, 54-938-2,
  58-1009-20, 58-1013-1, 60-1038-2,

生病[68]

怎麼還會～？(31-516)

  46-777-1, 51-882-12,

"有病"ももちいられている。

  56-974-3, 56-981-6, 58-1018-14,

生得（生的）[69]

～肥頭大耳。(22-354)

～標致。(23-369)

　　　　36-616-11,　　37-626-11,　　38-640-15,　　38-648-6,　　38-648-16,
　　　　56-964-18,
　　　しかし，"長得（長的）"もともにもちいられる。
　　　　12-183-13,　　12-185-9,　　22-351-18,　　24-402-11,　　29-476-7,
　　　　30-506-21,　　32-544-2,　　35-591-22,　　36-616-12,　　45-759-8,
堅 (70)
　　　上面～着一塊匾。(7-107)
爽性 (71)
　　　～自己兄弟也不拿我當作人。(5-63)
　　　しかし，この1例のみで，他はすべて"索性"をもちいる。
　　　　5-62-23,　　7-95-2,　　9-126-5,　　10-147-16,　　13-193-15,
　　　　16-252-1,　　17-274-16,　　20-319-1,　　21-344-23,　　22-357-2,
　　　　23-372-21,　　25-406-23,　　25-411-18,　　30-505-2,　　30-506-13,
　　　　31-518-21,　　33-552-12,　　35-594-13,　　36-610-3,　　36-610-12,
　　　　36-619-13,　　36-619-15,　　38-645-9,　　38-654-16,　　40-675-24,
　　　　43-733-23,　　44-735-10,　　44-738-3,　　44-739-18,　　45-760-5,
　　　　45-768-4,　　45-769-2,　　47-802-18,　　49-832-23,　　49-833-5,
　　　　52-895-2,　　53-916-20,　　56-979-8,　　59-1031-13,
隨 (72)
　　　～你甚麼苦缺，只要有本事，總可以生發的。(2-23)
　　　　50-863-22,　　53-919-11,
隨便 (73)
　　　～英國也好，法國也好，還他個糊塗，橫堅沒有查考的。(7-99)
　　　～給誰看，說你不吃烟，誰能相信。(21-344)
　　　しかし，上記例外以外は"無論""不論"をもちいる。
　　　"無論"
　　　　3-33-2,　　8-116-3,　　8-117-16,　　22-364-13,　　23-375-11,
　　　　31-511-22,　　31-519-5,　　31-519-18,　　33-564-23,　　36-606-21,
　　　　41-698-11,　　42-714-3,　　43-721-14,　　48-808-22,　　50-861-9,
　　　　50-863-17,　　51-873-13,　　51-880-1,　　52-888-13,　　52-892-24,

268

『官場現形記』の言語

52-893-3, 53-915-21, 53-919-8, 55-949-8, 57-997-8, 58-1008-2, 59-1034-18,
"不論"
35-589-19,

揚[74]
隨便〜幾句給他就完了。(3-33)

太煞[75]
辦的〜認真了。(47-799)
51-872-4,
"忒煞"とも書寫される。
50-866-18,

忒[76]
你也〜小看他了！(25-408)

坍臺[77]
祠堂祭不成，大家〜。(1-7)
10-143-18, 32-540-24, 34-571-14, 34-573-13, 52-899-1,

統通[78]
洋務局的老總，〜都委了他。(4-55)
3-40-13, 6-82-12, 6-82-21, 6-83-22, 6-85-16,
6-87-24, 7-100-2, 8-118-15, 9-124-5, 9-126-6,
9-132-11, 11-164-11, 11-165-4, 11-170-3, 12-172-18,
12-185-15, 13-197-8, 13-197-23, 13-200-11, 13-202-5,
14-212-20, 14-214-7, 14-216-3,
以上のほか，約100例ほどみえる。
なお"通同""通通"ともあらわされている。
"通同"
12-173-6, 14-206-18, 18-295-7,
"通通"
5-67-17, 9-130-19, 20-319-6, 41-701-20,

推板[79]

269

不妨面子稍些～點。(6-82)
　　　6-82-8,　　　7-97-14,

推頭[80]
　　賀根～天還早，一定要歇一會子再去。(2-26)
　　　3-34-17,　　10-139-12,　　10-141-6,　　22-354-15,　　25-412-3,
　　　26-424-22,　26-426-11,　　26-428-8,　　32-535-6,　　36-614-16,
　　　37-638-1,　　41-701-18,　　44-747-7,　　44-749-14,　　45-761-21,
　　　49-838-3,

忘記[81]
　　我倒～這會子事了。(1-3)
　　　2-23-13,　　7-101-17,　　8-109-15,　　10-151-6,　　13-197-20,
　　　15-227-18,　15-237-20,　　16-252-4,　　19-310-17,　　19-311-10,
　　　20-316-4,　　21-347-5,　　22-361-2,　　23-367-14,　　24-392-5,
　　　24-399-11,　30-496-18,　　30-499-7,　　30-505-15,　　32-530-6,
　　　32-531-16,　32-545-24,　　34-572-13,　　42-714-4,　　42-716-12,
　　　42-717-10,　43-720-23,　　45-759-12,　　45-765-4,　　45-766-7,
　　　46-783-24,　48-823-16,　　50-850-22,　　54-926-13,　　55-945-16,
　　　57-994-20,
　　"忘了（了）"はもちいられていない。

齷齪[82]
　　　19-313-22,

撳[83]
　　旋緊了砝條，又～住關捩。(16-245)
　　　45-757-22,　　53-914-18,　　55-944-15,

信殼[84]
　　將信從～裏取出。(3-33)
　　"信封"が並用される。
　　　23-379-16,

尋[85]
　　在上海～注把生意做做。(10-140)

270

15-228-21, 29-471-24, 42-715-13, 45-774-7, 46-791-24,
"找"が並用される。
13-195-7, 15-236-20, 22-357-11, 24-400-17, 25-404-10,
42-716-3, 45-759-13,
なお、"尋找"(24-400-2)"找尋"(10-144-15)ももちいられている。
夜飯[86]
見面之後，留吃〜。(2-19)
3-37-17, 3-39-14, 3-43-21, 17-267-14, 56-965-5,
しかし，おおくは"晩飯"をもちいる。
4-48-1, 10-145-11, 14-209-11, 17-265-12, 31-509-5,
32-531-16, 32-535-8, 34-579-12, 39-666-6, 43-720-16,
45-763-9, 48-810-6, 48-817-13, 56-965-8,
夜裏[87]
叫他明天〜來見我。(3-36)
25-404-13, 31-516-4,
しかし，おおくは"晩上"をもちいる。
4-51-4, 13-192-5, 13-202-12, 19-309-9, 22-356-5,
22-361-16, 25-405-14, 31-516-3, 43-728-6,
一泡[88]
瞎說了〜。(49-832)
44-745-23, 47-798-15, 48-822-8, 50-861-24, 55-946-11,
58-1006-23,
張[89]
一〜椅子。(3-40)　　幾〜板凳(22-363)
一〜凳子。(5-66)　　一〜杌子(49-830)
5-64-14, 19-303-15, 22-353-13, 23-375-1, 24-387-14,
28-452-1, 38-649-17, 41-696-2, 44-742-4, 53-914-18,
60-1049-5,
"椅子"に"把"をもちいるのはつぎの数例である。
攞下兩〜椅子。(50-865)

　　　　53-914-7,　　　55-954-7,
紙頭(90)
　　一張～。(19-309)
　　　　30-489-8,　　　48-816-17,　　52-891-12,
　　"紙張""紙"も並用される
　　"紙張"　　33-567-8,
　　"紙"　　　52-906-3,
中飯(91)
　　當下吃過～，陶子堯仍舊回到局裏。(7-101)
　　　　11-167-19,　　21-334-7,　　24-389-6,　　25-404-10,　　28-466-5,
　　　　32-532-2,　　 34-579-12,　　35-595-13,　　37-634-4,　　 44-739-20,
　　　　45-763-8,　　 56-965-5,　　 56-965-8,
　　"午飯"も並用される。
　　　　4-53-24,　　　6-89-16,　　　24-403-2,　　39-666-5,　　　43-722-6,
　　　　59-1026-24,
轉"量詞"(92)
　　破一～戒。(8-109)
　　　　12-172-20,
轉"動詞"
　　取～那一分合同。(8-121)
　　　　8-121-22,　　　8-121-23,　　 17-262-3,　　38-653-8,
　　以上の"轉"はいずれも"回"をもちいることがおおい。
轉來(93)
　　憲眷又漸漸的復～。(12-172)
　　　　16-250-17,　　16-251-14,　　18-293-2,　　19-312-21,　　20-323-23,
　　　　21-338-15,　　27-435-8,　　 31-518-9,　　36-620-1,　　 37-628-13,
　　　　40-682-22,　　57-1001-8,
　　"過來""回來"が並用されている。
　　"過來"
　　　　16-254-7,　　 20-316-17,　　20-326-16,　　21-339-17,　　39-661-13,

272

53-920-2,
"回來"
　　　21-338-1,　　25-408-16,　　30-507-8,　　50-849-14,
轉去[94]
　先叫來人～。(17-268)
　　　21-346-3,
"回去""過去"が並用される。
椿[95]
　一～事情。(2-23)
　　　5-68-12,　　32-536-17,　　32-541-23,　　33-548-4,　　33-553-15,
　　　33-567-3,　　36-608-11,　　40-678-6,　　41-699-23,　　42-710-1,
　　　43-729-5,　　48-812-16,　　50-849-10,　　53-917-7,　　53-917-8,
　　　58-1003-6,　　58-1012-4,　　58-1015-23,
"件"が並用される。
　　　32-536-6,　　33-553-15,　　41-692-10,　　48-819-16,　　58-1016-2,
"注"であらわしているものもある。
　　　50-849-5,
着[96]
　脚底下却沒有～靴。(1-8)
　　　4-54-18,
しかし,おおくは"穿"をもちいる。
　　　1-8-18,　　4-54-18,　　11-157-6,　　など。
鐲頭[97]
　　　47-802-1,
この1例のみで,他は"鐲子"をもちいる。
　　　13-191-19,　　51-881-15,
その他,つぎの語彙なども呉語系のものであろう。

碧波爽清[98]　　60-1048-6
孱頭[99]　　　　52-897-1
喫力[100]　　　　22-363-16,

打圓場 [101]	5-68-12,	22-359-10,	56-985-10,
檔口 [102]	15-223-11,	59-1032-23,	
檔手 [103]	4-58-15,	21-335-7,	
調脾 [104]	5-74-18,	32-541-24,	35-601-13,
吊膀子 [105]	6-84-19,		
頂真 [106]	15-233-15,	34-574-12,	56-985-17,
短打 [107]	1-9-2,		
鬼戲 [108]	48-825-10,		
過頭 [109]	5-62-11,		
海外 [110]	9-133-12,		
後首 [111]	5-65-11,	36-621-2,	
經絡 [112]	30-494-6,		
理信 [113]	6-77-7,		
毛 [114]	31-523-24,	48-818-5,	
怕人勢勢 [115]	40-678-3,		
瘦括括 [116]	29-475-12,		
瘦刮刮 [116]	36-616-12,		
壽頭 [117]	8-117-23,		
填房 [118]	5-64-22,		
杌子 [119]	30-488-21,	41-691-21,	49-830-22,	49-841-24,
瞎來來 [120]	8-111-9,		
下作 [121]	16-245-12,	44-738-2,	
呀呀乎 [122]	34-574-11,		

§4　以上にあげた語彙のなかには，『三言二拍』，『水滸』などのいわゆる旧白話小説のなかにあらわれているものがすくなくなく，旧白話小説の継承としてもちいられているものが，生きた方言が流入しているものかは，さだめがたい。

　しかし，著者が江南方言の話し手であるところからして，おおくは方言語彙の流入とみなしてよいものであろう。このほかにも方言，旧白話的色

『官場現形記』の言語

彩の濃いものがある。

打緊

　就苦着我的身體去幹也不～。(30-501)

　　3-35-9,　　35-601-23,　　39-658-11,　　39-662-21,　　43-728-15,
　　47-804-21,　　53-915-6,　　54-932-1,　　54-932-1,　　60-1042-10,

　"要緊"ももちいられる（32-537-13, 33-551-24, 37-631-20, 40-676-9 など）。

　しかし"要緊"は"趕緊"の意味にももちいられている。

　聽說欽差～回京，我們也樂得早了一天好一天。(19-299)

高頭

　有兩回上諭～，兄弟名字底下一個總是他。(34-574)

好生

　趙溫心下～疑惑。(2-24)

　　2-26-21,　　5-72-21,　　7-103-24,　　10-144-16,　　11-169-12,
　　14-207-6,　　14-211-24,　　23-371-9,　　34-583-11,　　49-830-5,
　　60-1039-15,

講

　爺兒兩個正在屋裏～話。(1-7)

　勸他不要多～話。(31-520) など。

　"說"も並用される。

　　31-523-15,　　31-528-3,　　32-532-20,　など。

開外

　連利錢足足一萬～。(48-817)

　他點翰林的那年，已經四十～。(56-980)

　"朝外"ももちいられる。

　倘算起來，足足有兩萬～。(47-802)

　年紀都在三十～。(56-971)

　那年家兄已有四十八歲，家嫂亦四十～了。(60-1044)

　単に"外"ともいう。

　大的約摸有四十～了。(59-1023)

郎頭

275

他舅子不服氣的探探帽子，光～上出火。(11-163)
　　38-650-17
沒得
　　坐在那裏～意思。(2-17)
　　　　8-117-10,　　10-144-7,　　14-211-14,　　25-413-18,　　35-591-19,
　　　　42-705-7,　　48-818-3,　　52-893-10,
"沒得"には，つぎのような用法もある。
　　笑又不敢笑，說又～說。(1-10)
　　　　34-574-6,　　34-582-9,　　44-739-14,　　46-777-15,　　57-996-14,
"沒有得"が1例ある。
　　有得贖～贖，自己夫妻，有什麼不明白的。(21-347)
また"沒生"が1例ある。
　　當夜一宵～合眼。(14-207)
なお，"沒得說""沒得吃"の"沒得"の反義語は"有得"で，つぎのような用例がある。
　　　　4-49-24,　　5-61-11,　　21-347-19,　　50-866-17,
年紀[123]
　　上了～。(1-1)
　　　　17-260-16,　　17-261-1,　　19-302-18,　　19-302-23,　　19-303-1,
　　　　22-362-15,　　23-369-12,　　23-370-11,　　24-394-4,　　25-413-18,
　　　　25-416-24,　　26-424-12,　　28-450-23,　　29-482-1,　　30-486-12,
　　　　31-520-3,　　34-579-4,　　34-579-24,　　35-591-21,　　36-618-2,
　　　　36-623-6,　　37-626-1,　　37-626-11,　　37-629-23,　　37-631-20,
　　　　38-640-11,　　38-642-10,　　38-642-12,　　38-644-3,　　39-664-17,
　　　　40-674-23,　　42-709-24,　　42-713-6,　　42-715-2,　　43-729-24,
　　　　48-810-14,　　49-827-7,　　49-827-13,　　49-829-3,　　51-884-19,
　　　　52-902-18,　　53-920-13,　　55-942-1,　　56-971-12,　　58-1016-3,
　　　　59-1025-4,　　59-1033-20,　　60-1051-4,
"歲數"の用例ははるかにすくない。
　　上了～。(15-231)

37-628-10,　　45-774-4,　　52-901-24,　　59-1034-18,
なお"歲數"はつぎのようにももちいられている。
　　這教士在中國～也不少了。（54-925）
女婿
　　制臺有心替大丫頭挑選～。（38-640）
　　　45-763-16
　　"姑爺"ももちいる。
　　寶小姐同了新～來回門。（38-643）
敲門
　　跑了來～報喜。（2-27）
　　　31-509-15,　　40-673-23,
　　"打門""砸門"はない。
師母
　　他太太就是晚生的敝～。（6-81）
　　　56-967-24,　　56-969-11,　　56-969-15,
　　"師娘"はもちいられていない。
停當
　　各事都已～。（8-120）
　　　1-6-17,　　34-571-1,　　37-634-1,　　46-775-3,　　48-818-19,
　　　48-819-6,　　52-903-5,
稀奇
　　就是署院見了也以爲～。（20-319）
　　　22-361-17,　　24-390-11,　　37-637-15,　　44-751-13,
　　"奇怪"ももちいられる。
　　　7-106-18,
現世
　　這也可以不必出來～了。（44-748）
興頭
　　把他～的了不得。（7-102）
　　　3-43-9,　　9-135-9,　　12-182-24,　　21-346-22,　　40-682-9,

41-696-7,　　44-739-21,　　44-741-4,　　55-942-9,
"高興"も並用されている。
在那裏
　這些外國家伙，只怕價錢也不會便宜～呢。(6-87)
　なお"在那裏"は動作の進行・持続をあらわす用例がおおい。
　　1-2-7,　　10-138-2,　　11-161-14,　　11-162-7,　　12-177-13,
　　14-216-9,　　14-216-24,　　14-219-16,　　19-299-1,　　25-405-14,
早上
　　1-2-2,　　24-397-24,　　36-610-14,
　その他つぎの語彙がもちいられる。
早晨　　　　19-309-9,　　31-516-4,
清早　　　　20-321-9,
清晨　　　　32-531-14,
真真
　～是不容易呢。(1-7)
　　2-20-18,　　3-44-9,　　45-760-19,　　56-971-22,
　おおくは"真正"と書写する。
　　3-33-18,　　4-50-10,　　4-51-1,　　4-55-20,　　5-65-4,
　　5-75-1,　　7-105-16,　　9-135-24,　　9-136-1,　　11-160-21,
　　13-186-16,　　16-252-15,　　31-514-23,　　31-526-15,　　32-538-11,
　　32-546-4,　　33-550-18,　　33-554-7,　　33-560-7,　　33-567-6,
　　34-575-23,　　34-577-16,　　35-592-10,　　35-596-8,　　35-601-2,
　　36-607-5,　　36-609-13,　　36-615-7,
　その他ほぼ50例ほどみえる。
　なお"真的""真個"ともにもちいられる。
　真的我說到高興頭上，把明兒趕路也就忘記了。(2-23)
　真個我記性不好，他有個條子在這裏。(32-543)
　就是真個送掉，無論這江南地方屬那一國，那一國的人做了皇帝，他百姓總要有的。(54-939)
中午

『官場現形記』の言語

第二天～。(59-1031)
その他つぎの語彙がみえる。

晌午　　　　3-33-13,　　32-531-23,
午上　　　　22-361-15,
正午　　　　10-152-16,　25-413-9,

　上掲各節にあげた呉語ないし下江官話系語彙をどの方言語彙のところで，それらとあわせもちいられているものを例挙したが，それらの大部分は北方語の系統に属するものであり，下江官話系語彙と拮抗しているわけである。一部には，口頭語は別として，すくなくとも文学言語としては，これらの南方語に位置をわたそうとしている傾向もうかがわれないでもない。
　なお李伯元は，つぎのように北京語語彙も駆使している。
幹嗎[124]
　如今帶了大兵前去，到底～呢？（14-211）
假撇清[125]
　齊巧這天有了時筱仁的事情，王博高要～、隨借他用了一用，做一個證見。
　　　　　　　　　　　　　　　　　　　　　　　（28-467）
澆裹[126]
　在這裏多住一天，多一天～。(22-358)
　　22-364-16,　24-387-10,　26-422-17,　26-426-21,　39-663-14,
"開銷"も並用している。
　　1-11-1,　3-39-15,　25-414-11,　26-427-14,　29-484-22,
また"澆用"という語もある。
　　52-899-21,
快當[127]
　他辦的差事，又討好，又～。（50-494）
また，"瞧""瞅"などの北方語もおおくもちいられている。
瞧[128]
　姓方的～着眼熱。（1-1）

279

你先拿出來～～。（16-245）
  18-296-17, 18-296-20, 20-316-12, 20-319-15, 20-322-24,
  20-325-7, 22-357-15, 23-370-12, 24-388-23, 24-390-13,
  28-464-2, 30-489-13, 31-515-8, 33-556-9, 33-562-13,
  33-562-14, 35-597-24, 35-602-22, 39-657-12, 35-658-3,
  39-658-17, 39-663-11, 46-780-16, 48-819-18, 48-820-5,
  48-822-23, 48-823-18, 51-877-6, 54-935-4,

"瞧見"ももちいられる。

半個老錢沒有～。（1-7）
  3-36-17, 18-281-14, 22-351-15, 22-356-7, 24-393-16,
  24-395-16, 25-416-20, 27-437-2, 36-619-3, 39-657-10,
  42-706-6, 43-720-7, 44-751-18, 46-783-23, 46-787-21,
  49-839-2, 50-855-2, 50-860-19, 53-907-6, 53-915-2,
  53-919-4, 53-921-8, 55-944-5, 56-970-24, 60-1048-6,

なお"瞧看"の用例もみえる。
  17-268-4, 23-373-1, 30-504-14,

瞅（䀚）[129]
  1-4-21, 19-310-12, 20-321-15,

これらと並行して，"看""看見"がもちいられていることはいうまでもない。

§5　さきにふれたように，方言語彙のなかには，旧白話小説にあらわれているものがすくなくなく，そのいずれよりの流入であるか判然しがたい点がある。そして，旧白話小説をとおして，近世語あたりが流れこんでくることも，また充分に首肯されるところである。つぎの2例のごときは，その顕著なものであろう。

偌[130]
 有了～大的家私，何犯着再出來吃這個苦呢？（20-327）
 ～大的局子。（50-862）
 我～大一分家私一齊托他經手。（51-870）

280

兀自(131)
　　心上不得主意，～小鹿兒心頭亂撞。(25-417)

また"再作道理"がつぎの箇所でもちいられているが，これなどはおそらく旧小説の常套句をそのままにもちいたものであろう。
　　5-75-2,　　9-130-17,　　15-232-18,　　16-245-15,　　17-271-2,
　　19-298-14,　　23-379-12,　　51-881-9,

これに対して，つぎの"道"などは，"認爲""以爲"の意味にもちいられているもので，『海上花列伝』の「蘇白」によくあらわれているところから，呉語とみられるが，『三言二拍』などの旧小説に常用されているものでもある。
　　走進客堂一看，你～是誰？原來是仇五科行裏的朋友。(10-144)
　　12-180-23,　　16-249-22,　　16-250-14,　　26-421-3,　　28-457-8,
　　30-499-12,　　42-712-2,　　46-781-22,　　53-920-6,　　56-964-11,
　　56-974-13,　　60-1049-11,

また，文言ないし通俗文言の影響をうけることは，ひとり『官場現形記』に限ったことではないが，疑問詞"何"の用法や，介詞"將"の使用などにうかがうことができる。

"將"の用例の主なるものをあげると，つぎのとおりである。
　　1-9-14,　　7-101-13,　　8-118-16,　　9-130-6,　　9-130-23,
　　9-132-12,　　14-205-8,　　14-205-12,　　14-206-4,　　14-207-20,
　　14-213-15,　　15-240-13,　　17-265-10,　　19-298-1,　　22-363-7,
　　23-366-2,　　23-366-12,　　23-368-23,　　24-384-11,　　24-384-13,
　　28-451-4,　　30-487-15,　　31-510-14,　　31-523-1,　　43-719-1,
　　47-801-15,

"～爲"をともなった二字の副詞も，通俗文言から移入されたものであろう。

大爲
　　因此心上～疑惑。(19-301)
　　區奉仁一聽這話，～錯愕。(43-721)

一番話說得蕪湖道～佩服。(51-887)
代爲
　　心上也覺過意不去，只得盡心～翻譯。(55-975)
都爲
　　各位司、道大人見了～詫異。(21-344)
　　人家見了，～詫異。(47-806)
　　合衙門的人～詫異。(48-815)
　　人家看了，～奇怪。(48-818)
　　衆人聽了他的聲音，～奇怪。(51-883)
反爲
　　怕動他不倒，～不妙。(20-325-10)
　　等上頭查了下來，～不妙。(41-694)
　　倘或到得那裏被人家看破，～不妙。(47-801)
　　永遠不得差使的，心中～稱快。(48-809)
　　更恐怕把他說臊了，～不美。(48-816)
　　將來一定兩敗俱傷，於大人～無益。(48-820)
　　倘若被他闖進來，～不美。(52-904)
方爲
　　其餘的統歸大案，～合體。(16-526)
更爲
　　今天天恩高厚，將他補授斯缺，心中～快樂。(22-351)
　　兩司聽了愕然，各候補道～失色。(48-808)
極爲
　　一反從前所爲，兄弟～佩服，～歡喜。(20-317)
　　原來溫欽差的爲人～誠篤。(56-974)
可爲
　　他竟替我還掉，～難得！(48-817)
頗爲
　　湍制臺一聽桌臺的話，～入耳。(37-632)
　　這場喜事居然也弄到頭兩萬銀子，又做人家的乾丈人，～值得。(38-643)

甚爲

　　王夢梅～詫異。(5-73)

　　湍制臺心中因此～悶悶。(38-640)

　　當時湍制臺看了、～合意。(38-641)

　　說出去～不雅。(38-641)

　　區奉仁聞言，～歎息。(43-725)

　　童子良生怕回京無以交代，因此心上一着急。(47-797)

　　首縣一番話說得～圓轉。(58-1013)

也爲

　　就是別省聽着，～坦心 (46-781)

預爲

　　又托京里朋友～代賃高大公館一所。(24-386)

早爲

　　我們須得～防備。(47-794)

總爲

　　倘若在京鬧的聲名大了，亦怕都老爺沒有事情之時拿他填空，～不妙。
　　　　　　　　　　　　　　　　　　　　　　　　　(28-450)

　上例でわかるように，"～爲"型の副詞で修飾されているのは二字の単語または連語で，いずれも四字句をなしているが，文言的スタイルの一種である。"甚爲"には"看那樣子，～恬然自得"(46-791)と，被修飾語が四字成句になっているものがあるが，これも同一スタイルとみなしてよかろう。

　おなじ"～爲"の副詞でも，"略爲""稍爲"になると，かならずしも四字句形式をとらず，また上掲の四字句にみられるような，口語としてはやや生硬な感じが，とり去られてしまっている。すなわち，ほぼ完全に口語語彙としての同化・定着をおえているのである。"稍爲"は"稍微"とも一部表記されているが，今日ではまったくともに"略微""稍微"と表記されていることとも関連していよう。

略爲

　　不便過於推辭，肚皮裏～想了一想。(14-218)

原來替他做手折的人，其中～掉了幾句文。（31-517）
　　跟他來的人當中，便有一個衣服穿的～齊全的。（31-525）
　　同羊統領見面之後，～寒喧了兩句。（32-532）
　　他不過～把手拱了一拱。（32-533）
　　把原稿～改換了幾句。（32-541）
　　不過改簿子的人不能不～點綴。（41-701）
　　太太～翻着看了一看。（41-702）
　　無奈，只得～推了一推。（43-733）
　　童欽差只～敷衍了幾句話。（47-796）
　　童子良～把身子欠了一欠。（47-804）
　　那個～懂得點醫道。（47-804）
　　其中就算這兄弟經手的絲廠～大些。（51-880）
　　制臺～看了一看。（56-976）
稍爲
　　他辦事辦熟了，～有魚把握。（10-138）
　　於歡喜之中不免～失望。（34-573）
　　幸虧睡的時候不大，只要～朦一朦，仍舊是清清楚楚的了。（42-714）
　　庶兒將來可以～懂得做人的道理。（52-889）
　　家主～清爽些，想到了此事。（57-988）
稍微
　　再～上等點的人，你就比不上！（31-520）
　　因與王慕善～沾點親戚，王慕善特地央他來陪客。（33-565）
　　凡是～帶點洋氣的東西，都不敢叫他瞧見。（46-783）
　　這撫臺是～有點人心的。（52-898）

　　"～爲"と類をおなじくするものに"～行"がある。
反行
　　把中丞調度之功，～抹煞。（16-257）
概行
　　其餘～撤回。（17-258）

全行
　剛纔在棧房裏大鬧的話，〜告訴了魏翩仞。（10-151）
先行
　另委跟來的一個記名總兵〜署理。（6-90）
　〜摘去頂戴，有缺撤任，有差撤委。（48-819）
　蔣某人自己〜出奏。（48-825）
再行
　回省之後，〜具折奏參。（6-90）
自行
　陶子堯聽了無語，管家〜退去。（10-147）
　失察處分必須〜檢舉的。（48-824）
　情願不領川資，〜回國。（56-974）
即行
　等到兒子得有差便，〜迎養。（57-627）
暫行
　即著副欽差〜署理。（19-305）

なおこれらの副詞には、"〜爲""〜行"にかわって他の接辞"〜是""〜自""〜其""〜加"などをとっているものがある。

　更加　　　48-822-8
　更其　　　13-189-14
　更是　　　7-103-10
　極其　　　3-34-14
　甚是　　　2-16-3
　先自　　　52-906-20　など。

§6　その他、断片的であるが、二三メモとしてとどめておきたいものがある。
　動詞に後置される"〜到"と"〜着"は、そのはたらきにおいて近似した面があり、たとえば"找到""找着"は意味のうえで、判然たる区別

はなく，両方とももちいられている。しかし，まえにくる動詞によっては，その一方のみをとるものがあり"接""收"は"～到"をとるのがふつうである。しかし本書では，両方の形式がもちいられる。
接到
　我這裏却還沒有～電報。(10-145)
　　　34-587-11,　37-637-24,　39-667-24,　40-684-18,　43-718-1,
　　　51-882-3,　53-921-15,　54-928-6,　55-947-16,　56-971-6,
　　　56-972-18,　56-975-16,　57-997-22,
接着
　王觀察那邊昨天已經～山東電報。(10-145)
　　　18-287-12,　34-573-19,　40-685-4,　48-812-23,　53-923-13,
收到
　我沒有～，不能算數。(44-752)
收着
　這三天内的錢糧却是分文未曾～。(5-73)
　吳語では"介許多日脚工鈿嘸還嘸沒收着？"，"格末儂一鈿嘸沒拿着，哪能法子呢？"，"今朝儂送藥來、我就想着過去"。(三個母親，上海十年文學選集：話劇劇本選)というから，吳語の影響をうけたものかもしれぬ。(注132)

"覺得""覺着"は，つぎのように並用されている。
"覺得"
　　　13-187-7,　20-321-7,　20-325-7,　21-338-10,　22-362-14,
　　　22-363-16,　23-369-15,　23-370-13,　31-523-1,　33-565-5,
　　　40-679-1,　43-719-13,　43-721-20,　45-768-14,　46-778-19,
　　　48-814-9,　50-846-2,　59-1003-1,　60-1049-5,
"覺着"
　　　8-109-24,　8-115-19,　10-147-13,　12-171-7,　13-195-11,
　　　14-215-17,　17-266-23,　23-411-9,　31-516-1,　33-556-19,
　　　35-589-5,　38-644-7,　38-655-6,　41-701-16,　43-733-4,
　　　44-750-24,　55-946-3,　59-1034-21,

現代小説においても両用されているが，呉語では"覺着"をもちいるところからして，呉語からはいったものかもしれぬ。

動詞に接尾する"〜得"を"〜到"と表記しているところがある。
"鬧到"
　　太太已經〜不像樣了。（11-163）
　　四塊錢也值得〜這個樣子！（44-751）
"鬧得"
　　他就〜這個樣子！（44-751）
　　〜晝夜不得休息。（49-832）
"弄到"
　　〜這個樣子，你刁大人不來救我，更指望誰來救我呢！（51-875）
"弄得"
　　現在〜有冤沒處伸，還落一個誣告的罪名！（15-229）
"賺到"
　　除用之外，也〜八塊洋錢。（35-729）
"賺得"
　　五個地方只〜八塊洋錢、好算多？（43-730）
　　"〜過"を形容詞に後附させて，比較をあらわす表現がある。
　　真正一個惡〜一個。（5-75）
　　世界上一男一女，沒有好〜他倆的。（29-474）
　　通南京城里沒有再鬧〜他的。（32-535）
　　"〜過似"をもちいている例が1例ある。
　　這些姑奶奶當中，那有大〜我的？（38-645）
　これは"〜似"（本書にも"一天近似一天"〔1-6-14，6-84-1，52-889-21〕，"一天好似一天"〔56-975-4〕，"一日重似一日"〔59-1033-5〕などの用例がある）を重用しているのであろうが，他書にもこういう語がもちいられているかどうか。

　　"犯不着／不犯着""算不得／不算得"の両用がある。しかしいずれも

前者の形の方がおおい。

"犯不着"

　　但是～便宜姓陶的。（10-145）

　　　　10-145-18,　　17-261-1,　　17-266-22,　　17-273-10,　　17-274-20,
　　　　18-279-1,　　 23-378-13,　　27-438-21,　　31-520-13,　　31-525-4,
　　　　35-601-13,　　40-679-3,　　 44-748-15,　　52-889-7,

"不犯着"

　　既然如此，也～便宜姓陶的。（11-165）

　　　　36-610-7,　　36-618-20,　　51-886-12,

"算不得"

　　如今又貼上一萬，倒說～甚麼。（35-600）

　　　　44-741-1,　　44-744-4,　　46-778-13,　　47-798-1,　　48-813-15,
　　　　50-848-14,　　50-864-16,

"不算得"

　　做書的人拿他描畫出來，也～刻薄了。（34-583）

　　　　42-714-18,　　53-920-8,

なお"捨不得"はつぎのような用例がみえるが，"不捨得"の用例はない。

　　　　11-166-3,　　14-208-7,　　36-608-24,　　41-699-16,　　44-743-17,

指示代詞"這麼"はおおく"這們"と表記される。

"這們"

　　到後來才有～大的經濟！（1-9）

　　　　4-51-6,　　 4-52-10,　　 4-57-18,　　 4-59-3,　　 5-62-3,
　　　　5-68-6,　　 8-112-19,　　 8-120-15,　　12-172-20,　　15-229-9,
　　　　17-262-15,　　18-290-9,　　22-352-3,　　22-356-11,　　24-402-18,
　　　　25-404-17,　　25-410-14,　　25-419-7,　　26-430-19,　　26-431-21,
　　　　26-431-24,　　26-432-8,　　26-432-11,　　27-447-2,　　28-455-2,
　　　　28-461-7,　　29-482-4,　　29-483-18,　　30-491-18,　　31-520-13,
　　　　32-535-18,　　44-743-20,　　45-763-12,　　49-832-6,　　49-832-7,
　　　　49-833-2,　　49-839-12,　　56-965-12,　　56-974-12,　　59-1036-14,

"～們"の形は，"怎～""多～"にもみられる。"那～"はない。
"怎們"
 我想不到我的運氣就～壞！（9-135）
  10-146-14, 11-157-12, 40-672-2,
"多們"
 不曉得見了面要拏～大的架子。（25-413）
  30-491-8, 32-535-16,
 なお，"怎麼（怎們）"がまったく"這麼（這們）"と等意にもちいられている個所がある。
 這方必開因見兒子有了怎麼大的能耐，便說自明年爲始，另外送先生四貫銅錢。（1-1）

その他
  10-146-14, 11-163-23, 22-357-1, 37-634-12, 40-672-2,
つぎの"怎般"も"這般"の意味である。
 大爺爲何起得怎般早？（25-404）
なお"這個"を"只個"と表記している例が1例ある。
 只個不曉得。（36-606）

§7　さきにあげた"拿/把"の介詞用法にみられるように，虛詞の一部に非北方語的な用法があるほか，文法上とくに問題となる点はなく，ただ可能補語の構造における賓語の位置で，両様の型が並用されているのが目につく。

〔V-不出＋O〕		〔V＋O＋不出〕	
拏不出手	26-426-17	看你不出	77-99-8
	29-482-16		20-327-2
	38-645-22	看他不出	8-119-22
說不出話	2-19-6		16-248-19
顯不出盡翁大才	33-550-1		48-817-7
想不出主意	17-272-11		

〔V-不倒＋O〕　　　　　　　　〔V＋O＋不倒〕
難不倒他　　　48-817-22　　　動他不倒　　　20-323-10
　　　　　　　　　　　　　　弄他不倒　　　17-275-9
　　　　　　　　　　　　　　　　　　　　　47-803-3

〔V-不到＋O〕　　　　　　　　〔V＋O＋不到〕
輪不到小兒小女　46-790-22
弄不到一條出路　28-457-19
想不到他的好處　34-580-5

〔V-不得＋O〕　　　　　　　　〔V＋O＋不得〕
插不得身　　　2-17-8
抽不得身　　　45-762-1　　　打他不得　　　22-353-16
出不得面　　　17-261-16　　　得罪不得　　　59-1028-4
存不得身　　　53-908-18
顧不得別的　　5-64-24　　　　顧他不得　　　16-248-12
　～他　　　　19-312-13
　～這些　　　32-546-12
怪不得你　　　17-267-2　　　 怪我不得　　　50-853-23
　～別人　　　54-926-20　　　怪我們不得　　50-856-20
　～老哥　　　36-613-7
禁不得大用　　34-573-8
救不得近火　　34-573-3
捐不得官　　　5-62-20
瞞不得你老同年 18-296-9　　　瞞他不得　　　6-78-10
娶不得親　　　5-62-20
上不得台盤　　10-148-22
捨不得龍珠　　14-208-7　　　 捨他不得　　　21-333-9
　　　　　　　　　　　　　　　　　　　　　39-667-6
　～這一萬銀子　　　　　　　 36-608-24　　 41-693-19
下不得手　　　2-17-9
怨不得爸爸　　30-506-16

『官場現形記』の言語

～別人	36-615-24	少他不得	11-168-3
作不得主	13-199-19		11-168-8
（做不得主）	18-296-18		26-427-4
	23-378-17	做聲不得	8-112-19
	34-577-13		19-310-18
			25-408-1
			33-556-24
			57-987-2

〔V-不過＋O〕　　　　　　　　〔V＋O＋不過〕

瞞不過大人	17-259-4	熬刑不過	23-369-1
～人	49-841-11	抵他不過	29-474-20
～少大人	52-903-11		
～他	27-444-13	瞞他不過	9-125-16
～我	41-702-6		
～我的眼睛	23-370-5	氣他不過	21-336-5
～我們這敝老師	52-891-19		21-336-14
～諸公	17-272-24		27-438-1
			53-908-11
逃不過他們的手	25-407-5	強他不過	4-54-5
		說他不過	53-922-20
拗不過黃胖姑的面子		拗他不過	11-158-19
	24-397-17		12-182-16
			14-214-5

〔V-不了＋O〕　　　　　　　　〔V＋O＋不了〕

發不了財	20-322-19		
救不了你	29-469-7		
瞞不了你	30-504-6		

〔V-不起＋O〕　　　　　　　　〔V＋O＋不起〕

| 出不起利錢 | 25-420-11 | 對你老哥不起 | 37-628-23 |
| 禁不起病 | 42-715-9 | 吃虧不起 | 9-133-4 |

291

瞧不起朝廷	6-90-7		買他不起	20-319-23
～杭州人	27-439-6			
～捐班	19-308-1		瞧你不起	45-771-18
～你	35-598-7		瞧人不起	35-601-21
～朋友	27-445-18			45-761-9
～他	35-592-23		瞧他不起	6-90-5
～他們	50-865-23			24-393-1
～我	59-1035-11			26-428-9
～我本府	42-707-16			32-535-24
				35-599-2
～我大爺	45-767-2			35-599-2
～我們	34-582-16			44-740-5
～我們杭州人	27-437-8		瞧我不起	27-439-7
～我們中國的官	33-559-10			43-728-20
				45-762-7
～狀元	2-22-13			58-1013-10
看不起皇上	36-606-23		瞧我們不起	40-689-7
～他舅爺	7-99-12		瞧我們杭州人不起	27-437-24
			想他不起	30-496-6
〔V-不下+O〕			〔V+O+不下〕	
插不下嘴	2-19-18		按他不下	32-545-13
	45-760-24			60-1047-21
放不下臉來	11-154-11			
〔V-不着+O〕			〔V+O+不着〕	
管不着我	2-22-11		管他不着	（50-863-20）
			管他們不着	（51-871-7）
睡不着覺	19-304-18			
輪不着他海外	9-133-11		輪劉頤伯不着	50-863-20
〔V-不住+O〕			〔V+O+不住〕	
對不住百姓	17-272-18		對你不住	25-406-6

『官場現形記』の言語

～府憲	6-78-15	對他不住	24-395-2
～皇上	28-462-14		
～你老	3-34-3	擋我不住	56-963-13
～人家	48-814-16	留我不住	34-585-6
降伏不住他們	40-687-20	留他不住	32-545-22
站不住脚	48-811-19		

〔V-不動＋O〕　　　　　　　〔V＋O＋不動〕
　　　　　　　　　　　　　　抗他不動　　（40-689-4）
　　　　　　　　　　　　　　弄你不動　　（25-407-9）
　　　　　　　　　　　　　　推他不動　　（30-488-9）

〔V-不上＋O〕　　　　　　　〔V＋O＋不上〕
　　　　　　　　　　　　　　趕他不上　　11-168-2
　　　　　　　　　　　　　　　　　　　　34-585-24

〔V-不清＋O〕　　　　　　　〔V＋O＋不清〕
　　　　　　　　　　　　　　數他不清　　21-335-7

〔V-不轉＋O〕　　　　　　　〔V＋O＋不轉〕
　　　　　　　　　　　　　　掉頭不轉　　34-569-7

〔V-不中＋O〕　　　　　　　〔V＋O＋不中〕
　　　　　　　　　　　　　　打他不中　　55-944-23

全体的にみて，補語のあとに賓語がくる型式が優勢であり，また動詞と補語の中間に賓語がはいる形式では，賓語が単音，しかも人称代詞であることがおおい。また，"～得～"型の可能式では，一型式しかない。

拉得動他	39-657-14
逃得過我的手	27-438-12
瞞得過我	14-221-6
擔得起這個沈重	34-577-7
對得起大哥	51-875-22
看得起我	4-60-2
	59-1033-9

293

瞧得起我　　　　　25-406-19
比得上他　　　　　34-576-3
趕得上他　　　　　12-175-6
對得住大嫂　　　　50-849-14
　〜東家　　　　　40-684-9
　〜你　　　　　　51-883-9
　〜他　　　　　　38-642-18

なお，"〜起"が動詞に後附するとき，その動詞の賓語は"〜起"の後にくるのがふつうであるが（站起身〔52-879-19〕），つぎのような例がある。
　這人是幾時來標你起的？（32-543）

"〜過"は動詞に後附するのがふつうであるが，動賓連語の後についている例がある，
　你早已默許我過了。（58-1009）

動賓連語の動詞は"〜一〜""〜〜"のようにかさねることができるが（洗一洗臉，あるいは洗洗澡のように），動補連語についても，つぎのような例がみえる。
　你也應該復他一電，把底子搜一搜清，到底是怎麼一件事。（4-49）
　我們索性算算清。（5-63）

なお前述の"〜不得"に関連するが，"奈何他不得"に対して"奈他何不得"とするのが1例ある。
奈何他不得
　　28-453-1,　　34-573-8,　　42-708-16,　　48-815-10,　　49-832-14,
　　54-939-13,　　55-942-1,　　57-990-11,
奈他何不得
　　27-447-12,

『官場現形記』の言語

注 1. 初拍注 P.229, P.360
   二拍注 P.48
 2. 同音字典 P.2
 3. 辨異 P.1
 4. 辨異 P.2 及び P.23
 5. 海上花につぎの用例がある。
   受仔寒氣,倒是發洩點個好,須要多蓋被頭,讓俚出汗。(42-7-8)
   漢語方言詞彙 P.136
 6. 匯釈 P.357
 7. 類篇 P.47, 海上花校読後記 P.14
 8. 現代語法下冊 P.167, 同音字典 P.31
 9. 「三個母親」(話劇劇本選)につぎの用例がある。
   先叉起麻將來哦。(P.497)
10. 同音字典 P.795, 海上花校読後記 P.20
11. 海上花に次の用例がある。
   至於腰膝,痛仔長遠哉。(36-13-5)
   無撥倷勿會好個病。不過病仔長遠,好末也慢性點。(36-14-4)
12. 海上花につぎの用例がある。
   但是脾胃弱點還勿至於成功癆瘵。(36-12-12)
   我末一逕牽記煞耐,耐倒發仔財了想勿着我,倪勿成功個!(37-11-6)
   漱芳個病是總歸勿成功哉哩!(42-5-1)
13. →注 23. "肚皮"
14. 海上花校読後記 P.6
15. 匯釈 P.620, 海上花校読後記 P.18
16. 匯釈 P.165, 海上花校読後記 P.18
17. 海上花につぎの用例がある。
   難末做生活當心點。(23-4-6)
   讓俚當心點。(23-6-2)
   勿是四七筒就是五八筒,大家當心點。(26-3-12)
18. 匯釈 P.165, 初拍注 P.692, 二拍注 P.526
19. 「三個母親」(上掲)につぎの用例がある。
   儂勒拉!伊勿能登勒此地。(P.511)
   倪姆媽死脱,房子撥我回頭了,勿然可以登勒我屋裏廂。(P.512)

295

儂一個人登勒蘇州孤單格。（P.558）
20. 匯釈 P.576
21. 二拍注 P.526
22. 匯釈 P.488
23. 辨異 P.7
24. 辨異 P.7
25. 「三個母親」（上掲）につぎの用例がある。
迪個非但是儂一家頭光榮，也是我呢整個里弄格光榮。（P.538）
26. 辨異 P.8
27. 二拍注 P.444
28. 匯釈 P.417
29. 新華字典 P.273，海上花校読後記 P.9
30. 漢語方言詞匯 P.333
31. 辨異 P.9
32. 匯釈 P.196
33. 漢語方言詞匯 P.339
34. 辨異 P.8
35. 海上花校読後記 P.21
36. 海上花校読後記 P.20
37. 江南方言であろう。
38. 辨異 P.3
39. 漢語方言詞匯 P.399
海上花につぎの用例がある。
徐大爺叫得阿要開心！（5-5-5）
做仔個奶奶，再有啥勿開心？（23-11-10）
40. 江南方言であろう。『越諺』はこれをおさめる。上海でよく用いられる。
41. 辨異 P.8，新華字典 P.294，海上花校読後記 P.8
42. 漢語詞典 P.412
43. 漢語詞典 P.294，同音字典 P.196，新華字典 P.207
44. 辨異 P.12
45. 辨異 P.13
46. 辨異 P.13
47. 同音字典 P.216

48. 海上花につぎの用例がある。
    倪要板面孔個！（5-4-11）
    面孔才勿要哉！（6-3-5）
    年紀末輕．蠻蠻標緻個面孔（21-6-4）
49. 上海で常用される。
50. 匯釈 P.194
51. 海上花校読後記 P.9
52. 漢語方言詞匯 P.403
    海上花につぎの用例がある。
    倘忙碰着仔．好象有效難爲情。（14-7-5）
    晩歇客人才來仔，阿怕難爲情。（39-9-1）
53. 二拍注 P.444，"該應"の項。
54. 漢語詞典 P.337，同音字典 P.227，新華字典 P.195
55. 現代漢語規範問題学術会議文件匯編 P.215
56. 漢語詞典 P.65
57. 漢語詞典 P.65
58. 匯釈 P.634
59. 匯釈 P.477
60. 海上花につぎの用例がある。
    送票頭來是倷晨光？（3-12-2）
    接連有四張票頭來叫雙玉。（24-11-8）
61. 海上花校読後記 P.14，漢語詞典 P.341
62. 漢語詞典 P.553
62. 初拍注 P.82，二拍注 P.18
64. 漢語方言詞匯 P.372
    海上花につぎの用例がある。
    說是廣東人家．細底也勿清爽。（4-2-7）
65. 辨異 P.16
66. 海上花では"人淘"と表記している。
    匯釈 P.30
67. 辨異 P.19
68. 海上花につぎの用例がある。
    阿姐爲仔耐勿快活．生個病。（20-7-12）

　　　　阿姐是生仔病了。（20-10-8）
69. 辨異 P.24
70. 辨異 P.13
71. 匯釈 P.522
72. 辨異 P.18
73. 海上花につぎの用例がある。
　　　　隨便到陸裡，教娘姨跟好仔，一淘去末原一淘來。（7-12-5）
　　　　耐要送撥我，隨便陸裡一日送末哉。（8-4-6）
　　　　隨便倷客人，巴結得非凡喥。（18-12-2）
74. 初拍注 P.23
75. 匯釈 P.531
76. 海上花校読後記 P7
77. 海上花校読後記 P12，匯釈 P.247
78. 匯釈 P.588
79. 海上花校読後記 P15，匯釈 P.508
80. 匯釈 P.509，二拍注 P.105
81. 海上花につぎの用例がある。
　　　　從前我搭耐說個閒話，阿是耐忘記脫哉？（4-11-9）
　　　　"忘""忘了"はもちいていない。
82. 新華字典 P.671
83. 新華字典（1962 修訂重排本）は"方"と注している（P.384）
　　　海上花につぎの用例がある。
　　　　喊郭老婆相幫，〜牢仔塌床浪，一勁打到天亮。
84. 漢語方言詞匯 P.184
85. 辨異 P.18
86. 辨異 P.11
87. 辨異 P.11
88. 漢語詞典 P.59
89. "椅子"のたぐいに"張"を用いるのは，南方系の作品に多い。
90. 辨異 P.24
91. 漢語詞典 P.93
　　　海上花につぎの用例がある。
　　　　中飯吃大菜，夜飯滿漢全席。（18-9-6）

298

92. 匯釈 P.821
93. 辨異 P.25
94. 海上花校読後記 P.14
95. 漢語方言詞匯 P.431
96. 二拍注 P.675
97. 名詞語尾"～子"の一部に"～頭"を充てるのは呉語の特色である。
98. 匯釈 P.687
99. 匯釈 P.607
100. 辨異 P.4
101. 匯釈 P.164
102. 匯釈 P.801
103. 匯釈 P.774
104. 匯釈 P.754
105. 江南方言とおもわれる。
106. 匯釈 P.543
107. 匯釈 P.581
108. 匯釈 P.473
109. 二拍注 P.76
110. 匯釈 P.443
111. 匯釈 P.370
112. 匯釈 P.821，海上花校読后記 P.12
113. 匯釈 P.525
114. 漢語詞典 P.95
115. 匯釈 P.311
116. 匯釈 P.745
117. 漢語詞典 P.888
118. 匯釈 P.611
119. 匯釈 P.266
120. 匯釈 P.747
121. 匯釈 P.45
122. 匯釈 P.243
123. "年紀"を方言というのではないが，北方語の"歳數"との対比のためあげた。

124. 北京話語匯 P.69
125. 　同上　　P.100
126. 　同上　　P.102
127. 　同上　　P.113
128. 漢語方言詞匯 P.250，同音字典 P.392
129. 　同上　　P.250
130. 「元典選」にみえる。
131. 「宋人平話」にみえる。
132. 王力：中国語文講話（1950 開明書店）P.55 参照。

〔類篇〕　Mandarin Lessons（官話類篇）　1922・上海
〔初拍〕　初刻拍案驚奇　古典文学出版社　1957・上海
〔二拍〕　二刻指案驚奇　古典文学出版社　1957・上海
〔辨異〕　江成：語辞辨異　東方書店　1953・上海
〔匯釈〕　陸澹安：小説詞語匯釋　中華書局　1964・上海
〔海上花〕　海上花列伝　亜東図書館　民国24年3版・上海
〔現代語法〕　王力：中国現代語法　中華書局　1954・上海
〔三個母親〕　上海十年文学選集　話劇劇本選　上海文芸出版社　1960・上海
漢語方言詞匯　文字改革出版社　1964・北京
北京話語匯〔修訂本〕　商務印書館　1965・北京
漢語詞典　1957 重印第1版　商務印書館
同音字典　1957 第2版　商務印書館
新華字典　1953 原版　人民教育出版社

　本稿はさきに明清文学言語研究会より刊行された拙編：官場現形記語彙注釈索引の不備をおぎなうとともに，同書の言語の特色を概観するに便利なようにとおもって起稿したものである。底本は，さきの「索引」とおなじく，人民文学出版社：官場現形記で，数字は回−頁−行をあらわす。

(1967年11月27月)

『紅楼夢』のことばについて（一）

　『紅楼夢』の版本の間における語彙・語句のちがいは，清代における文学言語の形成，流れをみるうえにおいて貴重な資料である。"想天鵝肉吃"が"想吃天鵝肉"に移ってゆく過程"說他不過"が"說不過他"に優位をゆずりわたし，一本化してゆく傾向，"走了進來""走將進來"の"〜了〜""〜將〜"の虚化がすすんで，"走進來"に併合されてゆく動きなどが反映しているし，"〜嗎"がもちいられるようになった時代を知るうえの手がかりがある。"〜了"が"〜呢"の語気にあてられている箇所があるとともに，それを排除して，書き分けようとしたふしもうかがわれる。また"能"の用法にも，清初には拡大した用法が存在したことがみられるとともに，可能性認定という基本的な機能からはみ出したものが，やがて排除されてゆく動きのようなものもあらわれている。ここでは，『紅楼夢』のことばそのものを見るというよりも，『紅楼夢』のことばを通して，近代における文学言語の動態を透視することを主たるねらいとして，語順および一部の虚詞についてとり上げてみた。

§1　『紅楼夢』にはいくつかの版本があり，これらの版本の間に，語彙・語句のちがいが存していることは，いままでに指摘されてきたところである。これらは，話の展開にあわせてのつじつま合わせのほか，文語的表現を口語に近づけたり，南方語的色彩をもつ語彙を北方共通語にあらためたり，あるいは北京土語を普通語にいいかえたりするなどの数類型に分けられるが，一部の語，たとえば"越性"などを除いて[注]，必ずしも徹底的・全面的なものでなく，章回によっては，また同じ章回においても，あるいは改めあるいはそのまま残すなど，かなり不統一なものである。のみならず，どの版本でも，一個の語が，他の同義の語を一方的にしりぞけて，単用されているということは先ずなく，ある語への改めがおこなわれている

としても，それは新たに出現したものではなく，他のところでそもそもから用いられていることが多い。すなわち多くの場合，並用されているのである。たとえば，"不曾→沒有""曉得→知道"は，脂本と程本との間にみられる改訂例であるが，すべての"不曾""曉得"にわたっているわけではなく，脂本そのものでも"不曾"と"沒有"，"曉得"と"知道"は並用されており，程本において新たに"沒有""知道"があらわれてくるというものではない。これは，『紅楼夢』に限らず，他の作品の版本の間でも一般にみとめられるところであって，旧語と新語，共通語と方言などをいろいろに融合してもちい，表現の多様をはかる文学言語としては，けだし当然のことである。

しかし，これらの版本における改訂をみてゆくと，全面的・統一的ではないにしても，そこに一つの方向性がみとめられる。前例でいうならば，"不曾→沒有""曉得→知道"という方向はあっても，"沒有→不曾""知道→曉得"という方向の改訂はない。すなわち，改訂は全面にわたらないけれども，一定の方向にむけてなされており，逆の方向がならび行われることは，一般にないわけである。このことは，文学言語の流れをみるうえにおいて，いろいろの材料を与えてくれる。ここでは，脂本と程本（特に程乙本）における，語彙更改の方向をあとづけるとともに，いままであまり取り上げられることのなかった虚詞あるいは語法的表現にも視点をひろげ，北方型の文学言語の形成の考察への一助をえることとしたい。

なお，脂本系統の版本を代表するものとして，『紅楼夢八十回校本』（人民文学出版社・北京・1963）を，程乙本の版本として『紅楼夢』（亜東図書館・上海・1927）をえらび，他の版本は随時参考することとする。

§2 "想天鵝肉吃" 第11回に"癩蝦蟆想天鵝肉吃"ということわざが用いられているが（校本 118），程本では"癩蛤蟆想吃天鵝肉"につくっている（亜東本 11-17）。現在でもこのことわざはよく用いられるが，いずれも程本のように"……想吃天鵝肉"といい，"……想天鵝肉吃"ということはない。したがって，辞典などはいずれも"……想吃天鵝肉"のかたちで挙げており（漢語詞典その他），"……想天鵝肉吃"についてはふれること

がない。しかし，これは程本が誤植を正したものではなく，このことわざの古い形は，校本にしめすものであったと思われる。たとえば，『醒世恒言』の「賣油郎獨占花魁」につぎのような用例がある。

　呸！我終日挑這油擔子，不過日進分文，怎能想這等非分之事？正是癩蝦
　　蟆在陰溝裏想着天鵝肉吃，如何到口！

また『拍案驚奇』につぎの例がみえる。

　陰溝洞裏思量天鵝肉吃！他是個秀才娘子，等閒也不出來，你又非親非
　　族，一面不相干，打從那裏交關起？（初拍　巻六）儘用貪苦的書生，向
　　富貴人家求婚，便笑他陰溝洞裏思量天鵝肉吃。（初拍　巻十）

いずれも，"吃"を"想（思量）"のあとにおかずに，"天鵝肉"のあとにおいており，これらから推して，脂本の"……想天鵝肉吃"は古い形を残したものであると考えられる。

　さらに，上例のことわざにおける，なにかをたべたいという表現についてみてみると，『紅楼夢』では，"想吃××"とはいわず，"想××吃"という表現型をとっており，上例のことわざにおける表現と軌を一にしている。

　自己原不想栗子吃的。　　　　　　　　　　　　　　　　（校本 194）
　可好些了？想什麼吃？　　　　　　　　　　　　　　　　（同 353）
　你想什麼吃，告訴我，我明兒一早回老太。　　　　　　　（同 485）
　依我們想魚肉吃，只是吃不起。　　　　　　　　　　　　（同 415）
　昨日熱病，也想這些東西吃。　　　　　　　　　　　　　（同 665）
　巴巴的想這個吃了。　　　　　　　　　　　　　　　　　（同 364）
　我正想個地裏現摘的瓜兒菜兒吃。　　　　　　　　　　　（同 415）
　這樣正好，正想這個吃。　　　　　　　　　　　　　　　（同 845）

そして，これもまた早期白話小説以来の表現法であって，『紅楼夢』はこの伝統的な話法にしたがっているわけである。

　師父，你要酒肉吃麼？　　　　　　　　　　　　　　　　（水滸 493）

喫了幾盃．忽然心裏想要魚辣湯吃。	（同 603）
既然哥哥要好鮮魚吃，兄弟去取幾尾來。	（同 609）
我不要酒吃，我特來問你借百十貫錢使用。	（同 719）
哥哥要肉吃麽？	（同 767）
張順因見宋江愛魚喫，又將得好金色大鯉魚兩尾送來。	（同 617）
心裏要想這個角兒吃。	（金瓶梅 73）
吾兄只好想天鵝肉吃罷了。	（照世杯 20）
我也不要飯吃，受惡氣也受飽了。	（同 86）

　"癩蝦蟆想天鵝肉吃"という表現も，以上のような用例をとおして理解することができ，程本はこれを"……想吃天鵝肉"と改めているが，決してこれは誤植を正したものではない。しかし，程本で"……想吃天鵝肉"と改め，その後このかたちで伝えられ，用いられてきているところをみると，清代の中葉ごろからは，もう今日いうように"……想吃天鵝肉"というようになっており，程本の校訂者にとって，いまさら"……想天鵝肉吃"とつづることには抵抗があり，違和感をおぼえさせられるほどになっていたのであろう。

　程本が"……想吃天鵝肉"にただす以上，他の"想××吃"についても"想吃××"に改めることが予想されるが，上掲の諸例については，いずれも改めるところがない。ただ加筆した部分につぎのような例がある。

　　就說我吃了，以後不必天天送，一我想吃，自然來要〔我想吃什麽，自然着人來要〕。　　　　　　　　　　　　（校本 845）〔亜東本 75-7〕

　なにかをたべたいという表現は，前掲の例では"想什麽吃"（校本 353，485）になっており，『紅楼夢』の"想××吃"型諸例にてらして，ここでも当然"想什麽吃"となるわけであろうが，程本はこの型によっていない。これはたいへん興味のあるところで，おそらくは，新たに筆をくわえるにあたって，日常に用いている話法が流露したものであろう。

　ただ，『紅楼夢』は『水滸』とことなって，"要""愛"については，"要（愛）××吃"の型をとっていない。

『紅楼夢』のことばについて（一）

前兒要吃豆腐，你弄了些餿的，叫他說了我一頓。　　　　　　（校本668）
晩上要吃酒，給我兩碗酒吃就是了。　　　　　　　　　　　　（同690）
你也愛吃酒？　　　　　　　　　　　　　　　　　　　　　　（同690）

　"要（愛）"にこういう変化がおこることは，すでに『水滸』にもその兆しがうかがわれるが，"想"もこれらの変化に同化するかたちで，"想吃××"型への移行をおこしていったものであろう。『紅楼夢』の例をみると，清初ではまだ"想××吃"の型が優勢であるが，中葉にかけて劣勢化し，"想吃××"型への移行がその後に全般化するに至ったものと推定され，清代は，その意味で一つの過渡期であったわけである。

§3 "說他不過" 動詞に"～不過""～不起""～不上""～不了""～不得"などを付けて，その動詞のあらわす動作・行動が達成されないことをあらわすが，この場合，動詞に賓語がともなうと，その位置は"～不過""～不起""～不上"などのあとにくるのが，現代語の表現である（說不過他，對不起你，比不上他）。まれに，動詞と"～不過""～不起"などの間に介在している例もみられるが（說他不過，對你不起，比他不上），つねに方言的色彩をともなう。

　しかし，早期白話小説では，"說他不過""說不過他"，"比他不上""比不上他"の両型が並行していて，現代語におけるように"說不過他""比不上他"型に定型化していない。『水滸』の例をあげると次のとおりである。

那崔道成鬥智深不過，只有架隔遮，掣仗躲閃，抵當不住，却待要走。
　　　　　　　　　　　　　　　　　　　　　　　　　　　　　（水滸97）
三口兒因來山東投奔一個官人不着，流落在此鄆城縣。　　　　（同305）
倘有些不然起來，我和你又敵他不過。　　　　　　　　　　　（同90）
以此酒家疑心，放你不下。　　　　　　　　　　　　　　　　（同134）
原來如此，怪員外不得。　　　　　　　　　　　　　　　　　（同61）
此間青州官軍捕盜，禁他不得。　　　　　　　　　　　　　　（同83）
我接不着押司，如何卻在這裏鬧？　　　　　　　　　　　　　（同334）

當日武行者一路上買酒買肉吃，只是敵不過寒威。　　　　　（同 493）
你若獲不得賊人，重罪決不饒恕。　　　　　　　　　　　　（同 249）
這裏衙門又遠，便是官軍也禁不的他。　　　　　　　　　　（同 95）

　並行するといっても，賓語が人称代詞である場合は，"說他不過""比他不上"型をとるのが優勢であり，この傾向は『西遊記』『金瓶梅』などのその後の作品においても，ほぼ変っていない。しかし，『紅楼夢』では，"說不過他""比不上他"型への統一化がみられるようになっている。

這是他的僻性，孤介太過，我們再傲不過他的。　　　　　　（校本 844）
回家來，連一個影兒也摸不着他。　　　　　　　　　　　　（同 495）
我找不着他，還哭了一場呢。　　　　　　　　　　　　　　（同 749）
你降不住他們，只管告訴我，我打他們。　　　　　　　　　（同 762）
難道我們倒跟不上你了。　　　　　　　　　　　　　　　　（同 248）
這會子他這樣光景，我又替不了他。　　　　　　　　　　　（同 311）
我的姥姥，告訴不得你呢！　　　　　　　　　　　　　　　（同 64）
論理，我比不得別人，應該里頭伺候。　　　　　　　　　　（同 304）

　脂本では，"說他不過""比他不上"型のものが，少数例あるが，程乙本ではそれらをすべて"說不過他""比不上他"型に改めている。

再要睹口齒，十個會說話的男人也－說他不過〔說不過他呢〕。
　　　　　　　　　　　　　　　　　　　（校本 64）〔亜東本 6-10〕
差不多的主子姑娘－也跟他不上呢〔還跟不上他〕。
　　　　　　　　　　　　　　　　　　　（校本 153）〔亜東本 16-7〕
二則李嬤嬤已是告老解事出去的了，如今－管他們不着〔管不着他們〕。
　　　　　　　　　　　　　　　　　　　（校本 190）〔亜東本 19-9〕
誰知－找他不見了〔找不着他〕。　　　　（校本 341）〔亜東本 32-14〕
他既連這樣機密事都知道了，大約別的－瞞他不過〔瞞不過他〕。
　　　　　　　　　　　　　　　　　　　（校本 345）〔亜東本 33-5〕
便是老太太太太屋裏的猫兒狗兒，輕易也－傷他不的〔傷不得他〕。
　　　　　　　　　　　　　　　　　　　（校本 696）〔亜東本 63-4〕

只怕三姨的這張嘴還-說他不過〔說不過他呢〕。
(校本 734)〔亜東本 65-18〕

書雖-替他不得〔替不得他〕，字却替得的。　(校本 785)〔亜東本 70-9〕

　程本でこのように全例にわたって"說不過他"型に改め，統一化をはかっているのは，当時の北京語において，すでにこの型が定型化し，"說他不過""比他不上"というのには，違和感をともなったことを物語っているものに外ならない。ちなみに，『官話類篇』(A COURSE OF MANDARIN LESSONS) は，"這樣的嘴，我-說不過他(說他不過)""他動起手來，幾十人也-打他不過(打不過他)"の例文に関連して，「より普通の型は"說不過他"で，"說他不過"は一部の地方でもちいられているが，雅語に属する」，「"打他不過"は"打不過他"の古い型で，揚子江沿岸の一部地方ではいまも耳にする」と注を付しているが，北京語では清代の中葉にすでに"說他不過"は古めかしく感ぜられたり，方言的なひびきをともなうものになっていたもののようである。

§4 "走了進來" 早期白話小説には，動詞とこれに複合する方向動詞"～起來""～上來""～過去"などとの間に，"～了～""～將～"を挿入している例が非常に多い。

這般嶮峻山岡，從這里滾了下去。　　　　　　　　　(水滸 90)
走便快走，不走，便大棍溯將起來。　　　　　　　　(同 129)

　『紅楼夢』でも，"走了進來""送了過去"型の用例が多くみられるが，脂本のこのような例を，程乙本では一部をのこして，ほとんど"～了～""～將～"のない型に改めてしまっている。

遂令兩三個嬤嬤，用方才的車好生-送了過去〔送過去〕。
(校本 28)〔亜東本 3-11〕
接出大廳，將薛姨媽等-接了進來〔接進去了〕。　(校本 43)〔亜東本 4-13〕
我的小名這裏從無人知道，他如何知道得，在夢裏-叫將出來〔叫出來〕？
(校本 58)〔亜東本 5-36〕

周瑞家的在內聽說，忙一迎了出來〔迎出來〕，問是那位。

(校本63)〔亜東本6-7〕

所以我趕着一接了過來〔接過來〕，叫我說了他兩句。

(校本154)〔亜東本16-8〕

　このことは，人民文学出版社本の校訂者にも注意されており，「按諸本凡"走了進來""解了下來"之句法，乙本多改作"走運來了""解下來了"，似非無意之偶然倒置，故皆從乙本原文不動」(紅楼夢，人民文学出版社北京1972 p.299) という注記がある。この校訂者のいうようにすべてが"走了進來→走進來了""解了下來→解下來了"になっているわけでなく，一般的図式としては，"走了進來→走進來""解了下來→解下來"のように，"～了～"あるいは"～將～"をはぶいたかたちへの改訂であるが，校訂者も指摘するように大量にわたってなされているところから見ると，これはやはり当時の北京語の一つの趨勢を反映しているものであろう。"走了進來""解了下來"型は，今日でももちいられており，"走將進來"型もまま見うけられるが，"走過來""解下來"が圧倒的優勢にあることはいうまでもなく，この傾向はすでに清代の中葉ころからおこっているものとみることができる。なお推測の域を出ないが，早期白話にみられる，"騰地踢倒了在當街上"(水滸51)の例における"Ｖ了在……"の"～了"がやがて消えて，"Ｖ在……"に併合されていったように，"Ｖ了進來""Ｖ了下來"も，"～了"の虚化の進みとともに，やがて"Ｖ進來""Ｖ下來"に併合されるようになっていったのではなかろうか。程乙本は，北京語におけるこの動きをそのままに反映したものであろう。

§5 "嗎"『紅楼夢』では，疑問をあらわす語気助詞 [-ma] には，"麼"をあてている。

我問哥兒一聲，有個周大娘，可在家麼？　　　　　　　　　(校本62)
這不都動了手了麼？　　　　　　　　　　　　　　　　　　(同99)
今日他來有什麼說的事情麼？　　　　　　　　　　　　　　(同105)
家裏沒有什麼事麼？　　　　　　　　　　　　　　　　　　(同118)

『紅楼夢』のことばについて（一）

是我。還不開麼？	（同 272）
寶玉哥哥不在家麼？	（同 329）
這是真話麼？	（同 517）
你打得起我麼？	（同 752）
敢是來調戲我麼？	（同 880）

程乙本では，これらの"〜麼"を"〜嗎"に改めることはしていないが，他の表現にいいかえたり，新たに筆をくわえているところでは，"〜嗎"をもちいている。

別人的也都是這個〔〜嗎〕？	（校本 298）	〔亜東本 28-28〕
白認得了我〔你〜嗎〕？	（校本 309）	〔亜東本 29-17〕
牛不吃水強按頭〔〜嗎〕？	（校本 493）	〔亜東本 46-12〕
還不快去〔〜嗎〕？	（校本 339）	〔亜東本 32-11〕
你們還吃不夠〔〜嗎〕？	（校本 530）	〔亜東本 49-18〕
沒的叫他娘兒們蹧雪〔〜嗎〕？	（校本 541）	〔亜東本 50-16〕
可不悄悄的過去〔可不悄悄兒的就過去了嗎〕？	（校本 680）	〔亜東本 62-7〕
可不是〔〜嗎〕？	（校本 752）	〔亜東本 67-16〕
你們－可也這麼回！〔也敢這麼回嗎？〕	（校本 794）	〔亜東本 71-8〕
難道我就不知我的哥哥素日恣心縱欲，毫無防範的那種心性〔〜嗎〕？		
	（校本 351）	〔亜東本 34-3〕
難道你是不出門的〔〜嗎〕？	（校本 802）	〔亜東本 71-21〕
縱的家裏人這樣還了得－了〔嗎〕？	（校本 79）	〔亜東本 7-17〕
這是爆竹－吓〔嗎〕？	（校本 226）	〔亜東本 22-19〕
難道誰還敢把他怎麼樣－呢〔嗎〕？	（校本 255）	〔亜東本 25-10〕
難道於心不足，還要眼看着他死了才－去不成〔算嗎〕？		
	（校本 349）	〔亜東本 33-13〕
你聾了－不成〔嗎〕？	（校本 467）	〔亜東本 44-4〕
難道你不知道－不成〔嗎〕？	（校本 887）	〔亜東本 78-3〕
林姑娘從來說過這些混帳話－不曾〔嗎〕？	（校本 337）	〔亜東本 32-6〕
原來如此。〔是這麼着嗎？〕	（校本 417）	〔亜東本 39-15〕

這幾天老爺‐可曾叫你〔沒叫你嗎〕？　　　　（校本 280）〔亜東本 27-13〕
我豈不愧。〔這不是臊我了嗎？〕　　　　　　（校本 652）〔亜東本 59-8〕
這些人‐如何依得〔肯依他嗎〕？　　　　　　（校本 735）〔亜東本 65-19〕

校本第 67 回には，つぎのような"～嗎"の用例があり，同本ではこの回に限って"～嗎"が用いられている。
叫他自己打，用你打嗎？　　　　　　　　　　　　　　（校本 754）
完了嗎？怎麼不說了？　　　　　　　　　　　　　　　（同 755）
你大奶奶沒來嗎？　　　　　　　　　　　　　　　　　（同 756）

　これは 80 回あるなかでの唯一の例外である。第 67 回は，曹雪芹以外の人の補作の疑いのもたれている回であるだけに，これとなんらかのかかわりがあるのではないかとも思われるが，『乾隆抄本百廿回紅楼夢稿』について，これらの個所を参照してみると，"用你打嗎?"は，"用你打麼"と書かれているのを訂正したようになっており，"完了嗎?""你大奶奶沒來嗎?"はいずれも校閲者（?）が書きくわえた語句のなかに見えるもので，正文すなわち加筆・訂正をほどこさないまえの文の中にあるものでなく，正文のなかでは"麼"がもちいられていて，"嗎"はひとつもあらわれていない。おそらくは，原作者の書いたもののなかでは，"嗎"はもちいられていないものとみられる。萃文書屋再排一百二十回本紅楼夢引言のなかで，程偉元・高鶚が「即如六十七回，此有彼無，題同文異，燕石莫辨」とあるところからして，この回に他の版本のものが混入することは十分に考えられ，校本第 67 回における"嗎"は，このような事情にもとづくものであろう。
　"～嗎"が程本において用いられるようになり，それ以前にないことは，"～嗎"の使用年代を考えるうえでの参考になるであろうし，また校訂者が [-ma] に"嗎"をあてる習慣をもっていたことは，『紅楼夢』の後 40 回の作者が，『紅楼夢』の校訂者と同一人物であったかどうかを考えるうえでの手がかりの一つともなろう。

§6 "了" 文末に語気助詞 "〜了" のついている文を，程乙本でいいかえたり，あるいは "〜了" を削っている例が若干ある。

你若這樣，一還是你素日爲人了〔不是你素日爲人了〕！
　　　　　　　　　　　　　　　　（校本 692）〔亜東本 62-30〕
知道還能見他一面兩面不能了〔再不能見一面兩面的了〕！
　　　　　　　　　　　　　　　　（校本 876）〔亜東本 77-14〕
你老是貴人多忘事，－那裏還記得我們了〔那裏還記得我們〕。
　　　　　　　　　　　　　　　　（校本 63）〔亜東本 6-8〕
等明日酒醒了問他，－還尋死不尋死了〔還尋死不尋死〕！
　　　　　　　　　　　　　　　　（校本 79）〔亜東本 7-19〕
每人打一頓給他們，－看還鬧不鬧了〔看還鬧不鬧〕！
　　　　　　　　　　　　　　　　（校本 883）〔亜東本 77-26〕
沒有打了〔沒有打碎〕。　　　　　（校本 859）〔亜東本 76-6〕

　副詞 "還" に呼応する語気助詞は "〜呢" であって "〜了" でなく，また反復疑問・特指疑問の文について，疑惑の語気をしめす語気助詞は，"〜呢" であって "〜了" ではない。なお，"打了" の否定，すなわち動詞の完了態の否定は，"沒有打" であって "沒有打了" などとなることはない。"沒有打了" のかたちがあるとすれば，それは "三天沒有打了" のように，時間量をしめす語が冠しているときに限られ，単に "沒有打了" などといわれることはない。語気助詞をもちいるとすれば，これも "〜呢" である。したがって，以上の用例における "〜了" はいずれも "〜呢" におきかえられるものといわなければならず，『紅楼夢』も多くの場合，"〜呢" をあてている。

將來只怕比這更奇怪的笑話兒還有呢。　　　　　（校本 35）
這人算來還是老爺的大恩人呢。　　　　　　　　（同 39）
你老拔根寒毛，比我們的腰還粗呢。　　　　　　（同 69）
我跟了太太十來年，這會子攆出去，我還見人不見人呢！　（同 319）
連人之高低不擇，還說通靈不通靈呢！　　　　　（同 33）
這藥可有名字沒有呢？　　　　　　　　　　　　（同 71）

311

這有個什麼佛法解釋沒有呢？　　　　　　　　　　　　（同 253）
　還了得呢。　　　　　　　　　　　　　　　　　　　　（同 421）

　程乙本が，前掲例にみるように，"還"に"～了"が呼応している文を"還"のない文にいいかえたり，または"～了"を削ったりなどしているのは，やはり"～了"を用いることに違和感をおぼえることが要因になっているものであろう。もちろん，この改訂も全面的なものではなく，"～了"のままにしている箇所がすくなくない。

　他竟比蓋這園子還費工夫了。　　　　　　　　　　　　（校本 542）
　你們姑娘還那麼淘氣不淘氣了？　　　　　　　　　　　（同 329）
　看你那沒臉的公公還要不要了。　　　　　　　　　　　（同 498）
　我這嘴上是才擦的香浸胭脂，你這會子可吃不吃了？　　（同 230）
　你如今也大了，連親也定下了，過二三年再娶了親，你眼裏還有誰了？
　　　　　　　　　　　　　　　　　　　　　　　　　　（同 629）

　還了得了。　　　　　　　　　　　　　　　　　　　　（同 79）
　沒有聽見叫別人了。　　　　　　　　　　　　　　　　（同 889）

　これらの"～了"も"～呢"にあてられるものであることはいうまでもない。このように，未改訂のものが多く残っており，いかにも不徹底で，程乙本の改訂がはたして一定の意図ないし意識をともなったものであるかどうか疑わしくもなるほどであるが，このような"～了"と"～呢"の混淆自体がまた北京語の実態を反映しているものとみるべきであろう。『官話指南』（文求堂，東京，1903）は，清朝末葉の北京語をつたえているものであるが，基本的には"～了"と"～呢"の区別を立てながらも，なお"～呢"に"～了"をあてている例が数多くみられる。

　你們老爺在家裏了麼？　　　　　　　　　　　　　　　（同 37）
　江老爺都不願意，所以都還沒定規了。　　　　　　　　（同 44）
　他們正在地裏鋤地了。　　　　　　　　　　　　　　　（同 46）
　他沒成家了。　　　　　　　　　　　　　　　　　　　（同 65）

また,『北京官話今古奇観』(文求堂,東京,1904) にもこのような例が多い。
他腦袋上還戴着一頂破帽子了．身上還穿着一件舊夏布大褂兒了。（合1）
你已經是這麼大年紀了．還是這個窮樣兒了．多咱是個發跡呀？　　（同3）

現代の北京語作品においては，ほぼ完全に書き分けられているが，それでも戯曲や相声の台本のなかでは，"〜呢"の語気のところに"〜了"をあてている例がまま見うけられる。そしてこれは，北京語で副詞の"寧"(ning, 俗音では neng ともいう) が [leng] と発音されることのあることなどからして，十分に理解できる点でもある。"〜呢"は"〜哩"のもつ語気をうけついでおり，l が n に変音することによってできたものと見られるが，北京語でもなお l にいうことが一部のこっているわけで，『紅楼夢』の上掲の"〜了"の例は，このような北京語の実態を反映したものである。"〜了"と"〜呢"は，近代語のなかでも，そのしめす時間的語気は対立した関係にあり，この混淆は異様に考えられるが，現代の作品のなかでも，一部の方言地区の作品，たとえば陝西・山西・四川などのもののなかには，"〜呢(哪)"の語気のところに"〜咧(啦, 了)"をあてている例がすくなくなく，これからして，『紅楼夢』における"〜了"の使用も格別異常なものではない。

なお, "了""〜呢"両様の語気にあてられているものに, "〜咧"がある。
一早就往這裏趕咧．那裏還有吃飯的工夫咧。　　　　　　　　（校本68）
這裏頭怎麼又拉扯上什麼張家李家咧呢？　　　　　　　　　　（同755）
好罷咧！　　　　　　　　　　　　　　　　　　　　　　　　（同756）

『紅楼夢』では, "〜咧"の用例はすくなく，80回まででは以上の3例にすぎず，したがってここからなにも引き出せないが，後40回では"罷咧"の用例が多く，基本的には"〜了"の語気にあてられているものとみることができる。

§7 "能" 『紅楼夢』のなかには"能"の特殊なつかいかたがあり，程乙本その他では，これを改訂している箇所がある。

313

"能"は可能性を認定する能願動詞で，たとえば"有幾個？"(いくつあるか)に，"能"を付けて"能有幾個？"というと，'いくつありえようか'という意味になり，多くの場合，反語的にいくつもありえない，ごく僅少であることをあらわす。このような用法は古くにも求めうるし，現在でもその用法はある。

　　如今朝中似待制這等清正的，能有幾人？　　　　(陳洲糶米 元曲選42)
　　我一人能拿幾何？　　　　　　　　　　　　　　　　　(西遊記26)
　　㢠耐這個猴精，能有多大手段，就敢敵過十萬天兵！　　(西遊記61)
　　一張刀能有多重呀。　　　　　　　　　　　　　　　　(武松143)

『紅楼夢』でも"能"のこのような用例がいくつかあるが，いうまでもなく改められていない。

　　像你這樣的人，能有幾個呢。十個裏也挑不出一個來。
　　　　　　　　　　　　　　　　　　　　(校本119)〔亜東本12-1〕
　　你能知道能幾個古人，能記得幾首熟詩，也敢在老先生前賣弄。
　　　　　　　　　　　　　　　　　　　　(校本166)〔亜東本17-11〕
　　戒指兒能值多少，可見你的心真。　(校本335)〔亜東本32-2〕
　　好金貴東西！這麼個小瓶兒，能有多少。(校本354)〔亜東本34-9〕
　　這會子他們起詩社，能用幾個錢，你就不管了。(校本475)〔亜東本45-2〕
　　究竟這個鐲子能多重？　　　　　　(校本561)〔亜東本52-4〕
　　一人能有多大的精神，凡有了大事，自己主張；將家中瑣碎之事，一應都
　　　暫令李紈協理。　　　　　　　　(校本597)〔亜東本55-1〕

ところが，『紅楼夢』では，"能"のこのような用法がさらにひろがっている。たとえば，"能吃多少？"(どれほどたべれるか，いくらもたべれるものか)とはいうが，"能吃了(1e)多少？"とはいわない。すでに完了している動作では，その量も確定しており，それに対して可能性を問うことはしないわけである。ところが，『紅楼夢』にはこのような表現がある。

　1. 他能多大了，就忌諱這些個！　　　　　　　　　　(校本46)
　2. 太太這話說的極是。我能活了多大，知道什麼輕重。　(同488)

314

3. 能病了幾天，竟把杓花辜負了。　　　　　　　　　　　　（同641）
4. 上頭能出了幾日門，你們就無法無天的，眼睛裏沒了我們。（同644）
5. 小娼婦，你能上來了幾年，你也跟那輕狂浪小婦學。　　　（同652）
6. 能去了幾日，只聽各處大小人兒都作起反來了，一處不了又一處，叫我不知管那一處的是。　　　　　　　　　　　　　　　（同655）
7. 他哥哥能帶了多少東西來，他挨門兒送到，并不遺漏一處。（同750）
8. 你能來了幾日，就駁我的回了。　　　　　　　　　　　（同912）

　これらの用例においては、"能"の可能性認定という機能はなく、"幾""多少"の数量疑問詞と呼応して、数量が僅少であることをあらわす語気副詞的なものになってしまっている。したがって、"能"を削っても、複文では、あとの文にもちいられている副詞のはたらきで、この語気が補完される。程乙本では例4の"能"は、これを省いてしまっている。また、以上の用例における"能"の語気にあたる副詞は"纔"で、"纔"の用例には、上例の"能"に一致するものがある。

　纔走了幾步兒，你就乏了。這還有二十多里呢，走罷。（児女英雄伝4-6）
　哥哥纔死了幾天，就叫嫂子嫁了。　　　　　　　　　　（武松196）

　例3の"能"を"纔"にいいかえている版本もあるが（程甲本系統の木活字本である緯文堂蔵版のものなど）、これなどは"能"の語気作用をしめす好個の改訂例である。

　他の例については、"能"をそのままのこしているけれども、一部にいいかえや削除がおこなわれているところをみると、"能"のこのような用法は、だんだんわかりにくいものになっていたものとおもわれる。

　"能"はさらに、"多大""幾"などに冠して、名詞の修飾語になっている例があり、程乙本はこれに対しては、文意をとっていわゆる意訳による改訂をおこなっている。下例の〔　〕内の○印を付した語が、その対応する訳語である。

　況且能多大年紀的人，略病一病兒，就這們想那們想的，這不是自己倒給自己添病了麼？〔況且年紀又不大，略病病兒就好了。……〕

315

　　　　　　　　　　　　　　　　　　　　　　（校本 113）〔亜東本 11-8〕

　這會子你就每年拿出一二百兩銀子來陪他們頑頑，能幾年的限期〔有幾年
　　呢〕？
　　　　　　　　　　　　　　　　　　　　　（校本 476）〔亜東本 45-3〕

　これは、"能"に対する適当な語が見当らないほど、"能"の用法がかけはなれたものになっていることを示すものであろう。意訳の例としては，下例のようなものもある。

　劉姥姥，你好呀！你說說，能幾年，我就忘了〔你說麼，這幾年不見，我
　　就忘了〕。
　　　　　　　　　　　　　　　　　　　　　　（校本 63）〔亜東本 6-7〕

　正確な意訳とはいえないが，日常的な挨拶のなかでもちいられているところをみると，清の初めあたりでは，"能"のこのような用法は一般的なものであったとおもわれる。しかし，中葉にかけては，これらの用法はもうわかりにくいものになっていたものとおもわれる。

注　汪原放：紅楼夢校読後記（紅楼夢　亜東図書館　上海 1927）
　　太田辰夫：紅楼夢の言語について（試稿）（明清文学言語研究会報第 5 号
　　　1964）

引例書目

水滸：水滸全伝（人民文学出版社　北京 1954）
金瓶梅：金瓶梅詞話（文海出版社　香港 1963）
西遊記（作家出版社　北京 1954）
照世杯（古典文学出版社　上海 1957）
元曲選（文学古籍出版社　北京 1955）
児女英雄伝（亜東図書館　上海 1932）
武松（江蘇文芸出版社　南京 1959）

『紅楼夢稿』后四十回について

§1 『紅楼夢』，その影印本に『乾隆抄本百廿回紅楼夢稿』と表題されている写本については，いろいろな見方があり，この本が基本的にいわゆる程乙本と一致しているところから，程乙本の定稿ではないにしても，高鶚の更訂過程中の一稿本とみるものもあれば[1]，これとは対蹠的に，ある写本を程乙本の版本によって校改したものとするものもある[2]。いずれもまだ十分に説得的であるとは認めがたい。また紅楼夢后四十回については，作者の問題があり，高鶚とする胡適以来の見方について，疑いがはさまれるようになっている[3]。本稿は，『紅楼夢稿』の后四十回について調査し，これらの問題に一つの照明をあたえようとするものである。

§2 『紅楼夢稿』は，幾人かの手によって浄書されたもの（以下に原文という）に，誰かが書き加え（以下に改文という）をおこなっているものであり，章回によって改文の量は一様でなく，かなりの繁疎がみられるが，后四十回においては，改文の量が増してきている。おおむねその行の行間におさまるようにしているが，なかには他の数行の行間にまたがるものもあり，そのばあい原文と錯綜して，これを読み下していくことは，なかなか容易でないほどである。しかし，40回すべてにわたって改文がみられるわけではなく，誤脱字の修正程度に止っている章回もある。86，87，91，92，93，94，95，99，100，101，102，103，104，105，109，110，111，112，114の計19回がそれで，改文はみられない。改文はその他の章回，すなわち81，82，83，84，85，88，89，90，96，97，98，106，107，108，113，115，116，117，118，119，120の計21回にみられる。これらの章回には，繁疎の差はあれ，いずれも相当量に上る改文があり，さらに付箋によって改文をくわえていることがある。すなわち，81，84，97の各回に各1葉，98回に2葉，106回に5葉，117，118の各回に各1葉，119回

に3葉，120回に1葉の計16葉が付されている。しかし，実際にはさらになお付箋が付されていたものと思われる。たとえば，82回につぎのようなところがある。

麝月襲人便伏侍他睡下他兩個也睡了（次日）。─。直到紅日高升方纔起來……

(麝月襲人は改文，次日は墨で消す)

ここのところは，程乙本ではつぎのようになっている。

麝月襲人纔伏侍他睡下，兩個纔也睡了。乃至睡醒一覺，聽得寶玉炕上還是翻來覆去。襲人道："你還醒着呢麼？你倒別混想了；養養神，明兒好念書。"寶玉道："我也是這樣想，只是睡不着。你來給我揭去一層被。"襲人道："天氣不熱，別揭罷。"寶玉道："我心裏煩躁的很。"自把被窩褪下來。襲人忙爬起來按住，把手去他頭上一摸，覺得微微有些發燒。襲人道："你別動了，有些發燒了。"寶玉道："可不是？"襲人道："這是怎麼說呢？"寶玉道："不怕；是我心煩的原故，你別吵嚷。省得老爺知道了，必說我裝病逃學；不然，怎麼病的這麼巧？明兒好了，原到學裏去，就完事了。"襲人也覺得可憐，說道："我靠着你睡罷。"便和寶玉搥了一回脊梁，不知不覺，大家都睡着了，直到紅日高升，方纔起來。

この比較からわかるように，『紅楼夢稿』で，行間に。─。と注記してある部分に，程乙本記載の一段がはいるわけであるが，『紅楼夢稿』では，。─。の注記は，ここに付箋に記載してある改文がはいることを示すものである。たとえば，98回ではつぎのようになっている。

那寶釵〔任人誹謗并不介意〕只窺寶玉心病暗下針砭。(寶玉)。〔又〕見寶釵舉動溫柔也就漸漸的將愛慕代玉的心略移在寶釵身上

〔　〕は改文で加えられているもの，(　)は抹消されている部分を示す。以下における用例もこれに従う。

そして，ここには"一日寶玉漸覺神志安定……只得安心靜養"の287

字をしるした付箋が貼付されていて，"暗下針砭"と"又見寶釵舉動溫柔……"の間にはいるようになっている。その他の付箋の貼られている箇所にも，この記号ないし。印が打たれていて，その挿入される場所を示すようになっていることが多い。82回の。一。も，おそらくはここに挿入される文字の存在することを示すもので，付箋がもとは貼られていたものであろう。また同頁の上部の空白に数個の字がみえるが，いずれも，。一。の部分に挿入されるなかにみえる文字であり，付箋の貼られていたことをうかがわせるに足るものである。82回には，さらに一箇所ある。

　當此黃昏人靜千愁萬緒堆上心來。一。嘆了一回氣無情無緒和衣倒下

　程乙本では，ここに"想起自己身子不牢，年紀又大了，看寶玉的光景，心裡雖沒別人，但是老太太舅母又不見有半點意思，深恨父母在時，何不早定了這頭婚姻。又轉念一想道：'倘若父母在時，別處定了婚姻，怎能夠似寶玉這般人材心地？不如此時尚有可圖。'心內一上一下，輾轉纏綿，音像轆轤一般。"がはいっている。ここにも，おそらく付箋が貼付されていたものであろう。

　このような箇所はその他の回にもみうけられ，先述の如く，実際には現存の16葉以外になお多くの付箋があったものと推察される。このように，81，82，83回など，行間に書きこみきれずに，付箋を貼付して補うなどしてまで補足するなど，大量の改文を加えているのに対して，先に述べたように，86，87，91，92……などの各回においては，誤脱字の一部訂正以外に，なんの修改もほどこしていない。これは，いかにも奇妙な対照といわざるをえない。ある原文をもとにして更訂するさい，果してこのようなことが一般に起こるものであろうか。まずこのあたりから考えてみる必要があるように思える。

§3 『紅楼夢稿』は，前述したように，幾人かの手によって浄書されたとみられる原文に,改文を加えていくという方式をとっているものであるが，原文には用字法の面で一つの特色がみられる。それは，"都"を用いないで，これに"多"をあて，"嗎"を用いないで，"麼"を用いているこ

とである。"給"と"與"は並用されているが，"與"を用いることが多い。程乙本83回についてみてみると，つぎのようになっている（括弧のなかの数字は，亜東本の回および頁を示す）。

"都"（17 例）

1. 不用多說了，快給我都出去。 (83-2)
2. 都是這個病在那裏作怪。 (83-9)
3. 要是都支起來，那如何使得呢？ (83-11)
4. 使的傢伙都是金子鑲了，玉石嵌了的！ (83-12)
5. 吃的帶得，都是人家不認得的。 (83-12)
6. 那都沒要緊，只是這金麒麟的話從何而來？ (83-13)
7. 都是這樣說，況且不是一年了。 (83-13)
8. 凡「文」字輩至「草」字輩一應都去。 (83-16)
9. 邢夫人王夫人鳳姐兒也都說了一會子話，又說了些閒話，纔各自散了。 (83-16)
10. 轎子抬至宮門口，便都出了轎。 (83-17)
11. 只用請安，一概儀注都免。 (83-17)
12. 元妃都賜了坐。 (83-17)
13. 賈母等都忍着淚道。 (83-18)
14. 如今文字也都做上來了。 (83-18)
15. 如今還有什麼奶奶太太的，都是你們的世界了！ (83-19)
16. 都是混帳世界了！ (83-21)
17. 天下有幾個都是貴妃的命！ (83-22)

亜東本の同回において，"都"の用例は上掲17例がみられるが（いうまでもなく，"都"の意味で"多"をあてている例はない），この箇所を『紅楼夢稿』にあたってみると，1，4，5の3例は，いずれも書き加えられた改文のなかにみえるものであり，また7，9の2例は，同本に欠けている部分におけるものである。3，8の2例は，"多"と書かれているものを"都"に訂正している跡があり，その他の2，6，10，11，12，13，14，15，16，17の各例は，いずれも"多"とつくっている。すなわち，原文では"都"

『紅楼夢稿』后四十回 について

を用いている例はなく，"都"は改文においてあらわれているのみである。原文と改文では，以上のような判然とした用字的対立がある。

"嗎"（3例）

1. 這裏是你罵人的地方兒嗎？　　　　　　　　　　　　　　（83-2）
2. 姑娘睡着了嗎？　　　　　　　　　　　　　　　　　　　（83-5）
3. 這還像個人家兒嗎？　　　　　　　　　　　　　　　　　（83-21）

疑問を表す語気助詞 ma には，亜東本も多く"麼"を用いる。この回でも，他に ma を用いている例が6例あるが，いずれも"麼"である。したがって，数のうえでは，"都"と"多"のようにきわだったものはみられないが，以上の例について『紅楼夢稿』にあたってみると，原文で"嗎"を用いている箇所は一つもない。すなわち，2の例は，原文では"姑娘睡着了"で切っていて，助詞を用いていないものを，改文で書き足したものであり，1, 3の例は，ともに"麼"につくっていて，改められてもいない。亜東本の"麼"の6例のうち，2例は改文におけるものであるから，改文ですべて"嗎"を用いるとはいえないが，原文では"嗎"を用いず，"嗎"は改文において用いられているだけであることは，指摘できる。

"給"（14例）

1. 不用多說了，快給我都出去。　　　　　　　　　　　　　（83-2）
2. 紫鵑一手抱着黛玉，一手給黛玉揉胸口，黛玉的眼睛方漸漸的轉過來了。　　　　　　　　　　　　　　　　　　　　　　　　（83-2）
3. 雪雁捧了一碗燕窩湯，遞給紫鵑。　　　　　　　　　　　（83-4）
4. 紫鵑復將湯遞給雪雁。　　　　　　　　　　　　　　　　（83-4）
5. 紫鵑仍將碗遞給雪雁，輕輕扶黛玉睡下。　　　　　　　　（83-4）
6. 紫鵑答應了，連忙給黛玉蓋好被窩。　　　　　　　　　　（83-8）
7. 自然皇上家的東西分了一半子給娘家。　　　　　　　　　（83-12）
8. 要天上的月亮，也有人去拿下來給他頑！　　　　　　　　（83-12）
9. 就是那廟裏的老道士送給寶二爺的小金麒麟兒。　　　　　（83-13）
10. 叫平兒稱了幾兩銀子，遞給周瑞家的道。　　　　　　　　（83-13）
11. 你先拿去交給紫鵑，只說我給他添補買東西的。　　　　　（83-13）

12. 既給薛蟠作妾，寶蟾的意氣又不比從前了。　　　　　(83-19)
13. 奶奶這些閒話只好說給別人聽去！　　　　　　　　(83-20)
14. 還給琴姑娘道喜。　　　　　　　　　　　　　　　(83-23)

　以上の諸例における"給"を，『紅楼夢稿』についてあたってみると，7, 8の両例は原文でも"給"になっておるのに対して，3, 4, 5, 9, 11, 13, 14の諸例の"給"は，原文でもと"與"と書かれていたものを，"給"と改めている。1, 12の例は，ともに書き加えられた改文であって，"給"(12の例のところは"給与")となっており，2の例のところは"與"となっている。10及び11の"交給"の"給"は，"與"につくっている。このように，原文でもまったく"給"を用いないわけではないが，多く"與"を用い，改文では"給"を用いるという傾向が看取される。
　以上は，第83回についてみたものであるけれども，これは改文の多いその他の諸回についても，みることができる。
　なお，これらの回では，"罷了／罷咧""來／來着"という対立もある。原文において，"罷咧""來着"が用いられていることはない。
"來着"
1. 好的時候好像空中有人說了幾句話是的，卻不記得說什麼來着。(81-11)
2. 二爺早來了。在林姑娘那邊來着。　　　　　　　　(82-4)
3. 我前兒聽見秋紋說，妹妹背地裏說我們什麼來着。　(82-10)
4. 我剛才聽見你對的好對子，師父你來着？　　　　　(88-5)
5. 妹妹這兩日彈琴來着沒有？　　　　　　　　　　　(89-11)
6. 他到底怎麼說來着？　　　　　　　　　　　　　　(89-14)
7. 前兒都是我和紫鵑姐姐說來着。　　　　　　　　　(90-3)

　これらの箇所を『紅楼夢稿』についてみると，2の例は"呢"，4, 5, 6, 7はいずれも"來"になっていて，1および3は，原文で"來"になっているところを"着"を書きくわえて"來着"としているもので，原文で"來着"としている例はない。

『紅楼夢稿』后四十回 について

"罷咧"
1. 那有進益，不過略懂得些罷咧。　　　　　　　　　　(84-15)
2. 這是老祖宗的餘德，我們托着老祖宗的福罷咧。　　(88-5)
3. 不過是幾個果子罷咧，有什麽要緊？　　　　　　　(88-7)
4. 不過感念嬤娘的恩惠過意不去罷咧。　　　　　　　(88-12)
5. 老太太不過因老爺的話不得不問問罷咧。　　　　　(90-3)

1および2の例は改文にみえるものであるが，1は"罷了"に，2は"罷"につくっており，3，4，5の諸例はともに原文にあるが，いずれも"罷了"とし，"罷咧"とはしていない。このように，すくなくとも原文に"罷咧"を用いている例はない。

§4 『紅楼夢稿』は，上節でみたように，用字の面で一つの特色をもっており，原文では副詞の"都"に"多"をあてるほか，疑問を表す助詞には"麽"を用い，"嗎"を用いることがなく，"都""嗎"は改文にあらわれる。また"給"は多く"與"であらわし，改文では"給"が多い。なお原文で"罷咧""来着"を用いることがない。いま，このような諸点を考慮しながら，改文を加えていない諸回をみてみると，事情はまったく異ってくる。たとえば，92回をみてみると，つぎのとおりである。(括弧内の数字は，亜東本の回，頁)

"都"（19例）
1. 都長了幾歲年紀了，怎麽好意思還像小孩子時候的樣子？　(92-2)
2. 都是你起頭兒，二爺更不肯去了。　　　　　　　　(92-3)
3. 何苦呢？我都看見了！　　　　　　　　　　　　　(92-3)
4. 衆見人都沒來，只有鳳姐那邊的奶媽子，帶了巧姐兒，……　(92-4)
5. 都認得。我認給媽媽瞧。　　　　　　　　　　　　(92-5)
6. 都是女中的……。　　　　　　　　　　　　　　　(92-6)
7. 大凡有些姿色的都不敢挑。　　　　　　　　　　　(92-7)
8. 同着他妹子探春惜春史湘雲黛玉都來了。　　　　　(92-8)
9. 大凡女人都是水性楊花。　　　　　　　　　　　　(92-10)

323

10．點綴布置，都是好的。　　　　　　　　　　　　　　(92-13)

　このほか，13頁にさらに1例，14頁に2例，15頁に2例，18頁に4例，計19例あるが，『紅楼夢稿』の同回は，この箇所はいずれも全く同じになっている。

"嗎"（2例）
1．你念了懂的嗎？　　　　　　　　　　　　　　　　　(92-5)
2．來了就叨擾老伯嗎？　　　　　　　　　　　　　　　(92-16)

　"都"のばあいと同じように，この箇所はともに"嗎"とつくっている。

"給"（16例）
1．明兒請了姨太太來給他解悶。　　　　　　　　　　　(92-4)
2．過來給老太太請了安。　　　　　　　　　　　　　　(92-4)
3．姑娘，給叔叔請安。　　　　　　　　　　　　　　　(92-4)
4．我認給媽媽瞧。　　　　　　　　　　　　　　　　　(92-5)
5．明兒叫你二叔叔理給他瞧瞧，他就信了。　　　　　　(92-5)
6．五兒跟着他媽給晴雯送東西去。　　　　　　　　　　(92-7)
7．媽要給我配人，我原拼着一死。　　　　　　　　　　(92-9)
8．我偏不給他，你敢怎麼着！　　　　　　　　　　　　(92-10)

　このほか，10頁にさらに1例，11頁に2例，15頁に1例，16頁に2例，19頁に1例，合計6例あるが，『紅楼夢稿』もすべて"給"につくり，この意味で"與"を用いていない。

"來着"（1例）
1．老太太那裏打發人來說什麼來着沒有？　　　　　　　(92-2)

"罷咧"（1例）
1．要補誰就補誰罷咧。　　　　　　　　　　　　　　　(92-7)

"來着""罷咧"とも，すべてこのとおりにつくっている。

92回は，もっとも典型的にあらわれているもので，回によってはなお"多""與"を比較的多く用いているものもあるが（たとえば，97回），基本的には，改文の加えられている81, 82, ……などの回の原文とは，用字法が一致していない。このことは，同じ『紅楼夢稿』にとじられてはいるものの，作業の段階を異にしているものであることを示すものであろう。これらの回にも，81, 82, ……などの諸回と同じように，浄書された原文に相当量の改文が加えられていて，それをさらに整理して浄書しなおしたものとしか考えられない。これらの回に限って改文がないと考えることは，更訂作業の通常からいって不自然であるし，また上述のような用字法の違いからいって，改訂がほどこされているとしかみとめられないからである。なお，このように整然としたかたちをとっている回が，91, 92, 93, 94, 95, 99, 100, 101, 102, 103, 104, 105, 109, 110, 111, 112などのように，連続していることを考えあわせると，浄書が一定の順序，おそらくは回を逐うようなかたちで進められ，81, 82, ……などの回も含めて全面的に書写しなおすことが予定されていたのではないかとも考えられる。

§5 『紅楼夢稿』の原文と改文の間に，用字法の対立があることは，原文の作者と改文の作者が同一人物でないことを示唆するものであろう。上節で述べたように，原文では副詞"都"に"多"をあて，"都"を用いることがなく，また疑問の語気助詞はすべて"麼"を用い，"嗎"を用いることがない。また"與""給"を並用しながら，"給"を用いることは少なく，"罷咧""來着"はすべて"罷了""來"とするなど，突出した違いがみとめられるわけであるが，同一人物であるという想定の下では，このような現象はまずおこりえない。とくに"都"と"多"の対立は，決定的な意義をもつものといえよう。

したがって，改文の作者が，后四十回を補作したといわれる高鶚であるとするなら，原文の作者は高鶚以外の人物に求めなければならなくなる。用字面だけで，補改をおこなった人物が高鶚であることを立証するのは困

難であるが，紅楼夢前八十回において，"嗎"が程本において用いられるようになっていることは，注意されるべきであろう(4)。

§6 『紅楼夢稿』の改文が，基本的に程乙本と一致していることは，すでに指摘されているところである。后四十回において，程甲本とくらべて，もっとも更改の多いのは，胡適のあげているように，第92回であろうが，『紅楼夢稿』92回は，まったく程乙本と同じであるといってよい。同回の程甲本，程乙本の主なる異同を，胡適によって示すと，つぎのとおりである(5)。

（程甲本與後來翻此本的各本）
寶玉道："那文王后妃，是不必說了，想來是知道的。那姜后脫簪待罪；齊國的無鹽雖醜，能安邦定國：是后妃裏頭的賢能的。若說有才的，是曹大家，班婕妤，蔡文姬，謝道韞諸人。孟光的荊釵布裙，鮑宣妻的提甕出汲，陶侃母的截髮留賓，還有畫荻教子的：這是不厭貧的。那苦的裏頭有樂昌公主破鏡重圓，蘇蕙的迴文感主。那孝的是更多了：木蘭代父從軍，曹娥投水尋父的屍首等類也多，我也說不得許多。那個曹氏的引刀割鼻，是魏國的故事。那守節的更多了，只好慢慢的講。若是那些艷的，王嬙，西子，樊素，小蠻，絳仙等；妬的是，'禿妾髮，怨洛神。'……等類。文君，紅拂，是女中的豪俠。"

（程乙本）
寶玉便道："那文王后妃，不必說了。那姜后脫簪待罪，和齊國的無鹽安邦定國：是后妃裏頭的賢能的。"巧姐聽了，答應個"是"，寶玉又道："若說有才的，是曹大家，班婕妤，蔡文姬，謝道韞諸人。"巧姐問道："那賢德的呢？"寶玉道："孟光的荊釵布裙，鮑宣妻的提甕出汲，陶侃母的截髮留賓：這些不厭貧的，就是賢德的了"巧姐欣然點頭。寶玉道："還有苦的像那樂昌破鏡，蘇蕙迴文。那孝的木蘭代父從軍，曹娥尋屍等類，也難盡說。"巧姐聽到這些，却默默如有所思。寶玉又講那曹氏的引刀割鼻，及那些守節的。巧姐聽着，更覺肅敬起來。寶玉恐他不自在，又說："那些艷的，如王嬙，西子，樊素，小蠻，絳仙，文君，紅拂都是女中的

326

……"尚未說出，賈母見巧姐默然，便說："夠了；不用說了。講的太多，他那裏記得？"

（程甲本與後來翻此本的各本）
馮紫英道："人世的榮枯，仕途的得失，終屬難定。"賈政道："像雨村算便宜的了。還有我們差不多的人家，就是甄家，從前一樣的功勳，一樣的世襲，一樣的起居，我們也是時常來往。不多幾年，他們進京來，差人到我這裏請安，很還熱鬧。一會兒抄了原籍的家財，至今杳無音信。不知他近況若何，心下也着實惦記。看了這樣，你想做官的怕不怕？"賈赦道："偺們家是再沒有事的。"

（程乙本）
馮紫英道："人世的榮枯，仕途的得失，終屬難定。"賈政道："天下事都是一個樣的理喲！比如方纔那珠子：那顆大的就像有福氣的人是的。那些小的都托賴着他的靈氣護庇着。要是那大的沒有了，那些小的也就沒有收攬了。就像人家兒當頭人有了事，骨肉也都分離了，親戚也都零落了，就是好朋友也都散了，轉瞬榮枯，真似春雲秋葉一般。你想做官有什麼趣兒呢？像雨村算便宜的了。還有我們差不多的人家兒，就是甄家；從前一樣功勳，一樣世襲，一樣起居，我們也是時常來往。不多幾年，他們進京來，差人到我這裏請安，還很熱鬧。一會兒抄了原籍的家財，至今杳無音信。不知他近況若何，心下也着實惦記着。"賈赦道："什麼珠子？"賈政同馮紫英又說了一遍給賈赦聽。賈赦道："偺們家是再沒有事的。"

これらの箇所を『紅楼夢稿』同回にあたってみると，『紅楼夢稿』はまったく程乙本に一致する。亜東本の「校読後記」では，程乙本が同回において，13個の"明日"を"明兒"に改めていることをあげているが，これらの点も，『紅楼夢稿』同回は程乙本に符合する。ことなるのは，程甲本・程乙本とも，"外面下雪,早已下了梆子了"（亜東本92-20）としている箇所を，"外面下雪早已下了半日了"とするほか，"爲什麼逃了呢？"（亜東本92-9）の"逃"を"脫逃"とする点などのみに過ぎない。

程甲本と程乙本との相違として，よくあげられるものの一つに，93回末尾の文章があるが，『紅楼夢稿』は，この点も程乙本に一致する。すなわち，程甲本第93回は，つぎのような文章で終っている。

　頼大說："我的小爺，你太鬧得不像了。不知得罪了誰，鬧出這個亂兒。你想想誰和你不對罷。"賈芹想了一想，忽然想起一個人來。未知是誰，下回分解。

　しかし，94回では，これをうけることなく，すなわち賈芹がおもいだした人が誰であるかには，まったく言及することなく，ストーリーを展開しており，したがって93回と94回は，この文章ではつながらなくなってしまっている。そこで，程乙本ではつぎのように改めているのであるが(6)『紅楼夢稿』のこの箇所は，程乙本に一致している。

　賈芹想了一會子，幷無不對的人，只得無精打彩，跟着頼大走回，未知如何抵賴，且聽下回分解。

　また，101回で，鳳姐が秦氏の亡霊に遇ったあとのところを程甲本はつぎのようにしるしている。

　鳳姐……帶了兩個丫頭，急急忙忙回到家中。賈璉已回來了，只是見他臉上神色更變，不似往常，待要問他，又知他素日性格，不敢突然相問，只得睡了。

　このところを，程乙本はつぎのように改める。

　鳳姐……帶了兩個丫頭，急急忙忙回到家中。賈璉已回來了，鳳姐見他臉上神色更變，不似往常，待要問他，又知他素日性格，不敢突然相問，只得睡了(7)。

　このように改めることによって，鳳姐と賈璉がまったくいれかわることとなり，亡霊の出会いからの展開としては，すじのとおらぬ話しとなるわけであるが，『紅楼夢稿』もこの箇所は，程乙本のとおりとなっている。
　しかし，これらの回は，さきに述べたように，86, 87, 91……などの19回，

すなわち改文をくわえたのち更に浄書したと思われる回に属しており，原文においてすでに程乙本のようになっていたものか，或いは改文において程乙本のようになっているものかは，これらの回の対照によっては，明らかになってこない。

ところで，第81回において，程甲本と程乙本でつぎのような違いがみられる。

　賈母道："你那年中了邪時候兒，你還記得麼？"鳳姐兒笑道："我也不很記得了。但覺自己身子不由自主，倒像有什麼人，拉拉扯扯，要我殺人纔好。有什麼拿什麼，見什麼殺什麼，自己原覺很乏，只是不能住手。"賈母道："好的時候兒呢？" 　　　　　　　　　　（亜東本81-10）

程甲本は，上記の箇所のうち"你那年中了邪的時候兒，你還記得麼？"を"你前年害了邪病，你還記得怎麼樣？"に，"我也不很記得了"を"我也全不記得"に，"倒像有什麼人，拉拉扯扯"を"倒像有些鬼怪拉拉扯扯"に，また"好的時候兒呢？"は"好的時候還記得麼？"としている。これを『紅楼夢稿』にあたってみると，この箇所は同本第81回2頁の後半葉にあり，この頁はかなりの量の改文のみられるところであるが，上記の文章は，原文そのものが程乙本のとおりになっている。したがって，改文をくわえたあとの『紅楼夢稿』は，基本的に程乙本と一致しているけれども，だからといって，程甲本と程乙本の相違箇所がすべて改文にあるとみることはできないわけである。同じ事例に属するものにつぎのようなものがある。第97回の宝玉の婚礼の日のことを描いているところにつぎのような記述がある。

　登堂行禮畢，送入洞房；還有坐帳等事，俱是按本府舊例，不必細說。
……那新人坐了帳就要揭蓋頭的。鳳姐早已防備，請了賈母王夫人等進去照應。 　　　　　　　　　　　　　　　　　（亜東本97-24）

しかし，程甲本では，"還有坐帳等事，俱是按本府舊例，不必細說"を"還有坐床撤帳等事，俱是按金陵舊例"とし，また"那新人坐了帳就要揭蓋頭的"を"那新人坐了床便要揭起蓋頭的"としている。趙岡氏によると，程

329

甲本の記述は共通語のいいかたであって，高鶚はこれにあきたらず，程乙本のように改め，老北京のことばにしたのだという。同氏によると，北京の俗語では，新郎新婦が洞房にはいって牀上にすわることを"坐帳"といい，このように北京の婚礼俗習の用語をつかったため"按金陵舊例"というわけにゆかなくなり，といって"京中舊例"と明記することもできないから，"本府舊例"に改めたもので，このことばは北京以外の人にはふつうわからないという[8]。この箇所は『紅楼夢稿』97回の6頁前半葉にみえ，この頁も，この箇所をふくめて，改文がくわえられているが，いま問題にしているところは，原文そのものが程乙本のとおりになっている。

　このように，『紅楼夢稿』の原文そのものが，程乙本のようになっている事例は，81，82，83，……などの大量の改文が加えられている計21回のなかで，随所にみることができる。以下に，その数例をあげよう。

　82回
　看着小註，又看講章，鬧得梆子下來了〔鬧到起更以後了〕。
　　。。。。の部分は，程甲本にみえる字句，〔　〕内に示すものが程乙本において改められており，『紅楼夢稿』の原文にある字句。以下これに同じ。

　83回
　黛玉聽了，點點頭兒〔嘆了口氣〕，拉着探春的手道。
　89回
　你不吃飯，喝一口粥兒罷〔喝半碗熱粥兒罷〕。
　97回
　怕我們姑娘不依他，假說丟了玉，裝出傻子樣兒來，叫我們姑娘〔那一位〕寒了心。
　同
　賈母恐他病發，親自扶他上床〔親自過來招呼着〕。
　98回
　襲人聽了這些話，便哭的哽嗓氣噎〔又急又笑又痛〕。
　119回
　孫子不敢幹什麼爲非的事。邢舅太爺和王舅爺說給巧妹妹作煤〔孫子不敢

330

幹什麼。爲的是邢太爺和王舅爺說給巧妹妹作媒〕，我們纔回太太們的。
同
第七名舉人是誰〔第七名中的是誰〕？
同
寶石既有中的命，自然再不會丢的。況天下沒有迷失了的舉人〔不過再過兩天，必然找的着〕。
同
邢夫人才如夢初覺，知他們的鬼〔知是他們弄鬼〕。

§7 程甲本と程乙本との間には，程度の差はあれ，各回にわたって異同がみられるが，程乙本で改められている語句が，『紅楼夢稿』の原文のなかで用いられていることは，この写本の性格，および程乙本の成立を考えるうえで，まことに示唆に富むものといわなければならない。97回の"坐帳"について，上述したように，趙岡氏は，それが高鶚の手に成るものとし，高鶚が北京語に改めている例としてあげているのであるが，これが『紅楼夢稿』の原文において用いられていることは，さきに指摘したとおりである。同氏は，原文で"多"を"都"にあてていること，"嗎"を用いていないことに着眼し，原文の作者と改文の作者とが同一人物と考えられないこと，とくに"都"に"多"をあてていることから，原文の作者を南方人としているわけであるが(9)，実はその「南方人」が"坐帳"としているのであって，高鶚がみずから改めたのではないのである。このように，『紅楼夢稿』の原文のなかの語句が程乙本に採られていることは，『紅楼夢稿』が程乙本の作成にかかわりをもっていたことを物語るものに外ならない。もしそれが改文にあらわれているものであるならば，いくつかの解釈が成り立つが，それが原文にある以上，解釈は一つしかない。程乙本への更訂にあたって，『紅楼夢稿』は，唯一ではないかもしれないが，参考とされた一写本であるということである。『紅楼夢稿』第78回のあとに，"蘭墅閱過"と高鶚がしたためているのも，このように考えてくると説明がついてくるであろう(10)。また，程乙本が程甲本などの前の版の版本を底本として更訂されたものとする考えとも矛盾をおこさない。

『紅楼夢稿』の原文が，程甲本，程乙本のいずれとも異っている点も一部あり，程乙本への更訂の方針からして，むしろ『紅楼夢稿』原文のものに従ったほうが適切とみられるものがあるが，これらが採られていないのは，更訂の参考にされたが，なんらかの事由でそのままになったことによるものであろう。第92回にその例があることは§6でふれたが，さらに1例を示すと，つぎのようなものがある。

　　賈母道："焉知不因我疼寶玉，不疼環兒，竟給伙們種了毒了呢。"（81回）

程甲本，程乙本とも"焉知不因"とするところを，『紅楼夢稿』原文では，"這是"とし，更改は加えられていない。

§8 『紅楼夢稿』を，上述のように，程乙本更訂にあたって参考にされた一写本と位置づけるのは，『紅楼夢稿』原文と程乙本における更改の一致および不一致によるものであるが，もう一つの理由は，王珮璋女士の程甲本，程乙本の版本の比較結果から推して，程乙本はそのまえの版本を底本として更訂が進められたものと考えられ，程乙本には手底稿が存在しないのではないかと推察されることである[11]。このことはさらに論証を必要とするが，いまは十分な資料をもちあわせないので，ふれないでおく。ところで，このような考えをとるとき，まず問題になってくるのは，『紅楼夢稿』に書き加えられている改文はなにかということであるが，手底稿でないとすると，それはなにかに拠って，書き加えたものとしか考えられない。改文が基本的に程乙本と一致していることを考え合わせると，そのなかには程乙本ということになろう。しかし，『紅楼夢稿』の改文は，すべて程乙本どおりではなく，程甲本の字句を加えている箇所もある。たとえば，119回にはつぎのような例がある。

　　寶玉道（你倒催的我緊）我自己也知道該走了《回頭見衆人都在這裏只没惜春紫鵑便説道妹妹和紫鵑姐姐跟前替我説一句罷橫竪是再見就完了》

　　（ ）内は書き入れ，《 》内は付箋による改文。以下同じ。
　　○○○○を付したる部分は，程甲本とおなじで，程乙本では"替我説罷。

他們兩個橫堅是再見的"となっている。

　（看看那天已覺是四更天氣并沒有個信兒）李紈怕王夫人苦壞了，極力勸着回房。
　○○○○の部分は，程甲本と同じで，程乙本では，"不言襲人苦想，却說那天已是四更，并沒個信兒"とする。
　（王夫人道你大舅子為什麼也是這樣賈璉道太太不用說我自有道理）正說着巧姐兒來見了王夫人多抱頭大哭。
　○○○○部分は，程甲本とおなじで，程乙本は，"王仁這下流種子為什麼也是這樣壞"につくる。

　（自此賈璉心裡愈敬平兒打算等賈赦等回來要扶平兒為正）
　○○○○部分は，程甲本におなじで，程乙本では，"益發敬重平兒"につくる。

　このように，『紅楼夢稿』の改文に程乙本との異同が，単に異体字とか，r化語尾表記の有無にとどまらないで，程甲本の字句を用いることなどを考えると，改文にさいして拠ったと思われるものが，今日いわれるところの程乙本の版本でないことは明らかである。このように考えてくると，あるいは程甲本と程乙本の中間に位する版本，1961年台北で影印された胡天猟原蔵の「乾隆壬子年木活字本百廿回紅楼夢」かとも考えられるが⑿，改文が基本的には，程乙本のそれに当っていることは，諸家のすでに指摘するとおりであり，胡天猟原蔵本によったと考えることは困難である。付箋による改文を程甲本，胡天猟原蔵本，程乙本と比較してみると，微細なちがいがみとめられるが，その多くは程甲本と胡天猟原蔵本とが一致し，『紅楼夢稿』と程乙本が一致する。改文のすべてを照合したわけではないので，断言ははばかられるが，胡天猟原蔵本によったと断定することは，まず成立しない。改文は，やはり程乙本に近い。しかし，前述したように，今日伝えられている程乙本の版本そのものに拠ったとも考えられない。とすると，改文が拠ったのは，程乙本への更訂過程にあるものといわざるを

えない。おそらくは，高鶚となんらかのつながりにあるものが，更訂中のものによって改文を加えたものであろう。『紅楼夢稿』を高鶚の手稿本とする見解をとる范寧氏は，「誰かが版本によって自分の所蔵している写本を改めて，このような形になったとするのは，成り立ちがたい。章回名や話しの筋にいたるまで，版本とことなる点があり，版本によって改める以上，故意に不忠実にするとは考えられない」という意味のことを述べているが[13]，更訂のおわった版本によっていない以上，これはおこりうる現象であって，これをもって『紅楼夢稿』を手稿本とするのは，いささか根拠に欠けるものといわざるをえない。

(1) 范寧：《紅楼夢稿》跋 1962年。范氏は，この本の手を加えたあとの文字は99パーセントまで刻本と一致している，だから程，高による改本だというのだが，両者はまったく同じでないから，定稿ではないように思うという意味をのべている。その刻本が程乙本であるとは言及していないが，この写本が基本的に程乙本と一致していることは，同氏も他の論文でみとめているところであり（范寧：談『高鶚手定紅楼夢稿本』新観察 1959年第14期），他の版本であるとは考えられない。
(2) 趙岡・陳鍾毅：紅楼夢新探下篇（1970年7月香港文芸書屋）p.319。王佩璋："紅楼夢"后四十回的作者問題（光明日報 1957年2月3日）（紅楼夢研究論文集 1959年北京人民文学出版社所収）の程甲本と程乙本の二版本の比較結果を根拠とする。王女士の比較したところによると，甲乙両本の各頁の行数・字数・版口は同じで，しかもそれぞれの頁の文字内容はことなっているにもかかわらず，各頁とも終りは同じ字にそろえており，したがって各頁とも始めと終りの字はほとんどの頁が同じになっている。ことなっているのは1571頁のうち69頁にすぎない。趙氏は，これを根拠として，高鶚は，すでに印刷された版本のうえに更訂をすすめたことは疑いなく，『紅楼夢稿』は，高鶚が更訂をおわったあとで，何人かがその版本によって写本を改めたものとする。なお，王女士の上記の比較統計は，程乙本が他人の偽作でない論拠の一つとして示されているものである。
(3) 王佩璋："紅楼夢"后四十回的作者問題（前出）
(4) 拙稿：『紅楼夢』のことばについて(1)（人文研究第25巻第3分冊 1973 大阪市立大学）

(5) 胡適：重印乾隆壬子（1792）本紅楼夢序（紅楼夢 亜東図書館 1927 上海）
(6) 趙岡：紅楼夢考証拾遺（高原出版社 1963 香港）p.129
(7) 王佩璋：『紅楼夢』后四十回的作者問題（前掲）p.167
(8) 趙岡・陳鍾毅：紅楼夢新探下篇（前掲）p.363 〜 p.364
(9) 趙岡・陳鍾毅：紅楼夢新探下篇（前掲）第二節 前八十回與後四十回用字之比較にくわしい。
(10) 『紅楼夢稿』を高鶚の手訂稿とみると，この"蘭墅閲過"の四字は説明がむずかしい。趙岡氏も指摘するように，自分の手稿に"閲過"と書くのは，ふつう考えられぬところである。なお，趙岡氏は，程偉元の友人とおもわれる人が，脂本系統の前八十回の写本をもっており，程偉元が新に入手した后四十回の写本を惜りて写本を作ったものを合訂したのが，この『紅楼夢稿』で，たまたま高鶚が各種の八十回写本を参考にして更訂をすすめていたものだから，その前八十回写本を高鶚に貸し，高鶚はこれを参考にした。そのさい終りに近い七十八回でこの四字をしたためた。なおそのさい更訂の終了を待って，自分の手中にある后四十回写本を，程丙本（同氏は，1961 年台北で影印された胡天猟原蔵本を，「程乙本」とし，いわゆる程乙本を程丙本と称している）の版本によって補写したとする（趙岡・陳鍾毅：前掲書 p.325 〜 p.326）。この推理はここでは問題でなく，同氏によって『紅楼夢稿』后四十回の原本になっていると推理されている程偉元入手の后四十回写本が，高鶚によって后四十回の更訂に参考とされたことを実証できればよいわけである。
(11) 前掲(2)を参照。
(12) 胡天猟原蔵の影印本は，胡適によって程乙本と鑑定されているが，程乙本と同一ではなく，多く程甲本のとおりとなっており，特に后四十回については改めるところが少い。ここであげた例も，同版本はいずれも程甲本に従っている。なお，§6にあげた程甲本，程乙本の相違箇所も，程甲本に従っていることはいうまでもない。
(13) 范寧：前掲。

なお，論中で亜東本と称しているのは，上海・亜東図書館 1927 年発行のものをさす。同版は，いわゆる程乙本に拠るものであり，便宜上，程乙本として利用したが，同版は程乙本を改めている箇所もあり，用字法以外については，用いていない。

『儒林外史』のことば

§1 『儒林外史』を言語の面からとり上げている最初のものは，恐らく亜東図書館版の標点本に寄せた銭玄同の「儒林外史新敍」であろう。氏はそのなかで，『儒林外史』は"国語的文学"であるとし，つぎのように述べている。「適之先生（胡適――筆者注）は，『水滸伝考証』のなかで，この七十回水滸伝は中国の口語文学が完全に成立した一大紀元であるとのべているが，これは正しい。しかし，口語文学には"方言的文学"と"国語的文学"の区別がある。『水滸』はやはり"方言的文学"であり，これに対して『儒林外史』は"国語的文学"である。『水滸』と『儒林外史』との間には，"国語的文学"の大著作がないから，『儒林外史』の世に出た日をもって，中国の"国語的文学"が完全に成立した一大紀元とすることができる。……元，明以来の共通語は，唐宋時代のそれとはひどくことなるもので，現在の江蘇，浙江，福建，広東などの地のことばが，たぶん唐宋のころの共通語であろう。宋朝の南渡後，元朝になって，蒙古人が中国の北方で中国の皇帝となると，当時の北方の方言を"官話"とした。政治上の関係で，この方言が勢力を占め，明清以来いくたびかの淘汰を経て，多くの特殊な語がとり去られる一方，他の各地で広く通用している方言がとり入れられて，だんだんとここ四，五百年における共通語がつくられていった。この共通語がすなわち俗に"官話"といわれるもので，それが全国に通用する力をもっているところから，"国語"というのであるが，『儒林外史』はこの共通語を用いてものされた，極めて価値の高い文学作品である。だからこそ，"国語的文学"が完全に成立した一大紀元というのである。そして，この"国語"はいまに至るも，なんら変るところがない」。[1]

氏の主張には，北京語そのものを"国語"すなわち共通語にしようとする，当時の一派に対する反撃が裏打ちされており，この間の事情をふまえて読まなくてはならない点があるが，『儒林外史』の言語の特質をいい

『儒林外史』のことば

あてている点では，異論をはさむ余地がない。二百有余年を経た今日，さしたる距離感をおぼえることなく読めることでも，これは明らかである。しかし，一口に共通語といっても，それはかなり多様であり，それぞれ地域によって，方言への傾斜がある。規範化が進んだ今日においても，たとえば，上海方言区の人の話す共通語と，北京方言区の人のそれとの間には，語彙の面でなおやはり開きがあり，ものされる文学作品にもその反映がみられる。このことからも推察されるように，『儒林外史』が"方言的文学"でなく，"国語的文学"であるといっても，それはやはり一種の"国語"である。これは，他の"国語的文学"についてもいえることで，たとえば『儒林外史』にややおくれて世に出る『紅楼夢』などは，『儒林外史』とは異った一種の"国語"である。『儒林外史』は南方のことばであるとよくいわれるが，これはこの面についていっているもので，『紅楼夢』が北京官話なら，『儒林外史』の言語は，基本的には当時の下江官話であり，桂秉権氏のいうが如く，『儒林外史』の言語的特色は，下江官話の基礎のうえに，方言成分をうまくとり入れている点にある[2]。これは，作者の呉敬梓（1701－1754）が安徽省全椒県の人で，33歳のとき同地から南京に転居し，居を定めて以来はよく蘇北一帯を往来して，それらの地に僑居することも少なくなかったことや，作品の背景を多く南京，揚州一帯の地に設定し，登場人物もその地の人が多いことを考えあわせると，おのずと理解されよう。

§2 『儒林外史』に用いられている，比較的特殊な方言語彙については，前掲の桂秉権氏の論文「"儒林外史"的方言口語」が詳しい。氏はこの論文のなかで，「小説の書きだしで山東汶上県薛家集での私塾びらきの光景をえがき，夏総甲にしきりと"俺"をつかわせ，作者は北方語を用いることを企図しているかのようであるが，第2回からは，作中人物の話のなかに，南京，揚州一帯の方言があいついで現われてきており，江南語系統の一部の語彙は，北京語にないものである」とし，"跑掉了（6回），舞起來（2回），跳起來（52回），跑起来（2回）"。さらに"攔攔着（54回），本喪着（5回），弄送（4回），参差着（14回），圍（51回），搭嘴（26回），墩（42回），餓（43回），

覿面（41回）"，また"大獣的（22回），啷啷的（45回），……"など多くの語をとりあげ，これらを南京，揚州一帯における口語の用法から説明している。南京，揚州の地の方言であるとはいっても，その通用地域の広狭はさまざまであろうし，また歴史的に古くから用いられているものなど，いろいろであろうと思われる。たとえば，"打緊"について，同論文は「元曲における"打甚麼不緊"や早期白話の"不打緊"はいずれも"不要緊"という意味であるが，ここの"打緊"は南京の土語であって，或ることに対するいまいましい気持を伝える口語である——打緊頭痛的很，你還來吵我！（頭が痛いところへ，あんたまで来てやかましくいいたてるんだから）」としているが，この用法の"打緊"は『水滸』『金瓶梅』にもみえる。

打緊這座山生的嶮峻，又沒別路上去。　　　　　　　　　　（水 17 回）
　　この山はけわしくて，それに上る道もほかにないときている。
打緊這婆娘極不賢，只是調撥他丈夫行不仁的事，殘害良民，貪圖賄賂。
　　　　　　　　　　　　　　　　　　　　　　　　　　　（水 33 回）
　　この女はわるいやつで，夫に没義道をはたらき，良民を殺害し，賄賂
　　をむさぼるようにしむけてばかりいる。

打緊應寶又不在家。　　　　　　　　　　　　　　　　　　（金 67 回）
　　あいにく応宝はまた不在でした。

また『紅楼夢』にもみえる。
打緊那邊正和鴛鴦結有仇了。　　　　　　　　　　　　　　（紅 74 回）
　　まずいことに，あちらと鴛鴦とはいま不仲になっています。

"韶刀"（53回，54回）についても，「南京，揚州一帯では口うるさくて，よくしゃべることをいい，一般に老人についていう」と解釈しているが，この語は『金瓶梅』に数例みえる（30回，32回，35回，62回，78回など）。
春梅見婆子吃了兩鍾酒，韶刀上來了，便叫迎春二姐。　　　（金 78 回）
　　春梅婆さんが，二，三杯ひっかけて，舌がまわりだしたのを見ると，
　　迎春を呼んだ。

『紅楼夢』にも1例みえる。

賈芸聴他絮刀的不堪，便起身告辭。　　　　　　　　　　（紅24回）
　賈芸は彼がくどくどいうのにへきえきして，立ち上がっていとまを告げた。

ただし，『紅楼夢』にこの用例がみえるのは，いわゆる程甲本であって，程乙本では"絮刀"を"嘮叨"に改めている。『紅楼夢』に南京語がみえるのは，作者の曹雪芹が久しく南京に住んだことがあることから，十分にあり得ることであり，また実際に用いられてもいる。"絮刀"も恐らくその一例であると思われるが，『金瓶梅』に用例があるところからして，南京以外，華北の一部にまたがって，かなり広い通用範囲をもっていたものであろう（しかし，『紅楼夢』程乙本で改めているのは，その当時すでに，少くとも北京語としては，違和感をおぼえさせるほどのものであったことをうかがわせる）。

また同論文は，"若是家門口這些做田的，扒糞的，不過是平頭百姓，你若同他拱手作揖，平起平坐，這就是壞了學校規矩，連我臉上都無光了。"（3回）（このかいわいの百姓どもはただの平民だ。あんな連中と対でつきあうんでは，学校のきまりをそこなうし，俺の顔だってつぶれてしまうよ）の"平頭百姓"などを南京口語としているが，"平頭百姓"は清末の『負曝閒談』などにもみえる。

所以用直那些挖泥挑糞的平頭百姓，都敬重姓陸的如天地鬼神一般。
　　　　　　　　　　　　　　　　　　　　　　　　（負1回）
　それで甪直の百姓たちはみな陸一族を神様のようにあがめていた。

『負曝閒談』の下江官話への傾斜ぶりからして，この語などは江南一帯に通用するものであったと思われる。

なお『儒林外史』の現存のもっとも古い版本である臥閑草堂本と，それともっとも出入りのいちぢるしい齊省堂増補本とを比較すると，語彙を一部改めているところがある。これらを前掲の桂氏論文にあげる方言語彙に

照合すると，そこに含まれているものが多く，齊省堂増補本では，いずれも相当する共通語に改めている。

像這荀老爹，田地廣，糧食又多，叫他多出些；你們各家照分子派，這事就舞（興）起來了。　　　　　　　　　　　　　　　　　　　　（2回）
　この荀さんなどは，田畑も広いし，物もちだからよけい出してもらうようにし，あとはおまえさんらがめいめい割り当て分を出すようにすれば，このことはやってゆけるようになろう。

我家裏還有幾兩銀子，借給你跳（弄）起來就是了。
　　　　　　　　　　　　　　　　　　（52回，ただし齊省堂本では56回）
　わたしの家にはまだ数両ありますから，用立ててあげましょう。

這些大老官家的命都是他攔攔着算了去（一人招攬了去），而今死了。
　　　　　　　　　　　　　　　　（54回，齊省堂本では58回，以下同じ）
　これらの旦邪がたのご運勢はいずれも彼がひとりで占っていましたが，いまは死んでおりません。

兩位舅爺看了，把臉本喪着（呆板着）不則一聲。　　　　　　　（5回）
　奥さんのご兄弟二人は見ても，顔をこわばらせたままなんともいわなかった。

大哥，我倒不解，他家大老（老大）那宗筆下，怎得會補起廩來的？（5回）
　兄さん，わたしにはどうも解せぬのですが，あの家の長兄は，あの学力でよくも廩生に補せられたものですね。

他一個堂客家，我怎好同他七個八個的（說的）？　　　　　　（54回）
　女のあの人をつかまえて，なんのかんのといえるもんではありません。

他自從來賓樓張家的妖精纏昏了頭，那一處不脫空（做空）！（54回）
　あの人は来賓樓の張さんのいえの女郎にのぼせあがってからは，あちらこちらいたるところ借金だらけですよ。

　　（　　）内は，○印を附した語を齊省堂増補本で改めているもの。なお，『儒林外史』よりの引例については，（　　）内に回数のみをしるし，その他の作品のものについては，作品名の頭字を附してある。以下同じ要領による。

これなどは，これらの語彙が一般にはかなりわかりにくいことを予想して，適当ないいかえを行ったものであろう。ただし，齊省堂増補本におけるいいかえは，この種の版本のつねとして，かなり恣意的であって，ある章回では改めるか，あるいはその部分を削るなどしていながら，他の章回ではそのままにしているところからして，この版本でいいかえられている語のすべてが，他の語にくらべて特に方言的であるともいいがたい。

§3　その作品の言語をみるうえで，作品に用いられている，特殊な方言語彙を看過できぬことはいうまでもなく，たとえば『儒林外史』に用いられている，上節にあげた語のほとんどは北京語にないもので，『紅楼夢』にはみえない。また『紅楼夢』についていえば，"行動"（"動不動"の意），"能着"（"將就"の意）などが用いられていて，これらの語は『儒林外史』にはみえない。このような方言語彙は，それぞれの作品を色づけしているもので，その作品の言葉的特色を浮き出させている一つの要素である。しかし，その作品の言語が基本的にどうであるかをみるには，やはりもっと基本的な語彙についてみてみなくてはならない。

　『儒林外史』では，"誰"の意に多く"那個"（または"那一個"）を用いる。
　街上的人，那一個不敬。　　　　　　　　　　　　　　　　　（1回）
　　まちの人で，敬まわぬものはいなかった。
　細細問他從的先生是那個，又問他可曾定過親事，着實關切！　　（4回）
　　先生は誰についているのかとこまごまとたずねられ，また婚約したかどうかおたずねになるなど，たいへん気づかってくださいました。
　那個理他？　　　　　　　　　　　　　　　　　　　　　　　（18回）
　　誰があの人なんかかまうものですか。

　"那個"を"誰"の意に用いるのは，下江官話である。『官話類篇』（C, W, Mateer: *Mandarin Lessons*, 1892 Shanghai）も「"誰"は揚子江流域ではあまり用いられない。"那個"がそのかわりに用いられる。……この使用は，純粋の官話かどうかを特色づけるものの一つである」とのべている。[3]
　また『儒林外史』では，"把"を"給"の意に用いる例がみえるが，"把"

をこのように用いるのも，下江官話である。

　　況他心慈，見那些窮親戚，自己喫不成，也要把人喫；穿不成的，也要把
　　人穿。　　　　　　　　　　　　　　　　　　　　　　　　　　（5回）
　　そのうえお情ぶかい方でして，暮しにお困りの親戚をご覧になると，
　　ご自身が食べられなくても，食べるものをお届けになり，ご自身が着
　　るにこと欠いても，着るものをお送りになるのでした。
　　我又不要你十兩五兩，沒來由把難題目把你做怎的？　　　　　　（14回）
　　わたしはなんにもあなたから十両の五両のといただこうとは思ってい
　　ません。いわれもなしに，難題をふっかけたりはしませんよ。
　　把他四個錢。　　　　　　　　　　　　　　　　　　　　　　　（47回）
　　かれに四文あたえた。

　この"那個""把"などは，揚州，江淮一帯の方言によるところの多い，揚州評話『武松打虎』（江蘇文芸出版社 1959 南京）によく用いられており，『儒林外史』における用例と全く一致している。

　　人聽見打虎英雄，哪一個不恭維？　　　　　　　　　　　　　（武1回）
　　虎を退治した英雄ときいては，誰一人うやまわぬものはいない。
　　咳喲，大瘤疙瘩，哪個打的？　　　　　　　　　　　　　　　（武2回）
　　おや，大きなこぶをこさえて，誰にやられたんだ。
　　我就把二十文。　　　　　　　　　　　　　　　　　　　　　（武2回）
　　では二十文やろう。
　　小二擰了把手巾，把英雄擦了手臉。　　　　　　　　　　　　（武1回）
　　店の給仕はおしぼりをしぼって，武松にわたし，顔や手をぬぐわせた。

　このような"那個""把"が下江官話のものであり，『儒林外史』が下江官話の用法によって，これらの語を用いるといっても"那個""給"が，完全に共通語の"誰""給"を排除して，排他的に用いられているわけではない。また，そうでないからこそ"国語的文学"であるわけだが，"把"に関連していえば，"給"および"與"がつぎの用例の如く並行して用いられている。

342

從早上到此刻，一碗飯也不給人吃，偏生有這些臭排場！　　　(6回)
　朝から晩まで，飯一杯もひとにくわそうとしないくせに，こんな禄でもない見栄ははるんだから。
你這是難題目與我做，叫拿甚麼話去回老爺？　　　(1回)
　これは無理難題というもんだ。旦那さまにどうご報告しろというんかね。

　このような現象は，文学作品においては一般にみられるところであり，たとえば，南の方では"知道"を"曉得"，"找"を"尋"というが，『紅楼夢』のような北京語作品でも，"曉得""尋"が用いられており，南方語的色彩の強い作品でも"知道""找"が用いられている。日常の口頭語ではさほどではないにしても，共通語と方言の語彙が交錯して用いられることは，文学言語の常であり，むしろその特性ともいえ，旧白話小説語彙からのうけつぎは，この間の事情をさらに複雑にしている。したがって，単純に較べると，文学作品の言語は，どの作品も語彙の面で大差のないものとしか映らなくなってしまうわけであるが，同意語の組み合わせを，いろいろつみかさねてみると，かさなる部分，かさならない部分がいくつか出てくる。そして，これらをトータルしてみると，やはりそこに一つの顕著な傾向，傾斜が看取されてくる。
　たとえば，『紅楼夢』でも"那個"を‘もの’を指すのではなく，"那位"と同じように‘ひと’を指す用法が一部にあり，"誰"と大差がない。
這個情分，求那一個才了事？　　　(紅7回)
　これはどなたに頼みこんだらよいでしょうか。

　しかし，"把"については，これを"給"に用いる例はなく，"給/與"を並用するのみである。これに対して，『儒林外史』は"給/與/把"を並用していて，"把"はかさならず，"給"に対して「共通語/下江官話」という関係になっている。これに対して，たとえば「お茶をのむ」を『紅楼夢』は"喝茶/喫茶"，『儒林外史』は"喫茶"で，"喝"がかさならず，"喝"は"喫"に対して，「共通語/下江官話」というような(4)関係を一応

343

設定できる。これら以外にも「北京語／共通語」「北京語／下江官話」という関係でとらえられるものがあり、それぞれの作品の一つの色彩が映ってくる。言語のつねとして、きわだった白黒の対照は求めえられないにしても、なんらかの色あいの差はやはり感ぜられる。また作品の言語の特色とは、基本語彙に関する限り、およそこの程度のものでしかありえないというべきであろう。いま、このような見方から、『儒林外史』と『紅楼夢』の語彙をすこしとり上げてみることとしよう。

「投げる」という動作を表す語は、地方によって異なり、『官話類篇』などは、この意味の共通語はないとまでいっているくらいであるが、『儒林外史』では"丟"が用いられており、"扔""撂"がない。

魏相公丟了碗出去迎接進來。　　　　　　　　　　　　（4回）
　　魏相公は茶碗をほうり出して、お迎えに出ていった。
王員外慌忙丟了乩筆，下來拜了四拜。　　　　　　　　（7回）
　　王員外はあわてて占いの筆を手放し、座を下りて四拝した。
打的那些賊人一個個抱頭鼠竄，丟了銀鞘，如飛的逃命去了。（34回）
　　やっつけられて賊どもはほうほうのていで、金のはいっている箱をおっぽり出し、一目散に逃げてしまった。

『紅楼夢』でも"丟"が「投げる」という意味で用いられてはいるが、"撂，擲"が並用され、しかも程乙本では"丟"のほとんどが"扔"または"撂"に改められてしまっている。『官話類篇』で、"要把好的揀出來，把壞的扔（丟）出去"（よいものをえらびだし、わるいものを捨てなくてはならない），"後來託夢給人，叫包一些粽子扔（丟）在江中"（のちに夢のお告げがあり、ちまきをつくって河にほうるようにとのことであった）の文例において、"扔／丟"の二つを同意語として示し、それを「北京語／南京語」の位置で並べていることなども考えあわせると、"丟"を「ものをなくす」という意でなく、「投げる」という意味で用いるのは、下江官話に多いといえるようである。また『儒林外史』には、江南語系の"攟"がみえるが、『紅楼夢』にはこの語がみえない。また『儒林外史』には、『紅楼夢』にみえる"摔"がない。

他把巻攟在地下。　　　　　　　　　　　　　　　　　（17回）

かれは答案を地べたへ投げつけた。
　縣尊也不曾問甚麽，只把訪的款單攢了下來，把與他看。　　　（19回）
　　　県知事さまはなんにもおききにならず，押収した受け取りを投げつけて，かれに見させました。

　「茶をいれる」は，北京語では"沏茶"というが，その他の地方では，華北一帯も含めて"泡茶"といい，共通語になっているが，『紅楼夢』では"沏茶/泡茶"を並用しているのに対して，非北京語である『儒林外史』では，"泡茶"のみで，"沏茶"はない。なお『紅楼夢』程乙本では"泡茶"を"沏茶"に改めているところがある。
　這是老太太泡（沏）茶的。　　　　　　　　　　　　　　　（紅54回）
　　　これはご隠居さまがおいれになったお茶です。
　鶯兒自去泡（沏）茶。　　　　　　　　　　　　　　　　　（紅60回）
　　　鶯児はお茶をいれに立った。

　彼此謙遜了一回坐下，泡了三碗茶來。　　　　　　　　　　　（17回）
　　　お互いに席をすすめあったうえで腰をかけ，三人にお茶を出された。

　「眠る」「横になる」の「寝る」を，江南語系ではともに"睡"とするのに対して，北方では"睡"と"躺"とにいい分ける。『紅楼夢』程乙本で"睡"を"躺"に改めているのもこの反映である。
　老太太也被風吹病了，睡着說不好過（躺着嚷不舒服）。　　（紅42回）
　　　おばあさまも風邪をひかれ，床につかれて，つらいつらいとおっしゃています。

　『儒林外史』は"躺"を用いず，この意味で"睡"を用いている。
　那些朋友們和我睹賽，叫我睡在街心裏，把膀子伸着，等那車來，有心不
　　起來讓他。　　　　　　　　　　　　　　　　　　　　　（12回）
　　　友人たちはわたくしと力だめしをやろうといって，わたくしを大道のまん中に大の字に寝させ，車をそのうえに走らせました。

兩扇大門倒了一扇，睡在地下。　　　　　　　　　　（55回）
　　二枚の戸のうち一枚がたおれ，地べたにころがっていた。

「昼食」を北京では"午飯"といい，南の方では"中飯"というが，『儒林外史』では"中飯"を用い，『紅楼夢』では"午飯"を用いている。
　　昨日在這裏喫中飯的麼？　　　　　　　　　　　　　（46回）
　　昨日はここでお昼をおとりになったのですか。
　　外後日是方六房裏請我喫中飯。　　　　　　　　　　（47回）
　　しあさっては方さんの家でお昼をよばれることになっています。

「夕飯」も『紅楼夢』は"晩飯"を用いるのに対して，『儒林外史』は"晩飯""夜飯"を並用するなどのちがいがある。"夜飯"は江南一帯で用いられる。
　　各自喫了夜飯住下。　　　　　　　　　　　　　　　（34回）
　　めいめい夕飯をたべて泊った。

　その他，『紅楼夢』にくらべて，対照的である語が少なくなく，たとえば，「帽子をぬぐ」の「ぬぐ」に『儒林外史』は"除"を，『紅楼夢』は"摘"をあてる。また「ドアをノックする」を『紅楼夢』は"叫門"，『儒林外史』は"敲門"とするなど，北京語／下江官話，北京語／共通語，共通語／下江官話の関係になっている例は，他にも多数みられる。

　また，同一字形をとりながら，方言によって意味内容をことにしているばあいがあることも，見逃すことができない。上掲の"丟""睡"もこの例としてあげることができるが，たとえば，『紅楼夢』などの北京語作品では"肯"を"常""愛"の意味で用いていることがあり，また『官場現形記』など，下江官話に傾く作品では，"該"を"有"の意味に用いていることなどがそれである。『儒林外史』についても，つぎのような例を指摘することができる。
　　這樣堂客，要了家來，恐怕淘氣。　　　　　　　　　（27回）
　　こんなご婦人を，家にもらったら，いさかいがたえぬでしょう。

346

我們總商人家，一年至少也娶七八個妾，都像這般淘氣起來，這日子還過
　　得？　　　　　　　　　　　　　　　　　　　　　　　　　　（40回）
　　うちのような大きな商家では，一年に少くとも七八人のお妾をめとり
　　ますが，その度にこうわめき立てられたんでは，やってゆけますか。

　北京語では"淘氣"は，「いたずらである」，「わんぱくである」という
意味で用いるが，江南語系では「いいあらそう」「口げんかする」という
意味で用い，『儒林外史』にみえる"淘氣"2例は，いずれも江南語にお
ける用法になっている。これは，かなり突出した例であるが，その他，"饅
頭"を"包子"の意に（18回），また"今朝""今早"を"今日"の意に
用いているなど，（18回，19回），いずれも江南語における用法に従うもの
で，このような例は『儒林外史』に多い。

§4　虛詞の用法のうえにも，方言のちがいが認められる。たとえば，"拿"
を"用"の意のほか，目的語を前置するはたらきのある"把"と同じよ
うに用いて，"拿帽子拿來！"などというのは，江南語系の特色であるが，
『儒林外史』にはこの用例がみえる。
　晚間拿些牛肉、白酒與他喫了。　　　　　　　　　　　　　　（12回）
　　晚には牛肉や酒をかれにふるまった。
　隨即拿二十兩銀子遞與匡超人，叫他帶在寓處做盤費。　　　　（19回）
　　すぐに二十兩を匡超人にわたし，旅費としてもってかえらせた。
　到那日清晨，倪老爹來了，喫過茶、點心，拿這樂器修補。　　（25回）
　　その日の朝になると，倪じいさんはやって來て，お茶や点心を口にし
　　てから，その樂器を修繕した。
　拿幾件衣服當了，託祁太公打發報錄的人。　　　　　　　　　（36回）
　　衣類を數点質にいれて金を工面し，合格を知らせにきたものに祝儀と
　　してわたして，ひきとってもらうよう，祁老人に託した，
　しかし，"拿"が單用されているのではなく，"把"と並用されているこ
とは，いうまでもない。
　我那時就把幾千與他用用，也不可知！　　　　　　　　　　　（28回）

その時には，わたしはかれに何千両か用立ててやるかもわかりません。
快些把衣服都脫了，到別處去！ （29回）
　さっさと身ぐるみぬいで，消え失せろ。

『儒林外史』ではまた"走"を介詞として用いている。
可是沈新娘來了？請下了轎，走水巷裏進去。 （40回）
　沈ねえさんではありませんか。どうぞかごを下りて，裏の方からおはいりください。
因走南京過，想起：天長杜少卿住在南京利涉橋河房裏，是我表弟，何不順便去看看他！便進城來到杜少卿家。 （44回）
　南京を通りかかって想い出した。天長の杜少卿が南京の利涉橋の河べりに住んでいる。おれの従弟だ，ひとつついでに会ってゆこう。それで城内にはいり，杜少卿の家へとやって来た。

この"走"は，介詞"從"に当るもので"從"または"在"と並行して用いられている。
我陛見回來，從這裏過，正要會會你父親，不想已做故人。 （26回）
　天子に拝謁してのかえり，ここを通りかかり，お父上に一目お会いしたく思っていましたのに，すでに故人になられたとは。
南京翰林院侍講高先生告假回家，在揚州過，小姪陪了他幾時，所以來遲。 （44回）
　南京翰林院侍講の高先生が休暇でお帰りの途次，揚州をとおられましたので，わたくしはしばらくお伴をし，それで来るのがおくれたわけです。

また"從"と"走"とを対にして用いているところもある。
從香爐扒過山去，走鐵溪裏抄到後面，可近八十里。 （43回）
　香爐崖から山をのぼり，鉄溪から近道をとって背後に出ると，八十里は近くなります。
"走"のこの用法は，揚州方言にある。

『儒林外史』のことば

他倆兩下正在這塊吵，老東家走隔壁回來啦。　　　　　　（武1回）
　かれら二人がいさかいをしているところへ、店の主人が隣りからもどってきた。
到第二天，有人走武家經過，看見大門牙着，裏頭孝堂停着棺柩，自然曉得武大郎死啦。　　　　　　　　　　　　　　　　　　　（武2回）
　翌日だれかが武さんの家のまえを通りかかると、表の門がちょっとあいていて、家のなかに柩が安置してあるのが見え、当然武大郎が死んだのだとわかった。
如走樓梯走，武松把住樓梯；跳樓走，他又不敢跳。　　　（武3回）
　階段からゆこうとすれば、武松が階段をおさえているし、二階からとび降りようとすると、こわくてとべなかった。

　揚州評話の『武松打虎』では、"從""在"をつかいながらも、ほとんど"走"を用いているが、『儒林外史』の"走"は、この揚州方言あたりからの移入であると思われる。
　"走"などは、特殊な例であるが、その他の常用される介詞にも、『紅楼夢』のそれと較べると、用法に顕著な対立がみられるものがある。

　或るところから物を取り出すとき、その場所を示すのに、『紅楼夢』は介詞"從"と"向"とを、なかんずく"向"を多く用いている。
賈珍便忙向袖中取了寧國府對牌來，命寶玉送與鳳姐。　　（紅13回）
　賈珍はさっそく袖のなかから寧国府の鑑札を取り出し、宝玉に鳳姐へ届けるよういいつけた。
口裏說不出話來，便向頸上抓下通靈玉來。咬牙恨命地往地下一摔。
　　　　　　　　　　　　　　　　　　　　　　　　　　（紅29回）
　口がもどかしいものだから、首から通霊玉をひきちぎって、はっしとばかり地面に投げつけた。
寶玉見問，連忙從衣內取了，遞與過去。　　　　　　　　（紅15回）
　宝玉はたずねられて、いそいで着物のなかから取り出して、手渡した。
ところが、『儒林外史』では"從"と"在"とを用い、なかでも"在"

349

を多く用いている。

因在袖口裏拿出兩本詩來遞與萬雪齋。　　　　　　　　（22回）
　　袖から詩集を二冊取り出して，万雪斎にわたした。
因在行李內取出尤公子的書子來，遞與蕭雲仙。　　　　（39回）
　　荷物のなかから尤公子の手紙を取り出して，蕭雲仙にわたした。
丁言志在腰裏摸出一個包子來，散散碎碎，共有二兩四錢五分頭。（54回）
　　丁言志は腰のところから包みを一つさぐり出したが，小銭で二両四銭五分あった。

その後の文学作品において，『児女英雄伝』が『紅楼夢』に，『官場現形記』などが『儒林外史』にならっており，この"向"と"在"の対比は方言性をそれぞれに反映しているものとみられる。

金子などを借りたり，ものなどを要求したりするときに，その対象を示すには，『儒林外史』は多く"問"を用いる。
我何不取個便，問他借幾百兩銀子，仍舊團起一個班子來做生意過日子？
　　　　　　　　　　　　　　　　　　　　　　　　　（31回）
　　おれも折をみて，何百両か拝借し，まえみたいに一座を組んで，商売をして暮してゆこうではないか。
管門的問他要了一個錢，開了門，放進去。　　　　　　（14回）
　　門番はかれから金をとると，門をあけ，なかへ入れた。
鄭老爹飯錢一個也不問他要。　　　　　　　　　　　　（15回）
　　鄭じいさんは，飯代はびた一文かれからとろうとしなかった。
若用完了，再來問老爹討來用。　　　　　　　　　　　（3回）
　　つかいはたしたら，親父さんにねだります。
　　"問"以外に"向"もまま用いられている。
一時短少，央中向嚴鄉紳借二十兩銀子。　　　　　　　（5回）
　　一時お金が足りなくて，人を介して郷紳の厳さんに二十両お借りしました。

ところが,『紅楼夢』では,"和""向"が用いられ,なかでも"和"が用いられる。そして,『儒林外史』のように,"問"をこのように用いることはしていない。

　勾了我去,好和我要錢。　　　　　　　　　　　　　　（紅45回）
　　わたしをなかまに引っぱりこむと,わたしからお金をとりやすいものね。
　我正要和他要些。　　　　　　　　　　　　　　　　　（紅59回）
　　ちょうどあの人にすこしいただこうとおもっているところです。
　託他向甄家娘子要那嬌杏作二房。　　　　　　　　　　（紅2回）
　　甄家の夫人から嬌杏を妾にもらいうけてくれるよう彼に頼んだ。

　そして,この"問"と"和"も,さきの"在"と"向"のように,『儒林外史』『官場現形記』『負曝閒談』などが一系列,『紅楼夢』『児女英雄伝』などがまた一系列をつくっている（『児女英雄伝』は,"和"を"合"につくる）。
　問人家借廚子,人家就不吃飯了嗎？　　　　　　　　　（官6回）
　　料理人を借りたら,あちらさんは食事をしないということになるんですか。
　姓文的又時時刻刻來問我要錢。　　　　　　　　　　　（官16回）
　　文という男はそれにまたしょっちゅう金をせびりにやって来ました。
　當下換過衣服,又問賈家借了一個管家。　　　　　　　（負8回）
　　さっそく着換えをし,また賈家から用人を一人借りた。

　所爲的要合你借幾兩盤纏用用！　　　　　　　　　　　（児11回）
　　あんたに路銀を何がしか用立ててもらいたいんだよ。
　我先合他要了兩枝籤,你我先進去罷。　　　　　　　　（児34回）
　　わたしがさきに二本もらっておいたから,二人だけでさきにはいりましょう。

　§2　『儒林外史』では,"很"を程度副詞として用いるようになっていない。"很"を程度副詞として用いるのは,時代的にいって,文学作品では『紅

楼夢』以降である。しかし，『儒林外史』では，"〜得很"の用例はみえる。
　你而今來的好的很，我正在這裏同胡八哥想你。　　　　　（52回）
　　いいところへいらっしゃいました。胡八兄とどうしていらっしゃるか
　　と案じていたところです。
　這話是的很。　　　　　　　　　　　　　　　　　　　　（50回）
　　まさにおっしゃる通りです。

そして，『儒林外史』では，この"〜得很"とともに"〜得緊"がまったく同じように並用されている。
　這個主意好得緊，妙得緊！　　　　　　　　　　　　　　（3回）
　　この考えはいい，まったくすばらしい。
　這個是得緊。　　　　　　　　　　　　　　　　　　　　（84回）
　　まったくその通りです。

『金瓶梅』など明代の作品にも"〜得很"の用例がみえるが，僅少で，ほとんどが"〜得緊"である。
　不住的來擾宅，心上不安的緊。　　　　　　　　　　（金53回）
　　たびたびお邪魔して，まことに恐縮に堪えません。
　那個功德真是大的緊。　　　　　　　　　　　　　　（金57回）
　　その功徳はそれこそ大きいんですよ。

　這裏來這樣熱鬧得很。　　　　　　　　　　　　　　（金53回）
　　こちらへ来ると，まったくにぎやかです。

ところが，『紅楼夢』になると，すべてが"〜得很"で占められるようになる。程甲本には"〜得緊"が2例みられるが，程乙本ではいずれも"〜得很"に改められてしまっている。
　雅的緊（雅的很哪）！　　　　　　　　　　　　　　（紅37回）
　　まあ風流なことね。
　大奶奶倒忙的緊（忙的很）。　　　　　　　　　　　（紅40回）

奥さまはとてもお忙しいんです。

しかし、"～得緊"は『儒林外史』以降も、清末の『負曝閒談』などでは、"～得很"とともに用いられている。
這點點折扣，有限得緊。　　　　　　　　　　　　　（負16回）
　これっくらいの値引きなら、しれたものだ。
一身外國黑呢的衫褲，俏皮得緊。　　　　　　　　　（負18回）
　舶来の黒ラシャのスーツという、まことにしゃれた着こなしである。

ところが『児女英雄伝』は『紅楼夢』と同じく、"～得緊"を用いていない。このことから推しても、"～得緊"を"～得很"に用いるのは、下江官話であるということができるだろう。

なお "很" に関連していうなら、『儒林外史』には、"很"を"得"を介することなしにつづけている例がある。
他只因歡喜很了，痰湧上來，迷了心竅。　　　　　　（3回）
　あまりうれしいものだから、痰がでてきて、頭がおかしくなったのです。
拘束很了，寬去了紗帽圓領，換了方巾便服。　　　　（47回）
　きゅうくつなので、礼服をぬいで、平服に着かえた。

また "～極了" に並行して、"～的極了" の用例もある。
這就可敬的極了！　　　　　　　　　　　　　　　　（41回）
　これはまったく見上げたものだ。

いずれも共通語にはない用法であるが、西安では "～很" "～的很很" の二つの型が用いられ、また成都では "很～" "～得很" のほか、"～得極" "～很了" を用いるという（袁家驊等著，漢語方言概要）。上掲の例もやはり当時のどこかの方言の反映なのであろう。

§6　『儒林外史』と『紅楼夢』の間では、語順の面で、『紅楼夢』程乙本

がやや現代への移行をのぞかせているものの，基本的なちがいはない。たとえば『金瓶梅』など明代の作品では，動詞のかさね式に人称代名詞の賓語がともなうばあい，つぎの二つの型が並行している。

　　俺們往門首瞧他瞧去。　　　　　　　　　　　　　　（金21回）
　　　門のところまで見にゆきましょう。
　　爹快看看他。　　　　　　　　　　　　　　　　　　（金54回）
　　　はやく見てやってください。

　早期白話ではもともと"瞧他瞧"型であったものが，明代あたりから"瞧瞧他"型がおこり，新しい型へ漸次移ってゆくようになるもので，『金瓶梅』などはその過渡期を反映しているわけであるが，『儒林外史』では，すべて"瞧瞧他"型になってしまっている。

　　二爺若是得空，還到細姑娘那裏瞧瞧他去。　　　　　　（43回）
　　　お時間があれば，細さんのところへ一目会いにいってやってください。
　　我幾時同你去會會他。　　　　　　　　　　　　　　（31回）
　　　いつかごいっしょに彼に会いにゆきましょう。

　しかし，"一"をはさむかさね式のばあいは，早期白話以来の"瞧他一瞧"型である。

　　求老爺救我一救！　　　　　　　　　　　　　　　　（23回）
　　　旦那さま，お助けくださいませ。
　　何不來拜他一拜？　　　　　　　　　　　　　　　　（13回）
　　　ひとつ訪問してみよう。

　これらの型は，『紅楼夢』においても変っていない。兪平伯校訂の八十回校本では，"瞧一瞧他"型があるような句読になっている箇所があるが，これは恐らく句読の誤りであろう。

　　"……所以好歹真假，我是認得的。讓我認一認他。"一面説，一面細細端
　　　詳了半日。　　　　　　　　　　　　　　　　　　（紅41回）
　　　「だからもののよしあし，ほんものかどうかわたしにはわかるんです。

ひとつ見せてください。」といいながら，念入りにしばしながめた。

これは，"'……。讓我認一認！'他一面說，一面……"と切るべきところで，"瞧他一瞧"型は，すくなくとも清末までは変化していない。現在は"瞧一瞧他"型がおこなわれるが，これは清末，五四以降におこったものであり，一方現在もまだ"瞧他一瞧"型もおこなわれている。同じく八十回校本につぎの例もみえる。

現有對證，把太太和我的嫁妝細看看，比一比你們，那一樣是配不上你們的。　　　　　　　　　　　　　　　　　　　　　　　　　　　（紅72回）

しかし，これでは意味がとりにくく，他の版本とくらべてわかるように，"比一比你們"の"你們"は"我們"を誤記したものであるし，ここの句読を，たとえば亜東図書館本では，つぎのように切っている。

現有對證，把太太和我的嫁妝細看看，比一比，我們那一樣是配不上你們的？

ちょうどいいものがありますから，奥さんやわたくしの嫁入り道具をよくごらんになり，くらべてみてください。わたしたちのどれがあなたがたのに不釣り合いかをね。

文脈から推しても，亜東図書館本の句読が正しく，『紅楼夢』に"瞧一瞧他"型があると認めることは無理である。

ものを食べたいという表現のばあい，"想××吃"型になるのが，早期白話のつねであり，『金瓶梅』あたりでもこの型になっている。

你害饞癆搭，心裏要想這個角兒吃。　　　　　　　　　　　（金8回）
おまえは食いしんぼうだから，この餃子がたべたくなったにちがいない。

你家媽媽子是害病想吃，只怕害孩子坐月子，想定心湯吃。　　（金58回）
おまえのところのかみさんは，病気で食べたいのではなくて，子供がうまれて床についているもんだから，定心湯をのみたいんだろうよ。

この語順も『儒林外史』『紅楼夢』ともに同じである。

不三不四，就想天鵝屁喫！　　　　　　　　　　　　　（3回）
　ろくでもないくせに，もう身のほどもわきまえぬ了見をおこすんだから。
所以特來看看世兄，要杯酒喫。　　　　　　　　　　　（31回）
　それで大兄にお会いして，一献くもうと思っておうかがいしたわけです。
板兒一見了，便吵着要肉吃，劉姥姥一巴掌打了他去。　（紅6回）
　板兒は目にするや，肉が食べたいといいはり，劉ばあさんは板兒のよこっ面をはった。
他要想什麼吃，只管到我這裏取來。　　　　　　　　　（紅10回）
　あの人がなにか食べたいというなら，なんでもわたしのところへ取りにいらっしゃい。

　ただし，『紅楼夢』程乙本では，"癩蝦蟆想天鵝肉吃"（11回）を，"癩蝦蟆想吃天鵝肉"と改めており，また"我想吃，自然來要。"（75回）を"我想吃什麼，自然着人來要。"（わたしがたべたいものがあれば，むろん人にとりに来させます）と補筆して改めているところでは"想吃××"型にしている。この頃あたりから"想吃××"型への移行がおこっていることをのぞかせているものであろう。

　なお，動詞のかさね式に関連してつけ加えると，現代語では，動詞のかさね式において，一音節の語は"一"をはさむ型と"一"をはさまぬ型が並行しているが，二音節の語を"一"をはさんでかさねることはしない。しかし，古くは二音節の語も"一"をはさんでかさねていたもので，明代はもとより，清初の作品でも，二音節の語の"一"をはさむ型の用例がみられる。『金瓶梅』には，つぎのような例がみえる。
你來家該擺席酒兒，請過人來知謝人一知謝兒。　　　　（金14回）
　あなたが家へもどったなら，一席お招きして，お礼申し上げるべきです。
人家的孩兒在你家毎日起早睡晚，辛辛苦苦替你家打勤勞兒。那個興心知

慰他一知慰兒也怎的？ （金 18 回）
　　よその子が毎日朝早くから晩おそくまで，一生懸命はたらいてくれるのに，誰も慰労してやろうとしないのはどうしてなの。

もちろん"一"をはさまぬ型も並用されている。
你買分禮兒知謝知謝他，方不失了人情。 （金 13 回）
　　なにか買ってお礼をしなければ，義理を欠くことになります。

一向管工辛苦，不曾安排一頓飯兒酬勞他酬勞。 （金 18 回）
　　ずっと工事の監督をして，骨を折ってくれているのに，一度も食事の用意をして，慰労することをしていない。

清初の『照世杯』にも，つぎの例がある。
爾若常到俺國裏來做生意，務必到俺家來探望一探望。（走安南玉馬換猩絨）
　　わが国へご商売にいらっしゃったときには，ぜひともわたしの家へお立ち寄りください。
不若借這個事端，難爲他一難爲。 （同上）
　　この事件にかこつけて，ひとつ油をしぼってやろう。

『儒林外史』においても，両型が並行して用いられており，"一"をはさむ型の例に，つぎのようなものがある。
胡老爹，這個是須是這般。你沒奈何，權變一權變。 （3 回）
　　胡さん，これはこうするより外にありません。やむをえんでしょう。固いこといわずに，なんとかやってみたら。
牛浦望不見老和尚，方纔回來，自己查點一查點東西，把老和尚鎖房門的鎖開了，取了下來，出門反鎖了庵門，回家歇宿。 （21 回）
　　牛浦は老和尚が見えなくなるまで見送ってから戻ってきた。自分で品物にあたり，部屋の錠をあけて，中から例のものを取り出し，元どおり錠をかけて，家へ帰って寝た。
這都是大家臉上有光輝的事，須幫襯一幫襯。 （22 回）

これはみんなにとって面目をほどこすことなのですから，ぜひ一つ協力してください。

　しかし，『紅楼夢』では1例しかなく，それも程乙本では，いいかえられてしまっている。
　　鳳姐打量了一打量（打量了一回），見他生的乾淨俏麗，說話知趣，因笑
　　道：……　　　　　　　　　　　　　　　　　　　　　　　　　　（紅27回）
　　鳳姐はちょっとみたところ，かの女が小ぎれいな顔立ちで，物いいも気が利いているので，いいました。……

　これも，現代語への移行を反映しているものの一つであろう。

§7　現代語において，語気詞"呢"は大きく分けて，二つのはたらきをもっている。一つは疑問の語気で，いま一つは事態の不変を表したり，或いは事態を誇張して，相手の注意を引くものである。『儒林外史』では，"呢"は前者のはたらきでしか用いられていない。
　　還是古人的呢，還是現在人畫的？　　　　　　　　　　　　　　　（1回）
　　　古人の画いたものですか，それとも今の人のものですか。
　　却是誰作的呢？　　　　　　　　　　　　　　　　　　　　　　　（2回）
　　　いったいどなたがお書きになったのですか。
　　要至親做甚麼呢？　　　　　　　　　　　　　　　　　　　　　　（4回）
　　　一番近い親類になにをさせるんで。
　　況且你又有個病人，那裏方便呢？　　　　　　　　　　　　　　（16回）
　　　ましてあんたは病人をかかえている人だから，そうはゆきませんよ。
　　爲甚麼要打我呢？　　　　　　　　　　　　　　　　　　　　　（23回）
　　　どうしておれをなぐろうとするのか。
　　若是那考了的秀才和那百姓，請他連來做甚麼呢？　　　　　　　（42回）
　　　いつまでもすべってばかりいる秀才や平民だったら，中へ入れるものですか。
　　那有我兩個人私相授受的呢？　　　　　　　　　　　　　　　　（52回）

『儒林外史』のことば

どうしてわたしたち二人の間でこっそり受け渡しするものですか。

後者のはたらきには"呢"を用いず，すべて"哩"をあてている。
那咱你在這裏上學時還小哩。　　　　　　　　　　　　（7回）
　あの頃ここで学校に上ったときは，まだ小さかったものです。
這是甚麼要緊的事，將來我還要爲你的情哩。　　　　　（25回）
　これくらいたいしたことはありません。あなたには，これからもまだまだお礼しなくてはなりません。
在廳上坐着哩，你快出去會他。　　　　　　　　　　　（46回）
　広間にすわっておいでです。はやくいってお会いなさい。
我正要等你說話哩，快些進來。　　　　　　　　　　　（21回）
　お話しようとあんたを待っていたところだ。さあはやくおはいり。

"哩"が疑問の語気に用いられている例もないわけではない。
我女兒退了做甚麼事哩？　　　　　　　　　　　　　　（54回）
　わたしの娘にひまをとれとは，なんということだ。

しかし，"呢"を疑問の語気以外に用いている例はない。
　ところが，『紅楼夢』では"呢"が疑問の語気以外にも用いられて，"哩"は姿を消してしまっており，顕著に対立している。両作品の時間的へだたりが十数年にすぎぬことを考えると，これも当時の北京語と他方言とのちがいの一つの反映とみるより外にない。(5)

注1　儒林外史（亜東図書館　1920　上海）
注2　桂秉権："儒林外史"的方言口語（文学遺産増刊5輯　作家出版社1957北京）
注3　劉春美氏（NHK中国語講座ゲスト，南京生れ，いまでも家庭で南京語を話している）によると，"你是誰？"ときかれると，警官に訊問されるような気がするということである。
注4　『儒林外史』が"喝"を全く用いないというのではない。"喝酒"が1例，"喝西北風"の成語における用例が2例ある（1例は"嗑"につくる）。なお，

共通語というばあい，それは当時の共通語ということでなければならないが，基本語彙ということで，主として現代を基準として考えた。
注5　"呢""哩"については，香坂順一：「哩」「呢」不分（人文研究　第10巻第1号 1959 大阪市立大学）が詳しい。

『金瓶梅』のことば（Ⅰ）

§1　『金瓶梅』は，明代の中ごろにかけて完成した作品であるだけに，その言語は近世早期および後期の作品のそれぞれに共通する一面と，相違する一面とをそなえていて，近世における文学言語＝白話の変遷と成立をたどるうえで，価値の高い資料である。

　まずいくつかの虚詞をとり上げて，近世白話における『金瓶梅』の言語の位置をはかってみることとする。

　(1)　"則個"

　早期白話以来の作品では，文末に語気詞"則個"がよく用いられている。

兒子欲去看燈則個。　　　　　　　　　　　　（京本通俗小説　志誠張主管）
　わたしは燈籠まつりをみにゆこうとおもいます。

開門則個！　　　　　　　　　　　　　　　　　　　（同　西山一窟鬼）
　門をあけてください。

阿舅，救我則個！　　　　　　　　　　　　　　　　　　（水滸14回）
　おじさん，助けてください。

願聞良策則個。　　　　　　　　　　　　　　　　　　　（水滸17回）
　いい方策をお聞かせ願いたいと存じます。

『金瓶梅』も"則個"を用いる。

小人就是西門慶家人。望老爺開天地之心，超生性命則個。（金瓶梅18回）
　わたしたちは，西門慶のやしきのものでございます。旦那さまの格別のお慈悲によりまして，命をお助けください。

好哥哥，你饒恕我則個。　　　　　　　　　　　　　　　（同59回）
　ねえ，あなた。どうぞお許しください。

且容我見他一面，說些話兒則個。
　　　　　　　　　　　　　　　　　　　　　　　　　　（同86回）
　まあひと目あのひとに会わせて，ちょっと話をさせてください。

いずれも話し手の願望を表すはたらきをしているわけであるが,『紅楼夢』など清代の文学作品では用いられていない。

(2) "休"

早期白話の作品では,文末に語気詞"休"を用いることが多い。

這兩個婆子也是鬼了！我們走休。　　　　　　（京本通俗小説　西山一窟鬼）

　この女ふたりも幽霊ですよ。いきましょう。

既如此説，小娘子只索回去。小人自家去休。　　　　　（同　錯斬崔寧）

　そうおっしゃるからには，ねえさん，おかえりになるよりほかありませんね。わたしはひとりでいくことにします。

既是有賊，我們去休。　　　　　　　　　　　　　　　（水滸16回）

　賊がいるんだったら，いきましょう。

"休"の用法は,ほぼ現代語の"了"にあたるが,『金瓶梅』では"休"を語気詞として用いているのは,つぎの例のみである。

你不好取他的休。　　　　　　　　　　　　　　　　（金瓶梅16回）

　あの人をめとるわけにはいきませんよ。

現代口語に訳すれば，"你不好娶她的了"となるところであろうが，この箇所以外では"休"を用いていないし，また『詞話』の2字を削った竹坡本『金瓶梅』では，この"休"を削除している。あるいは"休"にもう違和感があったのかも知れない。なお,清代の作品では,いうまでもなく,語気詞"休"は用いられていない。

(3) "去"

ものを取り出すとき,どこから取り出すのか,その場所を示す介詞として,早期白話ではよく"去"が用いられている。

道人一一審問明白，去腰邊取出一個葫蘆來。（京本通俗小説　西山一窟鬼）

　道士は一つ一つ問いただしてから，腰のあたりからひょうたんを一つ取り出した。

用手去懷裏提出件物來。　　　　　　　　　　　　（同　志誠張主管）

　ふところからなにか手でとり出した。

もちろん,"去"のほかに,"從","向","在"も用いられている。

小夫人便從懷裏取出數珠，遞與婆婆。　　　　　　（同　忠誠張主管）

『金瓶梅』のことば（I）

　お妾はふところから数珠をとり出して，男の母親にわたした。
　又向衣袖裏取出一錠五十兩大銀，撇了自去。　　（同　至誠張主管）
　　また，たもとから五十両の銀塊を一つとり出し，ぽいとほうりつけて，
　　立ち去った。
　在錦裏肚繋帶上解下一個繡囊，囊中藏着寶鏡。　（同　馮玉梅団円）
　　錦の腰帯から刺しゅうのしてある袋をほどいてとったが，そのなかに
　　は宝鏡がしまわれていた。
この"去"を，介詞に多く用いているのは『水滸』である。
　那人去袖子裏取出十兩金子，放在桌上。　　　　（水滸8回）
　　その男はたもとから金子十両を取り出して，テーブルのうえにおいた。
　楊志早去壺中掣出一枝箭來，搭在弓弦上。　　　（同13回）
　　楊志は早くも壺のなかから矢を一本ぬきとって，つがえた。
しかし，『金瓶梅』は"去"を用いずに，"向"を用いる。
　馮媽媽向袖中取出一方舊汗巾。　　　　　　　　（金瓶梅14回）
　　馮ばあやは，たもとから古びたハンカチを一枚とり出した。
　李瓶兒便向荷包里拏出一塊銀子兒，遞與經濟。　（同51回）
　　李瓶児は袋から銀塊を一つとり出して，経済にわたした。
『金瓶梅』で"去"が用いられているのは，『水滸』からの引用部分のみ
である。
　西門慶便笑將起來，去身邊摸出一兩一塊銀子，遞與王婆說道。
　　　　　　　　　　　　　　　　　　　（金瓶梅2回，水滸24回）
　　西門慶は笑って，ふところから銀塊一両を出してきて，王婆にわたし，
　　いった。
　這婦人便去脚後扯過兩床被來，沒頭沒臉只顧蓋。（金瓶梅5回，水滸25回）
　　女は足もとから，ふとん2枚をひっぱりよせ，頭のうえから，ところ
　　かまわず，がむしゃらにおっかぶせた。
同じ引用部分でも，多少いいかたを変えているところでは，"去"を"向"
または"自"に改めている。
　便去身邊五兩來銀子，道："鄆哥，你把去與老爹做盤纏……（水滸26回）
　　ふところから銀五両くらいを取り出していった。「鄆哥，もっていっ

て，とっつぁんにわたし，くらしの費用にしてもらってくれ。……
——向身邊摸出五兩碎銀子，遞與鄆哥道：“你且拏去與老爹做盤費……
(金瓶梅9回)
——只見西門慶去袖子裏摸出一錠十兩銀子，放在桌上，說道……
(水滸25回)

すると，西門慶はたもとから十両の銀塊を出して来て，テーブルのうえにおいて，いった。……
——只見西門慶自袖子裏摸出一錠雪花銀子，放在面前，說道……
(金瓶梅6回)

また，引用文に加筆したところでも，"向"を用い，"去"を用いていない。

那婦人取出一貫錢付與王婆說道：“乾娘，奴和你買杯酒吃。”
(水滸24回)

女は銭一貫をとり出し，王婆にわたして，いった。「おばさん，ふたりでお酒を買って，一杯やりましょう。」
——那婦人向袖中取出三百文錢來，向王婆說道：“乾娘，奴和你買盞酒吃。”
(金瓶梅3回)

西門慶道：“小人也見不到這里。有銀子在此。”便取出來，和帕子遞與王婆，備辦酒食。
(水滸24回)

西門慶は，「わたしもうっかりしていた。お金ならここにあるよ。」といって，取り出し，ハンケチとともに王婆にわたし，酒肴をととのえさせた。
——西門慶道：“小人也見不到這里。有銀子在此。”便向茄袋裏取出來，約有一兩一塊，遞與王婆子交備辦酒食。
(金瓶梅3回)

西門慶道：“乾娘放心，并不失信。”三人又吃幾杯酒，已是下午的時分。
(水滸24回)

西門慶はいった。「おっ母さん，安心しな。約束をやぶったりはしないから。」三人はまた酒をなん杯か飲んだが，もうお昼すぎじぶんだった。
——西門慶道：“乾娘放心，并不失信。”婆子道：“你們二人出語無憑，

當各人留下件表記物件，拏着纔見真情。"西門慶便向頭上拔下一根金頭銀簪，又來插在婦人雲鬢上。婦人除下來袖了。恐怕到家，武大看見生疑。一面亦將袖中巾帕，遞與西門慶收了。三人又吃了幾杯酒，已是下午時分。　　　　　　　　　　　　　　　　　　（金瓶梅4回）

つぎの用例も，加筆した部分に含まれているものである。

西門慶嘲問了一回，向袖中取出銀穿心，金裏面，盛着香茶木犀餅兒來。
　　　　　　　　　　　　　　　　　　　　　　　　　　（金瓶梅4回）

　　西門慶はしばしたずねたところで，たもとのなかから銀製，金ばりで，香茶木犀丸を盛っているのを取り出した。

このように『金瓶梅』に早期白話と同じ用法で"去"が用いられているのは，『水滸』からの引用文に限られており，同じく引用であっても，多少のいいかえをおこなっているところでは"去"を"向"などにいいかえ，また加筆したところでは，すべて"向"を用い，"去"を用いないことは，当時もう"去"が口語で用いられなくなっていることを示すものであろう。『金瓶梅』の書き下ろし各回では，このような"去"は1例も検出されない。

　清代の作品も，『金瓶梅』と同じく"去"を用いていない。『紅楼夢』は"向"，"從"を，なかでも"向"を多く用いる。

賈珍便忙向袖中取了寧國府對牌出來，命寶玉送與鳳姐。　（紅楼夢13回）
　　賈珍はさっそくたもとから寧国府の鑑札を取り出して，鳳姐に届けるようにと，宝玉にいいつけた。

又向懷中取出一個旃檀香的小護身佛來。　　　　　　　　（同78回）
　　また，ふところから旃檀香の小さな護身仏を一体とり出した。

一面說，一面從順袋中取出一張抄寫的護官符來。　　　　（同4回）
　　いいながら，袋のなかから一枚の書き写した護官符なるものをとり出した。

　清代の作品でも『儒林外史』などは，"在"と"從"を，なかでも多く"在"を用いており，"向"と"在"とは，この時代における北と南の作品の基礎方言の違いを示すものとなっている。

(4)　"問"

ひとに物を借りたり，要求したりするばあい，だれを相手としているか，

365

その相手を示す介詞には，早期白話では"問"をあてている。

見修山寨未了，問公公那借北侃舊荘，權屯小妻羅，荘中米糧搬過，不敢動一粒。　　　　　　　　　　　　　　　（清平山堂話本　楊温攔路虎伝）

いま山寨の建築がまだおわりませんので，あなたさまから北侃の旧荘園をお借りし，一時手下どもを住まわせたいとおもいます。おやしきの米などは移しかえ，一粒も手をふれさせません。

一時無措，只得去問他討錢還府中。　　　　（京本通俗小説　菩薩蠻）

急にはやりくりがつきませんので，やむをえずあのお方にお金をいただき，お役所におさめました。

他原是個財主，有錢來。如今他窮了，問我借了些食，至今不曾還我。
　　　　　　　　　　　　　　　　　　　　　　　　（元曲　秋胡戲妻劇）

かれはもとは地主で，金持ちでした。いまは貧乏になってしまい，わたしからお米など少々借りており，いまだにまだ返していません。

問酒保借筆硯來，乗着一時酒興，向那白粉壁上寫下八句五言詩。
　　　　　　　　　　　　　　　　　　　　　　　　　　（水滸11回）

居酒屋の手代に筆と硯を借りて，一時の酒興のままに，かの白壁に八行の五言詩を書きつけた。

『金瓶梅』もこの介詞"問"を用いる。

等我往後邊問李嬌兒和孫雪娥要銀子去。　　　（金瓶梅21回）

わたし，奥へいって，李嬌兒と孫雪娥とにお金をもらってきますからね。

如今東平府又派下二萬香來了，還要問你挪五百兩銀子。　（同51回）

いまも東平府から香木を二万ほど割りあててきたので，もう五百両お借りしたい。

しかし，『紅楼夢』『児女英雄伝』などの作品には，この用法の"問"はない。『紅楼夢』では"和"または"向"，なかでも"和"を用いている。

寶玉聽了，巴不得一聲兒，便眞和鳳姐要了一塊，命婆子送入園去。
　　　　　　　　　　　　　　　　　　　　　　　　（紅楼夢49回）

宝玉はそれを聞いて，ほしくてたまらず，さっそく鳳姐に一かたまりもらって，ばあやに園内へ届けさせた。

『金瓶梅』のことば（I）

我原想着今兒要和我們姨太太借一日園子，擺兩桌粗酒，請老太太賞雪的。
(同 50 回)

　　わたくしは，きょうおねえさまにお庭を一日お貸しねがって，二テーブルほどお酒などならべ，おばあさまに雪見をしていただこうかと存じていました。

託他向甄家娘子要那嬌杏作二房。　　　　　　　　　　　(同 2 回)

　　甄家の夫人からあの嬌杏を妾にもらいうけてくれるようにと，かれにたのんだ。

『児女英雄伝』も"合"すなわち"和"を用いる。

所爲的要合你借幾兩盤纒用用！　　　　　　　　　(児女英雄伝 11 回)

　　あんたに路銀をなにがしか用立ててもらいたいというわけよ。

我先合他要兩枝籤，你我先進去罷。　　　　　　　　　(同 34 回)

　　わたしがさきに二本もらっておいたから，ふたりでさきにはいりましょう。

このように，清代の作品では"問"を用いていないが，これは『紅楼夢』，『児女英雄伝』など，北京語作品であって，下江官話を基礎としている『儒林外史』では，"問"を用いている。

鄭老爹飯錢一個也不問他要。　　　　　　　　　　(儒林外史 15 回)

　　鄭じいさんは，飯代はびた一文かれからとろうとしなかった。

清末の作品でも，下江官話系のものはいずれも，これにならっている。

問人家借厨子，人家就不吃飯了嗎？　　　　　　　(官場現形記 6 回)

　　あちらさんから料理人を借りたら，あちらは食事しないことになるのでは。

また北方語作品でも，清初の『醒世姻縁伝』などは，"向"をつかいながらも，なお多く"問"を用い，『金瓶梅』から『紅楼夢』へと移る過程をよく表している。

不問你要文書上的原價，只問你要當日實借的銀子本兒。

(醒世姻縁伝 22 回)

　　おまえさんから証文の額面どおりのものはいただきません。ただあの時実際にお貸しした元金だけいただくことにしましょう。

縣官，郷宦們後來也都出來煮粥，都不去問他借。　　　　　（同32回）
　　県の長官や郷紳たちは，その後に施粥をするさい，だれもかれに借りにいこうとはしなかった。

我曾向某人借二升糧食，他不給我；曾向某人借一件衣裳，他沒應承我。　　　　　　　　　　　　　　　　　　　　　　（同34回）
　　わたくしはかつてかれに米を2升借りようとしたが，貸してくれず，着物を1枚借りようとしたこともあったが，応じてくれなかった。

　現代の口語でも，"問"をこのような介詞に用いることがあり，北方語の話し手からもまま耳にすることがある。しかし，やはり方言色をおびるといえよう。任均沢：河南方言詞匯（方言与普通話集刊第三本）に，"問"を収め，共通語の"向"にあたるとして，つぎのような例文をあげている。

他一直問我要，怕我不給他。
　　かれは，自分にはくれないのかと心配して，わたしにせがみつづけている。

我不好問他要。
　　わたしはかれにくれというわけにはいかない。

　方言では，これらの地方以外にも用いられておるものと思われ，文学作品では，山西，陝西方言を反映しているものなどに，用例がみえる。

把咱分下那地，質給人家幾畝地，看能不能問人家揭幾個錢？
　　　　　　　　　　　　　　　　　　　　　（劉江：太行風雲）
　　わたしの名義になっているあの畑を，なん畝か質にいれて，すこしお金を借りられないものだろうか。

只要把他們另關在一間小房里，不出五天，你問我要人就是。
　　　　　　　　　　　　　　　　　　　（馬烽，西戎：呂梁英雄伝）
　　かれらを別にどこか小屋にでもとじこめておいて，四，五日のうちに，わたしの手から身柄をひきとっていけば，それでいいでしょう。

今天早上就開了隊伍來，問老百姓要了三千斤糧，怎麼沒有三千多人呀！　　　　　　　　　　　　　　　　　　　（柯藍：洋鉄桶的故事）
　　けさ早く部隊がやって来て，村のものに三千斤も出させたんですから，どうみたって三千人ちょっとはいますよ。

(5) 副詞 "却"

早期白話では，"却"を「……してから，そのうえで……」と，"再"の意味に用いることがある。

我且歸去了，却理會。　　　　　　　　　（京本通俗小説　西山一窟鬼）

　ひとまず帰ってからのことにしましょう。

我且歸去，你明朝却送我丈夫歸來則個。　　　　　　　　　　　（同上）

　ひとまず帰ることにしますが，明朝には夫を送りとどけてくださいよ。

『水滸』にも，この用例が多い。

小人且和教授吃三杯却説。　　　　　　　　　　　　　　　（水滸15回）

　先生とちょっと飲んでからにしましょう。

且請將息半年三五個月，待兄長氣力完足，那時却對兄長説知備細。

（同28回）

　まあ半年やそこらは静養していただき，大兄の力がついてから，その折にくわしくお話しします。

『金瓶梅』でも，『水滸』からの引用箇所には，この用法の"却"がある。

不多，由他，歇些時却算〔不妨〕。　　（水滸24回）（金瓶梅2回）

　わずかだから，そのままにしておいてもらって，あとで勘定しようよ。

　　　　　　　　　　　　　〔　〕内は『金瓶梅』で補足している部分。

待他歸來，却和你們説話。　　　　　　（水滸25回）（金瓶梅5回）

　かれが帰ってきてから，おまえたちと話をしよう。

しかし『金瓶梅』の書き下ろしの各回では，"却"をこのように"再"の意味に用いていない。また，『水滸』から採っている部分でも，この用法の"却"を省いて，あるばあい文意をわかりにくくしているむきがあるが，あるいは"却"のこの用法に，すでに抵抗があったのかも知れない。

今日晩了，且回去。過半年三個月〔却〕來商量。

（水滸24回）（金瓶梅3回）

　きょうは時間もおそうございますから，ひとまずおひきとりください。半年か三月してから，相談にお越しください。

　　　　　　　〔　〕内は『金瓶梅』で省略している部分。下例も同じ。

九叔休要見外！請收過了〔却説〕。何九道：大官人便説不妨。

(水滸 25 回)(金瓶梅 6 回)

　九さん，水くさいことはよしてもらおう。これをうけとってもらってから話すよ。何九はいった。旦那，いまおっしゃってくだされればいいでしょう。

(6) "別要"

『金瓶梅』では，禁止を表す副詞として，"休"，"休得"，"休要"，"不要"，"莫"などが用いられている。

　婆子休胡說！我武二死也不怕。　　　　　　　　　　（金瓶梅 87 回）
　　ばばあ，つべこべいうな。この武二さまは死んだって平気なんだ。
　媽媽且休得胡說！我武二有句話問你。　　　　　　　　（同 87 回）
　　おかみさん，つべこべいいなさんな。武二さんがちょっとたずねたいことがあるのさ。
　怪狗材，休要胡說！　　　　　　　　　　　　　　　　（同 60 回）
　　この野郎，でたらめいうなよ。
　你毎且不要說！　　　　　　　　　　　　　　　　　　（同 33 回）
　　あんたたち，ちょっとだまっててよ。
　你莫送我！　　　　　　　　　　　　　　　　　　　　（同 53 回）
　　見送らないでちょうだい。

これらは，いずれも早期白話にみえるものである。さらに"沒的"，"沒要"があるが，これは"莫得"，"莫要"を表記したものであろう。

　第一莫得吃酒；第二同去同回。　　　　　（京本通俗小説　志誠張主管）
　　第一，お酒をのまぬこと。第二に，いっしょにいって，いっしょにかえること。
　沒的胡說！有甚心上人，心下人？　　　　　　　　　　（金瓶梅 67 回）
　　ばかなことをいうな。あのひともこのひともあるものか。
　阿嫂休怪！莫要笑話！　　　　　　　　　　　　　　　（水滸 7 回）
　　ねえさん，わるくおもわんでくれ。笑わんでくれ。
　短命的，且沒要動彈！　　　　　　　　　　　　　　　（金瓶梅 53 回）
　　おばかさん，ちょっとじっとしていてちょうだい。

ところで，『金瓶梅』にはこれら以外に副詞"別要"が用いられている。

『金瓶梅』のことば（I）

　小囚兒，你別要說嘴，這裏三兩一錢銀子，你快和來興兒替我買東西去。
　　　　　　　　　　　　　　　　　　　　　　　　　　（金瓶梅 21 回）
　　小僧さん，えらそうなことはいわんで，ここに銀が三両一銭あるから，はやく来興といっしょに，買いものにいってきてちょうだい。
　你別要來問我，你問你家小廝去！　　　　　　　　　　（同 76 回）
　　わたしにきかないで，お宅の小僧さんにたずねなさい。

"別要"は，早期白話にはあらわれていないし，『紅楼夢』などの清代以降の作品にも用いられていない。"別要"が用いられているのは，清初の『醒世姻縁伝』である。

　你們別要混張！沒有主意，聽老奶奶的話！　　　　（醒世姻縁伝 15 回）
　　おまえたち，でたらめするなよ。どうしたらいいかわからぬなら，おばあさまのおっしゃるとおりにしなさい。
　張師傅，別要計較，俺們叫他出去，再不放他來就是了。　　（同 43 回）
　　張さん，気にかけないでください。わしたちであの男を出てゆかせ，もうこちらへ来させませんから。

また，『金瓶梅』では"別"の用例が検出される（太田辰夫：中国語歴史文法）。

　且別教他往後邊去！先叫他樓上來見我！　　　　　　　（金瓶梅 42 回）
　　すぐにはあいつらを奥へゆかせるなよ。まず二階へあげて，おれに会わせろ。
　哥別題！大官兒去遲了一歩兒，我不在家了。
　　兄貴，そうおっしゃらないで。こちらのお使いが一足おくれたら，わたしは家にいなかったところです。

しかし，用例はこれくらいで，"別要"ほどには用いられない。"別"の用例がふえるのは『醒世姻縁伝』である。

　你消停，別把話桶得緊了，收不進去。　　　　　　（醒世姻縁伝 8 回）
　　まあ落ち着きなさい。そうぽんぽんいうもんではありません，ひっこみがつきませんよ。
　且別與他說話！　　　　　　　　　　　　　　　　　　　（同 51 回）
　　ちょっとかれと話をするのはまて。
　倒別這麼說！　　　　　　　　　　　　　　　　　　　　（同 80 回）

まあそうおっしゃいますな。
　"別"が全面的に用いられるようになるのは，文学作品では『紅楼夢』からで，その一方で"別要"が用いられなくなっている。
　これらの作品における"別要"，"別"の使用状況からみて，まず"別要"がひろく用いられるようになり，ついで"別"がこれに並行するようになり，やがて"別要"を包みこんで，"別要"は消えてゆくようになったものと思われるが，どうして"別要"が登場するようになり，また消え去るようになったのか，よくわからない。一般に"別"は"不要"が一音節にちぢまったものといわれているが，これは北方語における"不用→甭"，呉語における"勿要→覅"の一音節化の例からの類推がはたらいている可能性がある。音声の変化から説明するとしても，"不要→別要→別"という過程を考えなければならないであろう。"休"，"莫"などと同じように，"別"のもつ意義素からの解明も考えられるが，十分に説明しきれないところが残る。

§2　中国語の語順はたいへん安定していて，古代語から現代語にいたるまで，基本的には変わっていない。古典の文語と現代の口語をくらべても，わくぐみは同じで，ただ否定文における人称代名詞の賓語や疑問代名詞の賓語のばあい，文語と白話に顕著なちがいがみられる程度である。白話のばあいは，早期白話以来まったく変わっていないといってよいくらいであるが，動詞のかさね式に人称代名詞の賓語がともなうばあいの語順では，小変化がおこっている。早期白話では，動詞のかさねに人称代名詞の賓語がつくばあいは，普通の名詞のばあいとことなり，かさねの間に割ってはいっている。『金瓶梅』でも，この語順による用例が多くみられる。
　　大姐姐．他這咱不來。俺每往門首瞧他瞧去。　　　　　（金瓶梅21回）
　　　おねえさま，あのひとがいまになっても姿をみせぬなんて，わたしたち門口へいってちょっとみてまいりましょう。
　　我明日叫劉婆子看他看。　　　　　　　　　　　　　　（同32回）
　　　あした，劉ばあさんにあの子を診させよう。
　　月娘因陳經濟搬來居住，一向管工辛苦，不曾安排一頓飯兒酬勞他酬勞．

向孟玉樓，李嬌兒說道。　　　　　　　　　　　　（同18回）
　月娘は，陳経済がひっ越してきて，住むようになって以来，ずっと工事監督で骨を折っているのに，一度も食事によんでねぎらっていないので，孟玉楼と李嬌兒にいった。

しかし，『金瓶梅』では，これらの早期白話以来の語順と並行して，現代語におけるような語順，すなわち人称代名詞と普通の名詞とを区別しないで，同一語順にする型のものが用いられている。

俺娘了不得病，爹快看看他。　　　　　　　　　　　（同54回）
　奥さまがひどくおわるいのです。旦那さま，はやくみてあげてください。

你買分禮兒知謝知謝他方不失了人情。　　　　　　（同13回）
　あなたはなにか贈るものを買って，あのひとにお礼をしないと，義理をかきますわよ。

清代の作品では，まれに"看他看"型を残していることがあるが，ほぼ全面的に"看看他"型にまとまってしまっていて，両型の並行がみられるのは，『金瓶梅』など，明代の作品である。過渡現象を反映しているものといえよう。

§3　旧白話小説では，口頭語で南北にわかれて定着するようになる語，たとえば"物事／東西"，"吃（酒．茶）／喝"，"曉得／知道"，"自家／自己"などが，ともに混用されており，また白話そのものが北方方言を基礎としているので，基本語彙の共通性が大きいこともあって，個々の作品の方言的特色を，基本語の面からあきらかにすることは，なかなか容易でない。平板にくらべれば，どの作品も同じにしか映らない。しかし，一般的にいって，同義語ないし類義語のくみあわせに，基礎方言のちがいを反映していることがあるようである。ここでは，「投げる」という意味の語についてみてみることにする。

『水滸』では，「投げる」という意味で，つぎの語が用いられている。
　我先將籃兒丟出街來，你却搶來。　　　　　　　（水滸23回）
　わたしがさきにかごを道へほうり出すから，あんたはそのあととんで

こい。
你只看我籃兒撇出來，你便奔入去。　　　　　　　　（同 23 回）
　わたしがかごをほうり出すのをみたら，すぐにとびはいれ。

『水滸』のこの回は，『金瓶梅』にほぼそのままとり入れられているが，上記 2 例のうち"撇"は"抛"に改められている。"丟"は『金瓶梅』の書き下おろし部分でもよく用いられている。

於是拿一繩子丟在他面前，叫婦人上吊。　　　　　（金瓶梅 19 回）
　そこで，なわを一すじかの女のまえに投げつけ，くびをくくれと命じた。

或有人眼前，不得說話，將心事寫成，搓在紙條兒內，丟在地下。
　　　　　　　　　　　　　　　　　　　　　　　　（同 82 回）
　もし誰かひとがいて，話ができなければ，心のたけをしたためて，手のひらで丸め，地面にほうった。

この"丟"のほか，『金瓶梅』は"撩"を用いる。

西門慶起來，分付收了他瓜子兒，打開銀子包兒，捏一兩一塊銀子，撩在地下。　　　　　　　　　　　　　　　　　　　　　（同 15 回）
　西門慶は立ちあがると，その西瓜のたねをうけとっておくようにいいつけ，財布をあけて，銀塊一両をとって，地面へほうった。

那婦人登時一點紅從耳畔起，把臉飛紅了。一手把香茶包兒撩在地下。
　　　　　　　　　　　　　　　　　　　　　　　　（同 92 回）
　女はとたんに耳のつけねあたりから，赤みがさして来て，顔がまっ赤になった。そして，さっと香茶の包みを手にとり，地面へ投げすてた。

この"撩"は『水滸』に用いられているような意味ではない。

那婆娘只道是張三郎，慌忙起來，把手撩一撩雲髻，口裡喃喃的罵道。
　　　　　　　　　　　　　　　　　　　　　　　　（水滸 21 回）
　女は張三郎かとおもい，いそいで起きあがり，手で髪をなでつけ，ぶつぶつと悪口をいった。

又一個酒保奔來，提着頭只一撩，也丟在酒缸裏。　　（同 29 回）
　またひとり手代がとびかかって来たが，くびをつかみあげてさっとふりまわし，これも酒がめのなかにほうりこんだ。

那教頭盤子掠了一遭，沒一個出錢與他。　　　　　　　　（同36回）
　武術を演じた男が皿をまわしたが，誰ひとりお金を出そうとするものがなかった。

『金瓶梅』に用いる"掠"は"撂"にあてているもので，仮借字である。『紅楼夢』，『児女英雄伝』は，「投げる」に多く"撂"を用いており，現代口語でも，ひろく北方で用いられている。

『金瓶梅』では"摔"も用いられている。
趁早與我都拿了去，省的我摔一地。　　　　　　　　　　（金瓶梅26回）
　さっさと早いとこみんなもっていっておくれ。でないと，地べたにほうり捨てるわよ。

『水滸』は"摔"を用いず，"摔"にあたるところに"攢"を用いる。
把那婦人頭望西門慶臉上攢將來。　　　　　　　　　　　（水滸26回）
　女の首を西門慶の顔めがけて，投げつけた。

『金瓶梅』には，"攢"の用例がない。『紅楼夢』も，"摔"を用いるが，"攢"がなく，この点『紅楼夢』は『金瓶梅』にたいへん近い関係にある。これに対して，『儒林外史』は，"撂"，"摔"がなくて，"攢"があり，『金瓶梅』をうけつがずに，『水滸』のあとをつぐ関係になっている。

なお，『紅楼夢』も"丟"を用いるが，戚蓼生序本（以下では戚本という）で"丟"としているもののほとんどが，いわゆる程乙本などでは"撂"または"扔"に改められており，"丟"を「投げる」，「棄てる」の意味で用いるのが，北京語として許容されなくなる過程を示している。

§4　文学作品のつねとして，『金瓶梅』にも多くの俗語が用いられているが，これらの俗語には元曲などで用いられているものが多く，その後の作品では，『醒世姻縁伝』，『紅楼夢』，『児女英雄伝』などにみえるものが多い。これは，これらの作品の方言的基盤が近いことによるものであろう。
"三不知"
　元曲に用例があり，"突然"，"不料"，"意外地"などの意味で用いられている。
　三不知我騎上那驢子，忽然的叫了一聲，丟了個橛子，把我直跌了來。

(元曲 陳州糶米劇)

なんと，あのろばにまたがったら，急に一声あげて，くいをはずし，わたしをすってんどうとふりおとしました。

也不問我，三不知就去了。　　　　　　　　　　　　（金瓶梅46回）

わたしに声もかけずに，いつのまにかいってしまった。

還好意等他娘來吃，誰知三不知的就打發的去了。　　　（同75回）

好意であの人のお母さんが来てからいただこうと思っていたのに，なんといつのまにか帰してしまったのよ。

『漢語詞典』によると，『醒世姻縁伝』にもあり，魯豫方言，すなわち山東，河南方言としているが，この語は『紅楼夢』にもある。

一罎酒我們都鼓搗光了，一個個吃的把臊都丟了，三不知的又都唱起來。
　　　　　　　　　　　　　　　　　　　　　　　　（紅楼夢63回）

酒を一かめ，みんなですっかりあけてしまったものだから，誰も彼もすっかり酔っぱらい，はずかしさもなくなって，いつのまにやらみんな歌いだした。

"忽剌八"

元曲に見え，"突然地"，"憑空"という意味で用いられているが，『金瓶梅』はじめ，後代の作品にも用例がある。ただし，表記はかならずしも同じでない。

預備下熬的粥兒又不吃，忽剌八新梁興出來，要烙餅做湯。（金瓶梅11回）

せっかく用意しておいた粥には箸をつけようとせず，だしぬけに，さあ烙餅をつくれの，スープをつくれなどといいだす。

常時只喝一口黄酒就醉得不知怎様的，這燒酒是聞也不聞。他虎辣八的從前日只待吃燒酒和白鶏蛋哩。　　　　　　　　　　（醒世姻縁伝45回）

いつもはお酒を一口のんだだけでふらふらに酔ってしまい，焼酎ときたら，においもかごうとしないのに，そのかの女がおとといから急に焼酎とゆで玉子をたべようというんです。

我說呢，姨媽知道你二爺來了，忽喇巴的反打發個屋里人來。（紅楼夢16回）

わたくしは，うちの旦那さまがお帰りになったのを，おばさまがお知りになって，急に部屋の人をおよこしになったものとばかり思ってい

たのよ。

　現代の口語でも用いられ，文学作品では，河北方言を多く用いている梁斌：紅旗譜などに用例がある。

　說完這句話，她的臉上忽拉巴兒陰暗起來。

　　いいおわると，かの女の顔は急に暗くなった。

　江濤楞住了一會，忽拉巴兒笑了說。

　　江濤はしばし呆然としたが，急に笑っていった。

"歪剌骨"

　元曲でよく用いられており，婦女をいやしめてののしるときに使われている。

　我打這歪剌骨！　　　　　　　　　　　　　（元曲　児女団円劇）

　　この女をぶってやろう。

　這樣怪行貨，歪剌骨，可是有槽道的？多承大娘好意思，着他甚的，也在那裏搗鬼！　　　　　　　　　　　　　　　　　　（金瓶梅53回）

　　あのあばずれは，ほんとうにめちゃくちゃですわね。大奥さまにずいぶん親切にされていながら，どうしてまあ，かげでこそこそへんなことをするんでしょう。

　放你家那臭私窠子淫婦歪拉骨接萬人的大開門驢子狗臭屁！

　　　　　　　　　　　　　　　　　　　　　（醒世姻縁伝11回）

　　おまえんちのあの淫売，あばずれ，男なら誰でもよしの，くそ女め！

　『紅楼夢』でも尼僧をののしるのに"禿歪拉"が用いられているが（第7回），いまの北京語で用いられている"歪剌骨"は，子どもが道を歩くとき，いわゆるガニ股になることをいい，上記作品の用例におけるような意味ではない（金受申：北京話語匯）。

"一冲性子"

　西門慶不問誰告你說來，一冲性子，走到前邊。　　（金瓶梅28回）

　　西門慶は，誰がおまえに話したのかときこうともせず，かーっと，怒りたけって，表へとび出した。

　你是百般別拿出一寵性兒來。　　　　　　　（醒世姻縁伝12回）

　　あんたは，なにによらず，かーっとなってはいけません。

377

更加姑娘那等天生的一冲性兒，萬一到個不知根抵的人家，不是公婆不容，便是夫妻不睦，誰又能照我老夫妻這等體諒他？　　　（児女英雄伝23回）
　そのうえ，この娘はうまれつきのいっこくものだ。もしもどこの馬の骨かわからないところへついだら，おしゅうとさんと合わないか，夫婦なかがうまくいかぬことになろう。その時，だれがわしら老夫婦のように，この娘に目をかけてくれようか。
你可別拿着合我的你一銃子性兒合人家鬧！　　　（同7回）
　おまえはそうかっかと，分別もなしに，ひとと争ってはいけないよ。
なお，この語は，北京でいまも用いられている。
你不考慮考慮，就一銃子性兒買了這件衣裳，這麼瘦，怎麼穿？
　　　　　　　　　　　　　　　　　　（金受申：北京話語匯）
　あんたは，ちっとも考えないで，一時の気持にかられて，この服を買ってしまったが，こんなにきゅうくつなのを，どうして着るつもりですか。

"死氣白賴"

不是韓嫂兒死氣白賴在中間拉着我，我把賊沒廉恥雌漢的淫婦，口裏肉也掏出他的來。　　　（金瓶梅72回）
　韓ねえさんが必死になって間にはいって，わたしをひきとめなかったなら，わたしは，あの恥しらずの男ぐるいの淫婦めを，それこそ口の中の肉までひっぱり出してやったわ。
你公公又叫調羹死氣白賴拉着，怎麼肯放？　　　（醒世姻縁伝74回）
　おまえのおしゅうとさんは，調羹に懸命にひきとめさせていて，はなそうとしません。
俗語說的："天下無難事"。只怕死求白賴，或者竟攔住他也不可知。
　　　　　　　　　　　　　　　　　　（児女英雄伝16回）
　ことわざにもいいますよ，「天下に難事なし」とね。しゃにむにやれば，あるいはあのひとをひきとめられるかも知れません。
この語は，いまも北京語にのこっている（金受申：北京話語匯）。
不讓他去，他死乞白賴的要去。
　かれをゆかせぬようにするのだが，かれは是が非でもいこうとする。

『金瓶梅』のことば（Ⅰ）

"不當家的，不當家化化的"
　俺每，不當家的，都剛吃的飽。教楊姑娘陪個兒罷。　　（金瓶梅39回）
　せっかくの仰せですが，わたしたちは腹いっぱい食べたばかりです。楊おばさんにお相伴してもらってください。

　你好恁枉口拔舌，不當家化化的，罵他怎的？　　（同51回）
　まあいいたい放題おっしゃって，罰あたりな。あの人をこきおろして，どうなさるの。

　阿彌陀佛！不當家。狄大嫂，快休如此。你今請僧建醮，却是爲何？
　　　　　　　　　　　　　　　　　　　　　　　　（醒世姻縁伝64回）
　なむあみだぶつ，おそれ多いことでございます。狄ねえさん，まあそんなことはなさらないでください。あなたがいま坊さんをよんでご祈禱なさるのは，一体なんのためですか。

　若是像老祖宗如今爲寶玉，若捨多了倒不好，還怕哥兒禁不起，倒折了福。也不當家花花的。　　（紅楼夢25回）
　もしご隠居さまがいま宝玉さまのためになさるのでしたら，喜捨がすぎれば，かえってよくありません。坊っちゃまがそれに負けて，かえって罰をうけてしまいましょう。なむあみだぶつ，なむあみだぶつ。

　阿彌陀佛！說也不當家花拉的！這位大嫂一拉就把我們拉在那地窨子裡。
　　　　　　　　　　　　　　　　　　　　　　　　（児女英雄伝7回）
　なむあみだぶつ！ありがたいことに，このおねえさんがぐいと，わたしたちをこの穴ぐらに引っぱりいれてくださったのです。

"意意似似"
　見了俺每意意似似的，待起不起的。誰知原來背地裏有這本帳。
　　　　　　　　　　　　　　　　　　　　　　　　（金瓶梅25回）
　わたしたちを見ると，もじもじと，立つような立たぬようなふうなの。かげでそんなことをしているとはね。

　他只意意思思，就丟開手了。　　（紅楼夢65回）
　かれはいっこうに煮えきらないので，それっきりにしました。

　聽得聲都要走，便有些意意思思的捨不得。　　（児女英雄伝20回）
　みんないってしまうというのを耳にすると，いささか未練がのこり，

379

別れがたかった。
この語は，北方の口語でいまも用いられている。
人家都走了，你在那里意思什麼？
　　みんないってしまったのに，きみはそこでなにをぐずぐずしているのか。
別再意思思的了，快走吧。
　　ぐずぐずしないで，はやくいこう。　　　　　（任均沢：魯西方言詞匯）
這件事，他總是意意思思不敢決定。
　　この件では，かれはいつも煮えきらず，決定にふみきれないでいる。
　　　　　　　　　　　　　　　　　　　　　　　（趙月朋：洛陽方言詞匯）
　　　　　　　　　　　　　　　　　　　　　　　　　　　　　（未完）

『金瓶梅』のことば（Ⅱ）

§5 『紅楼夢』は版本の種類も多く，版本の間に語句の異同がみられる。これらの異同は，話のすじの前後の矛盾を改めるとか，修辞的な手入れを施しているものなど，いろいろであるが，なかにはかなり意識的に，ある語をいいかえているむきがある。さきに述べたところの，"丢"を"撂"または"扔"に改めるなどがその例である。他にもいくつかこの例があり，(1) 文語を口語に改める，(2) 北京土語を北方の共通語に改める，(3) 非北京語を北京語に改めるなど，いくつかのグループに分類することができるが，非北京語を北京語ないし，より共通性の高い北方語に変えたとおもわれるグループのなかには，『金瓶梅』に用いられている語がかなりからんでいる。

"韶刀"
娘，你爹韶刀了。頭里我說不出去，又來叫我。　　　　　　（金瓶梅32回）
　奥さま，旦那さまは口うるさい方ですね。さきに行かないって申しあげたのに，また呼びによこすなんて。
春梅見婆子吃了兩鍾酒韶刀上來了，便叫迎春二姐。　　　　　（同78回）
　春梅は，ばあさんがすこしお酒をのんで，口がまわりだしたのを見て，迎春を呼んだ。
この語は『紅楼夢』に1例ある。
賈芸聽他韶刀的不堪，便起身告辭。　　　　　　　　　　　（紅楼夢24回）
　賈芸は，かれがぺらぺらしゃべくるのにへきえきして，すぐに立って辞去した。
しかし，"韶刀"を用いているのは，庚辰本であって，戚本はじめいわゆる程乙本にいたるまで，すべて"嘮叨"としている。なお"韶刀"を"嘮叨"とするのは，『金瓶梅』の版本にもみられ，竹坡本『金瓶梅』でも，詞話本13回の"韶刀"を"嘮叨"に改めている。

この語は"韶道"という表記で,『醒世姻縁伝』にも用いられているものである。
　這大舅真是韶道，僱個主文代筆的人，就許他這們些銀子。
(醒世姻縁伝85回)
　おじさんはまったく口のかるい方ですね。書き役ひとり雇うのに，こんな額の報酬を約束してしまうんですから。
　また『儒林外史』にも用例がある。
　你看，儂媽也韶刀了。　　　　　　　　　　　　　(儒林外史53回)
　まあ，おばさんもへらず口をたたくわね。
　桂秉権：儒林外史的方言口語（文学遺産増刊5輯）によると，"韶刀"は「南京，揚州一帯の口語で，口うるさくて，よくしゃべることをいい，一般に老人についていう」ということである。また，『金瓶梅』の俚言俗語について解説した，姚霊犀『瓶外卮言』によると，いまでも呉語でこの語を用いるとしている。北京土語に"勺刀"という語があり，"韶刀"と同音であるが，金受申『北京話語匯』によると，"勺刀"は「いっていることがトンチンカンであったり，じょうだんをいうべきでない時にじょうだんをいう」ことで，その挙げている用例も，『金瓶梅』などに用いる"韶刀"の用法とは符合しない。しかし，多弁を意味する点では共通性があり，"勺刀"は"韶刀"から来ているのかもしれない。明代にはひろく用いられていた"韶刀"が，江淮から江南にかけて，ほぼその意味でのこったのに対し，北京ではだんだんと意味を変えていったものとも考えられる。
"記掛"
　你的大小女病了一向，近日纔教好些，房下記掛着，今日接了他家來。
(金瓶梅22回)
　うちの長女がここしばらく病気をしておりまして，近ごろやっとすこしよくなったのですが，家内が心配するものですからきょう家へつれてきたわけです。
　那金蓮記掛着經濟在洞兒裏，那裏又去顧那孩子？　　　(同52回)
　金蓮は洞のなかに経済がいるのが気がかりで，その子をかまうどころではありません。

『金瓶梅』のことば（Ⅱ）

この語は『紅楼夢』にも用いられている。

已經大好了，倒多謝記掛着。　　　　　　　　　　（紅楼夢8回）

　もうすっかりよくなりました。ご心配いただき，ありがとうこざいました。

上例のほか，28回，29回，30回，33回，34回，35回，39回，44回，49回，52回，58回，60回，66回などに用いられているが，庚辰本，戚本，王希廉本，東觀閣本の諸本が，いずれも上記の回で"記掛"（あるいは"記罣"とも書かれる）としているのに対して，いわゆる程乙本では，ほとんどが"惦記"に改められている（8回，28回，34回，35回，39回，44回，49回，52回，58回，66回）。なお，いわゆる程甲本と程乙本との間に，中間的な程偉元本がのこっているが，これらの版本では一部を改め，一部をそのままとするなど，中間的な形の改訂になっている。

　"記掛"に相当する共通語は"想念"であるが，北京大学『漢語方言詞匯』によると，この意味に北京では"惦記"を，揚州では"記掛"を用いるとされている。江淮一帯では，いまも口語に"記掛"を用いているようで，同地の方言を反映している作品には，用例が多い。

武大喝着酒，心裏記掛着兄弟，忽然身後來了一個人。

　　　　　　　　　　　　　　　　　　（揚州評話　武松打虎）

　武大が酒を飲みながら，心のなかで弟のことをおもっていると，突然
　うしろに誰かひとりやって来た。

しかし，"記掛"は江淮地方のみに限らないようで，山西，陝北方言を反映している作品によく用いられている。

這時候都忘記掉，一心只記掛住要是天變了，下了雪，明天早上運輸隊就不能出發。　　　　　　　　　　　　　　　　（欧陽山：高乾大）

　この時はもうみんな忘れてしまっていて，ただもう空もようが変って，
　雪がふったら，明日の朝に輸送隊は出発できないなあと，そればかり
　気づかっていた。

おそらく，この地方でも"記掛"が用いられているのであろう。しかし，河北では用いられていないようで，この地方の方言を反映した作品には用例がみあたらず，河北省昌黎県県志編さん委員会『昌黎方言志』などによっ

383

ても，"掛念""惦念""惦着"をあげ，"記掛"をあげていない。
"物件"
見官哥兒戯耍物件都還在根前．恐怕李瓶兒看見思想煩惱．都令迎春拏到後邊去了。　　　　　　　　　　　　　　　　　　　　（金瓶梅59回）
　官哥のあそび道具がみなまだ目のまえにあるのを見て，李瓶児の目にふれると，思いだして悲しむだろうとおもい，迎春にぜんぶ奥へもってゆかせた。

我換與你件好物件兒。　　　　　　　　　　　　　　　　　　　（同28回）
　わたしがあなたに，いいものにとりかえてあげます。

この語も『紅楼夢』に用いられている。

便將那世上所有之物件擺了無數．與他抓取．誰知他一概不取．伸手只把些脂粉釵環抓來。　　　　　　　　　　　　　　　　　　　（紅楼夢2回）
　この世のありとあらゆるものを盛りたくさん並べ，手に取らせようとしましたが，なんと，なんにも取ろうとしないで，紅，白粉，かんざし，耳輪に手を伸ばして，つかみました。

戚本は，上例のほか，29回，58回，74回に"物件"を用いている。庚辰本では，2回の上例を"物"とするほか，他の回には"物件"を用い，さらに78回にも用いる（庚辰本78回の"物件"を，戚本は"物"とする）。これらの"物件"を，いわゆる程乙本では"東西"（2回, 29回），または"物"に改め（74回），"物件"をのこすのは58回のみになっている（78回では，この語をふくむ一節が削除されている）。

この語は，古くから用いられてきている。

這物件雖不値錢．也有好處。　　　　　　　（京本通俗小説 志誠張主管）
　この品は高価なものではありませんが，役に立つところがあるでしょう。

整頓房舍．再去看那寺後有多少物件。　　　　　　　　　　　（水滸17回）
　家を片づけてから，寺の裏にどれだけ物があるかを見にいくことにした。

『金瓶梅』のあとの作品でも『醒世姻縁伝』では，よく用いられている。
晁大舎亦不曾送一些過年的物件到計氏後邊．真是一無所有。

『金瓶梅』のことば（Ⅱ）

（醒世姻縁伝3回）
　晃大舎はお正月用品も計氏のところには送ってよこさず，ほんとうになに一つとしてなかった。
　蘇劉二錦衣各備了希奇古怪的物件，約齊了同去上壽。　　　　（同5回）
　蘇錦衣と劉錦衣の二人はめいめい珍しい品をととのえ，つれだってお祝いにいった。
　宋の話本はじめ，その後の各作品のなかで，"物事""東西"等とともに用いられているわけであるが，"東西""物事"がいまも口語で用いられているように，"物件"も方言にのこっている。"物件"を口語に用いるのは，山西，陝北にかけての地方であって，この地の方言を基礎にしている作品に用例が多い。
　老方急用這個物件兒。　　　　　　　　　　　　（劉江：太行風雲）
　方さんはこのものをいますぐにも欲しがっている。
　單另這家伙在肩膀上扛個大物件。　　　　　　　　　　　　　（同）
　ひとりこの男だけが肩に大きなものをかついでいる。
　なお，任明『北方土語辞典』では，"物件"を陝西土語としている。
"膿着""濃着"
　姐姐，你知我見的，將就膿着些兒罷了。　　　　　（金瓶梅41回）
　ねえ，おまえさん。お互い知ってのとおりさ。すこしは辛抱して，ひかえるがいいわ。
　哥兒，你濃着些兒罷。你的小見識兒，只說人不知道。他是甚相府中懷春女？他和我多是一般後婚老婆。　　　　　　　　　　　　　（同73回）
　あなた，いいかげんにしてくださいよ。あなたはものにうとく，わたしがなんにも知らぬとでもおもっていらっしゃるのでしょうが。あの人がどうして大臣さまのお屋敷のお嬢さまなものですか。わたしと同じ後添いの女ですよ。
　你來在俺家，你識我見，大家膿着些罷了。　　　　　（同91回）
　わたしの家に来たからには，お互いわけを知った仲ですから，なんとか仲よくしていきましょうよ。
　この語は北京語の"對付"にあたるもので，金受申『北京話語匯』に

385

よると,"對付"には"應付""勉強""倆人友好"の三つの意味があるとして,それぞれの用例をあげているが,いずれも"膿着"の用法に一致する。『紅楼夢』でも用いられており,"膿着"または"能着"と表記されている。

他兩家的房舍極是便宜．咱們先能着住下．再慢慢的着人去收拾．豈不消停些？　　　　　　　　　　　　　　　　　　　　（庚辰本4回）

あちら二軒の家ともたいへん便利なところですから,わたしたちはひとまずあそこに落ちついて,そのうえで,おいおい人をやって片づけさせたほうが,ゆっくりできるではありませんか。

這是粗打的．且在別處能着〔儂着〕使罷。　　（庚辰本「戚本」32回）

これは雑につくったものですから,しばらくほかのところで,がまんしてお使いください。

姑孃別嫌粗糙．能着〔儂着〕用罷。　　　　　（庚辰本〔戚本〕37回）

そまつな作りで,お気に召さないかも知れませんが,よろしかったら間にあわせにお使いください。

要件什麼．横堅有二姐姐的東西．能着〔儂着〕些．搭着就使了。

（庚辰本〔戚本〕57回）

なにか入用でしたら,どっちみちおねえさんのものがあるでしょうから,まあ辛抱して,なかまでお使いなさい。

那裏爲這點子小事去煩瑣他？我勸你能着〔儂着〕些兒罷。

（庚辰本〔戚本〕68回）

どうしてこんなつまらないことで,あのお方をわずらわせましょう。ちょっと辛抱なさいな。

奶奶不嫌髒．這是我的．能着〔儂着〕用些。　（庚辰本〔戚本〕75回）

奥さま,よろしかったら,これはわたしのですが,まにあわせにお使いください。

庚辰本が"能着",戚本が"儂着"と表記しているが,上記用例の"能着""儂着"の多くを,王希廉本,東観閣本およびいわゆる程乙本はいずれも"且"(4回),"將就"(32回),"將就着"(37回),"耐着"(68回)に改めている。

"膿着"とおもわれるものが,蒲松齢の『磨難曲』にも1例用いられている。

若是哄着他成了親，倒也快活，可又不名爲此。罷，罷，罷，生有地死有處，能仔教他撑了。　　　　　　　　　　　　　（磨難曲8回）

　もしだまして夫婦になれば，まあたのしいが，そうもできない。ええ，まあなんとかなろう。とにかくなんとかして，かの女にひきとってもらおう。

"能仔"は『紅楼夢』の"能着"の表記にあたるものであろう。

この語は，清朝後期の『正音咀華』にも見えている。

主問　這些年好過呵。
客答　只管噥着。

　このところお元気でしたか。
　ええ，まあなんとか。

これらの用例からして，北方にかなりひろく用いられていた語かと考えられるが，『児女英雄伝』などには用例がない（この作品では，"將就着"が用いられている）。陸澹安『小説詞語匯釈』は，"噥"を呉語とし，清末の呉語小説『海上花』における用例をあげて，解釈している。しかし，『海上花』には"噥噥"（21回，24回），"噥下去"（12回），"噥得過去"（24回），"噥勿落"（23回）のような型の用例しかなく，北方語作品におけるような"噥着"の例はない。語彙集などでこの語を収めているものがなく，よくわからないが，北方の口語にまったくのこっていないとも考えがたい。趙樹理の『李家荘的変遷』は，陝北，山西の方言の反映がみられる作品であるが，同書につぎのような一文がある。

咱從小是個窮人，一天只顧弄着吃，什麼閒事也不留心。

　わたくしは，小さいときからの貧乏そだちでございまして，一日中なんとか食べることばかり頭にありまして，かかわりのないことは，さらさら気にとめませんでした。

ここの"弄着"は，『金瓶梅』以来の"噥着"ではなかろうか。用法も一致するし，さきにあげた『正音咀華』の"只管噥着"と較べても，使用環境が一致している。

以上のいいかえを，『紅楼夢』の各版本における"吃（酒）→喝""丟→撂""曉得→知道""泡（茶）→沏""不曾→沒有"のなかで考えると，『金

瓶梅』で用いられていた，上掲の語は，当時すくなくとも『紅楼夢』の校訂者にとっては，北方語として問題のあるものと考えられたのであろう。

§6　前節でみたように"韶刀""記掛""物件""嚷着"は，『紅楼夢』ののちの版本から排除されていったが，現在なおどこかの方言に少なからずのこっている。『金瓶梅』に用いられているその他の語で，いまも口語に用いられているもののなかには，非北京語ではあるが，北京以外でひろく用いられている北方語が多い。

"拾掇"
你別要管他，丟着罷。亦發等他們來拾掇。　　　　　　　（金瓶梅23回）
　　かまわないで，ほっといてください。あれたちが来てから，いっしょに片づけさせますから。

『醒世姻縁伝』にも用いられている。
你待說休俺妹子，你寫下休書，我到家拾掇坐屋，接俺妹子家去。這有什麼難處的事？　　　　　　　　　　　　　　　　　　（醒世姻縁伝8回）
　　あなたがわたしの妹を離縁なさろうというのでしたら，あなたは三下り半をお書きになり，わたしは家へいって一部屋かたづけて，妹をつれてもどります。さてなんにも手こずることはないではありませんか。

しかし，『紅楼夢』『児女英雄伝』などの作品には用例がない。竹坡本『金瓶梅』でも"拾掇"を"收拾"に改める。しかし，"拾掇"は北方ではいまもひろく用いられており，前掲の『北方土語辞典』では，山西，陝西土語として用例をあげている。この地方の方言によっている作品に用例の多いのは，このためであろう。

他自己一個人留在最後，看還有什麼要拾掇的。　（柯藍：洋鉄桶的故事）
　　かれ一人おわりまで残って，まだなにか片づけなくてはならぬものはないか，見ることにした。

就這點東西，叫三嫂給你拾掇。你快去給人家見上一面兒，事情不就了結啦。　　　　　　　　　　　　　　　　　　　　　　（劉江：太行風雲）
　　これっくらいのものは，三嫂にかたづけてもらうことにして，あんたは早くあの人のところへいって一目会えば，ことはもうけりがつくで

はありませんか。
　好哩，好哩，不要勞叨哩。你快拾掇家什，我們拉話……。
　　　　　　　　　　　　　　　　　　　　　　（柳青：銅墻鉄壁）
　もういい，もういい。くどくどいわないで。はやくここを片づけてから，ふたりで話そうよ。

　この語は，任均沢『魯西方言詞匯』（方言与普通話集刊第三本）および前掲の『昌黎方言志』などに，ともに同地方の方言として収められており，山西，陝西のみならず，河北から山東西部にかけてひろく用いられているものであろう。北京でも用いられているようで，前掲の『漢語方言詞匯』では，北京で"收拾"の意味に"拾掇""歸着"が用いられるとされている。しかし，北京語としては，金受申『北京話語匯』にあげるように，"歸置（歸著）"であって，"歸置"が北京方言，"拾掇"は北方にひろく用いられる広域方言ということになろう。

"前晌""後晌"
　後晌往吳驛丞家吃酒，如今在對過喬大戸房子里看收拾哩。（金瓶梅33回）
　　午後は呉駅丞の家へ飲みにいきますが，いまはむかいの喬大戸の家で修繕するのをみています。
　早晨我送了些禮兒去，他使小廝來，請我後晌坐坐。　　　（同60回）
　　けさお祝いの品を届けたところ，使いのものをよこして，わたくしに午後きてくれといってきました。

『醒世姻縁伝』には用例があるが，『紅楼夢』『児女英雄伝』には用いられていない。
　我等後晌和那司鼓的算帳！　　　　　　　　　　（醒世姻縁伝11回）
　　ひるからあの太鼓をならす侍をしめあげてやろう。

　しかし，いまでも方言では用いられ，前掲の『北方土語辞典』では"後晌"を陝西，山西土語，"前晌"を山西土語としている。文学作品にも反映している。
　鬼子兵出城來搶糧食了，上午在中荘，後晌就到馬家溝。
　　　　　　　　　　　　　　　　　　　　　　（柯藍：洋鉄桶的故事）
　　敵の兵隊が城外へ，食糧の強奪に出て来ました。午前中は中荘にいま

したが，午後にはもう馬家溝へやって来ています。

比起今天前晌剛來的時候，曹玉喜完全變了個樣兒。　　　（欧陽山：高乾大）
きょう午前にやってきた時にくらべると，曹玉喜はすっかり変ってしまっている。

到了後晌，合作社簡直像大大鍋滾水一樣。　　　　　　　　　　　（同）
午後になると，合作社はまるで大なべにたぎる湯のようであった。

要是前晌找到共産黨，後晌就給我捎個口信。　　　（劉江：太行風雲）
もし午前中に共産党員をみつけたら，午後にでもわたしにしらせてください。

我們前晌已經討論好辦法了，後晌咱們就動手。　　　（柳青：銅墻鉄壁）
おれたちは午前中にもうちゃんと方法を討論してきめた。午後にはみんなでとりかかろう。

咱們今前晌不是討論過啦？　　　　　　　　（馬烽，西戎：呂梁英雄伝）
おれたちはきょう午前中に討論をすませたではないか。

これらの地以外でも用いられており，前掲の『昌黎方言志』では，"上午" "前半晌兒" に並行して "前晌（兒）" が，"下午" "後半晌兒" に並行して "後晌（兒）" が挙げられている。"前晌" "後晌" は，北方の広域方言とみるべきであろう。

"一答兒" "一答裏"

前日在爹宅裏散了，都一答兒家去了。　　　　　　　　（金瓶梅32回）
おととい旦那さまのお宅でおひらきになってから，みんないっしょに家へ帰りました。

往後倘或你兩個坐在一答裏，那奴才或走到跟前回話，做甚麼見了有個不氣的？　　　　　　　　　　　　　　　　　　　　　　　（同26回）
これから，もしもあなたたちお二人がいっしょにいるところへ，あの下郎がなにか申し上げにでもまいりましたら，どうして平気の平佐ということがありましょうか。

咱兩個一答兒裏去，奴也要看姐姐穿珠花哩。　　　　　（同27回）
わたしたち二人いっしょにいきましょう。わたしもおねえさまが真珠のかんざしをおつくりになっているところを見てみたいわ。

『金瓶梅』では，"一處""一塊兒"に並行して，"一答兒""一答裏"または"一答兒裏"が用いられているが，『紅楼夢』『児女英雄伝』には，"一答兒"はうけつがれていない。前掲の『北方土語辞典』では，この語を陝北，晋西土語としており，文学作品にも反映がある。

我不能跟他在一達！　　　　　　　　　　　　　（欧陽山：高乾大）
　わたしは，あのひとといっしょにはおれません。
我跟他説不到一達兒。　　　　　　　　　　　　　　　　　（同）
　わたしは，かれとは話がかみあわない。
我本想咱掌櫃夥計坐一噠喝幾盅。　　　　（馬烽，西戎：呂梁英雄伝）
　わしら番頭，手代，小僧らでいっしょに一杯やろうともともと考えていた。
倆人一碰面，一句話沒説，猛的撲到一搭裏，就來了個四把大樓腰。
　　　　　　　　　　　　　　　　　　　　　　　（劉江：太行風雲）
　ふたりは出会うと，なんにもいわずに，いきなりとびかかり，しっかりとだきあった。
咱們統共剩了三個人，再跑散，到不了一塔。　　（柳青：銅墻鉄壁）
　おれたちは三人きりになってしまって，こんど散り散りになったら，いっしょにはなれまい。

"一達""一噠""一搭""一塔"と表記はそれぞれことなっているが，いずれも同一語であることはいうまでもない。

"這答兒""那答兒"

這答兒裏到且是蔭涼。咱在這裏坐一回兒罷。　　　（金瓶梅52回）
　ここはまあ涼しいほうだわ。わたしたちしばらくここにいましょうよ。
二爹，今日在那答兒吃酒？　　　　　　　　　　　　（同54回）
　旦那さま，きょうはどちらでお酒をめしあがるんで。

『金瓶梅』では，"這裏""這塊兒""那裏""那塊兒"などとともに"這答兒""那答兒"が用いられているが，『紅楼夢』『児女英雄伝』などの作品では，この語は用いられていない。前掲の『北方土語辞典』では，この"這答（兒）""那答（兒）"を，陝西，山西土語としており，前掲の各文学作品にも用例がみえる。

咱們這塔而今變成前綫了。　　　　　　　　　　　　　　（柳青：銅墻鉄壁）
　　おれたちのここは，いまや前線だ。
我走過那塔。　　　　　　　　　　　　　　　　　　　　　　　　　　（同）
　　わたしはあそこへいったことがあります。
完了你們上哪嗒去呀？　　　　　　　　　　　　　　　　　　　　　　（同）
　　おわったら，みなさんはどこへいくんかね。
往哪噠挪？　　　　　　　　　　　　　　　　　　　　（欧陽山：高乾大）
　　どちらへ引っ越しますか。

『金瓶梅』は，なんとなく山東方言を基礎とするようにおもわれているが，その方言俗語でいまの口語にのこっているものは，北方の広域にわたる方言で，そのなかには山西，陝北にかけての，西北一帯で用いられていて，今日では西北方言とおもわれているものが少なからずある。これは，早期白話の語が西北地方に多くのこったことによるものと考えられるが，あるいは『金瓶梅』の基礎方言となんらかのかかわりをもつ面があるのか知れない。

　　　　　　　　　　　　　　　　　　　　　　　　　　　　　　　　（完）

参考文献
方言与普通話集刊（文字改革出版社）
朱居易：元劇俗語方言例釈（商務印書館）
金受申：北京話語匯（商務印書館）
任明：北方土語辞典（春明出版社）
昌黎方言志（科学出版社）
姚霊犀：瓶外巵言（天津書局）
太田辰夫：中國語歴史文法（江南書院）
陸澹安：小說詞語匯釈（中華書局）
北京大学：漢語方言詞匯（文字改革出版社）

呉語の語助詞（一）

　呉語文学作品『海上花列伝』『九尾亀』などによって，呉語の語助詞（語気詞のほか，一部の接続詞，前置詞，副詞および助詞をふくめる）の用法を考察する。語助詞はそれぞれの方言が一個の体系をもっており，共通語（共通語の基礎方言）への単なるおきかえによって，理解できるものでなく，共通語と対比しながらも，その体系の違いをあきらかにすることにつとめたい。

阿

　呉語では，語気副詞"阿"を用いて疑問文をつくる例が多くみられる。

老伯阿是善卿先生？　　　　　　　　　　　　　　　　（海1回）
　あなたは善卿さまでいらっしゃいますか。
莊大少爺阿來裡？　　　　　　　　　　　　　　　　　（海2回）
　莊の若旦那はおいでかね。
耐阿高興一淘去？　　　　　　　　　　　　　　　　　（海4回）
　おまえいっしょにいきたいか。
阿要金鳳來替耐搨兩拳？　　　　　　　　　　　　　　（海8回）
　金鳳にかわってしばらく拳をうつようにいいましょうか。
該個朋友耐阿認得？　　　　　　　　　　　　　　　　（海37回）
　このかたは誰だかしっているかね。

ところで，これらの疑問文は，共通語の諾否疑問文（來嗎？）にあたるのか，それとも反復疑問文（來不來？）にあたるのであろうか。

① 旧版の『辞海』では，"又蘇滬方言亦有以爲問詞者，如云阿是，阿好。即是不是，好不好之意也"とあり，反復疑問文にあたるような説明であるが，"阿"の疑問文に対しては，うなずいたり，あるいは首をよこにふることによって答えている例が多い。上掲の文例についてのこたえかたはつ

ぎのようになっている。

"……。老伯阿是善卿先生？" 善卿道："豈敢，豈敢。" （海 1 回）

小村問秀寶道："莊大少爺阿來裏？" 秀寶點點頭。 （海 2 回）

"……。耐阿高興一淘去？" 蓮生微笑搖頭。 （海 4 回）

子富不及揞拳丟下便走。黃二姐在外間迎着道："阿要金鳳來替耐揞兩拳？" 子富點點頭。 （海 8 回）

小村反問郭孝婆道："該個朋友阿認得？" 郭老婆搖搖頭。 （海 37 回）

すなわち，諾否で返答しているわけで（"豈敢"も肯定の表明である），これからすると，"阿"の疑問文は，反復疑問文ではなく，諾否疑問文にあたるようである。反復疑問文なら，うなずいたり，首をよこにふったりしてすますことができず，"來不來？""好不好？"などの肯定部分あるいは否定部分のいずれかをえらんで答えなくてはならないからである。

また，"阿"の疑問文には，つぎのような範囲，程度を表す状況語（連用修飾語）や補語をともなうものがある。

阿就是四家頭？ （海 3 回）
　4 人だけですか。

徐茂榮真個阿來？ （海 27 回）
　徐茂栄はほんとうにくるのかい。

四老爺面孔浪，倪十全阿有點相像？ （海 58 回）
　四旦那のお顔と，うちの十全と，ちっとは似ていますか。

比仔茶會浪阿貴點？ （海 24 回）
　茶会よりすこし高いでしょうか。

これらの文を，共通語で考えてみると，つぎのようになる。

$$\begin{cases} 就是四個人嗎？ & ○ \\ 就是四個人不是？ & × \end{cases}$$

$$\begin{cases} 徐茂榮真的來嗎？ & ○ \\ 徐茂榮真的來不來？ & × \end{cases}$$

$$\begin{cases} 有點像嗎？ & ○ \\ 有點像不像？ & × \end{cases}$$

⎧ 貴點嗎？　　　　　　　○
　　⎩ 貴點不貴點？　　　　　×

　すなわち，反復疑問文は成立しない。このばあい，反復疑問文が成立しないのは，述語が状況語あるいは補語によって，範囲または程度などを限定されているばあい，肯定とそれに対応する否定とが"來不來？""好不好？"のように整合しなくなるからである。"阿"の疑問文がこれらを含んで成立することは，反復疑問文でないことを示しているものともおもわれる。

② しかし，別の観点からすると，"阿"の文は共通語の諾否疑問文ではなく，反復疑問文にあたると考えられる。

　共通語の諾否疑問文には"究竟""到底"のたぐいの副詞を用いることはできない。これらのたぐいの副詞が用いられるのは，反復疑問文，特指疑問文（他在哪兒？你要什麼？……）などである。

　　⎧ 他究竟來嗎？　　　　　×
　　⎨ 他究竟來不來？　　　　○
　　⎩ 他究竟什麼時候來呢？　○

　ところが，呉語では，これらの副詞を"阿"の文に用いる。

耐到底阿認得俚介？　　　　　　　　　　　　　（九 36 回）
　あのかたを存じていらっしゃるんですか。

耐到底阿記得說哩？　　　　　　　　　　　　　（九 40 回）
　この話をおぼえていらっしゃるんですか，どうですか。

耐到底阿去搭倪拿介？　　　　　　　　　　　　（九 45 回）
　いったい，とりにいってくださるんですか，どうなんですか。

辛老，耐想想看，到底阿認得倪？　　　　　　　（九 185 回）
　辛さま，おもいだしてみてください，わたしをご存知でありませんか。

"阿"の疑問文が，"到底"のような副詞をふんで成立することは，諾否疑問文でなく，共通語の反復疑問文にあたると考えられてくる。このことは，つぎのこととも関連する。

　共通語では，特指疑問文，反復疑問文はそのまま他の文にうめこむことができるが，諾否疑問文をうめこむことはできず，うめこむには，反復疑

問文にかえねばならない。

$$\begin{cases} 他在嗎？ \\ 你去看看他在不在。 \end{cases}$$

$$\begin{cases} 他會中文嗎？ \\ 我不知道他會中文不會。 \end{cases}$$

ところが，呉語では"阿"の疑問文を，他の文にうめこむことができる。

來安．去對門看看葛二少爺阿來哚。　　　　　　　　（海5回）
　来安，向いへいって，葛の若旦那がおいでかみてきてくれ。

難看俚做起生意來，勿曉得阿會做。　　　　　　　　（海12回）
　いざしょうばいということになると，さあうまくやれるかどうか。

勿曉得故歇阿來裡上海。　　　　　　　　　　　　　（海27回）
　いま上海にいるかどうかわかりません。

去東興里打探二少爺阿曾困。　　　　　　　　　　　（海42回）
　東興里へいって，若旦那がもうやすんだかどうかみてこい。

我要去問聲俚阿是要我個命。　　　　　　　　　　　（海59回）
　あのかたに，わたしの命をとる気かどうかきいてきます。

耐到樓底下花麗卿搭去看看阿有空房間。　　　　　　（九68回）
　したの花麗卿のところへいって，あいた部屋がないかみてきなさい。

すなわち，うめこみ文では，"阿"の文は共通語の反復疑問文にあたるわけである。

このようにみてくると，呉語の"阿"の疑問文は，ある面では，共通語の諾否疑問文とかさなって，反復疑問文を排斥し，ある面では反復疑問文とかさなって，諾否疑問文を排斥していることがわかる。このことは，呉語には共通語の"～嗎"にあたる助詞がなく，また反復疑問文をあまり用いないことと連関するものであろう。

なお，"阿"は特指疑問文には，ふつう用いない。

物事來哚陸裡？　　　　　　　　　　　　　　　　　（海1回）
　しなものはどこにありますか。

耐爲倽打俚嗄？　　　　　　　　　　　　　　　　　（海3回）
　どうしてかの女をぶったりするんですか。

耐末那价呢？ (海2回)
　あんたはどうなの。

檯面散仔倽辰光哉？ (海5回)
　おひらきになってどれくらいたちましたか。

ただし，不定を表す"倽"などとは，ともに用いられる。

　⎧ 羅子富做倽生意嘎？ (海3回)
　⎪ 　羅子富さんはなにをしているかたですか。
　⎨ 俚阿做倽生意？ (海14回)
　⎩ 　かれはなにかしごとをしていますか。

　⎧ 李老爺喫倽點心？ (海16回)
　⎪ 　なにを召しあがりますか。
　⎨ 阿喫倽點心？ (海16回)
　⎩ 　なにか召しあがりますか。

　⎧ 耐有倽要緊事體搭我商量？ (海4回)
　⎪ 　わたしに相談したい大事なことって，なんだね。
　⎨ 耐阿有倽要緊事體要連夜趕出城去？ (海18回)
　⎩ 　なにか，夜なかに出ていかねばならんような大事でもあるのかね。

　⎧ 阿金有幾花姘頭嘎？ (海3回)
　⎪ 　阿金にはなん人おとこがいるんかね。
　⎨ 阿要幾花洋錢？ (海61回)
　⎩ 　ずいぶん値がはるんでしょうね。

また，反語の特指疑問文にも，多く"阿"を用いる。

阿有倽勿好！ (海1回)
　いけないことがあるものですか。

阿有倽工夫來看俚！ (海8回)
　わたしらを見にくるひまなんてあるものか。

粗點心阿算倽敬意嘎！ (海11回)
　上等でもないケーキでは，おそまつですわね。

倌人有仔脾氣，阿好做倽生意嘎！ (海6回)
　芸者にくせがあっちゃ，しょうばいなんてできるもんですか。

阿關得倪啥事！　　　　　　　　　　　　　　（九2回）
　　わたしになんのかかわりがありましょう。
阿像啥格娘姨。　　　　　　　　　　　　　　（九38回）
　　女中らしいところなんて，まるでないんだから。
耐阿有幾花本事！　　　　　　　　　　　　　（海25回）
　　あんたにどれほどのことができるもんですか。

撥，撥來

　"撥"は共通語の"給"にあたるもので"給"と同じように，動詞および介詞として用いられる。しかし，用法は"給"とまったく同じではない。
① 動詞の用例。
　洪老爺先搭倪起個名字，等俚會做仔生意末，雙珠就撥耐罷。　（海3回）
　　洪の旦那さま，わたしどもに名まえをひとつつけてくださいな。あの子がしょうばいをやれるようになったら，双珠はあなたさまにさしあげましょうよ。
　等倪下節勿做仔生意，再撥倪好哉。　　　　　（九38回）
　　つぎの節季でしょうばいをやめたときにくださって結構です。
　ただし，二個の賓語を同時にとるときは，共通語と同じ順序にもなるが，逆になることも少なくない。
"我給你錢"型：
　阿是常恐朱五少爺多撥仔耐洋錢，耐客氣勿要嗄？　（海63回）
　　朱五若旦那がお金をはずんでくれるかもしれず，えんりょすることはないんじゃありませんか。
"我給錢你"型：
　耐要氣殺我哉！再要撥洋錢俚！　　　　　　　（海59回）
　　あんたには，いらいらさせられますわ。このうえ，あのひとにお金をやるんだなんて。
　价末今朝阿曾撥點俚？　　　　　　　　　　　（海22回）
　　それで，きょうかれにすこしやったのかね。
　故歇耐翻過來，倒説倪撥空心湯糰耐吃。倪怕耐淘壞仔自家身體，所以勿

肯……。　　　　　　　　　　　　　　　　　　　　　（九75回）

　それなのに，あなたったら，わたしが口さきだけで，実をみせないっておっしゃいます。わたしは，あなたがお体をつぶされないかと心配で，その気に……。

　上例の"撥洋錢俚""撥空心湯糰耐吃"は，共通語では"給他錢""給你空心湯糰吃"となるところである。

② 複合動詞の例。

　耐要送撥我，隨便陸裡一日送末哉。　　　　　　　　　　（海8回）
　　あなたがわたしにくださるおつもりなら，いつだっていいんです。
　格個是金大少格賞錢。耐去交撥俚篤。　　　　　　　　　（九15回）
　　これは金の若旦那のお志ですよ。おまえから，あの連中にわたしておやり。

　二個の賓語のばあいは，共通語では"送給他戒指""交給你一封信"などのようになるが，呉語では"送戒指給他""交一封信給你"のようにいうことが多い。

　阿好借十塊錢撥我，煙錢浪算末哉？　　　　　　　　　　（海37回）
　　10元わたしに貸してくださいな，お勘定とさし引くということにして，いけませんか。
　耐喜歡末，我送一對撥耐，拿轉去白相相。　　　　　　　（海46回）
　　すきならおまえに一つがいやろう。もって帰って，気ばらしにするさ。

　なお，介詞として用いられて，上例と同じく，受けわたされるものの受けとり手を示す"給"のばあいも（"給他寫信"など），呉語ではこの型になる。

　耐到仔屋裡，寫封信撥我。　　　　　　　　　　　　　　（海55回）
　　家におつきになったら，お手紙をくださいね。

③ 介詞の例。

　介詞の用法は，共通語の"給"のように多岐にわたることがなく，使役および受身の二つにしぼられるといっていい。介詞"給"のその他の用法は，呉語では多く"搭"によってうけもたれる。

　覅撥俚喫哉。　　　　　　　　　　　　　　　　　　　　（海8回）
　　あのひとに，もう飲ませないでちょうだい。

阿是倪餘慶哥撥耐喫仔好物事？　　　　　　　　　（海55回）
　　さては，わしらの余慶くんがいいものをたべさせたからかな。
匯票是啥個樣式介？撥倪看看哩。　　　　　　　　（九6回）
　　為替ってどんなんですの。わたしに見せてくださいよ。
耐阿怕難爲情嘎？撥俚哚來看見仔，算倰？　　　　（海8回）
　　みっともないじゃありませんか。連中にみつかったら，ざまじゃあり
　　ませんわ。
前日仔倪勒浪一品香出堂差，撥格斷命客人灌仔幾杯酒，格兩日喉嚨唱勿
出哉。　　　　　　　　　　　　　　　　　　　　　（九17回）
　　おととい，一品香によばれたとき，あのいやな客にむりやり数杯のま
　　されて，おかげで，このところのどをやられて，うたえないんです。
　なお，共通語の"我把衣服給晾干了""衣服讓他給晾干了"の例における，
助詞的な"給"にあたる用法はない。
　"撥來"は"撥"と同じように用いられる。
隔兩日一淘撥來倪，阿對？　　　　　　　　　　　（海16回）
　　あとで，いっしょにいただきますわ。いけないかしら。
俚無法子做個生意，就做仔玉甫一個人，要嫁撥來玉甫。（海37回）
　　かの女はいたしかたなく，水しょうばいをするようになったんだが，
　　玉甫ひとりしか客をとらず，玉甫のもとへとつぐことを考えていた。
撥來沈小紅曉得末，喫俚兩記耳光哉哩！　　　　　（海4回）
　　沈小紅にしれたらびんたを二つ三つくらうことになるだろうよ。
　"撥來"は"撥勒"とも表記される（『官場現形記』など）。"撥來"は『九
尾亀』には，用例がみられない。

來，來裡，來浪，來哚

　呉語文学作品には，"來"字をつぎのように用いている例がある。
耐拿三四十洋錢去用撥俚也勿來俚眼睛裡。　　　　（海2回）
　　きみが30元や40元ぐらい，かの女につかっても，かの女にとっては
　　物の数でない。
看見耐低倒仔頭只管走，我就曉得耐倒倪搭來，跟來耐背後。（海14回）

あなたがうつむいて、どんどん歩いていらっしゃるのをみて、わたしどものところへみえるのだとおもい、うしろにつけていました。

この"來"は、"勒"とも表記される。

俚就洋錢再用得多點，倪倒也勿放勒心浪。　　　　　　　　（九37回）
　そのかたがたとえもっとお金をつかっても、わたしはなんともおもいません。

耐問俚做啥？自然勒倪搭㕦。　　　　　　　　　　　　　　（九32回）
　どうしてそのことをおたずねになりますの。もちろん、わたしのところにありましてよ。

還要瞎三話四，說勒倪搭用脫仔幾化洋錢哉。　　　　　　　（九10回）
　そのうえ、うそ八百、わたしのところで大金をつかったっていうんだから。

倪活勒世浪也嘸撥啥格好處。　　　　　　　　　　　　　　（九11回）
　わたしはこの世に生きていても、べつにいいことはありません。

　これらの用例からわかるように、この"來（勒）"は共通語の"在"にあたるものであるが、これらの文学作品では、"來"よりも"來裡""來浪"（"勒浪"とも表記する）"來哚"を用いることが多く、"來裡""來浪""來哚"には、"在"のすべての用法がみられる。

(1) 動詞。存在を表す。

莊大少爺阿來裡？　　　　　　　　　　　　　　　　　　　（海2回）
　莊の若旦那はおいでかね。

玉甫問："房裡阿有人？"浣芳說："阿招來浪。"　　　　　　（海36回）
　玉甫が「へやに誰かいるか」ときいた。浣芳が「阿招がいます。」

我前日仔教阿金大到耐公館裡來看耐，說轎子來哚，人是出去哉。（海4回）
　おととい阿金大をお屋敷まであなたをみにやりましたが、かごはあるが、旦那さまはおでかけになっているとのことでした。

(2) 動詞。存在を表し、場所語を賓語とする。

雲甫向問玉甫何在。那先生指道："來裡該首。"　　　　　　（海43回）
　雲甫が玉甫はどこにいるかたずねた。その人は指さして、「そこにいます。」といった。

俚叫王佩蘭，就勒浪兆貴里。　　　　　　　　　　（九42回）
　　　あのひとは王佩蘭といって，兆貴里にいます。
　　物事來㗚陸裡？　　　　　　　　　　　　　　　　（海1回）
　　　しなものはどこにありますか。
(3) 介詞。場所語を賓語として，動作のおこなわれる地点を示す。
　　我來裡馬車浪等耐末哉。　　　　　　　　　　　　（海6回）
　　　わたしは馬車で，おまえを待ってるよ。
　　耐來浪房間裏向坐歇，勿要走。　　　　　　　　　（九37回）
　　　あなたは部屋でしばらくゆっくりしていてください。おかえりになってはいけませんよ。
　　來㗚屋裡做倽哩？　　　　　　　　　　　　　　　（海1回）
　　　家にいてなにをするのですか。
(4) 介詞。場所語を賓語として，動詞の補語となり，動作によって，どこに位置するかを示す。
　　我個人賽過押來裡上海哉呀！　　　　　　　　　　（海62回）
　　　わたしの身がらは上海に抵当にはいっているようなものだわ。
　　巡捕守來浪門口，外頭勿許去呀。　　　　　　　　（海28回）
　　　巡査が入口をかためていて，外には出してくれません。
　　贖身文書末就放來㗚拜匣裡。　　　　　　　　　　（海58回）
　　　身受け証文は手文庫にいれてあります。
(5) 副詞。動作の進行，継続を示す。
　　一幹子來裡做倽？　　　　　　　　　　　　　　　（海3回）
　　　ひとりでなにをしているのかね。
　　倪先生剛剛起來，勒浪梳頭，阿要去叫俚來？　　　（九37回）
　　　ねえさんは，さっき起きたところで，髪をゆっていますが，よんできましょうか。
　　耐無姆來㗚喊耐。　　　　　　　　　　　　　　　（海7回）
　　　おかあさんがおまえをよんでいるよ。
　　　しかし，"來裡""來浪""來㗚"のすべてを，共通語の"在"で解くことはできない。

呉語の語助詞（一）

① 賓語の場所語をともなわないで，動詞につく。

耐搭我坐來浪罷。　　　　　　　　　　　　　　　　　（海 56 回）
　あなたいずに，おってください。

有個米行裡朋友，叫張小村，也到上海來尋生意，一淘住來哚。（海 1 回）
　米屋の店員で，張小村というのがおり，いっしょに上海へ職を求めに来たのですが，いっしょに泊っています。

我要商量句閒話；耐兩家頭困來裡，覅轉去，阿好？　　　（海 52 回）
　ちょっとたのみがありますが，ふたりともかえらずに，ここでやすんでくれませんか。

放來裡末哉。　　　　　　　　　　　　　　　　　　　（海 17 回）
　そこへおいておきな。

共通語でも，"坐在了地上" のようにいうことがあり，"坐在" で一語とみられるが，このばあいでも，共通語ではあとに場所語賓語がともなわなくてはならない。

② 存在を表す「有無文」で，"有" "無撥" と並用される。

耐有洪老爺來裡哓。　　　　　　　　　　　　　　　　（海 3 回）
　あんたには，洪の旦那がいますわよ。

請耐二少爺先轉去，該搭有倪來裡。　　　　　　　　　（海 43 回）
　あなたはどうぞお先におかえりください。
　ここはわたしがおりますから。

慢慢交哩，倪還有閒話來裏。　　　　　　　　　　　　（九 41 回）
　ちょっとおまちになって。まだお話があります。

阿是無撥車錢來裡？　　　　　　　　　　　　　　　　（海 17 回）
　車代がないのではありませんか。

俚屋裡大小老婆倒有好幾個來浪，就嫁得去，總也勿稱心個哉。（海 18 回）
　その人の家には，本妻やお妾がなん人もいるから，もらわれていっても，まあ思うようにはいかないね。

倪歸搭嘸撥啥格老虎勒浪，勿會吃脫仔俚格。　　　　　　（九 6 回）
　わたしのところには虎なんかがいるわけでもなし，あの人をとって食べるようなことはありません。

403

"有""無撥"の賓語が，文のはじめに出されて，主題となったりすると，"來裡""來浪""來哚"は，"有""無撥"に直接につづくようになる。

　　盤費有來裡。　　　　　　　　　　　　　　　　　　　　（海 31 回）
　　　旅費ならあります。
　　煙末該搭有來里哚。　　　　　　　　　　　　　　　　　（海 21 回）
　　　タバコなら，ここにありますよ。
　　故歇我無撥來裡哚，停兩日有仔末拿得來，阿好？　　　　（海 37 回）
　　　（そんな金は）いまもちあわせていないよ。2,3 日して，金ができたら，もってくるのでは，だめかい。
　　園裡三四個倌人常有來浪。　　　　　　　　　　　　　　（海 48 回）
　　　園には，3 人や 4 人の芸者はいつでもいます。
　　紙煙也有來浪哚。　　　　　　　　　　　　　　　　　　（海 27 回）
　　　巻きタバコもありますよ。

　これらの文は，"該搭有煙來裏→煙該搭有來裏"，"常有三四個倌人來浪→三四個倌人常有來浪"のように変化して，できたものである。

　また，"有"とそのあとの賓語の，動賓関係を，賓語を中心語とする修飾関係に転化するばあいも，"來浪"などは残って，"有"につづくようになる。

　　有來浪洋錢，撥來姘頭借得去，自家要用着哉，再搭我討。　（海 21 回）
　　　はいった金は男にわたしてしまい，自分がいるようになると，わたしからとっていく。

　"有來浪洋錢"は"有洋錢來浪←有來浪〔個〕洋錢"のようにしてできたものと考えられる。

③「有無文」以外の動詞述語文でも，動詞の賓語のあとに用いられる。

　　嫁個末嫁哉，死個末死哉，單剩倪三家頭來浪。　　　　　（海 21 回）
　　　嫁にいくものは嫁にいき，死ぬものは死んで，わたしたち 3 人がのこっているだけです。
　　倪新用一個小大姐來浪，耐看阿好？　　　　　　　　　　（海 31 回）
　　　こんどうちで若い女中をひとりやといましたが，みてみますか。
　　嗣母早就看中一頭親事來浪，倒是我搭個獎，勿曾去説。　（海 55 回）

継母が早くからある縁談に気乗りしているんだが、わたしがなんとかかんとかいって、逃げているので、まだ話をすすめていないんだ。

陰陽先生看好日脚來浪，說是廿一末，定歸轉來個哉。　　　　（海 43 回）

陰陽師が日をちゃんとみており、21 日にはきっと帰ってくるということです。

倪搭耐燉好蓮心桂圓來浪，阿要吃仔點勒睏？　　　　（九 75 回）

あなたに蓮心桂円を煮込んであります。すこし召しあがってから、おやすみになりませんか。

戒指是勿錯，倪探子俚一隻勒浪。　　　　（九 8 回）

指輪はたしかに、あのひとのを一ついただいています。

倪搭用好包打聽來裡，阿有倽勿曉得？　　　　（俺 14 回）

うちでは、腕利きの探偵をやとっていますから、知らないことってありません。

就算耐屋裡嚮該好幾花家當來裡也無用唲。　　　　（海 14 回）

家にたくさん家財道具があったって、役に立たない。

俚勿會碰，等耐來裡。　　　　（海 13 回）

かれはマージャンができないので、あなたを待っていたんだ。

これらの文のうち、"剩……來浪" "該……來裏" は、「有無文」に準ずるものであるが、その他の、動作を意味する動詞の文では、"來浪" "來裏" がつくことによって、動作によっておこる、ある状態が持続していることを表すようになっている。これは、"來浪" "來裏" などを、たとえば "哉" におきかえて、文意をくらべることによって、たしかめることができる。

{燉好蓮心桂圓來浪。　　{剩倪三家頭來浪。　　{探子俚一隻勒浪。
{燉好蓮心桂圓哉。　　　{剩（仔）倪三家頭哉。　{探子俚一隻哉。

なお、「有無文」のばあいと同じように、賓語がまえに出されると、"來浪" などは動詞に直接つづくようになる。

阿姐說個閒話，我才記好來裡。　　　　（海 32 回）

ねえさんのおっしゃったことは、わたしは全部ちゃんとおぼえています。

我勿去哉！'空心湯糰'喫飽來裡，喫勿落哉！　　　　（海 25 回）

405

いくのはよしたよ。"空心湯糰"（ここでは，妓女がなびくようにみせかけて，その実，実をあたえないことを指す）でおなかが一杯になっていて，もう飲めないよ。

後底門關好來浪，耐做夢呀。　　　　　　　　　　　　　（海 35 回）

裏門はちゃんとしまっています。おまえ夢をみたんだよ。

賓語がはぶかれるばあいも，同様である。

晚歇早點來，該搭來用夜飯，我等來裡。　　　　　　　　（海 21 回）

おはやくいらっして，ここで夕飯をたべるようにしてください。お待ちしていますから。

これらは，"我才記好阿姐說個閒話來裡——→阿姐說個閒話我才記好來裡"，"我吃飽空心湯糰來裡——→空心湯糰〔我〕吃飽來裡"，"關好後底門來浪——→後底門關好來浪"のようにして，できた文である。

また，これらの動賓関係を，賓語を中心語とする修飾関係に転化するばあいも，「有無文」のばあいと同じように，"來浪"などが動詞のすぐあとにつづく。

四老爺叫來哚個老倌人，名字叫倷？　　　　　　　　　　（海 15 回）

あなたがお呼びになっていた年増の芸者は，なんといいますか。

拿雙寶來要打要罵，倒好像是俚該來哚個討人！　　　　　（海 17 回）

双宝をなぐったり，どなりつけたりして，まるで自分がかかえている芸子みたいなんです。

王老爺，阿是耐說來哚個閒話？　　　　　　　　　　　　（海 10 回）

王の旦那さま，あなたがおっしゃっていたことではありませんか。

呉語では，修飾関係を示す"個"（"格"とも表記される）がよく省かれ，つぎの諸例も，動賓関係のようであるが，いずれも修飾関係である。

帳房先生是老實人，說來浪閒話一點點無撥差。　　　　　（海 43 回）

会計さんはまじめな方ですからおっしゃってることにまちがいがありません。

陽臺浪晾來哚一塊手帕子搭我拿得來！　　　　　　　　　（海 3 回）

物干し台にほしてあるハンカチを 1 枚とってきてください。

耐少來哚幾花債末，我來搭耐還末哉。　　　　　　　　　（海 10 回）

406

おまえが借りている金は，わたしがかわって払ってあげようじゃないか。

耐放來㗂'水餃子'勿喫，倒要喫'饅頭'！　　　　　　　　　　（海1回）
きみはひろげてあるギョーザには手を出さずに，マントウに手を出そうとするんだから。（'水餃子''饅頭'は隠語）

これらは"叫老倌人來㗂→叫來㗂個老倌人"，"該討人來㗂→該來㗂個討人"，"說閒話來㗂→說來㗂個閒話"，"陽臺上晾一塊手帕子來㗂→陽臺上晾來㗂（個）一塊手帕子"，"耐少幾花債來㗂→耐少來㗂（個）幾花債"，"放水餃子來㗂→放來㗂（個）水餃子"（なお，この例文では"放來㗂水餃子"が"喫"の賓語。呉語では，賓語を動詞のまえにおくケースが多い──你喫過飯了嗎？〜耐飯阿喫過？）のようにして，修飾関係に転化しているものである。

④ 状態を意味する語のあとにつく。

老仔面皮倒無倽氣，蠻快活來裡。　　　　　　　　　　　　（海12回）
ずうずうしくしておれば，べつに腹がたつこともありません。結構たのしくしています。

天還早來裡，雙玉出局也勿曾轉來，倽要緊嗄？　　　　　　（海17回）
時間もまだはやいし，双玉もお座敷に出てもどっていないのに，なにをそういそぐのかね。

我肚皮也餓煞來裡，就故歇喫仔罷。　　　　　　　　　　　（海21回）
わたしはおなかもすいていることだし，いまからはじめよう。

張蕙貞也苦煞來浪，讓王老爺去照應點俚，耐也賽過做好事。（海24回）
張蕙貞もつらいのよ。だから王の旦那にかの女の世話をするようにいえば，あなたも功徳を施すことになるわね。

要討倪轉去格人，多得勢來浪。　　　　　　　　　　　　　（九9回）
わたしをひかせてかえろうというひとは，それこそたくさんいます。

耐倒乖來㗂！　　　　　　　　　　　　　　　　　　　　　（海11回）
あなたって，りこうなのね。

これらの"來裡""來浪""來㗂"は，"蠻〜""〜煞""〜得勢"など，程度の深いことを表す語と並用される例が多い。

なお、"來裡""來浪""來嗲"のつかいわけ及び旧白話との関連については、呂叔湘氏の「釋景德傳燈錄中在、著二助詞（1940）（呂叔湘『漢語語法論文集』に収録）中に言及されている。（ただし、"勒裏""勒浪""勒篤"と表記）。同氏は、"勒裏"を近指に、"勒浪"を中指に、"勒篤"を遠指に分けており、『海上花列伝』における"來裏""來浪""來嗲"の用法はほぼこれにあたるが、"來浪""來嗲"の用法のちがいは、さほど明瞭でない。なお、『九尾亀』では"來嗲"が用いられていない。袁家驊『漢語方言概要』（1960、文字改革出版社）の呉方言についての記述のところでも場所指示の遠近にふれて、"勒裏""勒浪"をあげるのみで、"勒篤"を挙げていない。したがって、"來嗲"は、呉語地域内のある地区の方言とも考えられるが（たとえば、常州語、海門語）、北京大学中国語言文学系語言学教研究室『漢語方言詞匯』（1964、文字改革出版社）では、共通語の"在"にあたる蘇州語として、"勒〔勒〕"、"勒篤"の二つをあげている。いずれも、呉語地域内の方言の分岐、対立を反映しているものであろう。

了（勒．洛．咾）

　共通語の時態助詞"了"にあたるものは、呉語では"仔"、語気助詞"了"にあたるものは"哉"となる。

　　對過㤀客，請仔兩轉哉。　　　　　　　　　　　　　　　（海6回）
　　　おむかいから、2回もおむかえがありました。
　　我今朝真真佩服仔耐哉。　　　　　　　　　　　　　　　（海8回）
　　　きょうはまったく敬服いたしました。

　"太"（呉語では"忒"または"忒倽"）に呼応して、文末に用いられる"了"も文末では"哉"（ただし、あとに補語がつづくばあいは、"仔"）となる。

　　痴鴛先生忒寂莫哉喲！　　　　　　　　　　　　　　　　（海40回）
　　　痴鴛さん、おさびしいですね。
　　俚咾瑞生阿哥末也忒倽要好哉，教倪再多白相兩日。　　　（海30回）
　　　瑞生さんって、親切なかただねえ。わたしたちにもう2、3日もあそんでいくようにだって。
　　我看價錢開得忒大仔點。　　　　　　　　　　　　　　　（海4回）

ぼくには，ちょっと値段をたかくつけすぎたようにおもえるが。
　常恐俚自家個用場忒大仔點。　　　　　　　　　　　　（海24回）
　　かの女自身がちょっとはでに使いすぎるんではないかね。

『海上花列伝』で用いている"了"は，『九尾亀』では"勒""洛"，滬語作品の多くで"咾"と表記されているもので，共通語における"了"ではない。

① "了""勒""洛""咾"（以下では，単に"了"とする）は，"爲仔"とともに用いられていることが多い。呉語の"爲仔"は，共通語の"爲了"にあたるが，共通語では目的を表すには"爲了"，原因理由を表すには"因爲"と，使いわけるのに対して，呉語ではともに"爲仔"をあて，"了"はいずれの"爲仔"にも用いられる。

　倪爲仔白相了，倒去做過罪過事體末，何苦呢？　　　（海34回）
　　わたしたちが遊びのために，罪つくりなことをするようになるんだったら，なにもそんなことをしなくてもということになりませんか。

　爲仔要好了，結拜個姊妹，一淘做生意，一淘白相，來裡上海也總算有點
　　名氣個哉。　　　　　　　　　　　　　　　　　　（海21回）
　　仲よくするため，姉妹のちぎりをむすび，しょうばいをするのもいっしょ，遊ぶのもいっしょ。上海ではこれでもちょっと名が売れています。

　我爲仔勿明白了問耐哠。　　　　　　　　　　　　　（海11回）
　　わたしはわからないから，おまえにたずねているんだよ。

　該搭王老爺難得來個哠，一逕來裡東合興里。今朝爲仔倪請仔了，坎坎來
　　一埭。　　　　　　　　　　　　　　　　　　　　（海24回）
　　ここには王旦那さまはめったにおいでにならず，ずーっと東合興里においでです。きょうは，わたしどもがおねがいしましたので，さきほどちょっとおいでになったわけです。

　有仔客人來，倪也勿教耐喫酒哉；爲仔無撥了，來裡說哠。　（海25回）
　　お客ができたんだったら，なにもあなたにここで宴会をしてくださいなんていいませんよ。ないから，いっているんです。

　倘忙爲仔倪勿去洛，光火起來，阿是嘸沒趣勢，叫倪心浪也過意勿落

啘！（九 77 回）

もしわたしがいかないということで立腹なさると，しらけるじゃありませんか。わたしも気がすみませんし。

撥別人家看起來，好像倪搭耐要好才是假格，爲仔自家欠仔別人家格債嘸說法洛，有心騙耐搭倪要好，叫耐搭倪還債。（九 168 回）

ほかの人からみれば，わたしがあなたにほれているのはうそで，自分が借金で首がまわらないから，あなたをたぶらかして，深い仲になり，あなたに借金を肩がわりさせようとしているのだということになるでしょう。

伊隻驅爲之走來慢咾撥拉馬夫打。（Pott）

あの馬はのろのろしているので，馬丁にひっぱたかれた。

② また，“了”はある事態をまって，一定の動作にはいることを表す“等”とも用いられる。

耐要去末，等倪翠鳳轉來仔了去。（海 7 回）

いかれるんでしたら，うちの翠鳳がもどってきてからにしてください。

等俚哚請客票頭來仔了去正好呢。（海 14 回）

あのかたたちからの招待のご案内状がまわってきてから，いらっしたほうがようございましょう。

そして，“了”は“爲仔”“等”のつく節に属し，そのあとにつづく節には属さない。したがって，息の休みは“了”のあとにはいり，そのあとで結果やつぎの動作をのべる節がつづく。これは，『海上花列伝』などの標点本の句読からも一部うかがわれるが，F. L. Hawks Pott: *Lessons In The Shanghai Dialect*（1920 上海）によって指摘されているところである。

“因爲”を用いているところでは，一般に助詞“咾”がその節のあとにそえられる。たとえば，“Why did you not go ? Because I did not want to go.”は“儂爲啥勿去？因爲我勿要去咾。”（同書 p. 23）

この点，“爲仔……了……”“等……了……”の“了”は，“所以”あるいは“而”，“再”に擬せられるが，これらの接続詞あるいは接続作用の副詞とはことなっている（これらの語は，これらの語ではじまる，あとの節に属し，したがって，息の休みはこれらの語のまえにはいる）。

③ "了"はこれらの"爲仔""等"などなしに,それだけで用いられる例も多いが,その多くは,"爲仔""等"などを用いているばあいの関係に,節をつないでいるものである。

阿是我得罪仔耐了動氣？　　　　　　　　　　　　　　（海16回）
　わたしはおまえの気をわるくしたので,腹を立ててるんではないかね。
耐阿哥是氣昏仔了來浪笑。　　　　　　　　　　　　　（海20回）
　おにいさまは,あきれかえって,笑ってらっしたのですよ。
我一逕無撥生意了,洋錢也無撥哉。　　　　　　　　　（海22回）
　わたしはずーっとしょうばいがないので,お金もなくなってしまった。
故歇做仔生意了,家主公扳俚個差頭。　　　　　　　　（海26回）
　こんどしょうばいをしたもんだから,主人がかの女を訴えたのさ。
阿是怪仔倪勒勿來價？　　　　　　　　　　　　　　　（九9回）
　わたしに気をわるくして,いらっしゃらないのではありませんか。
倪也勿見得怕仔俚勒,勿到張園去,隨便俚去那哼末哉！　（九19回）
　わたしも,かの女がこわいので,張園へいかないのとは限らないのに,まあ好きなようにさせておきましょう。
價末喫仔飯了去哩。　　　　　　　　　　　　　　　　（海4回）
　では,お食事をなさってから,いきなさい。
要耐喫仔了放哚。　　　　　　　　　　　　　　　　　（海5回）
　おまえが飲んだら,はなします。
耐要去末,喫點點心了去。　　　　　　　　　　　　　（海17回）
　おでかけになるんでしたら,なにかかるく召しあがってから,おでかけになってください。
換仔衣裳了喫哩。　　　　　　　　　　　　　　　　　（海20回）
　着がえてから,たべなさい。
倪搭耐燉好蓮心桂圓來浪。阿要喫仔點勒睏？　　　　　（九75回）
　あなたに蓮心桂円を煮込んであります。すこし召しあがってから,おやすみになりませんか。
着好之衣裳哈來喫。　　　　　　　　　　　　　　　　（Pott）
　ちゃんと着てから,たべにおいで。

411

我捉之伊個賊咾綁伊拉樹上。　　　　　　　　　　　　　　（Pott）
　　わたしは，あの泥棒をつかまえてから，木にしばった。
④　その他，附加関係につないでいる例もある。
　俚拿我皮襖去當脫仔了，還要打我！　　　　　　　　　　（海3回）
　　あの人はわたしの毛皮うらのコートを質にいれ，そのうえわたしをぶとうとするのです。
　Pottの前掲書は，さらに多くの例をおさめている。
　若然請客咾嘸沒酒是難爲情個。
　　お客をよんでお酒がないのでは，恰好がつかぬ。
　日頭東邊出咾西邊落。
　　太陽は東から出て，西に沈む。
⑤　"爲仔……了"が原因，理由を示し，このあとに，その結果をいうのがふつうの語順であるが，ある現象をあげて，その原因，理由を説明することもあり，このばあい，結果をさきにあげ，"是"で"爲仔……了"をつなぐようになる。
　伊個兩個人相罵個緣故是爲之拉酒店裡多吃之酒咾。　　　　（Pott）
　　かれら二人がどなりあったのは，居酒屋で酒をのみすぎたからです。
　『海上花列伝』では"爲仔"をはぶいた用例が多い。
　洪老爺，耐是蠻明白來裡。倪先生倒勁怪俚，俚是發極仔了呀。（海10回）
　　洪旦那，あなたはよくおわかりと存じます。うちのねえさんをとがめないでください。ねえさんは，腹が立って，むしゃくしゃしているからなんです。
　耐同俚阿有倽講究，定歸要借撥俚？阿是眞個洋錢忒多仔了？　（海22回）
　　あの人にどうしてもお金をかさなければならないような義理でもあるんですか。ほんとうにお金がありあまっているからなんですか。
　常恐是頭浪洋絨突色仔了，阿對？　　　　　　　　　　　（海26回）
　　髪のリボンの色がおちたからではないだろうか。
　また，"等……了，……"のばあい，"等……了"でうちきり，そのあとにおこなわれる動作をはぶいていることもある。
　說不到三四句，王阿二忽跳起來，沉下臉道："耐倒乖殺哚！耐想拿件濕

呉語の語助詞（一）

布衫撥來別人著仔，耐末脱體哉，阿是？"小村發急道："勿是呀，耐也等我説完仔了哩。"　　　　　　　　　　　　　　　（海2回）

二こと三こといういかいわぬかに，王阿二は急にパッと立ちあがり，ふくれっ面をしていった。「あんたって本当にずるいんだわ。あんたは人にしりぬぐいさせて，自分はにげてしまおうとおもってるんでしょう。」小村はあわてていった。「そうじゃないって。まあ，おれのいうのを全部きいてからにしたら。」

鶴汀道："勿喫哉。倪要去哉。"金姐忙道："等先生轉來仔了哩。"
　　　　　　　　　　　　　　　　　　　　　　　　（海13回）

鶴汀がいった。「よしておきます。わたしはもうかえらなくちゃ」金姐はあわてて，「ねえさんがもどってからになさったら」

これらはいずれも"等我説完仔了説""等先生轉來仔了去"の省略であり，たとえば，つぎの例とくらべることによっても，あきらかである。

黄二姐大聲道："耐要去末，等倪翠鳳轉來仔了去"　（海7回）

黄二姐は大声でいった。「おかえりになるなら，うちの翠鳳がもどってきてからにしてください」

"等"をはぶいている例や，その他の関係を"了"でつないでいるばあいの省略についても，用例がある。

洪氏一見，極口埋冤。二寶跺脚道："無姆，讓俚説仔了哩！"（海62回）

洪氏をみるやいなや，ぶつぶついって，いいやめないので，二宝は地団太ふんで，「おかあさん，兄さんにはなさせてからになさったら」。

死勿死末再説，耐喫仔了哩！　　　　　　　　　　（海63回）

死ぬとか死なないはあとにして，〔薬を〕のんだらどう。

耐阿要再搭我強了？　　　　　　　　　　　　　　（海22回）

あなた，まだわたしにさからって，なにするつもりなの。

⑥ "了"はまた，単語と単語をつなぐのにも用いられる。

俚末'三禮拜了六點鐘'哉哩！　　　　　　　　　　（海6回）

かの女ったら「3週間と6時」（やきもちのこと。"吃醋"の"醋"を分解して，昔→21日，酉→とりの刻にしたもの）なのさ。

種田人養多化鷄姥鴨。　　　　　　　　　　　　　　（Pott）

413

お百姓はたくさんのにわとりとあひるを飼います。
⑦　なお,『九尾亀』では, 共通語の"怎麼""爲什麼"にあたる"啥"("倽"
"舍"とも表記される)に"勒""洛"をつける用例が多くみられる("什麼"
にあたる"啥"にはつけない)。

　　倪啥勒勿去尋着別人, 獨獨尋着耐劉大少一幹仔？耐自家想想。（九10回）
　　　わたしがなぜ外の人をたよろうとせず, あなたお一人をたよっている
　　　のか, 考えてみてください。
　　舍勒剛剛金家裏勒浪格辰光, 勿拿點本事出來介？　　　　　（九20回）
　　　どうしてさっき金さんが家にいたときは, そのうでまえのほどをみせ
　　　なかったのかね。
　　昨日仔啥勒勿來介？　　　　　　　　　　　　　　　　　　（九89回）
　　　きのうはどうしていらっしゃらなかったのですか。
　　陳老慢慢交末哉呀, 啥洛實梗要緊介！　　　　　　　　　　（九100回）
　　　陳さま, いつでもいいんですよ, どうしてそうおいそぎになりますの。
　　耐啥洛吃仔一檯酒, 一逕勿來呀？　　　　　　　　　　　　（九166回）
　　　どうして一度きりで, その後はお見限りなんですか。
　　また, "實梗""所以"にそえている例もある。
　　倪聽見耐來浪生病, 心浪搭耐發極, 實梗洛跑得來看看耐格呀！（九136回）
　　　あなたがご病気ときいて, じーっとしておられず, それでお見舞いにか
　　　けつけてきたのです。
　　實梗洛倪要問問耐, 耐格心浪到底是那哼格意思？　　　　　（九184回）
　　　それでおたずねするのですが, あなたのお気持はいったいどうなんで
　　　しょう。
　　天津人格功架纔是另有一工格, 所以洛格排天津人看仔倪, 像煞總歸勿對,
　　　倪來間搭, 生意也清煞。　　　　　　　　　　　　　　　（九149回）
　　　天津のひとの身のこなしは, また独特のものがあります。それで,
　　　このかたたちからみると, わたしなんかからっきし駄目で, わたく
　　　しもここでは一向に売れないんです。
　　このような用法は滬語に多いようで, 前掲のPottの書に用例が多い。
　　儂爲啥咾勿曾去？　　　　　　　　　　　　　　　　　　　　　（Pott）

呉語の語助詞（一）

　きみはなぜいかなかったのですか。
儂爲啥咾勿出去走走？ （同）
　きみはどうして出かけないのですか。
儂爲啥咾走來慢來死？ （同）
　きみはどうして歩くのがおそいのですか。
儂那能咾撥伊打？ （同）
　きみはどうしてかれになぐられたのか。

※ "那能"は"那哼"（『海上花列伝』では"那价"となっている）と同じく，共通語の"怎麼""怎麼様"にあたる。

つぎも滬語の例である。

紹興是拉浙江省，出個酒交關好。格咯地歇上海個酒館店家用紹興酒個多。 （王廷珏：実用上海語1919）
　紹興は浙江省にあり，そこでできる酒はとてもおいしいんです。それでいま上海の料亭では紹興酒を用いるところが多いのです。
伊拉北京登過三年，格咯伊北京話話來美好者。 （同）
　かれは北京に3年いました。それで，かれは北京語が上手なんです。

以上にみたように，"了"の用法は多岐にわたり，共通語には，これにあたる語がない。とくに，共通語の"了"は，呉語で"了"と表記されるものとは，まったくかかわりをもたない。

しかし，早期白話小説における"了"の一部には，呉語の"了"と，用法の通じるものがある。

孩兒，爹娘只因你口快了愁！ （快嘴李翠蓮記）
　ねえ，おまえ，わたしもお父さんも，おまえのはや口のことで心配してるんだよ。
老身只道裁衣不用黃道日了，不記他。 （水滸24回）
　わたしは，着物を仕立てるのに黄道吉日でなくてもと思っていたので，そのことを忘れていました。
老夫請你們食件物事了去。 （種爪張老）
　みなさん，どうぞ一つ召し上っていってください。
我自坐一坐了走。 （水滸16回）

415

わたしはひと休みしてからいきます。
　做甚麼了煩惱？　　　　　　　　　　　　　　　　（水滸45回）
　　なにが悲しいのか。
　却是如何了起這片心？　　　　　　　　　　　　　（水滸27回）
　　どうしてそんな気をおこしたのか。
　此間這等好村坊去處，怎地了大里廝殺？　　　　　（水滸47回）
　　ここのような，こんな静かな村里で，どうして大きい殺しあいがあるんですか。
なお"來"と表記されていることもある。
　你做甚麼來哭？　　　　　　　　　　　　　　　　（水滸24回）
　　どうして泣いているのか。
　却怎地來有這肐膀？　　　　　　　　　　　　　　（水滸25回）
　　どうして，こんなこぶができたんだい。

哕

　文末の語気助詞であるが，同じ文末の語気助詞である"哉""個（格）""哚"などのあとにも用いられる。
　就去哉哕。　　　　　　　　　　　　　　　　　　（海1回）
　　すぐいきましょうや。
　倪倒來驚動仔耐哉哕！　　　　　　　　　　　　　（海5回）
　　おやすみのところを，おどろかせてしまって。
　倪搭長遠勿來哉哕。　　　　　　　　　　　　　　（九3回）
　　ずいぶんお見えになりませんでしたわね。
　放手！有閒話末好說個哕！　　　　　　　　　　　（海9回）
　　手をはなしなさい。いいたいことがあるんだったらはなしあえばいいでしょう。
　耐二少爺的面子，是勿能勿去格哕。　　　　　　　（九3回）
　　あなたさまの仰せとあれば，いかないわけにはいきませんもの。
　俚倒開心哚哕！　　　　　　　　　　　　　　　　（海23回）
　　あのひとったら，いい気なものね。

呉語の語助詞（一）

"哉""個（格）""哚"などは，たとえば"哉"が"就……哉""……仔……哉"および"長遠……哉"の組みあわせで用いられて，ことがらの完成，変化などを表しているように，ことの叙述そのものにかかわっているのに対して，"啘"は話し手の感情の色あいをそえるにとどまっており，したがって，"啘"をとり去っても，文意そのものには変更をもたらさない。

"啘"は平叙文の文末に多くあらわれている。

我無俉事體啘。　　　　　　　　　　　　　　　　　　（海4回）
　わたしはべつに用事はありません。
勿曾來啘。　　　　　　　　　　　　　　　　　　　　（海16回）
　おみえになっていません。
煙末該搭有來裡啘。　　　　　　　　　　　　　　　　（海21回）
　タバコならここにありますわ。
方大少，耐是有名氣格大客人啘。　　　　　　　　　　（九6回）
　方の若旦那，あなたはご身分のある，れっきとしたお客さまです。
我是耐親生娘啘，阿曉得？　　　　　　　　　　　　　（海6回）
　わたしは，あなたの生みの母親ですよ，わかっていますか。
耐自家勿好啘。　　　　　　　　　　　（海31回）（九20回）
　あなたがいけないんですわ。
阿唷，張先生啘。　　　　　　　　　　　　　　　　　（海2回）
　まあ，張さんだわ。

命令文，疑問文の文末にはこない。『海上花列伝』の標点本には，つぎのような句読をほどこしたのが1例ある。

耐一幹仔住來哚客棧裡，無撥照應啘？　　　　　　　　（海1回）

しかし，"啘"が疑問文のあとについている例はなく，これも文脈などからして，「ひとりで宿屋ずまいじゃ，さぞ不自由だろうねえ」となるところで，疑問符をうつのは適当でない。

前掲の『漢語方言概要』では，"啘"に関連して，つぎのように述べている。

哉啘　表示肯定，例如：好哉啘（行了，成了）；勿局哉啘（糟糕啦）。
啘，個啘　表表示應允或惋惜，例如：好格啘（也好）；也勿造至于弄到實
　　梗樣式啘！（何至于弄成這個樣子！）

417

哚，哚啘 表示諷刺或驚訝，例如：耐例乖哚啘（你真是乖巧啊）；倒直頭來得利害哚（真是利害得很）；倒閙忙哚啘（可算是熱鬧的了）。

この説明は，"哉""個（格）""哚"の語気作用と"啘"の語気作用を分離していないところに基本的な誤りがあり，また"哉""個（格）""哚"の語気についても明確にとらえていないため，たいへんわかりにくいものになっている。この説明にいう「肯定」「應允」「惋惜」「諷刺」「驚訝」といったものも，一般的にいって，文のもつ語彙的意味からくるもので，語気詞によってもたらされるものではない。"啘"については，"哉""個（格）""哚"などのあとにつくことのできる語気助詞であること，疑問文，命令文の文末にはないことの2点に注意すべきであろう。

なお，前掲の例文はつぎのような文脈のなかにあらわれている。

洪善卿且不搭拳，却反問朱藹人道："耐有倖要緊事體搭我商量？"朱藹人茫然不知，說："我無倖事體啘" （海4回）

朱藹人道："實翁阿是要緊用筒煙？"衛霞仙道："煙末該搭有來裡啘" （海21回）

蘭芳方向幼惲不依道："方大少，耐是有名氣格大客人啘。倪要耐買兩隻戒指末，一塌刮仔不過七百兩銀子。也勿算啥格希奇事體。……" （九6回）

これらの"啘"の多くは，ほぼ共通語の"嘛"におきかえられるものである。

（未完）

呉語の語助詞（二）

哉

呉語では，共通語の時態助詞"了"，語気助詞"了"をそれぞれ"仔"と"哉"で表す。

我今朝真真佩服仔耐哉！　　　　　　　　　　　　　　（海 8 回）
　きょうはまったく感服しました。

耐肯賞仔倪格光，就是倪交仔運哉。　　　　　　　　　（九 23 回）
　わたしの顔をたててくださる気になられたとは，わたしに運がむいてきたのです。

"我來了"のように，動詞について，そのまま文が終止しているばあいの"了"にも，"哉"があてられる。

阿唷！王老爺來哉！　　　　　　　　　　　　　　　　（海 4 回）
　あらっ，王旦那がおいでになりました。

耐再困歇，我去哉。　　　　　　　　　　　　　　　　（海 17 回）
　おまえはもうしばらくやすんでいなさい。わたしはでかけます。

"哉"は語気助詞"了"と用法をまったく一にしている。

(1) 動作動詞について，動作の完了を表す。

羅老爺末撥朋友請到呉雪香搭喫酒去哉。　　　　　　　（海 22 回）
　羅旦那ならお友達に招ねかれて，呉雪香ねえさんのところへ飲みにいかれました。

阿巧來裡樓浪哉，常恐去困哉。　　　　　　　　　　　（海 23 回）
　阿巧さんは二階にいますわよ，でも寝てしまったかもしれないわ。

主語が一人称なら，"該……了""這就……了"の意味になるときがある。

倪也轉去哉哉。　　　　　　　　　　　　　　　　　　（海 9 回）
　わたしたちも帰るとしましょう。

來安又說："拿隻洋燈下來哩"樓上連說："來哉。"　　　（海 4 回）

来安はまたいった。「ランプをもってきてくださいよ。」二階で，つづけさまにいった。「はい，ただいま。」
　なお，動詞に"勿"あるいは能願動詞がついているときは，状況の変化を表す。

　　勿説哉！勿説哉！　　　　　　　　　　　　　　　　　　　（海 21 回）
　　　もういわないよ。もういわないよ。

　　難要困哉。　　　　　　　　　　　　　　　　　　　　　　（海 46 回）
　　　いまねるところです。

(2)　形容詞，状態動詞，時間を表す数量詞などにつくと，状態の変化を表す。

　　請着之先生，病就好哉。　　　　　　　　　　　　　　　　（海 21 回）
　　　いい医者にみてもらえば，病気はなおります。

　　看看末就會哉。　　　　　　　　　　　　　　　　　　　　（海 26 回）
　　　しばらくみていると，できるようになります。

　　耐説小紅會做生意，爲啥客人也無撥哉嘎？　　　　　　　　（海 24 回）
　　　小紅がしょうばい上手とおまえはいうが，ではどうしてお客がなくなってしまったのかね。

　　兩點鐘哉，來浪做啥，再勿困？　　　　　　　　　　　　　（海 46 回）
　　　2 時ですよ。なにをしているの。まだねないの。

(3)　禁止の命令文に用いられて，制止を表す。

　　覅説哉！　　　　　　　　　　　　　　　　　　　　　　　（海 6 回）
　　　おだまり！

　　先生，勿要發極哉！　　　　　　　　　　　　　　　　　　（九 10 回）
　　　ねえさん，まあいらいらなさいますな。

(4)　程度副詞 "忒"（共通語の "太" にあたる）に呼応して用いられる。

　　酒忒燙哉。　　　　　　　　　　　　　　　　　　　　　　（海 31 回）
　　　かんがあついね。

　　癡鴛先生忒寂莫哉咾！　　　　　　　　　　　　　　　　　（海 40 回）
　　　癡鴛先生，おさびしいことですね。

　しかし，"哉" が用いられるのは，文がそこで終止するばあいであって，

420

あとにさらに文がつづいて，条件関係や因果関係などの重文になるばあいは，"仔"と表記される。

要末碰起和來，我贏仔，我也出一半。　　　　　　　　（海25回）
　なんなら，マージャンをして，わたしが勝ったら，わたしも半分だしましょう。

俚笃去仔末，我來伺候耐。　　　　　　　　　　　　　（海12回）
　彼らが帰ったから，おまえにサービスしにやって来たのさ。

撥來沈小紅曉得仔末，也好哉。　　　　　　　　　　　（海9回）
　沈小紅に知れたら，えらいことになるぞ。

動詞に賓語などの成分がともなっているばあいも同様である。

　拿俚個頭放拉盤裡之，撥拉囡囡，囡囡拿去撥娘。　（マタイ14-11）
　その首は盆に載せて運ばれ，少女に与えられたので，少女はそれを母親のところに持って行った。

この"之"（蘇州語版『新約全書』は"仔"を"之"と表記する。ちなみに，"仔""之"は同音で/tsɿ/）は，もしそこで文が終るなら，つぎの例のように，当然に"哉"となるべきものである。

　時辰到哉，人个兒子是賣拉罪人手裡哉。　　　　　（マルコ14-11）
　時が来ました。見なさい。人の子は罪人たちの手に渡されます。
　（新約よりの引例文の日本語訳は，日本聖書刊行会の新改訳本〔1975〕による）。

これは，副詞"忒"に対応しているばあいも同様である。

陸裡有倽寒熱！才爲仔無姆忒歡喜仔了，俚裝個病！　（海24回）
　熱なんてあるもんですか。かあさんがねこ可愛がりするものだから，あの子は仮病をつかっているんです。

"忒……哉"のあとに，分量補語がつくばあいも，"仔"となる。

常恐俚自家個用場忒大仔點。　　　　　　　　　　　（海24回）
　たぶんかの女自身の金づかいがちょっと派手すぎるのでしょう。

ただし，前掲の新約聖書よりの引例文が示すように，"哉"で終っている文が，それぞれ独立性をたもって，並列しているばあいは，変らない。

嫁個末嫁哉，死個末死哉，單剩倪三家頭來浪。　　　　（海21回）

とつぐものはとつぎ，死ぬものは死んで，わたしたち3人がのこっているだけです。

このばあいを除き，"哉"が"仔"になり，逆にいって，"仔"が"哉"になるのは，同じものが，文末にくるかどうかによって，音が変化し，それを反映して，文字表記をことにしているにすぎないと考えられる（呉語では，"之"は /tsɿ/，"哉"は /tsE/ と，音が近い）。

個哉（格哉）

呉語には，語気助詞"個哉（格哉）"がある。

昨日聽說三公子到仔上海個哉，阿有價事？　　　　　　　（海61回）

きのう，三公子が上海にお着きになったと聞きましたが，そうなんでしょうか。

倪想仔閒話要問耐末，耐倒勿來，故歇耐來仔，倪格閒話又忘記脫格就。

（九43回）

おききしたいとおもっていると，いらっしゃらないし，こうやって来てくださると，どんなことだったか忘れてしまって。

これらの"個哉（格哉）"を，"個（格）"が共通語の語気助詞"的"にあたるところから，"的了"と解するむきがあるが，共通語に"的了"という語気助詞があるだろうか。共通語でも，"的""了"が並んであらわれることはある。

現在，天下是人民大家伙兒的，不是惡霸的了！　　　　（老舎：龍鬚溝）

人家女孩子出來作事就夠受的了，你還戲耍她？　　　　（老舎：女店員）

しかし，これらはたまたまつづいているにすぎず，"不是惡霸的了"についていえば，"惡霸的"は"人民大家伙兒的"と同じく，"的"によって一個の名詞句になっており，"的"は構造助詞，"了"は"是……，不是……"についているもので，すぐまえの"的"とは，並んでいるものの，構造的には無関係である。"就夠受的了"でも，"夠受的"が一つの単位で，"了"は"就……了"と，"就"に呼応して用いられているものである。共通語では，そもそも同類の語気助詞である"的"と"了"が並用されることはないし，両者は機能的にも矛盾，対立する。

呉語の語助詞（二）

　我知道的。［いわれなくても］わかっている。
　我知道了。［いわれてみて］わかった。
　すなわち、"的"が本来そうであることを示すのに対して、"了"は変化してそうなったことを示す。いわば、静と動、相反する関係にあり、これがあわさって一つの語気を表すことはありえない。したがって、二つの語気助詞が並んだものとしての、"知道的了"は成立するはずがない。これは、呉語の"個（格）""哉"についてもいえることで、二つの語気助詞が並んだものとしての"曉得個哉"は成立しない。しかし、さきに例示したように、呉語には、この表現がある。

　曉得個哉。　　　　　　　　　　　　　　　　　　　　（海16回）
　　承知しました。
　史三公子勿來個哉。　　　　　　　　　　　　　　　　（海62回）
　　史三公子はもう来ません。
　とすれば、これらの"個哉"は、たまたま"個（格）"、"哉"で表記される語気助詞があるものだから、二つの語気助詞が並んでいるかのようにみえるが、これは文字表記の見せかけであって、2音節で一個の語気を表しているものとしか考えられない。"個哉（格哉）"は、つぎのように用いられる。

　文末に用いられる。
　劉大少來格哉。　　　　　　　　　　　　　　　　　　（九10回）
　　劉の若旦那がいらっしゃいました。
　四老爺坎到辰光，怕得來！面孔浪才是個哉。　　　　　（海58回）
　　旦那がいらっした当時は、それはこわいものでした。顔中がそうなっていたんですから。
　倘然來咑無姆手裏，故歇也無撥個哉！　　　　　　　　（海49回）
　　もしもおかあさんの手もとにおいていたら、いまごろはなくなっていたことでしょう。
　倪頭腦子也痛格哉。　　　　　　　　　　　　　　　　（九5回）
　　わたしは頭もいたくなっているのです。
　動詞に賓語があれば、賓語のあとにくる。

423

耐格爛污婊子，阿敢再兇？今朝勿撥點生活耐吃吃末，嘸撥日腳格哉。

(九21回)

　　売女め，まだあくたれる気かい。きょうちょっと痛いめにあわせておかないと，もう日がないからね。

耐倽認得俚個哉？　　　　　　　　　　　　　　　　　　　(海31回)

　　どうして，彼と知り合ったのかね。

"勿……個哉" "要……個哉" としても用いられる。

俚贖身末我想多撥點俚，故歇定歸一點之勿撥俚個哉。　　　(海48回)

　　あの子が身をうけだすなら，すこしでも多くやろうと思っていましたが，いまはなに一つやらぬことにしています。

耐再要去說俚，真真要氣殺俚個哉。　　　　　　　　　　　(海46回)

　　これ以上あの子をしかると，ほんとうに怒りで死にかねないよ。

　これらの用例における "個哉（格哉）" は，いずれも "哉" におきかえることができ，また "哉" におきかえても，文意は変らない。つぎの例は，話し手が "個哉" をつかっているのを，聞き手が "哉" にいいかえているものである。

雙玉再張時，不禁笑道："無行用個哉。放仔俚生罷。" 翠芬慌的攔阻，問："爲倽無行用哉嘎？"　　　　　　　　　　　　　　　　　　　(海46回)

　　双玉はまたみて，おもわず笑っていった。「これじゃ役に立たないわ。放しておやり。」翠芬はあわてて押しとどめて，たずねた。「どうして，役に立たないの。」

漱芳道："耐勍來騙我，我也猜着個哉。"

玉甫答道："耐猜着仔末，再要問我！"　　　　　　　　　　(海20)

　　漱芳が，「わたしにうそはつかないで。わたしにも見当はついています。」というと，玉甫は答えていった。「わかってるんだったら，きくことはないだろうに。」

　"猜着仔" になっているのは，あとに文がつづくからであって，文がそこで終止するなら，"猜着哉" となるものである。

　では，"哉" と "個哉（格哉）" との関係はどうだろうか。趙元任『現代呉語的研究』はつぎのように説明する。

了　完事　　　　　蘇：飯開好哉。
　　了　完事，重。蘇：飯開好葛哉。
『漢語方言概要』もこの考えと同じで，つぎのようにいう。
　個哉　比"哉"語氣稍强，例如：倒説勿來個哉；説勒浪格閑話倒噯忘記
　　　脱個哉。
　"重""强"がどういうことをさしているのか，はっきりしないが，用例から推しはかれば，"哉"は完了あるいは変化を，"個哉"は，それによって生じている状態に力点を置いているようである。
　娘姨阿珠先已望見，喊道："阿唷！王老爺來哉！"　　　　　　（海4回）
　　仲居の阿珠がさきに姿をみつけて，大声でいった。「まあっ，王の旦那さまがこられました。」
　一個監工的相幇上前稟説："陳老爺也來個哉，才來裡該首船浪。"
　　　　　　　　　　　　　　　　　　　　　　　　　　　　（海11回）
　　工事を監督しているものが前にすすみ出て，いった。「陳旦那もいらっしており，あちらの船においでです。」
　なお，呉語地区出身の作家の書いたものの中には，呉語の"個哉"をうつしたとみられる"的了"がつかわれている。
　這種情形，羿倒久已習慣的了，至少已有一年多。　　（魯迅：奔月）
　那末密司脱樊，可以和我們一路去的了。　　（張恨水：啼笑因縁）
　しかし，共通語では"哉""個哉"とも"了"で表されるもので，共通語としてはそれぞれ"羿倒久已習慣了"，"可以和我們一路去了"となるべきところであろう。

哩

命令文の文末に用いられる。
　耐説説哩。　　　　　　　　　　　　　　　　　　　　　　（海1回）
　　あなた，いいなさいよ。
　匯票是啥個樣式介，撥倪看看哩。　　　　　　　　　　　　（九6回）
　　為替ってどんなの，みせて下さいな。
　請洪老爺樓浪去哩。　　　　　　　　　　　　　　　　　　（海4回）

洪旦那，どうぞお二階へいらっして下さい。

禁止の命令文にも用いられる。

　　耐覅去哩。　　　　　　　　　　　　　　　　　　（海1回）

　　あなた，いかないで下さい。

　　先生勿要實梗哩。　　　　　　　　　　　　　　　（九11回）

　　ねえさん，それはいけませんよ。

命令文は当然に"哩"なしでも成り立ち，"哩"をそえたもののほうが，要求，催告，警告の語気がつよまっていることから"哩"はこれらの語気と関係があるものと思われる。

"哩"は，なお疑問文の文末にも用いられていることがある。

　　⎧ 老爺呢？　　　　　　　　　　　　　　　　　　（海4回）
　　⎩ 倪無姆哩？　　　　　　　　　　　　　　　　　（海12回）
　　⎧ 那價呢？　　　　　　　　　　　　　　　　　　（海21回）
　　⎩ 那價哩？　　　　　　　　　　　　　　　　　　（海9回）
　　⎧ 價末爲倽說是阿二呢？　　　　　　　　　　　　（海2回）
　　⎩ 價末耐爲倽勿早說哩？　　　　　　　　　　　　（海25回）

しかし，これは，"哩"が /nia/，"呢"が /ni/ と，両者の音が近いことから，通用されているものであろう（ただし命令文の"哩"に"呢"をあてることはない。なお，呉語では"呢"は，特指疑問文，省略疑問文の文末，および選択疑問文の，選択肢の間にしか用いられない）。

"哩"はまた，平叙文の文末にも用いられ，誇張する語気をそえている。

　　近來上海灘浪，倒也勿好做倽生意哩。　　　　　　（海1回）

　　近ごろ上海では，これといった仕事がなくてね。

　　二少爺格閒話倒的刮哩。　　　　　　　　　　　　（九26回）

　　若旦那のおっしゃるとおりですよ。

　　倪秀寶小姐是清倌人哩！　　　　　　　　　　　　（海2回）

　　うちの秀宝さんは半玉なんですよ。

　　耐到蔣月琴搭去仔一埭，我要拿出耐拜匣裡物事來一把火燒光個哩！
　　　　　　　　　　　　　　　　　　　　　　　　　（海8回）

　　あなたが蔣月琴のところへ一度でもいらっしたら，わたしはあなたの

426

手文庫のなかのものを出して，ぱっと燃やしてしまいますからね。
耐阿要瞎三話四哉？倪要撥生活耐吃格哩！ （九7回）
でまかせいっているんじゃないでしょうね。だったら，痛いめにあわせますわよ。

"哩"の語気について，『漢語方言概要』は，"哩""格哩"を同じにして，つぎのように説明する。

哩，格哩表示祈求，例如：豪燥點説哩（快點兒説罷）；椅子浪坐哩（請椅子上坐啊）；耐去仔，要豪燥點轉來格哩（你去了，要快點兒回來的啊）。

しかし，"格哩"（"個哩"とも表記される）は，これで一つの語気を表しているのではなく，同書のあげる例文についていえば，"要……格（個）"に"哩"がそえられているもので，"格哩"と並んではいるものの，一体になっているわけではなく，"哩"はこのばあい，平叙文についているものである。つぎの例などもそうである。

俚再要勿肯吃藥，二少爺，勿是我説俚，七八分要成功哉哩！ （海20回）
あの子がなおも薬をのもうとしないなら，若旦那さま，わたしがとやかくいうんじゃありませんが，七八分どおりだめになっちまうでしょう。

一萬末勿到，也差勿多篤哩。 （九37回）
一万にはなりませんが，大体そんなところですわ。

すなわち，"哩"は"格（個）"のみならず，"哉""篤"（『海上花列伝』では"嗏"と表記する）などの語気助詞のあとにも用いられるもので，いずれも平叙文について，誇張の語気をそえているものである。これらを命令の語気とすることはできない。この意味では，『現代呉語的研究』の説明が当をえている。同書では，共通語の命令の語気詞助"阿"にあたるものとして，蘇州語では"娘"をあげ，つぎのような例文をあげる。

要怕娘！　こいよ。

嫑怕娘！　こわがることはないよ。

また，感嘆，賛嘆の語気助詞"呢"にあたるものとして，同じく"娘"をあげ，つぎのような例文をあげている。

葛倒危險葛娘！　それは危険だね。

"娘"は /niã/ と発音され，"嗢"の音 /nia/ と近く，"嗢"と同じものを表しているものであるが（なお，"葛"は"個"または"格"と同じで，"葛倒危險葛娘"は，『海上花列伝』『九尾亀』の表記法によれば，"故倒危險個嗢""格倒危險格嗢"），このように，命令文につくばあいと，平叙文につくばあいの両方をとりあげていることは，当をえたものである。ただ，平叙文のばあい，共通語の"哉"にあたるとするのは，どうだろうか。

　この考えによって，"個嗢""哉嗢"を共通語におきかえると，"的呢""了呢"となるわけであるが，語気助詞としての"的""了"と"呢"がならぶことは，共通語では，まれであり，また上掲例文の"篤"は，共通語の"呢"にあたるものであり，同じく共通語の"呢"にあたる"哩"のあとに用いられる例もある。

中飯還有歇哩嗢？　　　　　　　　　　　　　　　　　　　（海8回）
　　お昼ごはんには，まだちょっと間がありますわ。

　これらの点を考えると，平叙文につくばあいの"嗢"も，命令文のばあいと同じように，"啊"にあたるものとしたほうがよいようにおもわれる。"啊"は平叙文につくと，強調の語気をそえるから，この点も矛盾しない。ただし，"嗢"が"啊"のすべての用法にかさなるわけではなく，"啊"は呉語でも用いられるが，共通語の"啊"とは，用法を一にしていない。

（完）

呉語，近世語をめぐって

　わたくしは，いつの間にか，呉語，といっても上海語が主ですが，この方面の研究にはいりこんでしまって，近世語とはすっかり遠のいておりますが，わたくしがそもそも呉語に手を染めるようになったのは，近世語をやりはじめたことによるものです。香坂先生や太田先生を中心にして，1962年に清末文学言語研究会ができまして，これは後に明清文学言語研究会となるわけですが，この会のできた時から，メンバーに加えていただきました。その時，わたくしには清末の小説『官場現形記』が割り当てられ，まず版本の校勘，ついで語彙索引をつくることから始めるようにいわれました。それで，まずは一読をということで，読みはじめたのですが，第一回の数行を読んだところで，はやくも行きあたってしまいました。『官場現形記』は，ある村に趙と方の二族があり，その趙一族の中から秀才が誕生し，一族の連中が鼻高々なのに刺激されて，方一族もひとつ塾をつくって，子弟を教育し，自分たちの中からも秀才を出そうということになるところから，話が始まるのですが，そのところにつぎのような文が出てまいります。

　　姓方的瞧着眼熱，有幾家該錢的，也就不惜工本，公開一个學堂；……
　この"該錢"に行きあたってしまったのです。"該"を「借りがある」と解してしまったのでは，文意もとおらないし，第一，文法的にとおらない。"該他多少錢""該他"とはいえても，"該"の後にいわゆる直接目的語だけをつけていうことはできません。どう考えても，解決がつきませんので，まあきらめて，胡適のいう甲本系統と乙本系統の版本を較べながら，校勘を進めることにしました。そのことから，甲本と乙本では，その使用語彙に北方口語と南方口語との対立が，かなり整然とみられることがわかってきまして，校勘と並行して，上海方言による通俗話劇，滑稽劇，それからよくわからぬままに『海上花列伝』などを読みあさり，呉語の語彙を集

めることにいたしました。この作業をとおして，さきの『官場現形記』の"該"は，北方官話の"該"ではなくて，呉語の「もつ」「所有する」という意味の KE を表記したものであることがわかり，ようやく胸のつかえがおり，こんなことから，そしてまた，かつて上海で学生時代をすごし，多少とも上海語になじんでいたこともありまして，少しずつ呉語の勉強を始めるようになりました。そのうち，書面にあらわれた文学作品などによるのではなく，話す言語から勉強してみようとおもうようになり，1981年，大阪上海学術交流で，復旦大学の許宝華教授を大阪市立大学，当時わたくしはまだ大阪市立大学におったのでありますが，ここにお迎えして，上海語について講義していただく，翌年には大阪市立大学から在外研究員として，上海に派遣していただき，許宝華教授の指導を仰ぎながら，上海語，蘇州語を基礎から勉強しなおすことになりました。その時のノートをまとめたのが，1984年，光生館から出版した《普通話対照，上海語・蘇州語——学習と研究》であり，その時集めた資料を中心に整理，補充したのが，1988年，同じく光生館から出版した《上海語常用同音字典》であります。わたくしの呉語研究は，このように近世語の勉強が出発点になっているわけであります。

　呉語を勉強したことは，わたくしの場合，近世語の研究にたいへん役立ったようにおもいます。銭玄同は，亜東図書館本『儒林外史』に寄せた序の中で，つぎのようなことをいっております。

　　元明以降の「普通話」は，唐宋時代のものとは大いに異なっている。現在の江蘇・浙江・福建・広東などのことばが，大体において，唐宋時代の「普通話」である。これは，それらの地方の語音がたいてい広韻の音に合うことから判る。宋朝が南渡し，元朝になり，蒙古人が中国の北方で，中国の皇帝となってから，当時の北方方言を「官話」とし，政治的関係から，この方言が勢力を占めるようになった。そして，明清以来，特殊な語が除かれ，各地の方言で通用性の高いものが採り入れられて，だんだんと，ここ数百年の間に，全国に通用する，いまの「普通話」ができてきた。

　たいへんに大まかな話でありますが，大筋はほぼこのとおりだとおもい

ます。そして,「普通話」の形成に影響を及ぼした方言のうち,長江下流の方言が,その経済的,文化的背景からして,なかでも深くかかわってきたことは,容易に推察されるところであります。したがって,明清以来のこれらの「普通話」で書かれた作品の中には,多分にその時代の長江下流地域の方言,その中でもっとも力をもつのは呉語でありますが,この地方の方言が反映していることが考えられ,近世語の研究は,呉語の研究にも大いに役立つでしょうし,同時にまた,呉語の研究は,近世語の研究にも有用であるはずであります。少なくとも,わたくしは呉語を研究することによって,それまで見えなかったものが見えるようになってきた面がありますし,近世語の研究が,また呉語の理解を助けた面も少なくありません。本日は,そのうちのいくつかを取り上げて,ご報告してみたいとおもいます。

呉語の文法の特色として,まずあげられるのは"快",共通語＝北方方言で副詞として用いられる,「まもなく」「すぐに」という意味,用法の"快"を用いている文型でしょう。

〔共〕　他快要来了。快七点了。

〔上〕　俚要来快勒。要七点鐘快勒。

〔蘇〕　俚要来快哉。要七点鐘快哉。

たいへん顕著な対照なので,いつもまっさきに取り上げられるものですが,呂叔湘先生,香坂先生の論文などをとおして,すでにご承知のように,この"快"の用例は,明代の『拍案驚奇』に出てまいります[注1]。

光陰如隙駒,陳秀才風花雪月了七八年,將家私弄得乾净快了。

(初刻巻15)

這里金員外曉得外甥歸來快了,完了成婚吉日　先到…　(二刻巻9)

なお,香坂先生は『醒世恒言』の中にも用例がみえることを,指摘されております[注2]。

直尋到一間房裡,單單一个老尼在床將死快了。　(巻15)

三萬銀子到手快了,怎麼恁祥没福,到熟睡了去。　(巻37)

ただ,その後の文学作品,たとえば『儒林外史』などには,用例をみません。共通語の中には採り入れられず,残ることができなかったわけで

ありますが，呉語の中ではたいへん生命力の強いものでありまして，いまもこの語順であります。しかし，共通語の影響をうけてだろうとおもいますが，この語順にまじって，共通語の語順が用いられだしているという実態があります。たとえば，50年代の上海語の話劇『三個母親』の台詞の中には，二とおりの語順がみられます[注3]。

  姆媽，里厢格菜燒好哦？－要好快哉。   （9場）
  儂快要走勒．是勿是还有啥個事体嘸没做？ （6場）

　滬劇，上海語によるオペラでありますが，これにも共通語の語順によるものがあらわれて来ております。『弾吉他的姑娘』，これは文革時代の青年をとり扱った演劇でありますが，上海音像公司から出ましたカセット・テープをききますと，

  快要落雨勒．儂走哦。   （5場）

とあります[注4]。

　共通語の普及にともない，上海の中青年層を中心に，共通語の語順が徐々にひろまることは，授与を表す動詞と直接目的語と間接目的語の場合などにもみられる現象であり，"快"の場合もこれと同様な径路をたどることは，十分に考えられるところであります。ただ，授与を表す動詞の場合と異なり，なお呉語独自の語順が優勢であり，『上海市区方言志』も『蘇州市方言志』も，共通語の語順にしたがうむきがあることについては言及しておりません[注5]。

　"快"に次いで，呉語で目立つのは，助詞の"哩"でありましょう。"哩"は"了，洛，勒"とも表記されますが，一般には"哩"と表記されます。この"哩"にあたる助詞が共通語にないところから，たいへん目立つわけで，呉語を論ずる場合，必ず取り上げられるものであります。王力『中国語文講話』の例にならって，『新約聖書』の例をあげてみましょう[注6]。なお，一部語句を上，下二段にしていますが，上段は蘇州土白，下段は上海土白のものです。

  從前希律爲之俚/伊兄弟腓力个家/小羅底个縁故哩．捉約翰縛之哩收監。
               （馬太 14-3）

　官話では，つぎのようになります。

起先希律爲他兄弟腓力的妻子希羅底的緣故，把約翰拿住鎖在監裏[注7]。

　　すなわち"咾"にあたるものは，官話＝共通語では表しようがないわけで，まあ文言の"而"に似てはいますが，"而"とも異なります。"而"なら，"而"の前で息の休止がはいり，"而"から後節が始まるのですが，"咾"は前節に属し，また"咾"の上掲例以外の用法は，"而"にはないものです。

　　ところが，近世語の中に，この"咾"によく似たものがあらわれています[注8]。

　　　孩兒，爹娘只因你口快了愁。　　　　　　　　　　　　（快嘴李翠連記）
　　　老身只道裁衣不用黃道日了，不記他。　　　　　　　　（水滸 24 回）
　　　做甚麼了煩惱？　　　　　　　　　　　　　　　　　　（水滸 45 回）
　　　此間這等好村坊去處，怎地了大厮殺？　　　　　　　　（水滸 47 回）

これらの"了"は，いずれも共通語の"了"の用法からは，説明のつかないものですが，呉語の"咾"と較べてみると，用法がたいへん似ています。

　　　伊只馬爲之走來慢姥，撥拉馬夫打。
　　　儂爲啥咾走來慢來死？
　　　儂那能咾撥伊打？　　　　　　　　　　　　　　　　（Pott, 1920[註9]）

『水滸』に用いられている"了"の用法は複雑で，わかりにくいものですが，一部の"了"には，呉語で用いられている"咾"の用法に通じるものがあり，あるいはなんらかのつながりがあるのかも知れません，もちろん，軽々に結論を下せるものではありません。

　　ところが，この"咾"は，呉語の中ではもはや生命力を失っております。死語化しているといってもよろしいかとおもいます。上海大学の銭乃栄副教授は，上海のいまの中，青年はまったく"咾"を用いないといっています[注10]。

　　『上海市区方言志』は 1986 年に脱稿しているものですが，その中でも，この"咾"は老派に用いられるのみで，新派ではすでに用いられなくなっているとしています。同書も"咾"の用例を収めていますが，いずれも老派から採取したものであることをことわっています。『蘇州市方言志』は"咾"について言及しておりません。その理由はわかりませんが，すでに文法上の特色としてあげるほどではなくなっているのではないかと考えら

れます。

　このほか，共通語と較べて目立つものに，動詞のかさね式に，形容詞を結果補語として統合させているものがあります。共通語では，"注注意""洗洗澡""說說話"のように，動詞をかさね式にすることができるのは，動賓構造の語または句であって"作好""說清楚"などの動補構造の語句の動詞をかさね式にすることはありません。しかし，呉語には，こういう用法があります。

　　教俚去喊個剃頭司務拿耳朵來作作清爽，再去做包打聽末哉。
　　　　　　　　　　　　　　　　　　　　　　　　　　（海上花列伝 14 回）
　　余化龍眼睛閉閉緊，勿想逃。　　　　　　　　　　　（岳飛 33 回）
　　儂替哪爺作臺板理理好。　　　　　　　　（三個母親 6 場[注11]）

この用法は，詹伯慧教授の『現代漢語方言』でも取り上げられており，同教授は，共通語では一般に「把字句」でいうものだとしています[注12]。なお，同教授は，この用法は浙江呉語にみられるものとしていますが，浙江呉語にのみ見られるものではなく，江蘇呉語をふくめて，ひろく呉語一般に用いられるものとおもわれます。また，命令文にあらわれるとしていますが，平叙文にもあらわれることは，上掲例の示すとおりであります。蘇州評話『岳飛』は，この型を多く用いていますが，ここでは，動詞を'一'を介してかさねる型の方が多数を占めています。

　　格個底一定要去摸一摸清爽。　　　　　　　　　　　（14 回）
　　老太太拿格四個字寫好之后，拿筆放一放，金針拿到手裡，揩一揩乾净，
　　兩個指頭捏一捏牢，一針刺下去。　　　　　　　　　（16 回）

ところで，この型は『拍案驚奇』にみることができます。

　　取些水來內外洗一洗净，抹乾了，却把自己錢包行李都撑在龜殼裏面。
　　　　　　　　　　　　　　　　　　　　　　　　　　（初刻巻 1）

この書の編者の属する方言区からして，また本書に於ける前述の"快"の位置にもみられるように，この書には呉語がひろく反映しているところからして，おそらくは，これも呉語からはいったものでしょう。

　なお，『儒林外史』にもつぎの例があります。

　　且不要通姓名，且等我猜一猜着。　　　　　　　　　（33 回）

434

動詞のかさね式の後に，形容詞がつくのが普通ですが，形容詞以外のものも，動補関係に統合します。

　　万汝威拿馬扣住，額角頭上的汗實在多，起手擦一擦，拿汗甩一甩掉。
　　　　　　　　　　　　　　　　　　　　　　　　　　　　（岳飛8回）
　　吉青交代一百個人讓一讓開。　　　　　　　　　　　　　（同22回）
　　宗穎，宗方先進來，拿兩面格帳子吊一吊起。　　　　　　（同17回）

したがって，『儒林外史』の上掲例 "猜一猜着" も，"洗一洗净" と同じ構造とみることができます。ただ，臥閑草堂本，蘇州播氏抄本など，多くが "猜一猜着" としているのに対して，申報館の出版したものは，"着" を "看" に改めて，"猜一猜看" としているということであります[注13]。"着" を "看" の誤字としているのでしょうが，この型に違和感を覚えた校訂者の主観にもとづく校定なのかどうか，俄には決めがたいものがあります。しかし多くの版本が "猜一猜着" としているということも，また事実であります。

学生諸君と，老舎の『離婚』を読んでいて，こういう経験をしたことがあります。李さんが張大哥の世話で家を一軒借りて，奥さんと，英，菱の二人の子を田舎から呼びよせた晩，李さんは街へ出て，少しばかり買い込んできて，子どもたちに食べさせるのですが，幼い菱が母に抱かれて，まんじゅうをほおばっている姿に見入っているシーンの描写です。

　　菱是眼長得像媽媽，英的眼像爸爸，倆小人的鼻子，據說，都像祖母的。
　　菱沒有模樣，就仗着一臉的肉討人喜歡，小長臉，……。

この "沒有模樣" を，学生諸君はどうもよくつかめない。「顔かたちがない」と訳したのでは，わからないことはないが，しっくりとはゆかない。太田先生は「恰好がついていない」と注釈しておられるのですが[注14]，なぜそういうことになるのか，どうもよい答えがかえってきません。これに，共通語の "沒有" が二とおりにわかれる，すなわち，一つは，"有" の反意語の "沒有"，いま一つは "有" の完了態の否定の "沒有" なのでありますが，このことを理解しないのです。"来了" の否定が "沒来" になるのと同じように，"有了" の否定も，"有了" に "沒" を加えて，"了" を取り去るという手順で "沒有" となり，"有" の反意語の "沒有" と同形

になったのではないかとおもいますが，ともあれ"没有"にはこの二つがあり，ここの"没有模様"は"有了模様""有模様了"の否定であります。なんでもないことですが，同形であることに惑わされて，違いがよくわからないのです。しかし，多少とも方言あるいは近世語になじんでいる学生なら，すぐにわかることだとおもいます。なんとなれば，近世語では多くの作品が，"有"の反意語，すなわち文言の"無"は"没有"としますが，動詞の完了態，経験態の否定，文言の"未"には"不曾"をつかいますので，"有"の完了態の否定は"不曾有"となります。呉語でも，上海語はいまは共通語と同じく，"無""未"ともに"嘸没"ですが，蘇州語はいまも"無"は"嘸撥"，"未"は"勿曾"または"勦"としており，"有"の完了態の否定は"勿曾有""勦有"となります（上海語でも，老派の中にはなお"勿曾"を使うむきがあります）。

　　　我一個寡婦人家，只有出去的，没有進來的。　　　　（儒林外史 1 回）
　　　看那周先生時，一箸也不曾下。　　　　　　　　　　（同 2 回）
　　　他從来不曾見過官府的人，害怕不敢來了。　　　　　（同 1 回）
　　　我只有杭州熟，却不曾有甚相與的。　　　　　　　　（同 17 回）
　　　張大少爺無撥相好末，也攀一個哉啘。　　　　　　　（海上花列伝 1 回）
　　　耐也勿曾吃飯，倪一淘喫哉啘。　　　　　　　　　　（同 5 回）
　　　人家相好要好點，也多煞啘，就勿曾見過俚哚個要好。（同 7 回）
　　　小紅一逕說，勿曾有癮。　　　　　　　　　　　　　（同 24 回）

　しかし，共通語では，"没有"と"不曾有"とがともに"没有"となりますのでさきのような"不曾有"にあたる"没有"である"没有模様"をともすると，「顔立ちがない」としてしまって，「顔立ちがまだととのってきていない」というようには，理解することができなくなるわけであります。

　なお，これに関連して附言しておきますと，蘇州語は，さきに申し上げましたように，共通語や上海語と違って，"嘸撥"と"勿曾"の二本建てでありますが，"嘸撥"が"勿曾"の領域にはいりこんでゆく傾向があります。

　『海上花列伝』に，既につぎのような例があります。

昨日一夜天咿勿曾困，困好仔再要起来，起来一埭末咳嗽一埭，直到天
　　亮仔坎坎困着。　　　　　　　　　　　　　　　　　　　　（17回）
　　先是一個二少爺，辛苦仔一個多月，成日成夜陪仔俚，困也無撥困。
　　　　　　　　　　　　　　　　　　　　　　　　　　　　　（42回）
しかし，このような限られた例を除いては，"嘸撥"と"勿曾"とは使い分けられています。しかし，『岳飛』では，"嘸不"すなわち'嘸撥'を，"勿曾"の用法に用いる例が多くなっております。
　　一路上嘸不碰着抵坑，直抵河間府。　　　　　　　　　　　（11回）
　　有一椿心事嘸不了結。　　　　　　　　　　　　　　　　　（14回）
　　搭俚嘸不交往過。　　　　　　　　　　　　　　　　　　　（20回）
これは，"嘸没"と"勿曾"の両者をもっていた上海語が"嘸没"で"勿曾"をカバーするようになる，これと同じ道をたどろうとしている傾向を示すものといえましょう。

　おわりに，もう一つ取り上げたいとおもいます。『上海市区方言志』に，つぎのような例をあげています。
　　物事辣辣來。
これは，上海語の進行表現を述べているところに出ているものですが，この例はJ. Edkinsの上海語テキストに出ているものです。
　　物事勒拉來。the things are coming.注15
『上海市区方言志』の上掲例が，直接にインフォマントから採取したものかどうか，さだかでない点がありますが，同書に採っている以上，現在の上海語の口語として違和感のないものとおもいます。
　この例は，共通語に逐字直訳すると，"東西正在來"となるわけですから，共通語の感覚では，いささか違和感を覚えざるをえません。共通語では，"來"などに"正在"を冠して，進行表現にすることは，ないようにおもいますが，呉語では，"來"などもこの進行表現をとるわけです。『海上花列伝』にも，つぎのような例があります。
　　阿海跟進去，接口道："倪先生來望耐呀。"受珍道："價末進來哩。"阿
　　海道："來哚來哉。"　　　　　　　　　　　　　　　　　（11回）
　　黎大人來哚來哉，教耐哚多叫兩個局，俚四個局末也搭俚去叫。（15回）

437

正要發帖催请黎篆鴻，恰好于老德到了，說："勿必请，來裡來哉。"
(19回)

　　子富问："耐無姆哩？"小阿宝说："來浪來哉。"道聲未了，黃二姐已
　　笑吟吟掀簾進來，趲到子富而前。　　　　　　　　　　　　(59回)

『海上花列伝』については，蘇白部分をいわゆる「国語」になおしたものが，『海上花』として，台湾で出版されておりますが[注16]，同書によると，上記の箇所はつぎのようになっております。

11回　來哚來哉　→　正在來了。
15回　來哚來哉　→　馬上來了。
19回　來裡來哉　→　正在來了。
59回　來浪來哉　→　就來了。

"來哚""來裡""來浪"は遠，近，中指にかかわるもので，ここで問題とすることについては，関係がありません。いずれも"正在"ということです。上例をみますと，"來哚（來裡，來浪）來哉"に二とおりの訳を与えており，一つは進行表現に，いま一つは未来表現になっています。共通語としては，やはり未来表現にするのが普通だとおもわれます。解放後，北京大学などで教材としてつかわれたことのある，『英漢翻訳理論与技巧』という本がありますが，進行表現にふれて，英語の進行形に対応する中国語は副詞"在""正在"を用いるものであるが，必ずしもすべてが"在""正在"を用いて表せないとし，いろいろなケースをあげています，上掲例に関連したものとしては，つぎのように述べています[注17]。

　With verbs 'to come', 'to go', 'to leave', 'to start', 'to stay' etc, to denote some future action:

　She is coming to see us tomorrow.

　她明天將要來看我们。

　The train is starting in five minutes.

　火車在五分鐘內就要開行。

　With the verb 'to go' to denote some intention in near future:

　I'm going to read this dook.

　我就要讀這本書。

They are going to be graduated.

他們就要畢業了。

　すなわち,「来る」「行く」という意味の動詞の場合は, "在""正在"という副詞を用いた進行表現にはならず, 近い未来での実現を表す表現になるということであり, 上掲の『海上花』の訳, "馬上來了""就來了"はこれにあたるわけであります。しかし, "來哚來哉'にみるように, "在""正在"にあたるものを"來"に冠して, "來"の場合も進行表現をとる, 呉語では, これができるわけであります。これは, 呉語文法の, 共通語とは異なる, 一つの特色といえましょう。"過去"についても, つぎのような例があります。

　　岳飛倒又擔心事哉。因爲辰光一刻勿停嘞浪過去, 太阳要落山格。
　　　　　　　　　　　　　　　　　　　　　　　　　　　（岳飛8回）

　この"嘞浪過去"も, 共通語では"要過去"あるいは"過去"となるわけでして, "在過去"とはいたしません。『新約聖書』の中にもつぎのような例があります。

〔蘇州土白, 上海土白〕
　　用个个世界上个世界上个物事, 像勿過分用盡, 因爲第个个个世界上个形狀拉篤拉過去哉。
〔官話〕
　　用世物的, 要像不用世物, 因爲世界的樣子將要過去了。
　　　　　　　　　　　　　　　　　　　　　　　　　（コリント 7-31）

　ところで,『海上花』がなぜ"來哚來哉"などを"馬上來了""就來了"とする一方, "正在來了"と, 進行表現にしているのでしょうか。一つは逐字直訳ということも考えられますが, 同書が"阿曽用飯嘎?"(2回)を"有没用飯哪?"としているなど, 閩南語色の強い箇所のあるところからすると, この訳にも閩南語が反映しているのではないか, そして, 閩南語の話者にとっては, この「国語」は違和感なく受け入れられるものではないかとおもい, すこし調べてみました。

　さきにあげた,『新約聖書』, コリント人への手紙第一の "因爲个个世界上个形狀拉篤拉過去哉""因爲世界的樣子將要過去了"を, 閩南語の新約では, つぎのようにしております[注18]。

in-ui chit sè-kam ê khoán teh kē-khi lah.

　閩南語では，介詞の"在"はtīとなります。tehではありません。

　　　在猶太的曠野傳道，……

　　　Tī Iû-thai ê khòng-iá soan-thoân kóng, ……　　　　　（マタイ 3-1）

　　　我在暗中告訴你們的，……

　　　Góa tī àn-tiong ka lín kóng ê, ……　　　　　　　　　（マタイ 10-27）

　tehは，副詞"在""正在"にあたるところで使われ，新約聖書ではつぎのように用いられております。なお，官話本は"正在"で進行表現を表すことをしていないので，現代中文本のものを並記して（ことなる箇所のみ，官話を上段に，現代中文を下段に），示すことにします．

　　　正拉思想个裝想第件 事體．主今天使……
　　　他正思念 這事的時候，有主的使者
　　　　正在考慮　　　　　　主的一個天使 ……
　　　Teh siuⁿ ê sî, ū chú ê thiⁿ-sai ……　　　　　　　　（マタイ 1-20）

　　　遠遠能 有一大群猪 拉篤 喫食。
　　　遠遠樣　　　　　　猪獹 拉
　　　離他們狠遠 有一大群猪 喫食
　　　剛好附近　　　　　　　正在喫東西。
　　　Li in hñg-hñg ū tōa kûn ê ti teh thó-chiàh.　　　　（マタイ 8-31）

　　　耶穌還 拉說个時候，有人……
　　　　　　話
　　　耶穌 還在 說話的時候，有人……

　　　Teh kóng ê s', ū ……　　　　　　　　　　　　　　（マルコ 8-31）

　前掲の"teh kè-khi lah"の"teh"も，このtehでありまして，動作の進行を表す副詞を"kè-khi"（過去）に冠している点で，蘇州土白，上海土白と全く同じ表現になっています。閩南語では，おそらくは"lâi（來）"も"teh"をつけて，進行形にすることができ，『海上花』が"正在來了"としているのは，この閩南語の語法を反映しているもので，閩南語の話者にとっては，この「国語」も受け入れられるものなのでありましょう。

　蘇州評話『岳飛』に，つぎのような用例があります。

　　　金兀術因爲撥傳光劫脫糧草，立即到後方催糧，現在送糧草格隊伍陸陸續續在來。

　もちろん，口述では"嘞浪"となっているはずで，文字整理で，"在"としたものとおもわれますが，このような表現も，呉語の話者には受け入

れられてゆくのでしょう。

　副詞"在""正在"が近世語で用いられていることについては，香坂先生，太田先生が資料をあげて論じておられますが[注19]，近世語には"來""過去"などに"正""正在"を冠した例はみあたらないようです。"在""正在"で進行を表す語法は，もともと北方官話にはなく，共通語で用いられるようになるのは，方言の影響によるものでありますが，『現代漢語八百詞』には，"速度正在慢下來""隊伍正在一天天壯大起來"などまでが用例として収められています[注20]。呉語では，"來哚"など"正""正在"にあたるものが"来""过去"につくほどですから，動詞に方向動詞の複合しているものに，これらの語がつくのは，普通のことです。

　　看見娘本來閉攏個眼睛現在勒浪張開來哉，心裏急得來，想勿知阿曾聽
　　　見喇？　　　　　　　　　　　　　　　　　　　　　　（方珍珠[註21]）
　　但是現在武生在冲進來，如果我下去講，他們火冒三丈，一時講勿清爽
　　　格。　　　　　　　　　　　　　　　　　　　　　　　（岳飛10回）
　　看見橫哚里地上有一個人慢慢叫在爬過來。　　　　　　　（同13回）
　　好像在静悄悄退下來。　　　　　　　　　　　　　　　　（同24回）
　　後頭哈迷格隊伍也在追下來。　　　　　　　　　　　　　（同24回）

しかし，さきにあげた『英漢翻訳理論与技巧』はつぎのようにいっています。

　　With verbs 'to get', 'to grow' etc. to denote the ingressive aspects.
　　It is getting dark.
　　天暗下来了。
　　It was growing colder day by day.
　　一天天冷起来了。

"天正在暗下來了""一天天在冷起來了"とは普通いわないといっているのですが，『現代漢語八百詞』に"速度正在慢下來""隊伍正在一天天壯大起來"などの例をあげているのをみますと，共通語でも書面語の中にはこういう語法がはいりつつあるのでしょう。しかし，"在来"にまでひろがるかどうか，口頭語ではどこまで行くか，たいへん興味のあるところであります。

これで，わたくしの報告を終らせていただきます。
(1989年5月28日，近世語研究会での講演。大東文化会館に於て)

注1　香坂順一：近世語ノート（二）（明清文学言語研究会会報第7号，1965）
　　本論文は同氏：白話語彙の研究（光生館，1981年，東京）にも収録。
注2　香坂順一：白話語彙の研究（前掲）。
注3　伍賽文原著，朝陽通俗話劇団集体整理：三個母親（上海十年文学選集，話劇劇本選，1960，上海文芸出版社）。
注4　徐俊，呂賢麗等演唱：弾吉他的姑娘（上海音像公司，1986）
注5　許宝華，湯珍珠主編：上海市区方言志（上海教育出版社，1988）
　　蘇州市方言志（蘇州市地方志編纂委員会辨公室，1987）
注6　王力：中国語文講話（開明書店，1950，北京）
注7　新約全書（蘇州土白）（上海大美国聖経会，1903）
　　新約全書（上海土白）（上海美国聖経会，1923）
　　新，旧約全書（官話和合訳本）（上海美国聖経会，1925）
注8　拙稿：呉語の語助詞（人文研究第32巻第4分冊，1980，大阪市立大学）
注9　F. L. Hawks Pott：*Lessons In The Shanghai Dialect*（1920，上海）
注10　銭乃栄：一百四十年来上海話語法的変遷（上海青年語言学第4期，1987）
注11　用例は下記作品より引用。
　　海上花列伝（人民文学出版社，1982，北京）
　　　なお，海上花列伝は，1892年2月より《海上奇書》に連載されたものである。
　　岳飛（江蘇文芸出版社，1986）
　　　蘇州評話。曹漢昌の口述を整理したものである。
　　三個母親。前掲。
注12　詹伯慧；現代漢語方言（湖北人民出版社，1981）。
注13　儒林外史会校合評本（上海古籍出版社，1984）の校記による。
注14　太田辰夫：中国歴代口語文（朋友書店，1982，京都）
注15　J. Edkins：*A Grammar of Colloquial Chinese as Exhibited in the Shanghai Dialect*（1868，上海）。
注16　張愛玲註釈：海上花（皇冠雑誌社，1983，台北）
注17　陸殿揚：英漢翻訳理論与技巧（時代出版社，1958，北京）
注18　IA-SO KI-TOK Ê SIN I1OK（1936，SIONG-HAI）
注19　太田辰夫：中国語歴史文法（江南書院，1957，東京）。香坂順一：中国近

世語ノート（一）（明清文学言語研究会会報第 6 号, 1965）（本論文は前掲《白話語彙の研究》に収録）。
注 20　呂叔湘主編：現代漢語八百詞（商務印書館，1980，北京）
注 21　姚蔭梅改編：蘇州評弾方珍珠（油印，1955，上海）

蘇州語の文法

　本稿は『新約全書』（蘇州土白）を中心に『海上花列伝』『九尾亀』などの文学作品によって，用例をおぎないながら，これらの作品にあらわれている，呉語とくに蘇州語の文法の特色の一面を，北京語文法と対比しながら記述するものである。

　呉語の文法は北京語文法と，語順および虚詞の用法とも，基本的に一致しており，とくに語順では，違いがない。ただ，一部に若干の相違がみられる。

1. 副詞 "快"

　ことの発生，出現がせまっていることを表す"快"は，北京語では，他の副詞のばあいと同じように，修飾される動詞あるいは形容詞などの前にくるが，呉語では，それらの動詞句などの後におかれる。

　　我个小囡囡要死快哉。　　　　　　　　　　　　　　（マルコ 5-23）
＊我的小女兒快要死了。
　　私の小さい娘が死にかけています。

　　過之安息日，到七日個頭一日，天亮快，有抹大拉个馬利亞，搭之別个馬
　　利亞，來看墳墓。　　　　　　　　　　　　　　　　　（マタイ 28-1）
＊安息日將盡，七日的頭一日，天快亮的時候，馬大拉的馬利亞，和那個馬
　　利亞，來看墳墓。
　　安息日が終わって，週の初めの日の明け方，マグダラのマリヤと，ほかのマリヤが墓を見に来た [注1]。

2. 二重賓語

　授受，伝達の動詞が賓語2個をともなうばあい，呉語も北京語と同じ語順になる。

蘇州語の文法

耶穌叫十二个門徒來，撥俚篤權柄，趕脫邪鬼咾醫好各樣痛苦咾毛病。
(マタイ10-1)
*耶穌叫了十二個門徒來，給他們權柄，制服污鬼，把他們趕出，併醫治各樣的疾病，各樣的症候。
イエスは十二弟子を呼び寄せて、汚れた霊どもを制する権威をお授けになった。霊どもを追い出し、あらゆる疾苦、病弱を直すためであった。

俚就拿欠主人債个，一个一个叫俚篤來，對頭一个說，儂欠我主人幾化。
(ルカ16-5)
*於是把欠他主人債的，一個一個的叫了來，對頭一個說，你欠我主人多少。
そこで彼は、主人の債務者たちをひとりひとり呼んで、まず最初の者に、「私の主人に、いくら借りがありますか。」と言った。

俚篤勿敢再去問俚啥。
(ルカ20-40)
*以後他們不敢再問他甚麽。
彼らはもうそれ以上何も質問する勇気がなかった。

しかし，授与動詞のばあい，賓語の語順がいれかわることがある。

要俚撥恩惠俚篤，解保羅到耶路撒冷。
(使徒25-3)
*又央告他，求他的情，把保羅提到耶路撒冷來。
自分たちに好意を持ってくれるように頼み，パウロをエルサレムに呼び寄せていただきたいと彼に懇願した。

とくに，「ひと」をさす賓語のあとに，そのものの起こす動作がつづく，複雑述語型のばあいに，この語順になる。

耶穌吩咐撥物事俚喫。
(ルカ8-55)
*耶穌吩咐給他東西喫。
それでイエスは，娘に食事をさせるように言いつけられた。

饑餓个末，撥好物事俚喫飽，財主人末，使俚空手轉去。
(ルカ1-53)
*叫饑餓的人得飽美食，叫富足的人空手回去。
飢えた者を良いもので満ち足らせ，富む者を何も持たせないで追い返されました。

この語順のばあい，「ひと」をさす賓語のまえに，動詞"拉"を加える

445

ことがあるが，北京語には，これに相当するものがない。
　　凡係人休脫家小，應該撥休書拉俚。　　　　　　　（マタイ 5-31）
＊人若休妻，就當給他休書。
　　だれでも妻を離別する者は，妻に離婚状を与えよ。
　　唔篤當中啥人，兒子來討餅，例撥石頭拉俚價。　　（マタイ 7-9）
＊你們富中，誰有兒子求餅，反給他石頭呢。
　　あなたがたも，自分の子がパンを下さいと言うときに，だれが石を与えるでしょう。
　　耶穌嚴緊叮屬俚篤，勿要撥別人曉得，就吩咐撥物事拉俚喫。
　　　　　　　　　　　　　　　　　　　　　　　　　（マルコ 5-43）
＊耶穌切切的囑咐他們，不要叫人知道這事，就吩咐給他東西喫。
　　イエスは，このことをだれにも知らせないようにと，きびしくお命じになり，さらに，少女に食事をさせるように言われた。

ただし，このように"撥"と"拉"とを分けて用いる例は『海上花列伝』などの文学作品にはみられない。

"撥"以外の授与動詞のばあい，「ひと」をさす賓語のまえに，"撥"をくわえることもおこなわれている。"撥"は北方語の"給"にあたる語で，北方語でもこの用法がないわけではないが，北京語では，ふつういわない。
　　伲个燈要隱哉，請唔篤分點油撥伲。　　　　　　　（マタイ 25-8）
＊請分點油給我們，因爲我們的燈要滅了。
　　油を少し私たちに分けてください。私たちのともしびは消えそうです。
　　朋友呀，借三个餅撥我。　　　　　　　　　　　　（ルカ 11-5）
＊朋友，請借給我三個餅。
　　君，パンを三つ貸してくれ。
　　格末我要求爺，俚要零外賜保惠師撥唔篤。　　　（ヨハネ 14-16）
＊我要求父，父就要另外賜給你們一位保惠師。
　　わたしは父にお願いします。そうすれば，父はもうひとりの助け主をあなたがたにお与えになります。
　　俚必要來滅脫種田人咾，租葡萄園撥別人。　　　　（マルコ 12-9）
＊他要來除滅那些園夫，把葡萄園轉給別人。

446

蘇州語の文法

彼は戻って来て，農夫どもを打ち滅し，ぶどう園をほかの人たちに与えてしまいます。

伝達動詞のばあいは，"拉"を用いる。

　勿要怕，我來報大快活个好消息拉唔篤，關係萬民个。　　　（ルカ 2-10）
＊不要害怕，我報給你們大喜的好消息，是關乎衆民的。

　恐れることはありません。今，私はこの民全体のためのすばらしい喜びを知らせに来たのです。

　我應該傳神國个福音拉別个城裏。　　　　　　　　　　　（ルカ 4-43）
＊我也必須把上帝國的福音傳給別的城。

　ほかの町々にも，どうしても神の国の福音を宣べ伝えなければなりません。

しかし，"撥～拉～"の用例に示されるように，"拉"は授与動詞とも並用することができ，"撥"以外の授与動詞と並用されることもある(注2)。

　俚篤用許多禮物來敬伲，并且臨動身，送應用个物事拉伲。　（使徒 28-10）
＊他們又多方的尊敬我們，到了開船的時候，也把我們所需用的送到船上。

　それで彼らは，私たちを非常に尊敬し，私たちが出帆するときには，私たちに必要な品々を用意してくれた。

3. 賓語の前置

北京語でも，賓語を動詞のまえに置くことがある。

　他什麼都知道。

　你一樣東西也沒買嗎？

　我天不怕，地不怕，就怕您一個人。

これらのばあい，(1)動詞のまえに"都"や"也"などの副詞が用いられていて，語気が強められている，(2)賓語は不定，任意の一個あるいは極端な例をさすことによって，すべてを例外なしに含むようになっている，(3)一般に否定文に多く用いられる——などの条件があげられるが，呉語のばあいは，これらの条件や枠を超えて，前置されることが少なくない。

　酒用完之末，耶穌个娘對俚篤說，俚篤酒無不哉。　　　　（ヨハネ 2-3）
＊酒用盡了，耶穌的母親對他說，他們沒有酒了。

447

ぶどう酒がなくなったとき，母がイエスに向かって，「ぶどう酒があ
　りません。」と言った。
有人戲笑咍說，俚篤新酒喫飽哉。　　　　　　　　　　　　（使徒 2-13）
＊還有人譏誚說，他們無非是新酒灌滿了。
　ほかに，「彼らは甘いぶどう酒に酔っているのだ。」と言ってあざける
　者たちもいた。
日常会話を反映している文学作品には，とくに用例が多い。
倪點心喫哉。阿哥要喫俉？　　　　　　　　　　　　　　　（海 30 回）
　わたしたちはもう食べました。兄さんはなにを食べますか。
倪飯喫過哉呀。　　　　　　　　　　　　　　　　　　　　（海 57 回）
　わたしたちは食事をすませました。
つぎの例は，滬語のものであるが，呉語一般にみられる用例である。
儂替佴爺作台板理理好。　　　　　　　　　　　　　　　　（三個母親）
　おまえはとうさんのかわりに，仕立て板のほうを片付けておくれ。
　これらは，北京語では"我們吃點心了"，"我們吃過飯了呀"とか，"你
給爸爸把作台板理好"となるのであって，呉語の例におけるような語順
では，ふつういわない。ただし，呉語でも自由に，賓語が前置されるわけ
ではなく，上例にみられるように，動詞に他の成分（"哉"とか補語など）
がついていたり，動詞がかさね式のばあいなどに多くみられる。また，もっ
とも多いのは，動詞のまえに否定詞，副詞の"阿"がついているばあいで
あって，否定文に多い点では，北京語と軌を一にしている。
我物事勿要買，你去末哉。　　　　　　　　　　　　　　　（海 30 回）
　わたしは，買いものをしようとおもっていません。あなたいってらっ
　しゃいな。
難是王老爺倪搭勿來個哉，撥來張蕙貞喥拉仔去哉。　　　　（海 10 回）
　王旦那は，張蕙貞さんたちにひっぱっていかれてしまって，わたした
　ちの所にはもう来ないようになったんだわ。
耐吃飯睏覺阿曾忘記。　　　　　　　　　　　　　　　　　（九 45 回）
　あなたは食事や寝ることを忘れたりはしないでしょう。

4. "拉"の介詞句

"拉"は北方語の,存在を表す動詞"在"にあたる語で,"在"と同じく,介詞としても用いられる。場所語をともなう"拉"の介詞句が,賓語をともなう動詞の補語になるばあい,呉語では,動詞+賓語+介詞句の順でいうことができる。北方語にも,この語順がまったくないわけではないが,北京語としては,ふつうのいいかたではない。北京語では,介詞"把"で賓語を前置するか,その他の表現になるのがふつうである。

所以凡係聽我个說話咾做个末,是像聰明人,造房子拉石頭上。

（マタイ 7-24）

*所以凡聽見我這些話就去行的,好比一個聰明人,把他的房子蓋造在盤石上。

だから,わたしのこれらのことばを聞いてそれを行なう者はみな,岩の上に自分の家を建てた賢い人に比べることができます。

人也勿裝新酒拉舊皮袋裏。

（マタイ 9-17）

*也沒有人把新酒裝在舊皮袋裏。

また,人は新しいぶどう酒を古い皮袋に入れるようなことはしません。

衆人就吐涎唾拉耶穌面上,有个用拳頭打俚,有个用手心打俚,說。

（マタイ 26-67）

*他們就吐他的臉,用拳頭打他,也有用手掌打他的說。

そうして,彼らはイエスの顔につばきをかけ,こぶしでなぐりつけ,また,他の者たちは,イエスを平手で打って,こう言った。

しかし,このような若干の相違はあるにせよ,語順は基本的に一致しており,粵語などと較べて,両者ははるかに近い関係にあるといえよう。虚詞のばあいも同様であるが,語気詞はそれぞれ別個の体系になっており,助詞の一部にも,双方にそれぞれ相当するものがないものがある。

1. 語気詞 "吤"

疑問文の末尾に用いられる。

俫真正是神个兒子基督吤。

（マタイ 26-63）

*你是上帝的兒子基督不是。

あなたは神の子キリストなのか，どうか。

　　佢來來滅脫伲吇。　　　　　　　　　　　　　　　　　（マルコ 1-24）
＊你來滅我們麼。

　　　あなたは私たちを滅ぼしに来たのでしよう。

　これらの文は，"吇"によって疑問文になっているかのようであるが，特指疑問文の文末にも，文中の疑問詞を不定の意味に変えることな しに，"吇"が用いられる。

　　我用啥來比个代人吇。　　　　　　　　　　　　　　　（マタイ 11-16）
＊我可用甚麼比這世代呢。

　　　この時代は何にたとえたらよいでしよう。

　　格末唔篤稱爲猶太人个王个，要我哪哼辦法吇。　　　　（マルコ 15-12）
＊那麼樣，你們所稱爲猶太人的王，我怎麼辦他呢。

　　　ではいったい，あなたがたユダヤ人の王と呼んでいるあの人を，私に
　　　どうせよというのか。

　また，疑問の語気を表す副詞"阿"を用いている文の末尾にもつく。

　　个个多化事體，唔篤阿懂吇。　　　　　　　　　　　　（マタイ 13-51）
＊這一切的話，你們都明白了麼。

　　　あなたがたは，これらのことがみなわかりましたか。

　　弟兄得罪我，應該饒赦俚幾回，七回阿可以吇。　　　　（マタイ 18-21）
＊我的弟兄得罪我，我當饒恕他幾次呢，到七次可以麼。

　　　兄弟が私に対して罪を犯したばあい，何度まで赦すべきでしようか。
　　　七度まででしようか。

　選択疑問文のあとにも用いられる。

　　世界上个王，向啥人收關稅嗒丁稅，是向自家个兒子呢，還是向別人吇。
　　　　　　　　　　　　　　　　　　　　　　　　　　　（マタイ 17-25）
＊世上的君王，向誰徵收關稅丁稅，是向自己的兒子呢，是向外人呢。

　　　世の王たちはだれから税や貢を取り立てますか。自分の子どもたちか
　　　らですか。それともほかの人たちからですか。

　　主說个个比方，對伲呢，還是對衆人吇。　　　　　　　（ルカ 12-41）
＊主阿，這比喻是對我們說的呢，還是對衆人呢。

主よ，このたとえは私たちのために話してくださるのですか。それともみなのためなのですか。

"阿"を用いる文，"〜呢，還是〜"型で選択を求めている文は，特指疑問文と同じように，いずれも文末の"吤"なしで，疑問文となっているもので，"吤"が疑問文にするはたらきをしているのではない。したがって，"吤"は北京語の"啊""呢"にも比せられるが，これらともことなって，疑問文にしか用いられず，疑問文の標識としてはたらいていることは否めない。北京語の，どの語気詞にもあたらぬ，独特の語気詞である。

2. 語気詞"呢"

"呢"は北京語では多様な用法をもつ語気詞であるが，呉語では限られた疑問文に用いられるだけである。

特指疑問文の末尾に用いられる。

唔篤爲啥心裏想起惡念呢。　　　　　　　　　　　　（マタイ 9-4）
*你們爲甚麽心裏懷着惡念呢。
　なぜ，心の中で悪いことを考えているのか。

洛裏有稗子呢。　　　　　　　　　　　　　　　（マタイ 13-27）
*從那裏有了稗子呢。
　どうして毒麦が出たのでしよう。

現在哪嗱看得見呢。　　　　　　　　　　　　　（ヨハネ 9-19）
*如今他們怎麽能看見呢。
　どうしていま見えるのですか。

選択疑問文に用いられる。ただし"〜呢，還是〜""〜呢，〜"のように，文中に用いられ，文末に用いられることはない。

个个人養出來就瞎眼，是啥人个罪，自家呢，還是俚爺娘个。（ヨハネ 9-2）
*這個人生來是瞎眼的，是誰犯了罪，是這個人呢，是他父母呢。
　彼が盲目に生まれついたのは，だれが罪を犯したからですか。この人ですか。その両親ですか。

落裏一樣是大，金子呢，還是使金子成功聖个聖所吤。　（マタイ 23-17）
*甚麼是大的，是金子的，還是那叫金子成聖的殿呢。

黄金と，黄金を聖いものにする神殿と，どちらがたいせつなのか。
　　請問先知說个个說話，是指點啥人，自家呢，別人。　　　　（使徒 8-34）
＊請問，先知說這話，是指着誰，是指着自己呢，是指着別人呢。
　　　預言者はだれについて，こう言っているのですか。どうか教えてください。
　　　自分についてですが。それとも，だれかほかの人についてですか。
　　啥人是大，坐席个呢，服事个吽。　　　　　　　　　　　　（ルカ 22-27）
＊是誰爲大，是坐席的呢，是服事人的呢。
　　　食卓に着く人と給仕する者と，どちらが偉いでしよう。
　すなわち，"呢"は選択肢の分けめに用いられているわけで，これは選択疑問文の一種である，反復疑問文のばあいも同様で，北京語のように，文末につくことはない(注3)。
　　是罪人呢勿是，我勿曉得。　　　　　　　　　　　　　　（ヨハネ 9-25）
＊他是個罪人不是，我不知道。
　　　あの方が罪人かどうか，私は知りません。
　　倷个意思哪亨，完稅撥該撒，應該呢勿應該。　　　　　　（マタイ 22-17）
＊你的意見如何，納稅給該撒，可以不可以。
　　　それで，どう思われるのか言ってください。税金をカイザルに納めることは，かなっていないことでしようか。
　なお，『新約全書』（蘇州土白）には，文末に"呢啥"をおいて，疑問文にしている例がみられる。
　　先生，倪要沉脫哉，倷勿顧戀呢啥。　　　　　　　　　　（マルコ 4-38）
＊夫子，我們喪命，你不顧麼。
　　　先生，私たちがおぼれて死にそうでも，何とも思われないのですか。
　　我已經告訴唔篤，唔篤勿聽，爲啥又要聽呢，唔篤也要做俚个門徒呢啥。
　　　　　　　　　　　　　　　　　　　　　　　　　　　（ヨハネ 9-27）
＊我方纔告訴你們，你們不聽，爲甚麼又要稼聽聽呢。莫非你們也要作他的
　　門徒麼。
　　　もうお話ししたのですが，あなたがたは聞いてくれませんでした。なぜもう一度聞こうとするのです。あなたがたも，あの方の弟子になりたいのですか。

452

蘇州語の文法

　　俚罵神个祭司長呢啥。　　　　　　　　　　　　（使徒 23-4）
＊你辱罵上帝的大祭司麼。
　　あなたは神の大祭司をののしるのか。
　特指疑問文に用いられている例もある。
　　爲啥定之眼睛看俚，像俚用自家个能幹咾虔誠，使个个人走呢啥。
　　　　　　　　　　　　　　　　　　　　　　　　（使徒 3-12）
＊爲甚麼定睛看我們，好像我們憑着自己的能力，自己的虔誠，叫這個人行
　　走呢。
　　なぜ，私たちが自分の力とか信仰深さとかによって彼を歩かせたかの
　　ように，私たちを見つめるのですか。
　これらの例における"呢啥"は，いずれも"吤"におきかえることができ，また，おきかえて用いている例もある。
　　唔篤拿之刀咾棍來捉我，像捉強盜呢啥。　　　　　（マルコ 14-48）
　　唔篤拿之刀咾棍，來捉我，像捉強盜吤。　　　　　（マタイ 26-55）
　　まるで強盜にでも向かうように，剣や棒を持ってわたしをつかまえに
　　来たのですか。
　ただ，語勢としては，"呢啥"には相手に対する不信の念が強くこめられており，北京語対訳では，反語文にしていることが多い。

3. 助詞 "咾"

　"咾"は，語と語，語と句，あるいは句と句との間に用いられて，それらを接続する。
　名詞並列の例。
　　拉西布倫咾納大利个境界裏。　　　　　　　　　　（マタイ 4-13）
＊在西布倫和納大利的邊界上。
　　ゼブルンとナフタリとの境にある。
　　稅吏咾妓女倒相信个。　　　　　　　　　　　　　（マタイ 21-32）
＊稅吏和娼妓倒信他。
　　取税人や遊女たちは彼を信じた。
　これらの対話からすると，"咾"は北京語の"和"にあたるかのようで

あるが，"和"にあたるものとしては，"搭""搭之"がある。
　　税吏搭之妓女，比唔篤先進神國。　　　　　　　　（マタイ 21-31）
＊税吏和娼妓，倒比你們先進上帝的國。
　　取税人や遊女たちのほうが，あなたがたより先に神の国にはいっているのです。
　　法利賽人搭撒土該人相爭，衆人分開哉。　　　　　　（使徒 23-7）
＊法利賽人，和撒都該人，就爭論起來，會衆分爲兩黨。
　　バリサイ人とサドカイ人との間に意見の衝突が起こり，議会は二つに割れた。

接続詞としては，"搭"よりも"搭之"のほうがよく用いられるが，三個以上をつなぐばあい，"咾""搭之"をともに用いていることがある。
　　个日上，擺之酒席，請多化大官咾千總，搭之加利利尊重个。
　　　　　　　　　　　　　　　　　　　　　　　　　（マルコ 6-21）
＊擺設筵席，請了他的大臣和千夫長，並加利利作首領的。
　　重臣や，千人隊長や，ガリラヤのおもだった人などを招いて，祝宴を設けた。
　　到早晨，衆祭司長咾長老咾讀書人，搭之全議會，就商量縛之耶穌咾帶俚去，交撥彼拉多。　　　　　　　　　　　　　　　　　　（マルコ 15-1）
＊到了早晨，祭司長和長老並文士連全公會大家商議，就把耶穌捆綁帶去，交給彼拉多。
　　夜が明けるとすぐに祭司長たちをはじめ長老，律法学者たちと，全議会とは協議をこらしたすえ，イエスを縛って連れ出し，ピラトに引き渡した。
　　難末一隊兵搭之千總咾猶太人个差役，捉耶穌來縛之，……
　　　　　　　　　　　　　　　　　　　　　　　　　（ヨハネ 18-12）
＊那隊兵和千夫長並猶太人人的差役，就拏住耶穌，把他捆綁了，……
　　そこで，一隊の兵士と千人隊長，それにユダヤ人から送られた役人たちは，イエスを捕えて縛り，……

これらの例をみると，"咾"は同時に2個以上を用いて，3個以上の名詞を接続することができるのに対して"搭之"にはこの用法がなく，また，

454

蘇州語の文法

"咾"がいくつかを並列するに対して"搭之"は1個と数個，あるいは数個と1個とを組み合わせていることが看取される。これは，"搭之"で接続するばあい，話者に類別する意識がはたらいていることを示すものであろう。この意味で，"和"にあたるものは"搭之"で，北京語に"咾"にあたるものを求めることはできない。ただ，類別するといっても，どの範疇にいれるかは，他者との関係で相対的にきまるもので，たとえば，上掲例（マルコ15-1）で"讀書人"は"全議會"との関係では，"祭司長""長老"の類に入れられるが，"祭司長""長老"との三者間の関係では，"祭司長""長老"とは別類とされる。

　俚必要上耶路撒冷受長老咾來祭司長，搭之讀書人个多化苦，并且撥俚篤殺脱，到第三日復活。　　　　　　　　　　　　　　　（マタイ16-21）
　イエス・キリストは，ご自分が，エルサレムに行って，長老祭司長律法学者たちから多くの苦しみを受け殺されそして三日目にはよみがえらなければならない〔ことを弟子たちに示し始められた。〕

"税吏咾妓女"（マタイ21-32）と"税吏搭之妓女"（マタイ21-31）も，この事例にほかならないものである[注4]。

形容詞並列の例。
　愛慕義氣像餓咾渇个人，有福氣。　　　　　　　　　　　　　（マタイ5-6）
＊在義上饑渇的人有福了。
　義に飢え渇いている者は幸いです。
　好呀，善良咾忠心个奴僕。　　　　　　　　　　　　　　　（マタイ25-21）
＊好，你這又良善又忠心的僕人。
　よくやった。良い忠実なしもべだ。

動詞並列の例。
　到之末，看見房子空拉篤，打掃咾裝潢哉。　　　　　　　　（マタイ12-44）
　到了，就看見裏面空閒，打掃乾淨，修飾好了。
　帰って見ると，家はあいていて，掃除してきちんとかたづけていました。
　看羊个人轉去，榮耀咾讚美神，爲之看見咾聽見个事體，全照之天使所說

个。　　　　　　　　　　　　　　　　　　　　　　　（ルカ 2-20）
＊牧羊的人回去了，因爲所聽見所看見的一切事，正如天使向他們所說的，就歸榮耀與上帝，讚美他。
　　羊飼いたちは，見聞きしたことが，全部御使いの話のとおりだったので，神をあがめ，賛美しながら帰っていった。

　動詞句並列の例。
　因爲從死人裏復活个時候，佢篤勿討咾勿嫁，是像天上个天使。
　　　　　　　　　　　　　　　　　　　　　　　　（マルコ 12-25）
＊人從死人裏復活，也不娶，也不嫁，乃像天上的使者一樣。
　　人が死人の中からよみがえるときには，めとることも，とつぐこともなく，天の御使いたちのようです。
　但是勿要學佢篤个行爲，因爲佢篤只說咾勿做。　　　（マタイ 23-3）
＊但不要效法他們的行爲，因爲他們能說不能行。
　　けれども，彼らの行ないをまねてはいけません。彼らは言うことは言うが，実行しないからです。

　上掲例における"咾"に相当するものも，北京語にはなく，このばあい，ただ並べるか，あるいは副詞"又""也"などの接続機能によるかしているわけである。
　なお，"咾"は動詞句などを接続するばあい，並列関係のほか，前後，因果関係など，多様に連関している。
　前後関係：
　佢篤立刻離開之網咾跟之佢哉。　　　　　　　　　　（マタイ 4-20）
＊他們就立刻捨了網，跟從了他。
　　彼らはすぐに網を捨てて従った。
　格末摩西爲啥吩咐撥休書咾休脫佢呢。　　　　　　　（マタイ 19-7）
＊這樣，摩西爲甚麼吩咐給妻子休書，就可以休他呢。
　　では，モーゼはなぜ，離婚状を渡して妻を離別せよと命じたのですか。
　因果関係：
　門徒餓咾摘麥穗頭來喫。　　　　　　　　　　　　　（マタイ 12-1）

456

他的門徒餓了，就掐起麥穗來喫。

　弟子たちはひもじくなったので，穂を摘んで食べ始めた。

有一个百總所愛个奴僕生之病咾將要死。　　　　　　　（ルカ 7-2）

*有一個百夫長所寶貴的僕人，害病快要死了。

　ある百人隊長に重んじられているひとりのしもべが，病気で死にかけていた。

方式，状態関係：

衆人聽見之，從多化城裏步行咾跟俚。　　　　　　　（マタイ 14-13）

*衆人聽見，就從各城裏步行跟隨他。

　群集がそれを聞いて，町々から，歩いてイエスのあとを追った。

倷个門徒，爲啥勿照長老傳下來个規矩，用勿乾淨个手咾喫飯。

　　　　　　　　　　　　　　　　　　　　　　　（マルコ 7-5）

*你的門徒爲甚麼不照着古人的遺傳行，用俗手喫飯呢。

　なぜ，あなたの弟子たちは，昔の人の言い伝えに従って歩まないで，汚れた手でパンを食べるのですか。

我若然放俚篤餓之咾轉去，拉路上必要疲倦。　　　　　（マルコ 8-3）

*我若打發他們餓着回家，就必在路上困乏。

　空腹のまま家に帰らせたら，途中で動けなくなるでしょう。

少年人，聽之个句說話，就憂愁咾去哉。　　　　　　（マタイ 19-22）

*那少年人聽見這話，就憂憂愁愁的走了。

　青年はこのことばを聞くと，悲しんで去って行った。

その他：

頭一个討之家小，無不兒子咾死哉。　　　　　　　　（ルカ 20-29）

*第一個娶了妻，沒有孩子死了。

　長男は妻をめとりましたが，子どもがなくて死にました。

人無啥姦淫个緣故咾休脫家小末，就是使俚犯姦淫。　（マタイ 5-32）

*凡人休妻，若不是爲淫亂的緣故，就是叫他作淫婦去了。

　だれであっても，不貞以外の理由で妻を離別する者は，妻に姦淫を犯させるのです。

　なお，"咾"は目的，方式などの関係に組み合わさっている介詞句と動

詞の間にも用いられる。

　　人勿是爲之安息日咾設立个，安息日是爲之人咾設立个。　　（マルコ 2- 27）
＊安息日是爲人設立的，人不是爲安息日設立的。
　　安息日は人間のために設けられたのです。人間が安息日のために造られたのではありません。

　　勿要照外貌審判，是要照公道咾審判。　　　　　　　　　（ヨハネ 7-24）
＊不可按外貌斷定是非，總要按公平斷定是非。
　　うわべによって人をさばかないで，正しいさばきをしなさい。

　　耶穌升天个日脚將要到，定見朝之耶路撒冷咾走。　　　　（ルカ 9-51）
＊耶穌被接上升的日子將要到了，他就定意向耶路撒冷去。
　　天に上げられる日が近づいて来たころ，イエスは，エルサレムに行こうとして御顔をまっすぐに向けられ，……

　　我認得俚，因爲我從俚咾出來个，并且俚差我來个。　　　（ヨハネ 7-29）
＊我却認識他，因爲我是從他來的，他也是差了我來。
　　複文の間にも用いられ，"因爲""爲之"と呼応していることがとくに多い（呉語では，"爲之"は目的を表すほか，原因，理由をも表す）。

　　因爲伲拉東方，看見俚个星咾特來拜俚。　　　　　　　　（マタイ 2-2）
＊我們在東方見了他的星，特來拜他。
　　私たちは，東の方でその方の星を見たので，拝みにまいりました。

　　是拉結氏哭俚个小干，爲之小干，無不之咾，勿肯受安慰。（マタイ 2-18）
＊是拉結哭他兒子們，不肯受安慰，因爲他們都不在了。
　　ラケルがその子のために泣いている。ラケルは慰められることを拒んだ。子らはもういないからだ。

　このばあい，"咾"は"因爲""爲之"によって，理由，原因を示している節に属しており，"咾"のあとで息の休みがはいり，結果を示す節につづく。したがって，理由，原因を示す節が，結果を示す節のあとになるときは，当然に，"咾"は文末にくる。

　　叫俚去罷，因爲俚跟之你喊咾。　　　　　　　　　　　　（マタイ 15-23）
＊這婦人在我們後頭喊叫，請打發他走罷。
　　あの女を帰してやってください。叫びながらついて来るのです。

458

蘇州語の文法

女眷出來，離開之墳唉逃走，抖唉嚇，一點勿告訴啥人，爲之怕唉。
* 他們就出來，從墳墓那裏逃跑，又發抖，又驚奇，甚麼也不告訴人，因爲他們害怕。

　女たちは，墓を出てそこから逃げ去った。すっかり震え上がって，気も転倒していたからである。そしてだれにも何も言わなかった。恐ろしかったからである。

これは，問いに答えて，原因，理由のみを述べるばあいも同様である。
也對俚篤說，唔篤爲啥終日空閒拉此地吤，俚篤說，因爲無人雇倪唉。
　　　　　　　　　　　　　　　　　　　　　　　（マタイ 20-6）
* 就問他們說，你們爲甚麼整天在這裏閒站呢。他們對他說，因爲沒有人雇我們。

　彼らに言った。「なぜ，一日中仕事もしないでここにいるのですか。」
　彼らは言った。「だれも雇ってくれないからです。」

このばあい，"因爲""爲之"が省かれ，"唉"のみが残っていることもある。

倘然有人對唔篤說啥，就說，主要用唉，俚要就放俚來　　（マタイ 21-3）
* 若有人對你們說甚麼，你們就說，主要用他。那人必立時打發他來。

　もしだれかが何か言ったら「主がお入用なのです。」と言いなさい。そうすれば，すぐに渡してくれます。

"唉"は，因果関係以外の複文にも用いられる。

難末魔鬼離開之俚唉天使來服事俚哉。　　　　　　　　　（マタイ 4-11）
* 於是魔鬼離了耶穌，有天使來伺候他。

　すると悪魔はイエスを離れて行き，見よ。御使いたちが近づいて来て仕えた。

想想老鴉看，俚篤勿種，也勿收，無庫無倉唉神養活俚。　（ルカ 12-24）
* 你想想烏鴉，他也不種，也不收，又沒有倉，又沒有庫，上帝尚且養活他。

　鳥のことを考えてみなさい。蒔きもせず，刈り入れもせず，納屋も倉もありません。けれども，神が彼らを養っていてくださいます。

これらの用例における"唉"にあたるものとして，よく文言の"而"があげられるが，形容詞を並列するばあいなど，用法の一部がかさなるだけ

であり，また，"咾"のばあい，そのあとで息の休みがはいるのに，"而"のばあい，そのまえに息の休みがはいるという違いがある。また，そもそも口語の語に，文言の語をあてること自体に問題があるといわなければならない。"就"にあたるばあいもあるが，つぎの例が示すように，"就"ともまったく異なる，別個のものである。

耶穌看見之俚篤个相信咾，就對癱子說，兒子呀，放心，儂个罪饒赦哉。(マタイ 9-2)

＊耶穌見他們的信心，就對癱子說，小子，放心罷，你的罪赦了。

イエスは彼の信仰を見て，中風の人に，「子よ，しっかりしなさい。あなたの罪は赦された。」と言われた。

4. 動詞接辞 "之"

北京語では，完了を表す動詞接辞と，文末について，事態の変化などを表す語気詞とは同音 /lɤ/ で，ともに"了"と表記される。しかし，呉語では，動詞接辞の"了"にあたるものは"之"，文末語気詞"了"にあたるものは"哉"となる。

儂个相信，救之儂哉。(ルカ 18-42)

＊你的信救了你了。

あなたの信仰があなたを直したのです。

"之""哉"の用法は，北京語の"了"のそれぞれの用法とまったく一致している。

之

鹽失脱之味道末，拏啥來鹹呢。(マタイ 5-13)

＊鹽若失了味，怎麼叫他再鹹呢。

もし塩が塩けをなくしたら何によって塩けをつけるのでしょう。

出嫁之後同丈夫住之七年。…… (ルカ 2-36)

＊從童女出嫁，同丈夫住了七年，……

処女の時代のあと七年間，夫とともに住み，……

哉

唔篤當中有一个人，要賣脱我哉。(マタイ 26-21)

460

＊你們中間一個人要賣我了。
　　あなたがたのうちひとりが，わたしを裏切ります。

　　小姐立刻起來走，因爲俚已經十二歲哉。　　　　　　（マルコ 5-42）
＊那閨女立時起來走，因爲他已經十二歲了。
　　少女はすぐさま起き上がり，歩き始めた。十二歳にもなっていたからである。

　したがって，北京語を下じきにして考えたばあい，名詞のあとに"之"がくることはないはずであるが，名詞のあとに"之"を用いている例がある。

　　唔篤當中啥人有一隻羊拉安息日上，跌拉地潭裏之，勿要拖俚起來吤。
　　　　　　　　　　　　　　　　　　　　　　　　　（マタイ 12-11）
＊你們那一個有一隻羊，當安息日掉在坑裏，不抓住他，把他拉上來呢。
　　あなたがたのうち，だれかが一匹の羊を持っていて，もしその羊が安息日に穴に落ちたら，それを引き上げてやらないでしょうか。

　　拿俚个頭，放拉盤裏之，撥拉囡囡，囡囡拿去撥娘。　（マタイ 14-11）
＊把頭放在盤子裏，拏來給了女子，女子拏去給他母親。
　　その首は盆に載せて運ばれ，少女に与えられたので，少女はそれを母親のところに持って行った。

　　傳道拉別加之，下去到亞大利，難末開船到安提阿去。（使徒 14-25, 26）
＊在別加講了道，就下亞大利去。從那裏坐船，往安提阿去。
　　ベルガでみことばを語ってから，アタリヤに下り，そこがら船でアンテオケに帰った。

　これらの文の"之"は，もし，そこで文が終止するなら，当然に"哉"となるべきものである。

　　時辰到哉，人个兒子是賣拉罪人手裏哉。　　　　　（マルコ 14-41）
＊時間到了。你看，人子被賣在罪人手裏了。
　　時が来ました。見なさい。人の子は罪人たちの手に渡されます。

　"之"と"哉"は，文字表記でみると，まったく別のもののようであるが，"之"の音は /tsɿ/，"哉"は /tsE/ で，音が近い。おそらくは，北京語における"了"と同じように，両者は同じものから出ており，ただ，呉語のば

あい，文末にきて，そこで終止するか，さらにそのあとなにかつづくかによって，/ts-/ が /tsE/ と /tsɪ/ と，明瞭にわかるので，"哉""之"という表記をとるようになっているものであろう（ただし /tsE/ で終る文が，相互に独立性をたもって，並列の複文をつくっているばあいは，前にくる文の末尾の /tsE/ もそのまま /tsE/ となる。これに対して，その他の関係のばあいは /tsE/ は /tsɪ/ に変わる）。

　このことは，つぎの例などによってもうかがうことができる。
　到復活个時候七个人當中，俚算啥人个家小，因爲全討過哉。
　　　　　　　　　　　　　　　　　　　　　　　　（マタイ 22-28）
　　すると復活の際には，その女は七人のうちだれの妻なのでしょうか。彼らはみな，その女を妻にしたのです。
　七個人全討過之，全勿傳後代，着末女眷也死哉。　　（マルコ 12-22）
　　こうして，七人とも子を残しませんでした。最後に，女も死にました（直訳すれば→七人はみなその女を妻にしたが，みな子を残さず，最後に女も死にました）。
　我哪嗱曉得有个个事體，因爲我已經老哉，家小也年紀大哉。（ルカ 1-18）
　　私は何によってそれを知ることができましょうか。私ももう年寄りですし，妻も年をとっております。
　人已經老之，落裏能再養，豈能再進娘胎咾養出來呢。　（ヨハネ 3-4）
　　人は老年になっていて，どのようにして生まれることができるのですか。もう一度，母の胎にはいって生まれることができましょうか。

『海上花列伝』などの作品では，北京語の"太～了"にあたる"忒～哉"の用例が多くみられる。
　酒忒燙哉。　　　　　　　　　　　　　　　　　　　　（海 31 回）
　　熱かんだね。

ところが，この"哉"もあとに語がきたり，文がそこで切れずに，息の休みのあと，なおつづくばあいなど，"之"（「海上花列伝」などでは"仔"または"子"と表記される。"仔""子"は /tsɪ/ で，"之"と同音）に変わる。
　我看價錢開得忒大仔點。　　　　　　　　　　　　　　（海 4 回）
　　ちかっと値を高くつけすぎているように思います。

462

蘇州語の文法

常恐忒晚仔勿局，喊耐早點去。　　　　　　　　　　　　（海 22 回）
　あまりおそくなってはまずいとおもって，あんたをはやめにいかせようとしてるんでしょうよ。

勿要晚歇忒起勁子，倒弄得一場空。　　　　　　　　　　（海 55 回）
　あとで，よろこびすぎたあげく，あてがはずれるようなことにはなりたくありません。

これなども，"之""哉"を考える一つの材料であろう。
"之"はまた，北京語の持続を表す動詞接辞の"着"としての用法ももつ。したがって，北京語との間には，つぎのような関係がある。

$$了 < \begin{matrix}之\\哉\end{matrix} \qquad 了 > 之 \\ 着$$

しかし"之"は北京語の"着"のすべての用法にわたって用いられるわけではなく，多くは存在文，及び"〜着"がつぎの動詞の動作の方式を表しているばあいである。

存在文：
拉裏面睏之多化生病个，瞎眼个，跂脚个，軟癱个。　　　　（ヨハネ 5-3）
＊廊子裏躺着瞎眼的，瘸腿的，血氣枯乾的，許多病人。
　その中には大ぜいの病人，盲人，足なえ，やせ衰えた者が伏せっていた。

死人就出來，手咾脚裏之布，面孔上包之手巾。　　　　　（ヨハネ 11-44）
＊那死人就出來了，手脚裏着布，臉上包着手巾。
　すると，死んでいた人が，手と足を長い布で巻かれたまま出て来た。
　彼の顔は布切れで包まれていた。

動作の方式：
唔篤立之咾祈禱个時候，若然有啥搭別人勿對，應該饒赦俚。
　　　　　　　　　　　　　　　　　　　　　　　　　（マルコ 11-25）
＊你們站着禱告的時候，若是想起有人得罪你們，就當饒恕他。
　また立って祈っているとき，だれかに対して恨み事があったら赦してやりなさい。

保羅下去，伏拉俚身上，抱之說，勿要着急，俚个性命還拉篤。
　　　　　　　　　　　　　　　　　　　　　　　　　（使徒 20-10）

463

＊保羅下去，伏在他身上，抱着他，說，你們不要發慌，他的靈魂還在身上。
　　パウロは降りて来て，彼の上に身をかがめ，彼を抱きかかえて，「心配することはない。まだいのちがあります。」と言った。

　北京語では，"～着"で他の動詞を修飾する方式で，二つの動作が同時に進行することを表すこともできるが，呉語では，このばあい，他の方式をとる。

　難末搭俚說話咾進去，看見有多化人衆集拉篤，彼得對俚篤說。
(使徒 10-27, 28)
＊彼得和他說着話進去，見有好些人在那裏衆集，就對他們說。
　　それから，コルネリオとことばをかわしながら家にはいり，多くの人が集まっているのを見て，彼らにこう言った。

　また，状態の持続を表すにも，上掲のばあい以外には，"拉篤"を用いるのがふつうである(注5)。

　耶穌到彼得屋裏，看見俚个丈母，生之熱病睏拉篤。　　　（マタイ 8-14）
＊耶穌到了彼得家裏，看見他岳母害熱病躺着。
　　それから，イエスは，ペテロの家に来られて，ペテロのしゅうとめが熱病で床に着いているのをご覧になった。

　有多化人周圍坐拉篤，有人對耶穌說，倷个娘咾倷个弟兄，拉外頭尋倷。
(マルコ 3-32)
　有許多人在耶穌周圍坐着，他們就告訴他說，你看，你的母親，和你的弟兄，在外邊找你。
　　大ぜいの人がイエスを囲んですわっていたが，「ご覧なさい。あなたのおかあさんと兄弟たちが，外であなたをたずねています。」と言った。

　その他，"着"と用法がかさなるものもあるし（たとえば，命令の語気をそえる），かさならぬものもあるが（たとえば，介詞の"比"などに"之"をそえる），北京話では，機能が分化，対立している"了""着"を，一個の"之"で表すことは，語法史のうえからも興味ぶかいものがある。

〈注〉
(1) 例文は，新約聖書（蘇白）（1903．大美国聖経会）及び新約聖書（官話）（1907．大美国聖経会）より引用してある（＊印を付したのが，官話）。なお，日本語訳は，日本聖書刊行会の新改訳本（1975）によった。また，句読はすべて原典のままにしてあり，以下すべて同じである。なお，海上花列伝（1926．亜東図書館）および九尾亀（1908．開明書店）より引用するばあい，それぞれ（海），（九）で示してある。これらの引用文についても，句読は原典にしたがっている。
(2) "拉"は北京語の"在"に相当する語であるが，授受，伝達動詞と並用されるばあい，"撥"（北京語の"給"にあたる）と，用法がかさなる。
俚就去搭眾祭司長咾官府商量，哪嗱拿耶穌交代撥俚篤。　　　　（ルカ 22-4）
俚應承之，就尋機會要想眾人勿拉篤個時候，拿耶穌交代拉俚篤。
　　　　　　　　　　　　　　　　　　　　　　　　　　　　　（ルカ 22-6）
儂个意思哪嗱，完稅撥該撒，應該呢勿應該。　　　　　　（マタイ 22-17）
伲看見个个人，誘惑百姓，勿許完稅拉該撒，自稱是基督咾王。（ルカ 23-2）
彼得就挨一從頭講撥俚篤聽。　　　　　　　　　　　　　　（使徒 11-4）
拿个个賜生命个道理全講拉百姓聽。　　　　　　　　　　　（使徒 5-20）
(3) これらのほかの疑問文としては，省略疑問文に用いられる。
我也好幾日勿曾碰着。先生呢？　　　　　　　　　　　　　　（海 3 回）
(4) "咾"には，つぎのような例もある。
西門彼得咾還有一个門徒，跟之耶穌。　　　　　　　　　（ヨハネ 18-15）
＊西門彼得跟着耶穌，還有一個門徒跟着。
このばあい，"還有"が追加，接続するはたらきをしており，"咾"に積極的なはたらきは認められない。"咾"は，そこで間（ま）をおいて，息をととのえる程度の作用であることを示す，一つの例である。以下に述べているように，"咾"は多様な意味関係に用いられているが，"咾"にこのようなはたらきがあるわけではなく，これらは，その文をつくっている詞句の意味の文脈的相関から生まれてきているものにほかならない。
(5) "之"を用いている例もあることはある。
進一个鄉鎮揸着之十个癩瘋子，遠遠能立之。放大之聲音咾說，耶穌夫子哀憐伲。　　　　　　　　　　　　　　　　　　　　　　　　（ルカ 17-12, 13）
＊將進一個村子，有十個長大痲瘋的人，迎着面來，遠遠的站着。高聲說，耶穌，夫子，可憐我們。
しかし，『海上花列伝』では，"仔"をこのようには用いていない。

(6) "比之"などの例。
　　所以勿要怕，吓篤比之多化麻雀來得尊貴。　　　　　（マタイ 10-31）
＊所以不要懼怕，你們比許多麻雀還貴重。
　　對猶太人咾希臘國人，做見證說，向之神要悔改，向之我主耶穌基督要相信。
　　　　　　　　　　　　　　　　　　　　　　　　　　（使徒 20 — 21）
＊又對猶太人，又對希利尼人，說明當向上帝悔改，向我主耶穌基督相信。

　　北京語でも，一部の介詞に"着"をつけることがおこなわれるが，呉語のほうが，範囲が広い。

　　なお，他の助詞，語気詞などについては，拙稿:呉語の語助詞（「人文研究」1980．及び 1981，大阪市立大学）を参照されたい。

蘇州語の文法（Ⅱ）

　本稿は,「蘇州語の文法」(東洋研究所二十周年記念論文集所収)につづけて,呉語,とくに蘇州語の文法の特色の一面をとりあげるもので,用例は呉語文学作品および日常会話から採集したものによるほか,上掲論文との関連から『新約全書』(蘇州土白)からも一部をとる。

　呉語の文法が,基本的には北京語文法と一致しているものの,若干の相違がみられることは,上掲論文に於ても指摘したとおりであるが,本稿では疑問および否定の表現の面から,その異同の一端をとりあげてみたい。

§1. 疑問表現について

　蘇州語の疑問文には［iɒ］［təiɒ］という文末助詞をともなうことが多く漢字表記では,"嗄""介""吤"などの字があてられている。

　　羅子富做俉生意嗄？　　　　　　　　　　　　　　　　　（海3回）
　　　羅子富はどんなことをしているのかね。
　　趙大爺公館來哚陸裡嗄？　　　　　　　　　　　　　　　（海1回）
　　　趙さんのお屋敷はどちらにありますの。
　　方大少俉能格早介？　　　　　　　　　　　　　　　　　（九6回）
　　　方さま,どうしてこんなにお早いのですか。
　　格末唔篤稱爲猶太人个王个．要我哪哼辦法吤。　　　　（マルコ15-12）
　　　ではいったい,あなたがユダヤ人の王と呼んでいるあの人を,私にどうせよというのか。

　しかし,これらの文が,"嗄"などと表記される文末助詞によって,疑問文になっているのでないことは,これらの文末助詞をとり去っても,それらの文が依然として疑問文であることからも明らかである。それらの文が疑問文であるのは,上例のばあい,文のなかの疑問代詞によってである。

　　老爺公館來哚陸裡？　　　　　　　　　　　　　　　　（海48回）

あなたさまのお屋敷はどちらでございますか。

耐哚笑倷？ (海2回)

おまえたちはなにを笑っているのかね。

しかし、"嗄""吤"などは、疑問文のあとにしか用いられないという特色があり、つぎの文も疑問文である。

阿是藹人寫個嗄？ (海3回)

藹人が書いたものかね。

阿要筆硯嗄？ (海6回)

硯、筆がお入用でしょうか。

そして、前掲の例と同じく、"嗄"をとり去っても、疑問文であり、このばあい語気副詞"阿"によって、疑問文になっていることは、つぎの例などによって、知ることができる。

耐阿是衛霞仙？ (海23回)

あなたは衛霞仙でありませんか。

阿要喊馬車？ (海9回)

馬車をよびましょうか。

ここで問題となるのは、"阿"は語気をつよめているだけで、これらは文音調によって、疑問文になっているのではないか、ということである。蘇州語でも、文音調によって、疑問を表すことがある。文学作品にも、その例がみられる。

小紅道："耐勿去哉？"連生道："勿去哉。" (海11回)

小紅が「いらっしゃらないの」というと、連生は、「いかぬことにした」といった。

連生問："子富去哉？" (海10回)

連生はたずねた。「子富はでかけたのか」

しかし、"阿"をともなっている文が、疑問代詞を用いている、いわゆる特指疑問文と同じように、主文のなかに動詞の補文としてはめこまれる点などを考えると、"阿"によって疑問文に転化しているとみざるをえないであろう。

我勿曉得耐名字叫倷，曉得仔名字，舊年就要來叫耐局哉。 (海8回)

468

おまえがなんというのか知らなかったもんだからね。名まえがわかっていたら去年にもおまえをよんでいたさ。

來安，去對門看看葛二少爺阿來哚；來哚末説請過來。　　（海5回）

来安，むかいへいって，葛二の若旦那がいらっしゃるか見てきてくれ。おいでだったら，こちらにお越し下さいとな。[1]

では，"阿"を用いている疑問文は，どのような疑問文なのであろうか。これについては，拙稿「呉語の語助詞」（人文研究,1980,大阪市立大学文学部）で一部をとりあげているが，要約するに，北京語の諾否疑問文（"他來嗎？"型）と反復疑問文（"他來不來？"型）の両者の性質を兼ね，そのいずれでもない，呉語特有の疑問文であるといえる。すなわち蘇州語の"俚阿來（嗄）？"は，北京語の"他來嗎？"のようでもあり（たとえば，この問いに対して，うなずく，あるいは頭をよこにふるなりするだけで答えることができる），また"他來不來？"のようでもあるが，そのいずれでもない，独特の疑問文である。

たとえば，副詞"一定"および"到底"を，北京語の諾否疑問文，反復疑問文にはめてみるとつぎのように分かれる。

$\begin{cases} 他一定來嗎？ & ○ \\ 他一定來不來？ & × \end{cases}$

$\begin{cases} 他到底來嗎？ & × \\ 他到底來不來？ & ○ \end{cases}$

すなわち，"嗎"は"一定"とは共起するが，"到底"とは共起せず，また反復疑問型は"到底"とは共起するが，"一定"とは共起しない。

ところが，"阿"は"一定""到底"のいずれとも共起する。

$\begin{cases} 俚一定阿來（嗄）？ & ○ \\ 俚到底阿來（嗄）？ & ○ \end{cases}$

文学作品にも，つぎのような例がみられる。

徐茂榮真個阿來？　　　　　　　　　　　　　　　（海27回）

徐茂栄は本当にくるのか。

倪個相公末，姓陳名商，別人末全叫俚大郎個。是徽州人。倒底阿拉里。

(酔中縁)

うちの旦那さまは，陳商と申され，ひとはみな大郎さまと呼んでいます。徽州のかたです。一体ここにいらっしゃるのか，いらっしゃらないのか，どうなんです。

耐到底阿去搭倪拿介。　　　　　　　　　　　　　　（九45回）

あなた，一体とりにいってくださるのですか，くださらないのですか。

"真個阿來?"は"真的來嗎?"，"到底阿拉里?""到底阿去搭倪拿介?"はそれぞれ"到底在不在?""到底去不去給我拿?"となるものである。[2]もちろん，"到底"が反復疑問文に用いられている例もある。

我要問耐．耐到底想轉去勿想轉去?　　　　　　　　（海31回）

たずねるが，おまえは一体かえろうとおもっているのか，どうか。

しかし，蘇州語においては，反復疑問文が用いられることは稀で，"阿"を用いる疑問文がこれに代っている。

"阿"の疑問文はすべて肯定形式になっており，否定文に"阿"が用いられることはない。すなわち，"阿"は肯定の平叙文に用いられて，それを疑問文に転換させるが，否定文にはつかない。"阿來（嗄）?"とはいえるが，"阿勿來（嗄）?"ということはないわけである。この点，北京語の文末助詞"嗎"が，肯定と否定の両方の平叙文について，それぞれを疑問文とするのに較べて，一つの大きな違いである。

他來嗎?　　　　→　俚阿來?　　　　　○
他不來嗎?　　　→　俚阿勿來?　　　　×
你們討論了嗎?　→　唔篤阿曾討論?　　○
你們沒討論嗎?　→　唔篤阿勿曾討論?　×
他不是來了嗎?　→　俚阿勿是來哉?　　×

では，"不來嗎?""沒討論嗎?""不是來了嗎?"などを，蘇州語ではどう表現するのであろうか。『新約全書』の官話本と蘇州土白本とを比較対照してみると，つぎのようになっている。

(1) "阿"を用い，肯定文に"嗎"をつけたものに見合う表現にする。

大衛和跟從他的人饑餓的時候所作的事，你們沒有念過麼。（マタイ12-3）

470

蘇州語の文法（II）

* 大衛搭之一淘个人，餓个時候，所做个事體，唔篤阿曾讀歇吤。
　ダビデとその連れの者たちが，ひもじかったときに，ダビデが何をしたのか，読まなかったのですか。
　經上說"匠人所棄的石頭，反作了房角的頭一塊石頭，這是主所作的，在我們眼中看爲希奇"。這經你們沒有念過麽。　　　（マタイ 21-42）
* 經上說，匠人所棄脫个石頭，成功之屋角上頭一塊石頭，个个是主所成功个，拉伲眼睛裏，是希奇个，唔篤阿曾讀歇吤。
　あなたがたは，次の聖書のことばを読んだことがないのですか。家を建てる者たちの見捨てた石。それが礎の石になった。これは主のなさったことだ。私たちの目には不思議なことである。
　到了迦伯農，有收殿稅的人來見彼得說，你們的先生不納殿稅麽。
　　　　　　　　　　　　　　　　　　　　　　（マタイ 17-24）
* 俚篤到之迦百農，有收稅个來，見彼得說，唔篤个先生阿完稅吤。
　彼らがカペナウムに来たとき，宮の納入金を集める人たちが，ペテロのところに来て言った。「あなたがたの先生は，宮の納入金を納めないのですか。」

(2) "阿"を用いず，否定文の文末に"吤"をつけて，疑問文にする。
　你們還不省悟，還不明白麽，你們的心還是愚頑麽。　（マルコ 8-17）
* 唔篤還勿曾想着唔勿懂吤　心還硬吤。
　まだわからないのですか，悟らないのですか。心が堅く閉じているのですか。
　你們有眼睛，看不見麽。有耳朵，聽不見麽。也不記得麽。（マルコ 8-18）
* 唔篤有眼睛，看勿見吤，有耳朵聽勿出吤，還勿記得吤。
　目がありながら見えないのですか。耳がありながら聞こえないのですか。あなたがたは，覚えていないのですか。
　耶穌回來，見他們睡着了，就對彼得說，西門，你睡覺麽，不能儆醒一時麽。　　　　　　　　　　　　　　　　　　（マルコ 14-37）
* 回到門徒場化，看見俚篤睏着哉，就封彼得說，西門，倷睏伲啥，倷勿能儆醒半个時辰吤。
　イエスは戻って来て，彼らの眠っているのを見つけ，ペテロに言われ

471

た。「シモン。眠っているのか。一時間でも目をさましていることができなかったのか」

なお，前掲のマタイ21-42のところも，マルコ12-11では，つぎのようにしている。

　　經上說．匠人所棄脫个石頭．成功之屋角上个頭一塊石頭．个个是主所成
　　　功个．拉俚眼睛裏是希奇个．唔篤勿曾讀歇吤。

しかし，"啥""陸裏"などの疑問代詞を用いている特指疑問文，疑問の語気副詞"啊"を用いている疑問文以外のものに，"吤"をつけているのは聖書の蘇州土白本に限られており，呉語文学作品『海上花列伝』『九尾亀』などには，平叙文に"吤"をつけて，疑問文にしている例はない。[3]

(3) 文音調によって疑問文とする。

　　彼拉多又問他說．你甚麼都不回答麼。你看他們告你這麼多的事。
　　　　　　　　　　　　　　　　　　　　　　　　　　（マルコ15-4）
*　彼拉多又問俚說．俚看俚篤拿實梗多化事體告俚．俚勿回答啥。
　　ピラトはもう一度イエスに尋ねて言った。「何も答えないのですか。見なさい。彼らはあんなにまであなたを訴えているのです。」

(4) 反語文になっているものは，文語虚詞の"豈"を用いて表す。

　　你看那天上的飛鳥．他也不種．也不收．也不積蓄在倉裏．你們的天父尚
　　　且養活他．你們不比飛鳥貴重得多麼。　　　　　　（マタイ6-26）
*　看空中个鴬．俚勿種也勿收．也勿積拉倉裏．唔篤个天爺．尚且養活俚．
　　唔篤豈勿比鴬尊貴得多呢。
　　空の鳥を見なさい。種蒔きもせず，刈り入れもせず，倉に納めることもしません。けれども，あなたがたの天の父がこれを養っていてくださるのです。あなたがたは，鳥よりも，もっとすぐれたものではありませんか。

　　家主回答他們一個人說．朋友．我不虧負你．你與我講定的．不是一錢銀
　　　子麼。　　　　　　　　　　　　　　　　　　　　（マタイ20-13）
*　主人回答一个咾說．朋友．我勿曾待差俚．俚豈勿搭我講定一錢銀子吤。
　　彼はそのひとりに答えて言った。「私はあなたに何も不当なことはしていない。あなたは私と一デナリの約束をしたではありませんか。」

472

五個麻雀，不是賣二分錢銀子麼。　　　　　　　　　　　（ルカ 12-6）
*五隻麻雀，豈勿是賣得二分銀子吤。
　　五羽の雀は二アサリオンで売っているでしょう。
　再者，律法上所記的，當安息日，祭司在殿裏犯了安息日，還是沒有罪，
　你們沒有念過麼。　　　　　　　　　　　　　　　　　　（マタイ 12-5）
*唔篤拉律法上豈勿曾讀歇，拉安息日上，祭司拉殿裡犯之安息日末，是無
　　罪个吤。
　　また，安息日に宮にいる祭司たちは安息日の神聖をおかしても罪にな
　らないということを，律法で読んだことはないのですか。
"阿"はまた，反復疑問型の述部に用いられていることがある。
我也要問耐：耐兩家頭自家算計，阿嫁人勿嫁人？　　　　　（海 52 回）
　　わたしもおたずねしたいんですが，お嫁入りするのか，しないのか，
　あなたお二人自身の考えはどうなのよ。
只要倷娘娘肯日日撥我吃飽末，我也煩勿着去賣啥个珠宝。娘娘倷道阿好
　唲勿好。　　　　　　　　　　　　　　　　　　　　　　　（醉中縁）
　　奥さまがた毎日わたくしに腹一杯たべさせてくださるのなら，わたし
　は別に珠などを売りに歩かなくてもいいのです。奥さま，いかがなも
　のでしょうか。
實該說起來末，今朝有頭湊巧相當个親事拉俚。勿知倷員外阿肯拉勿肯。
　　　　　　　　　　　　　　　　　　　　　　　　　　　　　（同上）
　　そういうことでしたら，きょううまいぐあいに，うってつけの縁談が
　あります。旦那さまが首をたてにふられるかどうか。
　上例に於ける"阿"は，蘇州語の補文の中にみられる。疑問は，あとに
つづく反復疑問型の述語そのものによっても表されているわけで，このば
あい，"阿"は必ずしも必要でなく，また，"阿"がくわわることによっ
て，文意が変ってもいない。とすると，"阿"はただ語気をつよめるなり
助けるなりするはたらきに退いてしまっているとみざるをえないわけであ
るが，たとえば，特指疑問文に用いられるばあいはどうなのであろうか。
　耐管家等來裡，阿有倱說嘎？　　　　　　　　　　　　　　（海 7 回）
　耐是聰明人，阿有倱勿明白嘎！　　　　　　　　　　　　（海 11 回）

473

ここで注目されるのは，上記2例の"倽"は疑問から不定に，意味が変っており，「お宅の執事さんがお待ちになっていますが，なにかご用はありませんか」「あなたは賢明なおかたですから，おわかりにならないことがあるものですか」という文意である。ここで，これらの文を疑問文（あとの例は，意味的には反語）にしているのは"阿"であり，"阿"を用いることによって，"倽"が影響をうけ，疑問から不定へと，変化しているものである。このことは，つぎの2例を較べることによっても，あきらかにすることができよう。

季鶴汀乃問呉松橋道：“俚阿做倽生意？”
松橋道：“俚也出來白相相，無倽生意。”

　季鶴汀はそこで呉松橋にたずねた。「かれはなにか仕事をしているのか。」松橋が，「かれは遊びにやって来たので，これといった仕事はない。」

荔甫道：“羅子富做倽生意嘎？”善卿道：“俚是山東人，江蘇候補知縣有差使來上海。”

　荔甫がいった。「羅子富はなにをしているのだ。」善卿は，「かれは山東人で，江蘇の候補知縣なんだが，公務で上海にきているのさ。」といった。

また，『新約全書』の蘇州土白本と官話本の比較によっても，知ることができる。

耶穌說，小干唔篤阿有啥吃个物事，回答說，無不。　　　（ヨハネ21-5）
＊耶穌就對他們說，小子，你們有吃的沒有。他們回答說，沒有。

　イエスは彼らに言われた。「子どもたちよ。食べるものがありませんね。」彼らは答えた。「はい，ありません。」

とはいえ，"阿"と"啥"がともに用いられたばあい，"阿"の，疑問文に転換させるはたらきが，つねに"啥"に優先しているわけではなく，"阿"が単なる語気のつよめ，あるいは助けに退くに至っているものと考えられるばあいがすくなくない。この点，共通語とかなり趣きをことにする。

上海語には北京語の"嗎"にあたる"哦 va"があるが，上海語でも"阿"

474

"哦"が並用されるばあい、これと同じような現象がみられる。

今朝儂有事體哦？

きょう、あなたはご用がおありですか。

上例の文は、"阿"を用いていうこともできる。

今朝儂阿有事體？

のみならず、"阿"の疑問文のあとに、さらに"哦"をつけていうこともできる。

今朝儂阿有事體哦？

そして、このばあい、文意は全く変らない。

Gilbert McIntosh の *Useful Phrases of the Shanghai Dialect*（1936, Shanghai）にも、つぎのような例を収めている。[4]

Is there a car which passes the Margaret Williamson Hospital ?

阿有一部車子經過婦孺醫院否？

Can I get food on the train ?

拉火車哩阿有得吃否？

このばあい、"阿"のみでも、また"否"のみを用いるだけでも、疑問文になることはいうまでもない。

Does the night train have a sleeping-car ?

夜班車阿有睏車个？

Have you samples of grass cloth ?

儂有夏布个樣子否？

しかし、"阿""否"の両方を用いていうこともでき、文意は、いずれか一方を用いているものと変らない。

"阿"については、なお、文に於ける語順が問題となる。一種の語気副詞として、述部の動詞あるいは形容詞のまえに用いられるわけであるが、それらの述語動詞あるいは述語形容詞を修飾するというよりも、述部全体にかかるものである。この点、副詞"不"に通じるところがある。したがって、たとえば介賓構造の修飾語が動詞のまえにあるばあい、動詞のまえではなく、介賓構造の修飾語のまえにくる。

耐阿搭俚去買戒指？　　　　　　　　　　　　　　　（海13回）
　　きみは，かの女に指輪を買いにいく気なのか。
阿到後底去坐歇？　　　　　　　　　　　　　　　　（海36回）
　　奥にいって，しばらくゆっくりなさいませんか。
副詞が述語動詞を修飾しているばあいも，ふつう副詞のまえにくる。
阿就是四家頭？　　　　　　　　　　　　　　　　　（海3回）
　　たった四人だけかい。
耐記記看。像煞昨日仔大阿姐來，借仔兩隻戒指。勿知阿就是二少格一隻
　　　　　　　　　　　　　　　　　　　　　　　　　（九32回）
　　おもい出してごらんなさい。昨日一番うえの姉さんがみえて，指輪を
　　二つ借りていきましたが，そのうちの一つが若旦那のものではないで
　　しょうか。
しかし，修飾語が述部にあっても，それが文全体にかかるものであれば
修飾語のまえにくることはない。
耐到底阿記得。　　　　　　　　　　　　　　　　　（九40回）
　　一体おぼえていらっしゃるの。
"到底"は，文のはじめに出して，"到底耐阿記得？"といえることから
もわかるように，文全体にかかっているものである（北京語でも，"你到底
來不來？"を"到底你來不來？"ということができる）[5]。

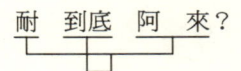

　　耐　到底　阿　來？　　　　你　到底　來不來？

§2. 否定表現について

　北京語には，"不""沒（有）"の二つの否定詞があるが，蘇州語ではこ
れにつぎのように対応する。

　　　　不－勿　　　　　沒有〈無不
　　　　　　　　　　　　　　　勿曾

"不／勿"
你想野地裏的百合花，怎麼長起來，他也不勞苦，也不紡綫。
　　　　　　　　　　　　　　　　　　　　　　　　（マタイ6-28）

蘇州語の文法（Ⅱ）

＊想想田裏个百合花看，哪嘻大起來，俚勿勞碌，也勿紡。

野のゆりがどうして育つのか，よくわきまえなさい。働きもせず，紡ぎもしません。

"沒有/無不"

夫子，摩西說，人若死了，沒有孩子，他兄弟當娶他的妻，爲哥哥生子立後。　　　　　　　　　　　　　　　　　　　　　　　（マタイ 22-24）

＊先生，摩西說，人若然無不兒子咾死之，俚个兄弟，應該討俚个家小，替阿哥傳後代。

先生，モーセは「もし，ある人が子のないままで死んだなら，その弟は兄の妻をめとって，兄のための子をもうけねばならない。」と言いました。

なお，"無不"のあとに"啥"がくると，"無"となることが多い。

當那些日子，又有許多人在那裏，他們也沒有甚麼吃的，耶穌叫門徒來，對他們說。　　　　　　　　　　　　　　　　　　　　　　（マルコ 8-1）

＊个个時候，又有多化人拉篤，無啥吃，那穌叫門徒來對俚篤說。

そのころ，また大ぜいの人の群れが集まっていたが，食べる物がなかったので，イエスは弟子たちを呼んで言われた。

"沒有/勿曾"

馬利亞對天使說，我沒有出嫁，怎麼有這事呢。　　　　　　　（ルカ 1-34）

＊利亞對天使說，我勿曾出嫁，哪嘻有个个事體呢。

そこで，マリヤは御使いに言った。「どうしてそのようなことになりえましょう。私はまだ男の人を知りませんのに。」

耶穌聽見這話，就希奇他。轉身對跟隨他的衆人說，我告訴你們，這麼大的信心，就是在以色列中我沒遇見過。　　　　　　　　　　　（ルカ 7-9）

＊耶穌聽見之就希奇，拚轉來對跟俚个衆人說，我對唔篤說，就是拉以色列人當中，我勿曾捱着歇實梗个大相信。

これを聞いて，イエスは驚かれ，ついて来ていた群衆のほうに向いて言われた。「あなたがたに言いますが，このような立派な信仰は，イスラエルの中にも見たことがありません。」

上例でわかるように，物の不存在を表すのも，動作がなされていないこ

477

とを表すのも，北京語はともに"沒有"であるのに対して，蘇州語では"無不""勿曾"といいわけ，両者を区別する。したがって，ふつうの動詞の否定についていえば，つぎのようになる。

$\begin{cases} 他來。 & \rightarrow & 俚來。 \\ 他不來。 & \rightarrow & 俚勿來。 \end{cases}$

$\begin{cases} 他來了。 & \rightarrow & 俚來哉。 \\ 他沒有來。 & \rightarrow & 俚勿曾來。^{(6)} \end{cases}$

北京語では，"有"の否定には"不"を用いず，"沒有"とするが，"沒有"はまた動詞を否定するのに用いられ，"來了""來過"など，完了態，経験態のばあい，それぞれ"沒（有）來""沒（有）來過"となる。これは，"有"のばあいも同様で，"有了"の否定は，"有了"に"沒（有）"を冠し，"了"をとり去ることによって行われるから，"沒有"となり，"有"の否定を表す"沒有"と全く同形となる。これに対して，蘇州語では，"有哉"（あるいは"有仔"）の否定には，"勿曾"が用いられて，"勿曾有"となり，"有"の否定を表す"無不"とは，形をことにするようになる。経験態の"有過"の否定のばあいも，いうまでもなく同様である。(7)

　　從勿曾有人看見神．然而常常拉爺胸脯頭个獨養兒子．曾經表明俚。
　　　　　　　　　　　　　　　　　　　　　　　　（ヨハネ 1-18）
＊從來沒有人看見過上帝．只有在父懷裏的獨生子把他表明出來。
　　いまだかつて神を見た者はいない。父のふところにおられるひとり子の神が，神を説き明かされたのである。
　　耐今年也四十多歳哉．倪子囝件．才勿曾有。　　　　（海 34 回）
　　あなたは今年 40 なん歳になっておられるというのに，息子さんも，娘さんもおできになっていません。
　　王老爺局票勿曾有哆。　　　　　　　　　　　　　　（海 47 回）
　　王さまのご指名のかきつけは，まだですわよ。

　北京語では，存在，所有を表す動詞"有"を"不"で否定することはせず，北京語には"不有"といういいかたはない。しかし，蘇州語，上海語では，"沒有"にあたる"無不"（上海語は"無沒"）のほか，"勿有"が用いられ

ることもある。たとえば，上海語では，北京語の"那兒有書店沒有？"を，"哀面阿有書店？"というほか，つぎのようにいうこともできる。

　哀面有勿有書店？

これを，"哀面有嘸沒書店？"ということはしない。また，"那兒沒有書店"は"哀面嘸沒書店"であって，ふつう"那兒勿有書店"ということもしない。したがって，"勿有"は，反復疑問型のばあいのように，ある限られた条件のもとで用いられるというべきであろうが，『新約全書』蘇州土白本，その他の文学作品には，単独で用いている例もみられる。

　因爲凡係有个，要加撥俚．使俚有餘．凡係勿有个．就是俚所有个．也要奪脱。　　　　　　　　　　　　　　　　　　　　　　（マタイ 13-12）
＊因爲凡有的．還要給他．叫他有餘．凡沒有的．連他所有的．也要奪去。
　というのは，持っている者はさらに与えられて豊かになり，持たない者は持っているものまで取り上げられてしまうからです。
　因爲个个時候，必有大災難．從創世以來．勿曾有歇个．以後．也勿有个
　　　　　　　　　　　　　　　　　　　　　　　　　　（マタイ 24-21）
＊因爲那時候．必有大災難．從世界的起頭．直到如今．沒有這樣的災難．後來也沒有。
　そのときには，世の初めから，今に至るまで，いまだかってなかったような，またこれからもないような，ひどい苦難があるからです。
　自從看見仔个王三巧．搭薛賣婆定下仔一个進門之計．啥洛還勿有回音。
　　　　　　　　　　　　　　　　　　　　　　　　　　　　（醉中縁）
　あの王三巧を見て，仲人商売の薛ばあさんと，あの家にはいりこむ手はずをきめたのに，どうしてずーっと返事がないのだろう。
　早也哭夜也哭．哭得來面孔浪只剩骨頭勿有肉。　　　　　　　（同上）
　朝も晩も泣きどおしで，顔の肉はおち，骨だらけになってしまった。
　今朝生意眞好．房間勿有空哉。　　　　　　　　　　　　　　（同上）
　きょうは商売繁昌で，部屋はみなふさがっています。

これらは，反復疑問型以外のばあいにも，"無不"と並行して，"勿有"が用いられることのあることを示すものであり，『海上花列伝』にもつぎのような例がある。

有仔點勿快活，悶來浪肚皮裡，也無處去說哰，要尋個對景點娘姨大姐，才勿有哚。^(補注)　　　　　　　　　　　　　　　　　　　　　（同52回）
　おもしろくないことがあっても，ひとりくしゃくしゃおもっているだけで，どこもぐちをこぼしにいく所がありません。気のあった女中さん，小間使いを相手にとおもっても，それすらおりません。
　しかし，同書および『九尾亀』では"再好也勿有"（海14回，23回，24回，44回，60回など），"再好勿有"（九23回など）に限られているといってもよく，しかも"再好也無撥"が，これらに並行して用いられているところなどからして，一般的，生産的にいまなお用いられるとはみなしがたい。

　動詞は一般に，"不""沒有"（蘇州語では"勿""勿曾"）のいずれの修飾もうけるが，動詞によっては，そのうちの，いずれか一方の修飾しかうけぬものがある。たとえば，極端な例ではあるが，"是"は"不"で否定されるのみで，"沒有"の否定はうけない。これは，蘇州語のばあいも同様である。しかし，動詞によっては，方言間で必ずしも一致しないことがある。たとえば，北京語では，"知道"は"不"で否定されるのみで"沒有"で否定されることはない。したがって，他の動詞とくらべて，否定形式に違いがみとめられる。

　　{ 他來嗎？　　　來。　　　不來。
　　　他知道嗎？　　知道。　　不知道。
　　{ 他來了嗎？　　來了。　　沒有來。
　　　他知道了嗎？　知道了。　（還）不知道。

　ところが，北京語の"知道"にあたる，蘇州語の"曉得"のばあい，他の動詞とまったく同じ否定方式になる。[8]

　　{ 俚阿來。　　　　來。　　　勿來。
　　　俚阿曉得？　　　曉得。　　勿曉得。
　　{ 俚阿曾來？　　　來哉。　　勿曾來。
　　　俚阿曾曉得？　　曉得哉。　勿曾曉得。

　文学作品にも，つぎのような用例がみられる。
　　耐一淘來裡檯面浪，阿是勿曾曉得？　　　　　　　　　　　　　　　（海32回）

蘇州語の文法（Ⅱ）

あなたはいっしょに席にいらっして，ご存知なかったのですか。
耐阿哥替耐定親呀．耐倷勿曾曉得？　　　　　　　　　　　（海 54 回）
兄さんがきみに縁談をきめようというのさ。きみ，知らなかったの。
耐啥還朆曉得介。　　　　　　　　　　　　　　　　　　　（九 63 回）
どうしてまだご存知なかったのですか。
三巧姑娘直頭朆曉得。到後來曉得仔末……　　　　　　　　（醉中縁）
三巧お嬢さまは，まったくご存知ない。あとになって，お知りになったら，……

　これは，上海語でも同様である。上海語には，北京語の"沒有"にあたる"嘸沒"があり，動詞も否定するが，"儂曉得勒哦？"の問いに対しては，"我（還）嘸沒曉得"という回答がきかれる。ただし，"我還勿曉得"というむきもあり，知識層，青年層に比較的多いようである。(9) しかし，これが共通語普及の影響をうけたものか，呉語のなかで，そもそも二つの否定がおこなわれることによるものであるかは，あきらかでない。

　"不""勿"で否定するか，"沒有""勿曾"で否定するか，同一方言の間で必ずしもはっきりしていないばあいがある。たとえば，北京語における"不在家""沒在家"（在宅していません），"好久不見""好久沒見"（おひさしぶりです）などがそれであるが，動詞の進行態の否定もその一つである。
　動作の進行を表すには，北京語では，動詞句のあとに"呢"を用いる。
　你干什麼呢？　　　なにをしていますか。
　我看報呢。　　　　新聞をよんでいます。
　呉語では"勒裏（來裡），勒浪（來浪）"（蘇州語），"勒拉"（上海語）などを，動詞，動詞句のまえにおいて表す。(10)
　一幹子來裡做倷？　　　　　　　　　　　　　　　　　　（海 3 回）
　　ひとりでなにをしているのかね。
　勿是倷來裏說望門閒話。　　　　　　　　　　　　　　　（九 62 回）
　　わたしが理屈のとおらぬことをいっているのではありません。
　俚哚來浪欺瞞我！　　　　　　　　　　　　　　　　　　（海 30 回）
　　あの方たちは，わたしに意地わるをしているのです。

481

倪先生牽記得耐來勒浪生病。　　　　　　　　　　　（九46回）
　　　うちのねえさんは，あなたのことが気がかりで，病気をしているのです。

　"勒裏，勒浪，勒拉"は北京語の"在"にあたるもので，共通語で"在"を用いて，動作の進行を表すのは，呉語の影響をうけたものとされているが，[11] 共通語では，この動作の進行を否定するには，一般に"沒有"を動詞，動詞句のまえにおくとされている。[12]

　　你在看報嗎？　我沒有看報，看雜誌呢。

　しかし，北方口語でも「"在"＋動詞・動詞句」のまえに，"沒"をおいて表すいいかたも行われるようになっている。

　　我沒在看報，看雜誌呢。

　進行態の否定は，日常語に於て用いられることが少なく，耳にすることがあまりないので，よくわからない点が多いが，北方語，共通語のなかに於て，以上のほか，"不"を「"在"＋動詞，動詞句」のまえにおいて否定するいいかたが行われている可能性もある。呂叔湘主編『現代漢語八百詞』（商務印書館，1980）は，"正在"の項で，"正在"で動作の進行あるいは動作の持続を表しているばあい，否定式には"不是"を用い，"不""沒有"は用いないとしているが，これは，"不""沒有"をともに用いているむきのあることを示しているものでもある（同書の"不是"を用いて否定するという説は，にわかに首肯しがたい点があるが，ここでは論じない）。では，本来"在"，すなわち"勒浪"などで動作の進行を表している呉語ではどうであろうか。

　たとえば，上海語では，"勒裏""勒浪"を区別せずに（近指，遠指），"勒拉"または，あるばあい簡単に"勒"を用いるが，"你在看報嗎？"に，上海語で否定的に答えてもらうと，"我嘸沒勒看報""我嘸沒勒拉看報"という答えがかえってくる。しかし，ひとによっては，"我勿勒看報""我勿勒拉看報"ともいう。また，"我嘸沒看報"と答えるひともいる。これからみると，"勿"すなわち"不"，"嘸沒"すなわち"沒有"の両方がもちいられているわけで，共通語に於ける混乱（混乱といえるかどうか問題であるが），ここらに起因するものではなかろうか。

中国語には，接中辞"得""不"を挿むことによって，可能，不可能を表すようになる構造の複合語がある。たとえば，"看見"や"聽見"，"關上"などがそうである（看見 → 看得見，看不見，關上 → 關得上，關不上）。これらの，いわゆる動補構造の語は，ふつう"沒有"で否定し，"不"で否定することはまれである。"不"で否定しているばあい，その文がいいきりにならないのがふつうで，複文のなかの条件を表す句などに見られる程度である。

耶穌就對他說，若不看見神蹟奇事，你們總是不信。　　　（ヨハネ4-48）
*耶穌就對俚說，若然勿看見異跡咾奇事末，唔篤勿相信个。

そこで，イエスは彼に言われた。「あなたがたは，しるしと不思議を見ないかぎり，決して信じない。」

しかし，"看見"についてみると，呉語では，これらのばあい以外でも"勿看見"が用いられる。

"勿看見/不見"

門徒就擡起眼睛來，勿看見別人，不過有耶穌。　　　（マタイ17-8）
*他們舉目不見一人，只見耶穌在那裏。

それで，彼らが目を上げて見ると，だれもいなくて，ただイエスおひとりだけであった。

看見拉墳門上个石頭，已經滾開哉。進去勿看見主耶穌個身體。

（ルカ24-2,3）

*看見石頭已經從墳墓輥開了。他們就進去，只是不見主耶穌的身體。

見ると，石が墓からわきにころがしてあった。はいって見ると，主イエスのからだはなかった。

我有三四日勿看見哉。　　　（海15回）

わたしは，もう3，4日あっていません。

好像長遠勿看見。　　　（海53回）

長いことお会いしていないようですわ。

上例でわかるように，北京語の"不見"にあたるわけで，上海語でもつぎのようにいう。

長遠勿看見勒。　おひさしぶりです。

我勿要看見伊。　　かれに会いたくありません。

しかし，"見"をまったく用いないというわけではない。

耐還有個令妹，也好幾年勿見哉，比耐小幾歲？　　　　　　　（海1回）
　　まだ妹さんが一人いましたね。もうなん年も会っていませんが，あなたとはいくつ違いでしたか。

教我那價去見我娘舅嘎？　　　　　　　　　　　　　　　　　（海1回）
　　どうやって，叔父に会いにいけというのかね。

"勿看見／沒有看見"

我對唔篤說，從前多化先知搭之王，要看唔篤所看見个，倒勿看見，要聽唔篤所聽見个，例勿聽見。　　　　　　　　　　　　　　　　（ルカ10-24）
＊我告訴你們，從前有許多先知和君王，要看你們所看的，却沒有看見，要聽你們所聽的，却沒有聽見。
　　あなたがたに言いますが，多くの預言者や王たちがあなたがたの見ていることを見たいと願ったのに，見られなかったのです。また，あなたがたの聞いていることを聞きたいと願ったのに，聞けなかったのです。

伲當中，有幾個人，到墳墓上去，果然碰着照女眷所說个，但是勿看見耶穌。　　　　　　　　　　　　　　　　　　　　　　　　　（ルカ24-24）
＊又有我們的幾个人，往墳墓那裡去，所遇見的，正如婦女們所說，只是沒有看見他。
　　それで，仲間の何人かが墓に行ってみたのですが，はたして女たちの言ったとおりで，イエスさまは見当らなかった，というのです。

上例の"沒有看見"は，"不見"とすることもでき，たとえば，前掲ルカ24-2，3（不見主耶穌的身體），上掲ルカ24-24（沒有看見他）をくらべてみてもわかるし，また『新約全書』現代中文訳本との対比からも裏付けることができる。

他們就進去，只是不見主耶穌的身體。　　　　　　　　　　　（官話本）
就走近墓穴，却沒有看見主耶穌的遺體。　　　　　　　　（現代中文訳本）

しかし，上掲の各例からわかるように，"看見"を用いたばあい，北京語では，否定に"沒有"を用い，"不"を用いない。さきに述べたように"看見"のような，いわゆる動補構造の語を"不"で否定するのは，限ら

れたばあいであって，それでいいきりになる文の述語としては，用いられないことによるものである。

呉語では，上述のように"看見"などを"不"類の否定詞"勿"で否定することができるわけであるが，"沒有"類の否定詞"勿曾"の修飾をうけることもできる。（この点，呉語の"看見"は，北京語の"見"の用法に一致しているといえよう）

　見了道："二少爺，倒來哉。阿看見桂福？"玉甫道："勿曾看見。"
　　　　　　　　　　　　　　　　　　　　　　　　　　（海17回）

　　目にしていった。「ああ，旦那さまですか。桂福をお見かけになりませんでしたか。」玉甫はいった。「見かけなかったね。」

なお，『新約全書』の官話本，蘇州土白本を比較対照すると，"勿看見"が官話本では"看不見""不能看見"になっている箇所がある。

　一淘走个人立定之咾開勿出口，只聽見聲音咾勿看見啥人。　（使徒9-7）
＊和他同行的人，站在那裏，説不出話來，聽見那聲音，却看不見人。

　　同行していた人たちは，声は聞こえても，だれも見えないので，ものも言えずに立っていた。

　三日勿看見，也勿吃也勿呷。　　　　　　　　　　　　　　（使徒9-9）
＊三天不能看見，也不吃，也不喝。

　　彼は三日の間，目が見えず，また飲み食いもしなかった。

しかし，これは訳者の語感のちがいによるもので，"勿看見"と"看不見"との間に，対応関係があるとは認めがたい。たとえば，＊官話本と＊＊現代中文訳本との間でも，つぎのようにわかれている。

　俚篤忽然周圍一看，勿看見啥人，不過耶穌一干子搭俚篤一淘。
　　　　　　　　　　　　　　　　　　　　　　　　　　（マルコ9-8）
＊門徒忽然周圍一看。不再見一人，只見耶穌同他們在那裏。
＊＊他們連忙向四圍張望，却看不見有別的人，只有耶穌跟他們在一起。

　　彼らが急いであたりを見回すと，自分たちといっしょにいるのはイエスだけで，そこにはもはやだれも見えなかった。

　就是真道个靈，世界上勿能接待俚个，爲之勿看見俚，也勿認得俚。
　　　　　　　　　　　　　　　　　　　　　　　　　（ヨハネ14-17）

*就是真理的聖神，他是世人不能接受的。因爲不見他，也不認識他。
**世人不接收他，因爲他們看不到也，也不認識他。
　　その方は，真理の御霊です。世はその方を受け入れることができません。世はその方を見もせず，知りもしないからです。

　"勿看見"と同じく，"勿聽見"も用いられる。
　　先起頭耐勿聽見，故末叫討氣！　　　　　　　　　　　（海26回）
　　さっききこえなかったの。だから，いやだっていうのよ。
　『新約全書』について対照してみても，さきの"勿看見"のばあいと同じく，主として"勿聽見/沒有聽見"という対応になる。
　　搭我一淘走个，看見光，但是俚篤勿聽見對我說話个聲音。（使徒22-9）
*與我同行的人，看見了那光，但是沒有聽明對我說話的那一位的聲音。
**那些跟我同行的人看見了那光，但是沒有聽見那向我說話的聲音。
　　私といっしょにいた者たちは，その光は見たのですが，私に語っている方の声は聞き分けられませんでした。
　しかし，"勿曾聽見"も並行して用いられており，"勿"が全面的に"勿曾"にとって代っているわけではない。
　なお，他の動補構造の語に"勿"を用いている例もある。
　　西門彼得對俚篤說，我去捉魚，俚篤說，伲也搭儕一淘去，大家就去，下
　　之船，个夜裏勿捉着啥。　　　　　　　　　　　　　　（ヨハネ21-3）
*西門彼得對他們說，我打魚去，他們對他說，我們也和你同去。他們就出
　　去，上了船，那一夜並沒有打着甚麼。
　　シモン・ペテロが彼らに言った。「私は漁に行く。」彼らは言った。「私たちもいっしょに行きましょう。」彼らは出かけて，小舟に乗りこんだ。しかし，その夜は何もとれなかった。
　一般的用法であるとはおもえぬが，この種の構造の語にこのような現象がみられるのは，"阿""阿曾"が，この類の語のばあい，同じ意味で用いられることと関連があろう。
　　⎰阿看見？　　看見沒有？
　　⎱阿曾看見？　看見了沒有？

⎰阿來？　　　來不來？
　　　⎱阿曾來？　　來了沒有？

注1. 文音調によって疑問を表している文には，"嗄""吤"をつけたものは，文学作品にも見られぬし，日常会話でも耳にしない。『漢語方言概要』（袁家驊等編，1951，文字改革出版社）が，呉方言についての記述のところで，同方言の語助詞の一部をとりあげて，解説しているが，"嗄"については，それだけでとりあげず，"阿……嗄""啥……嗄"の型であげているものも，"嗄"が，特指疑問文および"阿"の疑問文に限って用いられることを考慮してのこととおもわれる。これに対して，『新約聖書』（蘇州土白）は，"吤"を上記疑問文のほか，選択疑問文，さらには"倷真正是神个兒子基督吤"（マタイ），"倷來滅脫伲吤"（マルコ）など，平叙文に"吤"を附して，疑問文としている例までみられる（拙稿：蘇州語の文法，1982，東洋研究所）。どの地域の方言を反映したものか，検討を要する。

注2. 呉語地域出身の作家の手になる文学作品には，呉語のこのような話法を反映して，共通語とはずれた表現がままみられる。つぎの例もその一つである。
　　　自己告訴他們的究竟有益處麼？　　　　　　　　　　（葉紹鈞：倪煥之）
　　　自分がかれらにいっていることは，一体，役に立つのであるのかどうか。
　　　"究竟"も"到底"と同じく，"嗎"とは共起せず，上例も，共通語に於ては，文として成立しない。

注3. 注1を参照。

注4. "㗒"は"否"とも表記される。

注5. 述語動詞，形容詞にかかる修飾語のばあいでも，"到底"のたぐいのばあいと同じ語順になることがある。
　　　俚一定阿來？　かれは必ず来ますか。
　　　しかし，これはつぎのようにもいえる。
　　　俚阿一定來？
　　　これは，これらの副詞が，否定文において，つぎのような語順をとりうることとかかわりがあろう。
　　　俚一定勿來。　かれは必ずこない。
　　　俚勿一定來。　かれはくるとは限らない。

注6. "他來了嗎？""他來了沒有？"にあたる蘇州語は，"俚阿曾來？"である。なお"勿曾"は［feng］とつづめて発音されることが多く，"朆"と表記される。この表記は，『九尾亀』にすでに用いられている。（『海上花列伝』では用いら

れていない)。なお"阿曾"も,[ang]とつづめて発音される。
注7. 呉語地域出身の作家の作品には,ふつうの動詞を否定するばあい"不曾"を用いるだけでなく,"有"についても用い,"不曾有"としていることが多い。
　　他從來不曾看見她有今天這樣的美,也從來不曾有這樣強烈的感覺。
　　　　　　　　　　　　　　　　　　　　　　　　　　(葉紹鈞:倪煥之)
　　かれはこれまで,かの女がきょうのように美しいのはみなかったし,またこのように強烈な感じをうけたこともなかった。
　　曾經有了什麼深讎闊恨似的。其實,連一句輕微的爭論也不曾有過。 (同上)
　　かってなにか深い仇,恨みでもあったかのようだった。しかし,その実ちょっとしたいさかいすら,あったことはなかった。
注8. 呉語地域出身の作家のものに,共通語の規範からはずれた,"沒有知道"が往往みうけられるが,これも作者の方言を反映しているものであろう。『酔中縁』の,共通語でかかれている部分にも,つぎのような箇所がある。
　　想你今天有了毛病,你家的妻子在家,沒有知道。
　　あなたはいまご病気をなさっていますが,奥さまは留守宅におられ,ご存知でありません。
注9. 上海語では,"勿曾"も用いられ,中高年齢層の間に多い。
注10. このほか"來哚(拉篤)"も用いられる(しかし,蘇州の市内では用いられない。『九尾亀』でも用いられていない)。
　　耐無姆來哚喊耐。　　　　　　　　　　　　　　　　　　　(海7回)
　　お母さんがおまえを呼んでいるよ。
　　立拉旁邊个人聽見之,有个說,俚拉篤叫以利亞。　　(マタイ27-47)
　＊站在那裏的人,有的聽見就說,這個人呼叫以利亞呢。
　　すると,それを聞いて,そこに立っていた人々のうち,ある人たちは,「この人はエリヤを呼んでいる。」と言った。
注11. "在"は"勒里,勒浪"などの用法とほぼ一致する。しかし,つぎのように,動詞"來"のまえにおいて,「くる」という動作が進行中であることを表す用法は,共通語にはいっていない。
　　來哚來哉。　　　　　　　　　　　　　　　　　　　　　　(海11回)
　　來浪來哉。　　　　　　　　　　　　　　　　　　　　　　(海59回)
注12. 単に"沒有"としかいえないとするむきもある。
　　他們正在學習嗎?
　　——沒有,他們正在聽廣播呢。　　　　(北京語言学院編:基礎漢語課本)

補注
　1894年石印初刊本などでは"勿有"を"難煞"とする。本論集所収の「『海上花列伝』の言語」§1を参照。

引例書目
　　新約全書（蘇白）　　　1903　大美国聖経会
　　新約全書（官話）　　　1907　大美国聖経会
　　新約全書（現代中文）　1980　香港聖経公会
　　新約聖書（新改訳）　　1975　日本聖書刊行会

　　海上花列伝　1926　亜東図書館（海）
　　九尾亀　　　1908　開明書店（九）
　　酔中縁　　　1958　江蘇省劇目工作委員会
　　倪煥之　　　1929　開明書店
　　なお，標点符号はすべて原文によっている。

蘇州語の文法（Ⅲ）

　蘇州語の指示詞の近指，遠指について，また，北方語の存在を表す動詞"在"にあたる語が，同じく場所の遠近によって，形をことにすることを，『新約全書』（蘇州土白）を中心に考察する。

§ 1. 指示詞 "歸"
　日本語では，「コレ，ソレ，アレ」「コチラ，ソチラ，アチラ」などにみられるように，指示詞が「コ，ソ，ア」の三つにわかれ，いわゆる近指，中指，遠指の3系統になっている。これに対して，中国の共通語の基礎になっている北京語では，"這个，那个""這兒，那兒"にみられるように"這，那"の2系統にわかれる。しかし，方言のなかには，近指，中指，遠指の3系統になっているものもあり，蘇州語もその一つであるといわれる。蘇州語では，三つの指示詞とも声母は同じで，韻母によって区別されるのであるが [ke, kə, kue]，近指と中指の指示詞は音が似かよっており [ke / kə]，また漢字表記法が指示詞や語助詞については，確立していないこともあって，文学作品などにこの区別をみることは困難である。ただ，『新約全書』（蘇州土白）は大部の著作であるところから，用例も多く，ほぼこの状況を把握することができる。

　『新約全書』（蘇州土白）に用いられている指示詞は "間，个，歸" の三つで，それぞれ [ke, kə, kue] の音を表記しているものとおもわれる。

　この三つのうち，用法がもっともはっきりしているものは "歸" で，遠指である。

　"歸" で場所を指す場合，"歸邊""歸搭" が用いられ，『新約全書』（官話）と対照すると，それぞれ，みな "那邊""那裏" となっている。

　耶穌看見周圍人多，就吩咐到歸邊去。
＊耶穌見許多人圍着他，就吩咐渡到那邊去。

イエスは群衆が自分の回りにいるのをご覧になると，向こう岸に行く
　ためのご用意をお命じになった。　　　　　　　　　（マタイ8-18）

　有一日，耶穌同門徒下之船，對俚篤說，伲要擺渡到湖歸邊去，俚篤就開船。
＊有一天耶穌和門徒上了船，對門徒說，我們可以渡到湖那邊去，他們就開
　了船。
　そのころのある日のこと，イエスは弟子たちといっしょに舟に乗り，
　「さあ，湖の向こう岸へ渡ろう。」と言われた。それで弟子たちは舟を
　出した。　　　　　　　　　　　　　　　　　　　　（ルカ8-22）

　所以耶穌對俚篤說明白，拉撒路死哉，然而我爲之吥篤咾快活，因爲我勿
　　拉歸搭，使吥篤可以相信，但是伲要到俚場化去。
＊耶穌就明明的告訴他們說，拉撒路死了，我沒有在那裏就歡喜，這是你們
　　的緣故，好叫你們相信，如今我們可以往他那裏去罷。
　そこで，イエスはそのとき，はっきりと彼らに言われた。「ラザロは
　死んだのです。わたしは，あなたがたのため，すなわちあなたがたが
　信じるためには，わたしがその場に居合わせなかったことを喜んでい
　ます。さあ，彼のところへ行きましょう。　　　（ヨハネ11-14, 15）

　我差亞提馬，或是推基古，到俚場化个時候，俚速即到尼哥波立來見我，
　　因爲我決意要拉歸搭過冬。
＊我打發亞提馬，或是推基古，到你那裏去的時候，你要趕緊往尼哥波立去
　　見我，因爲我已經定意在那裏過冬。
　私がアルテマスかテキコをあなたのもとに送ったら，あなたは，何と
　してでも，ニコポリにいる私のところに来てください。私はそこで冬
　を過ごすことに決めています。　　　　　　　　　（テトス3-12）

　"歸邊"は"間邊""个邊"に，"歸搭"は"此地"に対比して用いられ，
いずれの場合も，"這／那"の対立となる。

　因爲像矆䁲，從天間邊發光，亮到天歸邊，人个兒子來个日脚，也實梗个。
＊因爲人子在他降臨的日子，好像閃電，從天這邊一閃，直照到天那邊。
　いなずまが，ひらめいて，天の端から天の端へと輝くように，人の子は，
　　人の子の日には，ちょうどそのようであるからです。（ルカ17-24）
　打俚个邊个面孔末，歸邊个面孔，也拚轉來讓俚打，奪捺外面个衣裳末，

491

連裏面个衣裳，也讓俚拿去。
* 有人打你這邊的臉，連那邊的臉也由他打，有人奪你的外衣，連裏衣也由他拿去。
  あなたの片方の頬を打つ者には、ほかの頬をも向けなさい。上着を奪い取る者には、下着も拒んでいけません。　　　　　　　　（ルカ 6-29）

个个時候，有人對吾篤說，基督拉此地，基督拉歸塔，勿要相信。
* 那時，若有人對你們說，基督在這裏，或說，基督在那裏，你們不要信。
  そのとき、「そら、キリストがここにいる。」とか、「そこにいる。」とか言う者があっても、信じてはいけません。　　　　（マタイ 24-23）

勿但實梗，伲咾吾篤當中，有一个極深个淵隔開个，要從此地到倷个搭，勿能殼个，從歸搭到伲場化，也勿能殼个。
* 不但這樣，並且在你我之間，有深淵限定，以致人要從這邊過到你們那邊，是不能的，要從那邊過到我們這邊，也是不能的。
  そればかりでなく、私たちとおまえたちの間には、大きな淵があります。ここからそちらへ渡ろうとしても、渡れないし、そこからこちらへ越えて来ることもできないのです。　　（ルカ 16-16）

状態を指す場合，"歸樣"を用いる。北京語の"那樣"にあたり，"个樣"と対比して用いられ，"這樣／那樣"の関係になる。

我情願衆人全像我一樣，但是各人從神受俚个賞賜，一个照个樣，一个照歸樣。
* 我願意衆人像我一樣，只是各人領受上帝的恩賜，一個是這樣，一個是那樣。
  私の願うところは、すべての人が私のようであることです。しかし、ひとりひとり神から与えられたそれぞれの賜物を持っているので、人それぞれに行き方があります。　　　　　　　（コリント 17-7）

事物を指す場合，量詞または名詞のまえに"歸"をつける。

忽然有多化天兵，同之歸个天使，讚美神咾說。
* 忽然有一大隊天兵，同那天使讚美那天使說。
  すると、たちまち、その御使いといっしょに多くの天の軍勢が現われて、神を賛美して言った。　　　　　　　　　　　（ルカ 2-13）

我實在對吾篤說，我勿再呷个个葡萄汁，等到歸日，拉神國裏呷新个。

蘇州語の文法（Ⅲ）

* 我實在告訴你們，我不再喝這葡萄汁，直到我在上帝的國裏，喝新的那日子。

  まことに，あなたがたに告げます。神の国で新しく飲むその日まではわたしはもはや，ぶどうの実で造った物を飲むことはありません。

  （マルコ 14-25）

この場合も"歸个"は"間个""个个"，"歸日"は"个日"などと対比して用いられ，いずれも"這／那"の関係になる。

就間个說末，是死个香氣以致死，就歸个說末，是活个香氣，以致活，然而啥人能彀担當个个事體吤。

* 在這等人，就作了死的香氣叫他死，在那等人，就作了活的香氣叫他活這事誰能當得起呢。

  ある人たちにとっては，死から出て死に至らせるかおりであり，ある人たちにとっては，いのちから出ていのちに至らせるかおりです。このような務めにふさわしい者は，いったいだれでしょう。

  （コリントⅡ 2-16）

一个用人，勿能服事兩个主人，因爲要恨个个，愛歸个，或者看重个个，看輕歸个，吘篤勿能又服事神又服事錢財。

* 一個僕人不能事奉兩個主，不是惡這個愛那個，就是重這個輕那個，你們不能又事奉上帝，又事奉瑪門。

  しもべは，ふたりの主人に仕えることはできません。一方を憎んで他方を愛したり，または一方を重んじて他方を軽んじたりするからです。あなたがたは，神にも仕え，また富にも仕えるということはできません。

  （ルカ 16-13）

有人算个日勝之歸日，有人算日日一樣，各人應該自家心裡定當。

* 有人看這日比那日强，有人看日日都是一樣，只是各人心裡要意見堅定。

  ある日を，他の日に比べて，大事だと考える人もいますが，どの日も同じだと考える人もいます。それぞれ自分の心の中で確信を持ちなさい。

  （ローマ 14-5）

住拉个个屋裏，供給吘篤个末，吃咾喝末哉，因爲做工个人，應該有工食个，勿要從个家搬到歸家。

493

* 你們要住在那家，喫喝他們所供給的，因爲工人得工價，是應當的，不要從這家搬到那家。

その家に泊まっていて、出してくれる物を飲み食いしなさい。働く者が報酬を受けるのは、当然だからです。家から家へと渡り歩いてはいけません。 　　　　　　　　　　　　　　　　　　　　　　　　（ルカ 10-7）

§2. 指示詞 "間" と "个"

"間" は近指に位置づけられる。前節で，"歸" に関連して，"間邊" "間个" をあげたが，場所を指すものに，"間邊" のほか "間搭" があり北京語の "這裏" にあたる。

但是我現在拉間搭地方，勿再有別處可以傳，并且多年以來，極情願見呩篤。所以我到士班雅去个時候，要到呩篤場化，因爲我望順路見呩篤，使我拉呩篤場化，心滿意足，受呩篤送行咾到个搭去。

* 但如今在這裏再沒有可傳的地方，而且這好幾年，我切心想望到士班雅去的時候，可以到你們那裏，盼望從你們那裏經過，得見你們，先與你們彼此交往，心裏稍微滿足，然後蒙你們送行。

今は、もうこの地方には私の働くべき所がなくなりましたし、また、イスパニヤに行くばあいは、あなたがたのところに立ち寄ることを多年希望していましたので、——というのは、途中あなたがたに会い、まず、しばらくの間あなたがたとともにいて心を満たされてから、あなたがたに送られ、そこへ行きたいと望んでいるからです。

　　　　　　　　　　　　　　　　　　　　　　　（ローマ 15-23, 24）

しかし、"間" の用例はすくなく、場所を指す場合も、同義語の "此地" が多く用いられている。

拉海歸邊揇着之俚，就對俚說，夫子，儂幾時到此地。

* 既在海那邊找着了，就對他說，拉比，是幾時到這裏來的。

そして湖の向こう側でイエスを見つけたとき、彼らはイエスに言った。「先生、いつここにおいでになりましたか。」　　　　　（ヨハネ 6-25）

"个" は、基本的には中指として位置づけられる。しかし、近指の "間"

と音が近く，近指の"睍"にあてられているとみられる例もすくなくない。

中指としての性格がはっきりみられるのは，場所を指す"个搭"といえよう。

伲分別之開船一直到哥士，明朝到羅底，又從个搭到帕大拉。
*我們離別了衆人，就開船一直行到哥士，第二天到了羅底，從那裏到帕大喇。
　　私たちは彼らと別れて出帆し，コスに直航し，翌日ロドスに着き，そこからパタラに渡った。　　　　　　　　　　　（使徒21-1）

耶穌又進之會堂，拉个搭，有一个人，一隻手乾枯个。
*耶穌又進了會堂，在那裏有一個人，枯乾了一隻手。
　　イエスはまた会堂にはいられた。そこに片手のなえた人がいた。
　　　　　　　　　　　　　　　　　　　　　　　（マルコ 3-1）

又說，伍篤到勿論啥場化，進人家屋裏末，住拉个搭，直到唔篤離開个搭。
*又對他們說，你們無論到何處，進了人的家，就住在那裏，直到離開那地方。
　　また，彼らに言われた。「どこへでも一軒の家にはいったら，そこの土地から出て行くまでは，その家にとどまっていなさい。」
　　　　　　　　　　　　　　　　　　　　　　　（マルコ 6-10）

いずれも，いま話題にのぼった地点を指しているものである。つぎの例は話し手が指さして，示す例である。

伍篤看之着好衣裳个人，對俚說，坐拉个个好位上，對窮人說，儂立拉个搭，或者坐拉我踏脚凳下。
*你們就看着那穿華美衣服的人，說，請坐在這好位上，又對那窮人說，你站在那裏，或坐在我脚凳下邊。
　　あなたがたが，りっぱな服装をした人に目を留めて，「あなたは，こちらの良い席におすわりなさい。」と言い，貧しい人には，「あなたは，そこで立っていなさい。でなければ，私の足もとにすわりなさいと言うとすれば……　　　　　　　　　　　　（ヤコブ 2-3）

自分の足もとから遠く離れていない所を指して，"个搭"といっているものである。

"个搭"はなお，人称代名詞または人名などのあとについて，場所語をつくる。北京語では，話し手，聞き手のいる位置によって，"我這裏，我

那裏""你這裏，你那裏"などとなるが，『新約全書』（蘇州土白）では，すべて"～个搭"と表され，"俚間搭""俚歸搭"などとする例がない。

　吤篤勞苦咾背重擔个人，全到我个搭來，我要使吤篤平安。
* 凡勞苦擔重擔的人，可以到我這裏來，我就使你們得安息。
　　すべて，疲れた人，重荷を負っている人は，わたしのところに来なさい。わたしがあなたがたを休ませてあげます。　　　　　（マタイ 11-28）

　衆人當中有一个人回答說，先生，我領之我个兒子到俚个搭，俚是撥啞鬼附个。
* 衆人中間有一個個回答說，夫子，我帶了我的兒子到你這裏來，他被啞吧鬼附着。
　　すると群衆のひとりが，イエスに答えて言った。「先生，おしの霊につかれた私の息子を，先生のところに連れてまいりました。」
　　　　　　　　　　　　　　　　　　　　　　　　　　　（マルコ 9-17）

　猶太地方个伯利恒呀，俚拉猶太縣分當中，幷非最小，因爲俚个搭將要出一位君王，牧養我个以色列百姓。
* 猶太地的伯利恒阿，你在猶太諸城中，幷不是最小的，因爲將來有一位君王，要從你那裏出來，牧養我以色列民。
　　ユダの地，ベツレヘム。あなたはユダを治める者たちの中で，決して一番小さくはない。わたしの民イスラエルを治める支配者が，あなたから出るのだから。　　　　　　　　　　　　　　　　（マタイ 2-6）

　俚到之門徒个搭，看見多化人圍住俚篤，幷且有讀書人搭俚篤辯論。
* 耶穌到了門徒那裡，看見有許多人圍着他們，又有文士和他們辯論。
　　彼らが，弟子たちのところに帰って来て，見ると，その回りに大ぜいの人の群れがおり，また，律法学者たちが弟子たちと論じ合っていた。
　　　　　　　　　　　　　　　　　　　　　　　　　　　（マルコ 9-14）

　これらの"个搭"は，場所を意味するだけで，遠近の指示を内包しない，名詞"場化"におきかえることができる。これも"个搭"の性格を示す，一つの例であろう。

　請俚快點到我場化來。
* 你要趕緊的到我這裏來。

蘇州語の文法（Ⅲ）

　あなたは，何とかして，早く私のところに来てください。
　　　　　　　　　　　　　　　　　　　　　　　　（テモテⅡ 4-9）
　四更頭，耶穌拉海面上，走到門徒場化。
＊夜裏四更天，耶穌在海面上走，往門徒那裏去。
　夜中の三時ごろ，イエスは湖の上を歩いて，彼らのところに行かれた。
　　　　　　　　　　　　　　　　　　　　　　　　（マタイ 14-25）

　ただし，『新約全書』（蘇州土白）をもって，蘇州語すべてを推しはかることができず，『新約全書』に"倈間搭"などの用例がみられないからといって，蘇州語にこの用法がないとはいえない。たとえば，清末の蘇州語小説の一つである『九尾亀』には，この用例がある。

　勿要像殺有介事。倪間搭是小地方。勿要委屈仔耐。耐豪燥點到別人家去。
　　もっともらしいことはしないでください。どうせうちはちっぽけなところですから，さぞご迷惑でしょうよ。さっさとよそさんのところへ行ってくださいまし。　　　　　　　　　　　（二集巻一，第四回）
　今朝對勿住劉大少。到倪搭來。托耐劉大少帶聲信撥俚。倪總勿見得要搶仔俚格洋錢格。叫俚儘管放心。倪歸搭嘸撥倰格老虎勒浪。勿會吃脱仔俚格。叫俚自家只顧來拿末哉。
　　劉さん，きょうはおはこびいただいて，申訳ありませんでした。あのひとにおことづけください。わたしは別にあのひとのお金を取ってしまおうというわけでないんですから，安心するようにとね。うちには虎がいるわけでもなし，とって食うはずもありませんから，どうぞご自分で取りにくるよう，いってください。　　（初集巻二，第6回）

　『九尾亀』は指示詞として"該．格．歸"を用い，『新約全書』の"間．个．歸"にあたるが，場所語としては"該搭．間搭"と"歸搭"を用いるのみで，"个搭"にあたるものがない。また，人称代名詞，人名などを場所語化するには，それらのあとに"搭"をつけるだけである。前掲の例文のなかにも，この例がみえているが，さらに1例をあげる。

　格个張書玉。實頭勿要面皮。幾轉叫娘姨到倪搭來。要請貢大少過去。
　　あの張書玉というのは，まったく恥知らずです。なんども女中を使いによこして，貢の若旦那をよびだそうとするんですから。

497

(二集巻一，第1回)

これは，同じく清末の小説である『海上花列伝』でも，そうである。

蕙貞阿哥，倪搭來白相相嗹。

蕙貞さん，わたしのところへ遊びにおいでよ。　　　　　　（第5回）

黎篆鴻搭，我教陳小雲拿仔去哉，勿曾有過信。

黎篆鴻のところには，陳小雲にもっていかせた。まだ返事はないがね。　　　　　　　　　　　　　　　　　　　　　　　　　（第1回）

したがって，たとえば，"我个搭" に対応するものは，これらの作品では，"倪搭" であると考えられ，これらの作品における "倪間搭" をただちに "我个搭" と同一視することはできない。しかし，"倪間搭" "倪歸搭" といういいかたそのものがないとはいえない。

場所を指す "个搭" が中指として位置づけられるのに対して，事物を指す "个个" は，近指に用いられている例が多い。たとえば，セベダイの子たちの母が，子どもたちをイエスのもとにつれて来て，イエスに願いごとをする場面の会話である。

耶穌對俚說，俚要啥，俚說，許我个个兩今兒子，拉俸个國度裏，一个坐
　　拉俸右邊，一个坐拉俸左邊。

*耶穌說，你要甚麼呢，他說，願你叫我這兩個兒子在你國裡，一個坐在你
　　右邊，一個坐在你左邊。

イエスが彼女に，「どんな願いですか。」と言われると，彼女は言った。
　　「私のこのふたりの息子が，あなたの御国で，ひとりはあなたの右に，
　　ひとりは左にすわれるようにおことばを下さい。」　　（マタイ20-21）

このばあい，母のそばに子どもたちがいるわけで，母はその子たちを指して，"我个个兩个兒子" といっているわけで，近指の用法である。次例でも，イエスはパンを裂き，それを手にしながら，弟子たちにいっている。

吃个時候，耶穌拿之餅，祝謝，擘開來，撥門徒咾說，拿去吃之，个个是
　　我个身體。

*他們喫的時候，耶穌拿起餅來，祝福，就擘開，遞給門徒，說，你們拿着
　　喫，這是我的身體。

彼らが食事しているとき，イエスはパンを取り，祝福して後，これを

498

裂き，弟子たちに与えて言われた。「取って食べなさい。これはわたしのからだです。」　　　　　　　　　　　　　　（マタイ 26-26）

つぎの例でも，"个个"といわれている銀貨は，祭司長たちが，いま拾いあげて，そこにあるものである。

衆祭司長拾之銀子説，个个是血个價錢，勿好放拉庫裏个。

＊祭司長拾起銀錢來説，這是血價，不可放在庫裏。

祭司長たちは銀貨を取って，「これを神殿の金庫に入れるのはよくない。血の代価だから。」と言った。　　　　　　（マタイ 27-6）

前掲のヤコブ2-3の，"个个好位"も近指の例とみられ，同じく"个"と表記されながら，"坐拉个个好位上"における"个个"の"个"と，"立拉个搭"における"个搭"の"个"とは，同じでない。

したがって，"間，个，歸"の三つにわかれるといっても，事物を指す場合は，場所を指す場合のように，三者が対等に分立しているとはみられず，近・中指グループとして，"間，个"があり，それが遠指の"歸"に対立するという図式に近い。『新約全書』のように大部なものに，"間"の用例が極端にすくないのも，理由の一端はこのへんにあると考えられる。

なお，事物を指すのに，中指の指示詞を近指にあてるのは，他の文学作品にもひろくみられるところであり，『九尾亀』などもその例である。たとえば，章秋谷が女のところへやって来て，"我前日給你的那个戒指，可在這裏麼"（先日おまえにやった，あの指輪はここにあるか）ときく。その指輪は，すでに手離され，まわりまわって，いま章秋谷の手にはいっているのだが，それとは知らぬ女は，そらとぼけて，つぎのようにいう。

阿唷。格隻戒指勿知撥倪弄到仔陸裏去哉。

あれ，その指輪，一体どこへやってしまったのでしょう。

（二集巻四，第 16 回）

格隻戒指。實頭詫異。倪昨日仔還帶个。今朝勿知放仔陸塔去哉。

その指輪，ほんとうに変だわ，昨日まだはめていたのに，きょうどこへおいたのでしょう。　　　　　　　　　　　　　　（同上）

この"格"は，いま話題にのぼっているものを指しており，それは，いまそこにあるものでないから，近指でないことはあきらかである。しかし，

次の例はいずれも近指である。
　　蘭芬笑迷迷的。把一對戒指。套在手上。向方幼惲道。方大少。耐看格對戒指那哼。
　　蘭芬はにこにこしながら，その対になっている指輪を手にはめ，方幼惲にいった。「方さん，この指輪はどうでしょうか。」
（初集巻二，第6回）
　　檢了四張。交在娘姨手內。向他說道。格个是金大少格賞錢。耐去交撥俚篤。叫俚篤上來謝聲。
　　4枚とって，女中の手にわたし，「これは金さんからのご祝儀よ。あのひとたちにわたして，お礼をいいにくるように，いいなさい。」といった。
（初集巻四，第15回）
『九尾亀』も近指の指示詞として，"間""該"を用いながら，事物を指す場合は，これらをほとんど用いていない。漢字表記が確立していないということも考えられるが，広くみられる現象であるところからすると，言語生活の実際をすくなからず反映しているものともいえよう。

§3. "拉裏" "拉上" "拉篤"

存在を表す動詞"在"にあたるものとして，『新約全書』（蘇州土白）では，"拉裏，拉上，拉篤"が用いられている（ほかに，"拉"も用いられるが，いまはとりあげない）。これらは，[ləli, əlã, lətu] を表記したものであろう。いずれを用いるかは，存在する場所の遠近をどうとらえているかによる。このうち，"拉裏"は近指に位置づけられる。
　　拉大馬色有一个門徒，叫亞拿尼亞，主拉默示裡喊俚說，亞拿尼亞呀。俚說，主，我拉裡。
＊當下在大馬色，有一個門徒，名叫亞拿尼亞，主在異象中對他說，亞拿尼亞，他說，主，我在這裏。
　　ダマスコにアナニヤという弟子がいた。主が彼に幻の中で，「アナニヤよ。」と言われたので，「主よ，ここにおります。」と答えた。
（使徒9-10）
　　保羅大之聲音咾喊說，儕勿要害自家，你全拉裏。

蘇州語の文法（Ⅲ）

* 保羅大聲呼叫說，不要傷害自己，我們都在這裏。
  そこでパウロは大声で、「自害してはいけない。私たちはみなここにいる。」と叫んだ。　　　　　　　　　　　　　　　（使徒 16-28）

俚篤說，主呀，有兩把刀拉裏，俚對俚篤說，殼哉。
* 他們說，主阿，請看，這裏有兩把刀，耶穌說，殼了。
  彼らは言った。「主よ。このとおり，ここに剣が二振りあります。」イエスは彼らに，「それで十分。」と言われた。　　　　　　（ルカ 22-38）

これに対して，"拉篤"は遠指である。

个日夜里就是七日个頭一日，門徒拉篤个場化，門關哉。因爲俚篤怕猶太人。耶穌來立拉當中，對俚篤說，願吼篤平安。
* 那日（就是七日的第一日）晚上，門徒所在的地方，因怕猶太人，門都關了。耶穌來站在當中，對他們說，願你們平安。
  その日，すなわち週の初めの日の夕方のことであった。弟子たちがいた所では，ユダヤ人を恐れて戸がしめてあったが，イエスが来られ，彼らの中に立って言われた。「平安があなたがたにあるように。」
  　　　　　　　　　　　　　　　　　　　　　　　（ヨハネ 20-19）

馬利亞到耶穌拉篤个場化，看見之，俯伏拉俚脚下，說，主呀，倷若然拉此地，格末我个弟兄勿死。
* 馬利亞到了耶穌那裏，看見他，就俯伏在他脚前，說，主阿，你若早在這裏，我兄弟必不死。
  マリヤは，イエスのおられる所に来て，お目にかかると，その足もとにひれ伏して言った。「主よ。もしここにいてくださったなら，私の兄弟は死ななかったでしょうに。」　　　　　　　　　（ヨハネ 11-32）

弟子のいるところ，イエスのいるところは，いずれも話し手の側ではなく，遠く離れたところにあるため，"拉篤"が選ばれているのである。前節にあげた，"有兩把刀拉裏"に対する例としては，つぎのようなものがある。

現在我撥聖靈縛住之，到耶路撒冷去，勿曉得拉个搭要撞着啥。不過聖靈拉各城裏指點我，有刑具咾患難等我拉篤。
* 現在我往耶路撒冷去，心甚迫切，不知道在那裏要遇見甚麼事。但知道聖

靈在各城裏向我指證．說．有捆鎖與患難等待我。

　　いま私は，心を縛られて，エルサレムに上る途中です。そこで私にどんなことが起るのかわかりません。ただわかっているのは，聖霊がどの町でも私にはっきりとあかしを示されて，なわめと苦しみが私を待っていると言われることです。　　　　　（使徒 20-22, 23）

"有兩把刀拉裏"では，剣はここにあるのに対して，"有刑具咾患難等我拉篤"では，私を待っているなわめと苦しみのあるところは，はるかかなたの地であり，それゆえに，前者では"拉裏"，後者では"拉篤"が選ばれているわけである。

　これらに対して，"拉上"は中指である。

耶穌看穿之俚篤个奸計咾對俚篤說．拿一塊提那利亞來撥我看．有啥人个像咾號拉上．回答說．是該撒个。

＊耶穌看出他們的詭詐．就對他們說．拿一个銀錢來給我看．這像和這號是誰的．他們說．是該撒的。

　　イエスはそのたくらみを見抜いて彼らに言われた。「デナリ銀貨をわたしに見せなさい。これはだれの肖像ですか。だれの銘ですか。」彼らは，「カイザルのです。」と言った。　　　　　（ルカ 20-23, 24）

　もしイエスが自分の手中にある銀貨について，「だれの肖像と銘になっているのか」とたずねるのなら"有啥人个像咾號拉裏"となるであろう。しかし，ここでは，相手の手中にある，相手の働きかけの及ぶ範囲にあるものを指していっているわけで，これが"拉上"を選ばせたのである。はるか，かなたの，相手も自分も働きかけの及ばぬところにあるものでないから，当然に"拉篤"は選ばれない。『新約全書』（官話）が，"這"で指す範囲なのである。

　しかし，近指か中指か，遠指か中指かは，話し手の位置意識にかかわることであって，物理的な位置関係によって定まるわけではない。だから，たとえば，遠く離れたものをとりあげていう場合，とりあげたあとも，自分の働きかけの及ばぬ，遠いところにあるものとする姿勢をとり続けるか，あるいは，とりあげたあとは，身近かに引きよせて，または自分をその場に進めて，述べるかによって，遠指の語を用いたり，中指のそれを用いた

蘇州語の文法（Ⅲ）

りするようになる。

有嚯晱咾多化聲音，塔之雷響，從寶座裏出來，寶座面前有七盞火燈點拉篤，就是神个七靈。

* 有閃電，聲音，雷轟，從寶座中發出，又有七盞火燈在寶座前點着，這七燈就是上帝的七靈。

御座からいなずまと声と雷鳴が起こった。七つのともしびが御座の前で燃えていた。神の七つの御霊である。　　　　　　　　（黙示 4-5）

有大咾高个牆有十二扇門，門口有十二个天使，各門有名字寫拉上，就是以色列子孫十二支派个名字。

* 有高大的牆，有十二個門，門上有十二位天使，門上又寫着以色列十二個支派的名字。

都には大きな高い城壁と十二の門があって，それらの門には十二人の御使いがおり，イスラエルの子らの十二部族の名が書いてあった。

（黙示 21-12）

呉語では，存在を表す，共通語の動詞"在"を動詞のまえにおいて，動作の進行を，動詞のあとにおいて，動作のあとに残る状態の持続を表すが，この場合も当然に，遠近関係によって，語が選ばれる。上 2 例は，後者の，状態の持続を表しているものであるが，文法的には，この 2 例の"拉篤""拉上"の置き換えは可能である。いずれを用いるかは，話し手が，自分をどこに置くかにかかわっている。つぎの 2 例は，動作の進行を表している場合のものである。

俚篤拉上聽个時候，耶穌又用一个比方，因爲近之耶路撒冷咾，也爲之衆人想神國就要顯亮哉。

* 衆人正在聽見這些話的時候，耶穌因爲將近耶路撒冷，又因他們以爲上帝的國快要顯出來，就另設一个比喩說。

人々がこれらのことに耳を傾けているとき，イエスは，続けて一つのたとえを話された。それは，イエスがエルサレムに近づいておられ，そのため人々は神の国がすぐにでも現われるように思っていたからである。　　　　　　　　　　　　　　　　　　　　　　（ルカ 19-11）

被得還拉篤說个个說話个時候，聖靈降拉攏總聽道理个人身上。

＊被得還說這話的時候，聖靈降在一切聽道的身上。
　　ペテロがなおもこれらのことばを話し続けているとき，みことばに耳
　　を傾けていたすべての人々に，聖霊がお下りになった。　（使徒10-44）
　この2例の"拉上""拉篤"も，置換が可能であろう。しかし，繰りか
えすまでもなく，これは文法上可能であるということであって，視点がど
こにすえられるかによって，いずれかが選ばれる。だから，たとえば，次
例の"拉篤"は"拉上"に置き換えられない。
　遠遠能有一群猪拉篤吃食。
＊離他們很遠，有一大群猪喫食。
　　そこからずーっと離れた所に，たくさんの豚の群れが飼ってあった。
　　　　　　　　　　　　　　　　　　　　　　　　　　（マタイ8-30）
　并且凡係船主咾水手，塔之凡係拉海裏，船上做生意个，遠遠能立拉篤，
　　看見燒俚个烟末，喊咾說，還有啥个城，像个个大城吩。
＊凡船主，和坐船往各處去的，並衆水手，連所有靠海爲業的，都遠遠的站
　　着，看見燒他的煙，就喊着說，有何城能比這大城呢。
　　また，すべての船客，水夫，海で働く者たちも，遠く離れて立ってい
　　て，彼女が焼かれる煙を見て，泣いて言いました。「このすばらしい
　　都のような所がほかにあろうか。」　　　　　　（黙示18-17,18）
　すなわち，その場所を"遠遠能"として捉えていることが明示されてお
り，選択の余地がないのである。
　『海上花列伝』では"來裡，來浪，來哚"が用いられる。[ləli, ləlã,
ləto] を表記したもので，『新約全書』（蘇州土白）の"拉裏，拉上，拉篤"
にあたる。用例も多く（『新約全書』では，"拉裏""拉上"の用例がすくない），
3者の用法を比較するには，好個の資料である。
　"來裡（近指）"
　二小姐來裡該搭。
　　二小姐はこちらですよ。　　　　　　　　　　　　　　　（第64回）
　請耐二少爺先轉去，該搭有倪來裡。
　　どうぞおさきにお帰りください。ここはわたくしどもがおりますから。
　　　　　　　　　　　　　　　　　　　　　　　　　　　　（第43回）

蘇州語の文法（Ⅲ）

善卿要安慰他，跨進亭子，搭趄問道："一幹子來裡做啥？"
　善卿はかの女を慰めようとおもって，（かの女のいる）小部屋に足をふみいれ，口ごもり気味に，「ひとりでなにをしているの。」と声をかけた。　　　　　　　　　　　　　　　　　　　　　　　　　　（第3回）

晚歇早點來，該搭來用夜飯，我等來裡。
　あとで早くおいでになって，ここで夕食を召しあがるようにしてください。お待ちしていますから。　　　　　　　　　　　　　　　　　　（第21回）

"來哚（遠指）"

阿是接先生轉去？先生來哚樓浪。耐就該搭等一歇末哉。
　ねえさんのお迎えですか。ねえさんなら二階です。ここでしばらく待っていなさい。　　　　　　　　　　　　　　　　　　　　　　　　　（第22回）

我也正要搭耐說：我有一頭生意來哚，就是十六鋪朝南大生米行裡。
　わたしもきみに話そうとおもっていたところだが，わたしに仕事があるんだよ，十六鋪の南側に面した大生米行なんだがね。　　（第14回）

回至這邊歸座，悄向黃翠鳳道："耐姆來哚喊耐。"翠鳳粧做不聽見，俄延半晌，欻的站起身一直去了。
　また，こちらの席にもどり，そーっと黃翠鳳にいった。「お母さんがあんたを呼んでいるよ。」翠鳳は聞こえぬふりをして，しばらくじーっとしていたが，パッと立って，とんでいった。　　　　　　（第7回）

我為仔耐坐來哚對過勿來哉末，我說耐原到對過去坐來哚末哉哩。阿是喫醋嘎？
　わたしは，あなたが向いの客になられて，こっちはもうお見限りのようですから，やっぱりお向いにいらっしたらと申し上げているんで，これが焼きもちでしょうか。　　　　　　　　　　　　　　　　　　（第6回）

　"來浪"は中指とみとめられる。たとえば，人や物の所在をたずねるには，一般に"來哚"を用いる。

物事來哚陸裡？
　しなものはどこにありますか。　　　　　　　　　　　　　　　（第1回）

三日天來哚陸裡？
　この三日間，どこにいたのですか。　　　　　　　　　　　　　（第4回）

505

しかし、"來浪"も用いられている。

姓趙个來浪陸裡？
 趙さんというのは、どこですか。   （第38回）
客人來浪陸裡嗄？
 そのお客さん、どこなの。   （第37回）

しかし、"來浪"を用いているのは、その附近にいるのが判っていて、あるいは見当がついていての発問であって、"來哚"とは、条件をことにしている。

兩人正待交手，只聽得巧囝在當中間內極聲喊道："快點呀！有个人來浪呀！"合檯面的人都喫一大驚，只道是失火，爭先出房去看。巧囝只望窗外亂指，道："哪！哪！"
 二人がさて始めようとしたとき、巧囝がまん中の部屋で金切り声をあげて、「はやく！だれかいるわよ。」といっているのが聞こえた。その席にいたものは皆びっくりして、火事かとおもい、われ先に部屋を飛び出してみにいった。巧囝は、窓のそとをしきりに指さし、「あ、あ」といっている。   （第28回）

窓にうつる人影を指して、「そこ、そこ」といっているわけで、自分が指させる範囲のところである。

浣芳央及道："姐夫，坐該搭來阿好？我困仔末，姐夫坐來浪看好仔哉。"
玉甫道："我就坐來裡，耐困罷。"
 浣芳はせがんでいった。「お兄さん、こちらへ来てかけてくれませんか。そして、私が寝たら、そこにいて見ていてほしいの。」玉甫は、「じゃ、ここに腰かけていよう、おまえはおやすみ。」といった。 （第35回）

浣芳は、自分の寝ている、すぐ横を指して、そこに腰かけるようにいい玉甫はそこに来て、ここに腰かけていよう、といっているわけで、"坐來浪"と"坐來裡"が使いわけられている。

莊荔甫聽到這裡，不禁"格"聲一笑，被房內覺着，悄說："快點夠哩！房外頭有人來浪看！"
 莊荔甫はそこまで聞くと、こらえきれずにクスッと笑った。部屋の中のものが気づいて、声をひそめ、「もうよしなさいったら。そとで誰

506

かのぞいているわよ。」といった。　　　　　　　　　　　(第26回)

　前掲の第28回の"有个人來浪"の場合と同じく，中でなにをしているかのぞけるような範囲においての行動であるので，"來浪"を用いているものである。

　しかし，"來裡，來浪，來哚"が，混用されているとみられる例もないわけではない。

"來浪／來裡"

蓮生四顧不見沈小紅，即問阿珠。阿珠道："常恐來浪下頭。"
　蓮生は，あたりに沈小紅の姿が見えないので，すぐ阿珠にたずねた。
　阿珠は，「たぶん下にいるのでしょう。」といった。　　(第33回)

二寶道："我故歇好哉呀。無姆下頭去哩。"
洪氏道："我勿去。阿巧個爺娘來裡下頭。"
　「もうよくなったから，お母さんは下へいらっしてください。」と，二宝がいうと，洪氏は，「いきませんよ。阿巧の両親が下にいます。」といった。　　　　　　　　　　　　　　　　　　　　(第62回)

"來哚／來裡"

阿是接先生轉去？先生來哚樓浪。耐就該搭等一歇末哉。
　ねえさんのお迎えですか。ねえさんなら二階です。ここでしばらく待ってなさい。　　　　　　　　　　　　　　　　　　(第22回)

四老爺請得來个先生，就叫是寶小山　來裡樓浪。大少爺樓浪去請坐。
　四旦那がおよびになった先生でして，寶小山と申され，二階にいらっしゃいます。どうぞ，お二階へおあがりください。　(第58回)

§ 4. "來裡""來浪"

『新約全書』(蘇州土白)，『海上花列伝』がともに，"拉裏，拉上，拉篤""來裡，來浪，來哚"と，三分法になっているのに対して，『九尾亀』は，"拉篤""來哚"にあたるものを用いていない。近指には，"來裏"を用いるが，それ以外はすべて"來浪"である。なお，"來浪"は"勒浪"とも表記されている。

　該搭是五號。六號來浪隔壁。

ここは5号で，6号は隣りです。　　　　　　　（三集巻三，第10回）
俚自家說。一逕來浪蘇州倉橋濱做生意。爲仔蘇州生意勿好。難末到上海來。
　　　かの女は，ずーっと蘇州の倉橋浜で商売をしていたが，蘇州での商売がうまくないので，上海へやって来たと，自分でいっています。
　　　　　　　　　　　　　　　　　　　　　　　　（三集巻三，第10回）
對勿住金少大人。裏向有客人來浪。只好先請客堂間裏坐歇。等客人去仔再調阿好。
　　　すみません，金さま。奥はいま，お客さまですので，ひとまず客間でおやすみください。お客が帰られてから，あちらへおかわりいただくわけにはいきませんか。　　　　　　　（二集巻一，第3回）
托耐劉大少帶聲信撥俚。倪總勿見得要搶仔俚格洋錢格。叫俚儘管放心。倪歸搭嘸撥啥格老虎勒浪。勿會吃脫仔俚格。叫俚自家只顧來拿末哉。
　　　あのひとにいってやってください。あのひとの金を捲きあげようというわけでもないから安心しなさいとね。それに，虎がいるわけでもなし，とって食うこともありませんから，ご自分で堂々と取りにくるようにと。　　　　　　　　　　　　　　　（初集巻二，第6回）

『海上花列伝』などと較べると，"來哚"が用いられるとおもわれるところに，すべて"來浪"をあてている。蘇州の旧城内では，[ləto]を用いないというから，『九尾亀』は，あるいはこの状況を反映しているのかも知れない。いまの，蘇州評弾も[ləli, ləlã]とし，『九尾亀』と軌を一にする。評弾『方珍珠』演出本（姚薩梅改編，1954，油印）は"勒裏，勒浪"と表記して，つぎのように用いる。

　"勒裏"
　方老板，倷勒里該搭。
　　　方親方，ここでしたか。
　有只小手表勒里，讓俚上場子看看辰光。珍珠吓，戴起來吧。
　　　小さい腕時計が一つあります。舞台で時間をみるのにいいでしょう。
　　　さあ，珍珠，はめてちょうだい。
　"勒浪"

个末珍珠吓，娘勒浪里向，倷陪王先生進去吧。我去買香烟來。

　　では，珍珠，母さんは奥にいますから，王さんをご案内してちょうだい。わたしはタバコを買ってきます。

聽見說倷南京亦有公館勒浪吓。

　　南京にも家をおもちだそうですね。

方老板，伲四太太替局長勒浪陪人客吃飯。叫珍珠跟我進去，倷勒該搭坐歇。

　　方親方，うちの四太太と局長はお客とお食事中なんですが，珍珠さんにもくるようにとのことです。あなたはここでしばらくやすんでいてください。

しかし，[ləto] を全く用いないわけではなく，"勒篤" と表記して，数例ながら，用いられている。

說完末回到屋里，看見實頭是孟先生，向三元兩家頭坐好勒篤，兩个囡吓勒篤哭，家小火起子只面孔。

　　いいおわって，家にもどってくると，たしかに孟さんと向三元の二人がどっしり腰をすえていて，二人の娘は泣いており，妻は顔をまっ赤にして，怒っている。

剛剛要去開箱子末聽見房里珍珠勒篤喊。

　　箱をあけにいこうとしたとき，部屋の中で，珍珠がよんでいるのが聞こえた。

しかし，用いられているのは「表」の部分であって，「白」では用いられていない。また「表」の中における，"勒浪" の用法との間に違いはみとめられない。改編者の姚蔭梅氏に，『海上花列伝』について教えを乞うたとき，同氏は同書中における "來哚" にふれて，この語は，蘇州語では用いないが，高齢者の間では耳にすることがある，ということであった。評弾に，僅かながら，なお用例がみられるということからみて，一部ではやはり使われているものと思われる。しかし，遠指として，"勒浪" と区別する意識は，すでになくなっているとみるべきであろう。

　"勒裏" と "勒浪" とは，はっきりした区別がある。これは上掲各例の示すところであるが，次例などもその好個の一例である。

孟：做九不做十，去年五十九做過生日。可惜吪篤勿勒里。

娘：呀，个是勿巧。看倷面孔上氣色好得拉，真真越老越清健，阿要扎製
　　吓。我是當倷勿勒浪哉。
孟：啊？
娘：諸，我當倷勿勒北平，回到南方去哉。

　九でお祝いをして，十ではお祝いをしないということで，去年五十九
　で，還暦祝いをしました。残念なことに，あんたたちはいなかった。
　あれ，それはあいにくでした。お顔の色つやもよく，益々お元気で，
　本当にお丈夫なんですね。わたしは，もういらっしゃらないと思って
　いましたのに。
　えっ？
　いや，北京にいらっしゃらずに，南の方へお帰りになったと思ってい
　たんですよ。

北京に帰って来た方大娘を，ずーっと北京にいた孟小樵がたずねて来て
の会話であるが，孟が北京を近指でとらえているのに対して，そのころ北
京にいなかった方大娘は，遠指でとらえている（実際は"不在世"にかけて
いっている）。

　しかし，"勒浪"が"勒里"の領域にはいりこんでいる例もないではない。
たとえば，人をたずねて来て，その人がいるかいないかを問う場合は近指
になると思われ，『海上花列伝』は，ひとしく"來裡"を用いる。

樸齋上前拱手，問："呉松橋阿來裡？"
　樸斎は近づき，拱手の礼をして，いった。「呉松橋さんはおいででし
　ょうか。」　　　　　　　　　　　　　　　　　　　　　　（第13回）

　しかし，評弾『方珍珠』は，"勒浪"を用いる。

正勒浪說个辰光，聽見外頭有人喊。
陸：方老板阿勒浪吓？
　話しているとき，外で誰か呼んでいるのが聞こえた。
　　陸：方親方はいるかね。

　また，次の例もある。

箏：喔，原來這位藍青天有位四太太，可惜我不認識她，也不知道她公館
　　在那兒。我怎麼辦呢？

陸：戆得來，有我勒浪吓．

　陸巡査は，「馬鹿だなあ，わたしがついているよ。」といっているのだが，これも"有我勒里"というところである。上掲例で，なぜ"勒浪"を用いているのか，よくわからないが，上海語では，近遠指を区別せずに，ともに [laˀlaˀ] を用いるから，あるいは，これらの影響をうけているのかも知れない。しかし，用例は限られており，"勒裏""勒浪"の用法の違いを疑わしめるほどではなく，あきらかに"勒浪"は『新約全書』（蘇州土白）などの"拉上""拉篤"の二つの用法をかねて，"勒里"に対立している。したがって，"勒里"と"勒浪"は，近指と遠指の対立としてみるよりも，近指と中・遠指の対立としてみるほうが，蘇州語の実態に即していよう。

引例書目
　　新約全書（蘇白）　　1903　　大美国聖経会
　　新約全書（官話）　　1925　　大美国聖経会
　　海上花列伝　　　　　1926　　亜東図書館
　　九尾亀　　　　　　　1908　　開明書店
　　評弾『方珍珠』　　　1954

　　聖書引例文の日本語訳は『新約聖書』（新改訳）（1975 日本聖書刊行会）によっている。

　　なお，上掲各書よりの引用にあたっては，字体，標点符号ともすべて原文によっている。また，蘇州評弾『方珍珠』（姚蔭梅改編）は上海評弾団所蔵の姚氏手稿本で，公刊されていない。

『海上花列伝』の言語

§1　江蘇松江の人，韓邦慶（字は子雲）(1856-1894) の作である『海上花列伝』は，蘇州語で書かれた文学作品として著名である。明代のころより，「伝奇」と称される長篇戯曲などの「白」の部分に登場人物によって，蘇州語を一部に用いることは行われているが，いずれも補助的，附属的なものにとどまっており，蘇州語を本格的に用いるのは，『海上花列伝』をもって嚆矢とし，その後にも，その右に出るものはないといってよいであろう。韓邦慶は北京語による『紅楼夢』に対抗して，蘇州語の文学をめざしたもののようで，そこには方言文学の樹立という明確な主張が感じられる。

『海上花列伝』（以下，『海上花』という）は，もと 1892 年 2 月創刊の文芸誌『海上奇書』に連載されたもので，30 回まで登載したところで，同誌は停刊，停刊のあと 10 ヶ月ぐらい後の 1894 年 1 月に，64 回全書石印本が出版されたことが判明している。その後あいついでいろんな名を附した縮印本が出版され，『晩清戯曲小説目』によれば，清末にすでに 6 種の版本があったという。

目睹が容易な標点本としては亜東図書館『海上花』(1926, 上海)，人民文学出版社『海上花列伝』(1982, 北京) がある。人民文学出版社本（以下，人民本という）の「整理後記」によれば，原本（1894 年の 64 回全書石印本をさすものとおもわれる）と『海上奇書』発表のもの，その後の縮印本とは完全に一致しており，更改されていないという。したがって，各版本を参照校訂する価値がなく，人民本出版にあたっては，全書初印本を底本として，明白な誤字のみをただしたとしている。これに対して，亜東図書館本（以下，亜東本という）は，なにを底本としたかについては明らかにしておらず，「校読後記」に，「海上花列伝のテキストは，善本を入手しがたい。それで早くにこの作品に標点をほどこそうとおもいながら，今日までおくれたわけである。小石印本と活字本とは，いずれも多くの誤りがあり，一

つの版本を底本とすることは，この作品の場合，不可能である」とし，活字本をもとに，石印本と参照しながら，一部『海上奇書』によって校訂したとしている。あいまいな表現で，どの程度に手を入れたかも明らかにしていないが，同後記で，第8回の一部をとりあげ，活字本，石印本，『海上奇書』を参照して，語句のいれかえを行った例をあげているところをみると，単なる誤字の訂正には終っていないようである。のみならず語彙そのものを改めたとみられる跡もある。

"幾首／歸面"

　耐要去末打幾首走。　　　　　　　　　　　　　　（2回）〔人民本〕

　耐要去末打歸面走。　　　　　　　　　　　　　　（〃）〔亜東本〕

　　行くのなら，あちらから行こう。

"幾首／該首"

　原到幾首去。　　　　　　　　　　　　　　　　　（52回）〔人民本〕

　原到該首去。　　　　　　　　　　　　　　　　　（〃）〔亜東本〕

　　やはりあちらへ行きます。

　人民本では"幾首"が2例用いられているが，亜東本では2例とも改めている。この箇所は，さきに述べた，その後の縮印本の一種である，『海上百花趣楽演義』（日新書局，1903，石印）によっても，"幾首"としている。したがって，亜東本が改めたものとおもわれるが，"該首"は人民本でも，他の箇所で遠指の場所語として多く用いているので，この校訂は問題ないとしても，"歸面"は一考を要しよう。"歸"は蘇州語の遠指の指示詞/KUE/にあてたものとおもわれ，/KUE/に"歸"字をあてる例は，『新約全書』（蘇州土白）に"歸邊""歸搭"（北京語の"那邊""那兒"にあたる），"歸個"（北京語の"那個"）など，多くみられる。また，『九尾亀』も用いる。しかし，『海上花』で"歸"を用いるのは，亜東本の，しかも上記の1例のみで，他に用例をみない。

　原本では"幾首"であったとおもわれるが，これがどういう音を表記したものかもよくわからない。広州音の/kei/で用いられるとも考えられない。ともあれ，亜東本（あるいは亜東本がよったという活字本）の校訂者は，疑問詞の/tɕiho/, /tɕikəʔ/などにあてられる"幾花""幾個"の"幾"字を，

513

指示詞にあてることに違和感をおぼえて，改めたものとおもわれる。
"爲仔／因爲仔"
　上掲の日新書局石印本（以下，石印本という）第31回につぎのような1節がある。

　　亞白見寫的是方蓬壺。問阿是蓬壺釣叟。子剛道正是。耐倸認得俚個哉。
　　亞白道勿。爲仔俚喜歡做詩。新聞紙浪時常看見俚大名。

　人民本は，手を加えず，新標点をほどこしているだけである。

　　亞白見寫的是'方蓬壺'，問："阿是蓬壺釣叟？"子剛道："正是。耐啥認得俚個哉？"亞白道："勿。爲仔俚喜歡做詩，新聞紙浪時常看見俚大名。"
　　亜白は方蓬壺と書かれているのを見て，「蓬壺老先生ですか。」とたずねた。「そうだが，どうして先生を知っているのかね」と子剛がいうと，亜白は「いや，詩をお作りになるのが好きとみえて，新聞でよくお名まえを見かけるものですから。」といった。

　ところが，亜東本は，亜白が子剛の問いに答えるところを，つぎのように改めている。

　　亞白道："因爲仔俚喜歡做詩，新聞紙浪時常看見俚大名。"

　かえる必要のないところをかえて，かえって誤りをつくったというべきであろう。"因爲仔"は亜東本にもこの1例あるのみである。蘇州語の"爲仔"（北京語になおせば"爲了"）は，"因爲"の意味にも用いられ，"因爲"も用いられるが，これに接辞の"～仔"をつけていうことはない。

"懸逬／懸遠"

　　湯嘯庵點點頭道長遠勿見哉生意阿好。黃二姐道生意勿局比仔先起頭懸逬哚。　　　　　　　　　　　　　　　　　　　　　（58回，石印本）
　　湯嘯庵點點頭，道："長遠勿見哉，生意阿好？"黃二姐道："生意勿局，比仔先起頭懸逬哚。"　　　　　　　　　　　　　　　（同，人民本）
　　　湯嘯庵はうなずいて，いった。「久しぶりだな。しょうばいの方はどうだ。」黃二姐は，「さっぱりですよ。むかしと較べたら，たいへんな違いです。」といった。

　亜東本は，黄二姐が答えるところを，つぎのようにしている。

　　黃二姐道："生意勿局，比仔先起頭懸遠哚。"

514

'懸迚'は『小説詞語匯釈』にも注解するように，'相差很多''相差很遠'のことであるが，はたして亜東本のつくるように'懸邈'という語があるのか，疑いがさしはさまれる。

ほかにもつぎのような例がある。

要尋個對景點娘姨大姐才難煞哚。　　　　　　　　　　（52回，石印本）

要尋個對景點娘姨，大姐，才難煞哚。　　　　　　　　（同，人民本）

　気にいった仲居，女中をさがすとなると，それは難しいわよ。

亜東本は，つぎのようにする。

要尋個對景點娘姨大姐，才勿有哚。

蘇州語では"有"の反意語は /fimpəʔ/（『海上花』では"無撥"と表記する）であり，これを"勿有"とするのは，『海上花』では"再好也勿有"以外の例としては上記の亜東本の1例があるのみである（『九尾亀』も"再好勿有"に限って用いられている）。蘇州語で"無撥"の意味で"勿有"が用いられることは，『新約全書』（蘇州土白）や，近くは，揚振雄演出本『西廂記』などにみることができる。

凡係有个，要加撥俚，使俚有餘，凡系勿有个，就是俚所有个，也要奪脱。
　というのは，持っている者はさらに与えられて豊かになり，持たない
　者は持っているものまでも取り上げられてしまうからです。
　　　　　　　　　　　　　　　　　　　　　　　　　　（マタイ13-12）

拉此地，將要勿有一塊石頭剩拉石頭上，全要拆脱个。
　ここでは，石がくずされずに，積まれたまま残ることは決してありま
　せん。
　　　　　　　　　　　　　　　　　　　　　　　　　　（マタイ24-2）

格末既然紅娘斷定外邊勿有人，那又何必一定要開門出去看呢？
　　　　　　　　　　　　　　　　　　　　　　（揚振雄演出本『西廂記』）
　では，紅娘が外には誰もいないといっているのに，どうして扉をあけ
　て，見に出ようというのでしょうか。

點穿俚，讓俚勿有落場。　　　　　　　　　　　　　　　　（同上）
　ばらして，引っこみのつかぬようにしてやりましょう。

しかし，一般には"無撥"（『新約全書』では"無不"，揚振雄演出本では"嘸不"と表記する）を用いる。

外頭嘸不人！　　　　　　　　　　　　（揚振雄演出本『西廂記』）
　　外には誰もおりません。
鬼話點穿，嘸不落場。　　　　　　　　　　　　　　（同上）
　　でたらめをあばかれて，引っ込みがつかない。
　したがって，亜東本が"勿有"を用いたとしても，蘇州語としては問題なしとしなければならないが，不必要な校訂であって，『海上花』における"勿有"の用例に照らせば，いささか特異である。
　これらを通観するに，人民本の方が原本に忠実なようで，語史研究の資料として亜東本を用いる場合は，いささか注意を要する。

§2　『海上花』が蘇州語で書かれているといっても，それは対話部分であって，叙述部分には及んでいない。対話部分も2，3句はいわゆる官話で書かれており（たとえば，第43回の「風水先生」のことばなど），それ以外は，登場人物の如何を問わず，すべて蘇州語である。この点は『九尾亀』などと，大いに異なっている（『九尾亀』では，妓女は蘇州語を用いるが，客はすべて官話を用いる）。しかし，蘇州語といっても，どのような蘇州語，たとえば蘇州城内で話されるような蘇州語であったかどうかは，漢字表記されていることもあって，あきらかにしがたい。とはいっても，妓女のことばが中心になっていること，妓女たちは蘇州城内の町家の出ではなく，多くは蘇州近郊の農村の出であること，背景になっているのが上海であることなどを考え合わせると，同じく蘇州語といっても，蘇州城内で話されるものとは，かなり趣きを異にしたものであったろうことは，想像するに難くはない。
　ところで，これに関連して，趙景深氏が倪海曙『雑格嚨咚』（1981，三聯書店，北京）に寄せた序文のなかで，つぎのように述べているのが気にかかる。

　　方言文学について，私はかつて簡単な歴史的考察をおこなったことがある。小説には，揚州語で書かれた清の鄒必顕の『飛跎子伝』，上海語で書かれた清の韓子雲の『海上花列伝』，蘇州語で書かれた張春帆の『九尾亀』，山東語で書かれた明の笑笑生の『金瓶梅』と元の羅貫中の『水

滸』，北京語で書かれた曹雪芹の『紅楼夢』，石玉昆の『七俠五義』，文康の『児女英雄伝』という清代の三作品がある。………

　すなわち，趙景深氏は『海上花』は上海語，『九尾亀』は蘇州語であるとするわけであるが，これははたしてどうであろうか。おそらくは，『海上花』と『九尾亀』とのことばの色彩の違いを，大まかに象徴的に表現したもので，文面どおりにうけとって，『海上花』を上海語だときめつけてしまうわけにはいかないだろう。

　たとえば，両書の用いる人称代名詞はつぎの通りである。

	『海上花』	『九尾亀』
我	倪　我	倪　我
我們	倪	倪
你	耐	耐
你們	耐哚	耐篤（唔篤）
他	俚　俚乃	俚　俚耐
他們	俚哚	俚篤

　漢字表記は若干ことなるが，"耐哚""耐篤"はともに /finɛtoʔ/ を，"俚哚""俚篤"は /ʔlitoʔ/ を表記したものであり，"俚乃""俚耐"も /ʔlinɛ/ を表記したものである。"唔篤"は"耐篤"のつまったもので，/finto ʔ/ であろう。このように，人称代名詞は両書とも全く同じであり，いうまでもなく，蘇州語の体系によっている。当時の上海語も，いまと同じく，第 2 人称単数は"儂"，第 2 人称複数は"㑚"，第 3 人称は"伊"であったとおもわれるが，両書ともこれらの語は一切用いていない[1]。

　指示詞は，やや事情を異にする。蘇州語の指示詞が近指と遠指より成るか，近指・中指・遠指より成るかは論のわかれるところであるが，『新約全書』（蘇州土白）では"間，个，歸"を用いており，諸用例から推して，/kɛ, kə, kuɛ/ を表記したもので，近指・中指・遠指の関係にあるものとおもわれる。ただし，近指と中指は音が近いこともあって，"个"が近指にあてられている例も少なくない。しかし，基本的には，近・中・遠の関係にある。『九尾亀』は"該，格，歸"などを用い，『新約全書』の"間，个，歸"の関

係に対応しているが，"格"は『新約全書』の"个"と同じく，近指にあてられている例も多く，近指・中指の区別はさほど明らかでない。『海上花』が"歸"を用いないことは，前節に述べたとおりで，『海上花』は"該, 故"などを用いる。

 該個客人倒無啥。   （17 回）
  このお客はなかなかいいひとです。

 夷場浪常有該號事體。   （18 回）
  租界では，こんなことはしょっちゅうです。

 該搭是啥個場花嘎？   （5 回）
  ここはどういうところですか。

 價末我到該首去哉，此地奉托三位。   （18 回）
  では，私はあちらへ参ります。ここはお3人にお願いします。

 到該個辰光，耐要想着仔我沈小紅，我連忙去投仔人身來伏侍耐也來勿及个哉！   （34 回）
  そのときになって，わたくし沈小紅をおもいだされ，わたくしが急いで人間にたちかえり，おそばにかけつけようとも，間に合いません。

 我陸裡有故號福氣！   （18 回）
  わたしにどうして，こんな福がありましょうか。

 故倒是正經閒話，一點勿差。   （49 回）
  それは本当の話だ。まったくその通りだ。

すなわち，"歸"を用いずに"該""故"を近遠両指に用いている。しかし，いずれも声母は /k/ であり，見母の字をあてている点では，『九尾亀』と同じであって，蘇州語の指示詞の体系によっているものといえる。

しかし，『海上花』では，これらの指示詞のほかに，一部に定母の"第"字を指示詞にあてている例がある。

 第位是莊荔甫先生。   （1 回）
  こちらは莊荔甫さんです。

 第號物事，消場倒難哩。   （1 回）
  このてのものは，さばくのがなかなか難しくてね，

 第搭阿是么二嘎？   （2 回）

518

ここは幺二（中級の妓院）ですか。

"這會兒"の意味で"第歇"も用いられている。

耐第歇去也不過等來哚，做俉呢？　　　　　　　　　　（4回）

いまいったところで，あちらで待つだけさ。いってどうするかね。

これは，『九尾亀』では"故歇"で表されるもので，『海上花』でも多くは"故歇"を用いる。

耐故歇心浪那哼。　　　　　　　　　　　（九尾亀初集巻二，6回）

あなた，いまどんなお気持ですか。

耐說轉去兩三個月，直到故歇坎坎來！　　　　　　（海上花2回）

2, 3ケ月でかえってくるといっていたくせに，いままでやってこないんだから。

上掲各例の"第"は，当時の上海語の近指の指示詞 /diʔ/ を表記したものであろう[2]。蘇州語には /d-/ の指示詞はない。しかし，上海語の近指の指示詞は用いられていても，当時用いられていたとおもわれる，遠指の指示詞 /ʔi/（漢字ではふつう'伊'と表記される）を用いた例はみあたらない。また，"第"の用例も少く，第7回あたりまでにみられるだけで，しかも蘇州語の指示詞と並用されており，全面的に上海語の指示詞を用いているわけではない。しかし，なにがしかの上海的色彩を添えていることは否めない。

なお，上海語が一部混入している例はほかにもある。

耐自家勿曉得保重，我就日日來裡看牢仔耐也無麼用啘。　　（18回）

おまえ自身が体を大事にすることを知らないのでは，私が毎日つきそっていても，なんにもならないよ。

耐末也勿急，就急殺也無麼用。　　　　　　　　　　　（20回）

いらいらしないでください。どんなにいらいらしても，なんにもなりません。

"無麼"は上海語の /fimməʔ/ を表記したもので，北京語の"沒有"にあたる。蘇州語では /fimpəʔ/ で，『海上花』でも"無撥"と表記して用いている。"無麼"は『九尾亀』では用いず，『海上花』でも上記2例のほか，第29回で，しかも同じく"無麼用"として1例用いられているだけである。"無撥"を捨てて，"無麼"をとっているわけではない。

舞台が上海であるだけに，事物の名称などで，上海語の語彙が用いられるのも当然なことで，"自來火""包打聽""紅頭巡捕""陽臺""亭子間""臺基"などの語が用いられて，上海的色彩を濃くしている。しかし，『九尾亀』も多く上海が背景となっているだけに，この点は，『海上花』ほどではないにしても，ほぼ共通した事情にある。いま『海上花』が上海語であるか，蘇州語であるかということになると，上述の若干の上海語の使用よりも，人称代名詞が完全に蘇州語であること，指示詞が基本的に蘇州語であることの方を重くみないわけにはいかないだろうから，『海上花』を無条件に上海語作品であるとして片づけてしまうことには，くみしがたい。なお，この見方を補強するものとして，『海上花』に用いられている語気詞をあげることができるだろう。

　蘇州語では，疑問文の末尾に /tɕiŋ/ をつけて，疑問の語気を助け，命令文の末尾に /ɲiã/ をつけて，慫慂の語気を，平叙文の末尾に /uæ/ をつけて，肯定・賛嘆の語気を添える[3]。

身體阿好吤 (tɕiŋ)？
　お元気ですか。

啥個事體吤？
　どんなことですか。

再坐歇喤 /ɲiã/。
　もうしばらくゆっくりしていって下さい。

俫看喤，該個是昆明湖呀。
　ほら，これが昆明湖ですよ。

掰末你是同學啘 /uæ/。
　では，私たちは同学ですね。

喔唷，今朝休息啘！
　あれっ，きょうは休みだ。

『海上花』における語気詞の用法は，全くこれと同じである[4]。

陸裡搭嘎 (tɕiŋ)？　　　　　　　　　　　　　　　　　　　　　　（2回）
　どちらですか。

晚歇阿來嘎？　　　　　　　　　　　　　　　　　　　　　　　　（4回）

『海上花列伝』の言語

```
             あとでおいでになりますか。
耐説說哩。                                          (1回)
    話しなさいよ。
洪老爺，上來哩。                                      (3回)
    洪の旦那，上ってらっしゃいよ。
耐自家也勿小心哩。                                    (1回)
    あんたも不注意だよ。
我無啥事體哋。                                       (4回)
    私はなんにも用事がないよ。
```

これは，『九尾亀』も同様である。

```
倪阿肯騙耐嗄。                                  (初集巻一，1回)
    わたしたちが，あんたにうそをついたりしますか。
啥格好笑介。                                    (2集巻一，1回)
    なにがおかしいの。
快點上去哩。                                    (初集巻一，1回)
    はやくお上りなさいよ。
唔篤大家來看哩。                                 (初集巻三，11回)
    みんな来て見て下さい。
耐自家勿好哋。                                   (2集巻一，4回)
    あんた自身がいけないのよ。
自然勒倪搭哋。                                   (2集巻四，16回)
    もちろん，わたしのところにありますよ。
```

両書とも完全に蘇州語の語気体系によっているわけで，これも無視できない一点である。

§3 『海上花』は『九尾亀』と，用語面で多くの共通点をもっているが，一方で一部に相違があることも否定できない。前節で述べた，上海語の指示詞"第"などもその一つであるが，そのほかにもつぎの2例をあげることができる。
"那价"

北京語の"怎麼""怎麼樣"にあたる蘇州語は /fina² hã/ である。

倷看捼亨 (fina² hã)？
　あなたはどう思いますか。
新個班主任對唔篤捼亨？
　新しいクラス担任はみなさんに対してどうですか。

『九尾亀』も /fina² hã/（"那哼"と表記する）を用いる。

耐故歇心浪那哼。　　　　　　　　　　　　　　（初集巻二，6回）
　あなた，いまのお気持はどうですか。
耐看格對戒指那哼。　　　　　　　　　　　　　（初集巻二，6回）
　この指輪，どうでしょうか。

『新約全書』（蘇州土白）も同じである。
想想田裏个百合花看，哪哼大起來，俚勿勞碌，也勿紡紗。
　野のゆりがどうして育つのか，よくわきまえなさい。働きもせず，紡
　ぎもしません。　　　　　　　　　　　　　　　　　　（マタイ 6-28）
門徒看見之，希奇唔說，無花果樹哪哼立刻乾枯哉。
　弟子たちは，これを見て，驚いて言った。「どうして，こうすぐにい
　ちじくの木が枯れたのでしょうか。」　　　　　　　　　（マタイ 21-20）

ところが，『海上花』はこれらの"那哼"をすべて"那價"につくる。

耐末那價呢？　　　　　　　　　　　　　　　　　　　　　（2回）
　あなたは，どうなの。
價末耐說要我那价嗄？　　　　　　　　　　　　　　　　　（8回）
　では，おまえは私にどうしろというのか。

"那价"が /fina² hã/ の音をうつしているとは考えられない。"價"は同書
のなかで"价末""价事"などと用いられて，/kɤ²/ の音にあてられている
からである。したがって，"那价"は /fina² kɤ/ か，それに近い音になるわ
けであるが，この音を表記したとおもわれるものは，『海上花』以外には
例をみない。『海上花』とほぼ同時代の作品についてみても，みな"那哼"
である。

依耐末那哼介？　　　　　　　　　　　　　　　　（負曝閒談 17 回）
　おまえなら，どうするかね。

522

到底那哼？　　　　　　　　　　　　　　　（官場現形記9回）
　　　いったい，どうなさったのですか。
　では，なぜ『海上花』のみが"那价"とするのだろうか。陸澹安『小説詞語匯釈』は，これについて次のような説明をしている。

　　"那价"は松江一帯の土語である。韓子雲は松江の人であるから，誤って"那价"を蘇州口語としたのである。

　しかしこの説明はなお全面的には信じがたい。松江では，いまは上海と同じく /ɦina nən/ を用いるが，当時は /ɦinaʔ kɤʔ/ であったのだろうか。とすれば，このような基本的な語が，かくも大きく変わるものだろうか。そしてまた，なぜこの土語だけが全面的に用いられたのだろうか。いろいろな疑問がわいてくる。韓邦慶が，蘇州語の"那哼"を知らなかったとは到底考えられないし，また彼が造語したとも考えられない。蘇州語では /ɦinaʔ hã/ をつまって /hnã/ と発音されることが多いが，あるいはこの /hnã/ に /kəʔ/ をつけた /ɦinã kəʔ/ を表記したという可能性はないだろうか。蘇州語では /sɒ/（啥）と /sɒkəʔ/（啥個）が並行して用いられるが，これと同じように /ɦinã/（那哼）と /ɦinãkəʔ/（那价）が並行して用いられるところがあるとすると，説明がついてくる。北方で"怎（麽）"を"怎的"とする方言があるが，"那价"はつまり"怎的"にあたることとなる。しかし，これは臆測の域を出ない。

"來哚"

　北京語の"在"にあたる語に，『海上花』は"來裡""來浪""來哚"を用いる。これは，/ɦiləʔli/, /ɦiləʔlõ/, /ɦiləʔtoʔ/ を表記したもので，基本的には近指・中指・遠指の関係にある。しかし，"來浪"と"來哚"は多少ニュアンスを異にすることがあっても，交錯して用いられており，また"來浪"がときに"來裡"の領域にはいりこんでいることもあって，その差はさほどはっきりしたものではないが，"來裡"と"來哚"には，はっきりした区別がある。ところが，『九尾亀』はこの"來哚"を用いない。"來裡"と"來浪"（"勒浪"とも表記する）を用いるのみで，"來裡"を近指に，"來浪"をその他にあてている。これは"那价"とならんで，両書の違いの，もっとも大きなものの一つである。

しかし，"來哚"を用いるのは『海上花』のみではない。『新約全書』（蘇州土白）も用いている。『新約全書』では"拉裏""拉上""拉篤"という表記になっているが，"拉上"（"來浪"にあたる）を用いることは少なく，ほとんどが"拉裏""拉篤"によって表現されている。また，伝統戯曲の『酔中縁』なども"拉裏""拉浪""拉篤"を用いる。いまの蘇州語では /ɦilaʔtoʔ/ を用いないというけれども，評弾などでは全く用いないわけではない。

我實在快活勿過，要笑，熬勿住，什梗去拜堂，要給人家說我不夠穩重，說我格新官人是個窮措大，高攀仔相國千金嘞篤窮笑。
(揚振雄演出本『西廂記』)

まったくうれしくてたまらない。笑いがこみあげてきて，がまんできない。でもこれで式場に出たのでは軽薄な奴だ，貧乏書生が宰相令嬢のむこ殿になれたのだから，へらへらしているとそしられるにちがいない。

剛剛要去開箱子末聽見房裏珍珠勒篤織。　　(姚蔭梅演出本『方珍珠』)

箱をあけにいこうとしたとたん，部屋で珍珠がよんでいるのが聞こえた。

したがって，/ɦilaʔtoʔ/ はいまも一部，たとえば高年齢者層で用いられている蘇州語であるとみることができ，清末の『海上花』がこの語を用いていることは，なにも特別なことではなく，当時の蘇州語を反映しているものとみることができる。

§4 『海上花』の叙述部分は普通の白話によって書かれており，人称代名詞，指示詞をはじめとして，構造助詞，動態助詞，語気詞など，主なる虚詞はすべて北方語のものである。しかし，実詞には呉語の語彙が少からず用いられており，虚詞の一部には早期白話のものも用いられている。
"去"

『水滸』などでは"去"を介詞に用いた例がみえるが，『海上花』にもこの用例がある。

莊荔甫向洪善卿道："正要來尋耐，有多花物事，耐看看阿有啥人作成？"即去身邊摸出個折子，授與善卿。　　　　　　　　　　(1回)

524

荘茘甫は洪善卿に,「ちょうどお訪ねしようとおもっていたところです。品物をたくさんかかえているのだが,誰かさばいてくれる人はいませんかね。」といって,ふところあたりから折りたたんだ書き付けをとり出し,善卿にわたした。

淑人沒奈何,自己去腰裡解下一件翡翠猴兒扇墜,暗暗遞過雙玉懷裡,雙玉縮手不迭。　　　　　　　　　　　　　　　　　　　　　（32回）

淑人はやむなく,自分で腰から翡翠の扇子の根付けをはずして,そっと双玉に手渡そうとしたが,双玉は手をひっこめるばかりです。

雙玉去草地里拾起磁盆。　　　　　　　　　　　　　　　　（46回）

双玉は草はらから,いれものを拾いあげた。

"〜自"

『水滸』などには"且自""也自""已自""先自"など"〜自"を副詞語尾とした例が多くみられるが,『海上花』はこの型の副詞を多く用いている。

趙樸齋本自不懂,也無心相去聽他。　　　　　　　　　　　　（2回）

超樸斎はもとよりわかりもしなかったし,またそれに耳をかたむけようという気もなかった。

雙玉聽說,更自歡喜,仍拿了過那邊房里去陪客人。　　　　　（17回）

双玉は聞いて,いっそう嬉しくなり,また手にもって,あちらの部屋へ,客のお相手をしにいった。

痴鴛慌自分辯,二寶那裡相信。　　　　　　　　　　　　　（40回）

痴鴛はあわてていいわけしたが,二宝はどうして信じよう。

秀英尚自不肯,被新弟極力慇懃,勉強答應。　　　　　　　（29回）

秀英はそれでもいうことをきこうとしなかったが,新弟が懸命にすすめるものだから しぶしぶ承諾した。

このほかにも"竟自"（14回）,"且自"（27回）,"仍自"（12回）,"兀自"（23回）,"先自"（6回）,"也自"（27回）,"已自"（2回）,"亦自"（40回）,"益自"（36回）,"猶自"（18回）,"正自"（1回）などの例が,それぞれの括狐のなかの回にみうけられる。

"〜得緊"

動詞あるいは形容詞の後に"〜得緊"をつけて，程度のはなはだしいことを表すのも，早期白話以来のものである。

　怎奈外間鐘鼓之聲，聒耳得緊，大家沒得攀談。　　　　　　（47回）
　　いかんせん，表の部屋の太鼓や鐘の音が耳について，みんなはゆっくり話せなかった。
　韻叟詫異得緊，抬頭望外，果然朱淑人獨自一個，翩翩然來。　（53回）
　　韻叟が不思議でならず，顔をあげて，外をながめると，はたして朱淑人がひとりでふらっとやって来た。
　子富像熱鍋上螞蟻一般，坐不定，立不定，著急得緊。　　　　（59回）
　　子富は，あつい鍋のうえの蟻みたいに，居ても立ってもおられず，いらいらやきもきするばかりである。

　これらの中には，南方方言にうけつがれているものもあり（たとえば"〜得緊"），また必ずしも死語化していないものもあって（たとえば"竟自"），すべてを早期白話語彙の沿用とみることはできないが，"去"などは，その時代には用いられていないはずである。ただ，同時にこれらと同意の語が並行して用いられていることに注意しておかなくてはならない。"去"についていえば，『紅楼夢』などで用いられている"向"が並用されている。

　一面說，一面向桌上取那一對金釧臂，親自替子富套在手上。　（8回）
　　いいながら，テーブルの上の金の腕輪1対をとり，子富の手にはめた。
　堂倌向身邊掏出一角小洋錢給與那小買賣的。　　　　　　　　（15回）
　　ボーイはふところあたりから小銭1角をとり出して，その小商いの男に与えた。
　善卿向馬掛袋裡撈出一把銅錢遞與玉甫。　　　　　　　　　　（17回）
　　善卿は馬掛のポケットから銅貨を一つかみとり出して，玉甫にわたした。
　張蕙貞笑着，隨向王蓮生手裡取那蓮蓬和吳雪香更正。　　　　（22回）
　　張蕙貞は笑いながら，王蓮生の手からその蓮の苞をとり，呉雪香ととりかえた。

　また，現代語で起点を示す介詞として用いられている"從"も用いられ

『海上花列伝』の言語

翠鳳自去牀背後，從朱漆皮箱內捧出一隻拜匣，較諸子富拜匣，色澤體製，大同小異。　　　　　　　　　　　　　　　　　　　　　　（49回）
　翠鳳がベッドの後にいき，朱塗りの皮のトランクから文箱をとり出してみると，子富のと，色，形ともほとんど同じであった。

黃翠鳳聽說，從吳雪香手裡接來估量一回。　　　　　　　（22回）
　黃翠鳳はそれを聞くと，吳雪香の手から受けとって，値ぶみした。

§5　叙述部分に少からず呉語語彙が用いられているが，この場合も，通用範囲の広い，北方方言における同意語が並用されている。

"把/輛"

出至尚仁里口，見是兩把皮篷車，自向前面一把坐了。　　（8回）
　尚仁里の入口まで出ると，幌馬車が2台まっていたので，まえの1台に乗りこんだ。

約在明園洋樓會聚，另差這裡相幫桂福，速僱鋼絲的轎車，皮篷車各一輛。　　　　　　　　　　　　　　　　　　　　　　　　　　（35回）
　明園の洋館でおちあうことにし，ここの使用人の桂福に，かまぼこ馬車と幌馬車を各1台よびにやらせた。

"把"は自転車，人力車，馬車，自動車などを数える，呉語の量詞 /bu/ で，ふつう"部"と表記されるが（『九尾亀』も"部"とする），『海上花』は対話部分，叙述部分ともに"把"と表記する。対話部分ではいうまでもなく"把"を用いるが，叙述部分でも多く"把"を用い，並行して"輛"も用いている。"輛"は，いうまでもなく，ひろく北方に用いられる量詞で，対話部分ではまったく用いられていない。以下の各例の場合も，北方語は対話部分にはあらわれていない。

"面水/臉水"

玉甫，漱芳吃畢，阿招搬出，舀面水來。　　　　　　　　（35回）
　玉甫，漱芳が食べおわると，阿招が食器を下げ，洗面の水をくんで来た。

樓下諸三姐聽得，舀上臉水，點了煙燈。　　　　　　　　（16回）
　階下で諸三姐が聞いていて，洗面の水をくんできて，阿片ランプに火

527

をともした。

"捕面，揩面／洗臉"
　阿招又去舀進臉水請浣芳捕面梳頭，漱芳也要起身。　　　（18回）
　　阿招はまた洗面の水をくんできて，浣芳に顔を洗い，髪を結うようにいい，漱芳も起きようとした。
　簾外管家聞聲舀進臉水。韻叟揩了把面，瑤官遞上漱盃，漱了口。（51回）
　　簾の外で執事が声をききつけ，洗面の水をくんではいって来た。韻叟はさっと顔を洗い，瑤官がうがいコップをさし出すと，うがいをした。
　睡到早晨六點鐘，樸齋已自起身，叫棧使舀水洗臉，想到街上去喫點心。
　　　　　　　　　　　　　　　　　　　　　　　　　　　　　（2回）
　　樸斎は，朝6時にはもう起き，宿のものに水をくんでこさせて，顔を洗い，街へ食事をとりにいこうとおもった。

"揩／擦"
　阿珠忙着絞手巾，蓮生接來揩了一把，方吩咐來安打轎回去。　（5回）
　　阿招はいそいで手拭いをしぼってさし出すと，蓮生はうけとって，一拭きし，来安に帰るから，輿をまわすよういいつけた。
　樸齋絞把手巾，細細的擦那馬掛，擦得沒一些痕跡，方纔穿上。（1回）
　　樸斎は手拭いをしぼると，念入りに馬掛を，跡がなくなるまで拭いて，着た。

"着／穿"
　盤算一回，打定主意，便取馬掛着了要走。　　　　　　　　（4回）
　　ちょっと思案し，考えをきめてから，馬掛をとって着用，出かけようとした。
　向浣芳道："無姆也來哚說哉，快點着罷。"浣芳還不肯穿。　（18回）
　　「お母さんもいってましたよ。はやく着なさい。」といったが，浣芳はそれでも着ようとしない。

"立／站"
　阿金背轉身去立在一邊。　　　　　　　　　　　　　　　　（3回）
　　阿金はうしろを向いて，そばに立っていた。
　王阿二方纔罷了，立起身來剔亮了燈臺，問樸齋尊姓，又自頭至足細細打

量。　　　　　　　　　　　　　　　　　　　　　　　　（2回）
　　王阿二はやっとやめて，立ちあがり，燭台の燈心をかきたて，樸斎
　に名をきくとともに，頭から爪さきまで，しげしげとみた。
　楊家姆站在一旁，問洪善卿道：……。　　　　　　　　　（1回）
　　楊家姆はそばに立ったままで，洪善卿にたずねた。
　仲英站起身來，像要走的光景，雪香問："做倽？"　　　（6回）
　　仲英が立ちあがって，出かけるような風なので，雪香は「どうなさい
　ますの。」とたずねた。
"轉來／回來，過來"
　善卿還招手喊叫，那裡還肯轉來。　　　　　　　　　　（28回）
　　善卿はなお手招きして呼んだが，どうして戻ってきたりしようか。
　漱芳纔醒轉來，手中兀自緊緊揣着不放，瞪着眼看定玉甫，只是喘氣。
　　　　　　　　　　　　　　　　　　　　　　　　　　（20回）
　　漱芳はやっと気がつき，手にしっかりと引きよせたまま放そうとせず，
　目を大きく見ひらいて，玉甫をみすえ，息をあらくしている。
　玉甫正待根究，只見李浣芳已偕阿招趔趄回來。　　　　（35回）
　　玉甫がくわしくたずねようとしているところへ，李浣芳が阿招といっ
　しょに，ふらふらしながら戻ってきた。
　阿金，阿海上前拉住善卿，問："洪老爺來裡做倽？"善卿纔醒過來。
　　　　　　　　　　　　　　　　　　　　　　　　　　（28回）
　　阿金と阿海がすすみよって，善卿をつかまえ，「旦那，なにをしてお
　いでですか。」ときくと，善卿はやっと我にもどった。
"困／睡"
　荔甫又令楊家姆去困。　　　　　　　　　　　　　　　（26回）
　　荔甫はまた楊家姆にいって寝るようにいった。
　漱芳連催浣芳去睡。　　　　　　　　　　　　　　　　（35回）
　　漱芳はなん度も浣芳にいって寝るようにせきたてた。
"打磕銃／打盹"
　不料子富竟不在房，只有黃珠鳳垂頭伏桌打磕銃。　　　（22回）
　　案に相違して，子富は部屋におらず，黃珠鳳だけが机にうつ伏せにな

529

って，うたたねしていた。

見那相幫危坐於水缸蓋上，垂頭打盹，即叫醒他。　　　　　（30回）

例の使用人が水がめの蓋のうえにきちんとすわって，頭を垂れて居睡りをしているので，呼びおこした。

"記起／想起"

子富忽然記起一件事來。　　　　　　　　　　　　　　　　（8回）

子富はふとあることを思い出した。

黄昏時候，玉甫想起一件事來。　　　　　　　　　　　　　（42回）

夕方に玉甫はあることを思い出した。

そのほか"夜飯／晚飯"，"中飯／午飯"，"物事／東西"，"頭頸／脖子"，"衣裳／衣服"，"認得／認識"，"一淘／一同"など多くの用例がみられる。

このように同意語を並用することは，文言語彙と白話語彙との間にもみられるが，文白，新旧白話をとりまぜて用いるのは文学作品の常であり，また呉語，下江官話の語を多く用いるのは，南方出身の作家のものにほぼ共通してみられるところであって，ひとり『海上花』に限らない。呉語語彙にしても，上掲の各例のほか，"攔""撇""拎"などが多用されているが，清末のみならず，現代の文学作品にもみられる傾向であり，"生意""朋友"などの語を北方語に於ける意味とは異なった内容で用いるのも，南方出身の作家のものでは一般的である。しかし，『海上花』が他の作品に較べて，方言色のより濃い語を多く用いている点も否定できない。上掲例に於ける"捕面"などがそれであるが，これに類するものとして，以下の例をあげることができる。

這回却熟落了許多，與諸十全談談講講，甚是投機。　　　　（16回）

こん回はずーっと親しくなってて，諸十全といろいろ語り合って，とても気が合った。

徐茂榮見那王阿二倒是花煙間內出類拔萃的人物，就此坐坐倒也無傄，即點了點頭。　　　　　　　　　　　　　　　　　　　　　　　（5回）

徐茂栄は，王阿二がこの種のあいまい宿では，飛び切りの上玉なのを見て，ここに腰をすえるのも悪くないとおもい，うなずいた。

二寶初時不睬，聽瑞生說得發鬆，再忍不住，因而欻地下牀，去後面樸齋

530

睡的小房間內小遣。　　　　　　　　　　　　　　　　（30回）

　二宝は始めはとりあわなかったが，瑞生の話がおもしろくて，聞き入っていた。しかし，もうがまんできなくて，奥の樸斎のやすむ小部屋へ小用をたしにいった。

浣芳亦自覺鬆快爽朗，和玉甫着衣下床，洗臉梳頭喫點心，依然一個活潑潑地小幹件。　　　　　　　　　　　　　　　　　　　　　（35回）

　浣芳もすーッとして，さわやかな気分になって，玉甫とともに着物を着て，ベッドから下り，顔を洗い，髪を結って，食事をとった。もとのままの，元気のいい子どもにかえっていた。

在這院子裡空地上相與勃交打滾，踢毽子，捉盲盲，頑耍得沒個清頭。
　　　　　　　　　　　　　　　　　　　　　　　　　（51回）

　庭の空き地で，いっしょに相撲をとったり，羽根蹴りをしたり，鬼ごっこをしたり，遊びほうけていた。

念畢，諸十全原是茫然，實夫復逐句演說一遍。　　　　　（21回）

　よみ終っても，諸十全はやっぱりわからないので，実夫はもう1度，1句1句解説してやった。

黃翠鳳未免有些秘密閑話要和錢子剛說，爭奈諸金花坐在一旁，可厭已甚。
　　　　　　　　　　　　　　　　　　　　　　　　　（32回）

　黃翠鳳は錢子剛と話したい内しょ話があるのに，諸金花がべったりそばにいるので，うとましいこと，この上もない。

　この種の語を叙述部分に用いるのは，他の作品にあまり例がなく，全体として，呉語色の強い作品となっている。　　　　　　　　　　（完）

〈注〉
(1)　胡明揚「上海話一百年来的若干変化」（中国語文 1978年第3期）を参照。
(2)　同上。
(3)　現代蘇州語の例文は，いずれも宮田・許・銭『上海語・蘇州語学習と研究』（光生館 1984 東京）から採った。以下同じ。
(4)　『海上花』では‘嗄’を疑問の語気詞‘呢’の仮借字としても用いている。

【附録】

『海上花列伝』聞き書き（一）

　『海上花列伝』第39回および第40回に見える"酒令"は，ある字を出して，つぎにその字で終わる2字・3字，さらに複数の字の語句を，正三角形になるように続け，その語句は四書の中から選ぶ遊びである。

魚	[**出典**] 子曰："直哉史魚！邦有道，如矢；無道，如矢。"（論語・衛靈公第十五）
史魚	
鳥籾魚	《詩》云："……。王在靈沼，於籾魚躍。"（孟子・梁惠王上）
子謂伯魚	
膠鬲舉於魚	子謂伯魚曰："女爲《周南》，《召南》矣乎？……"（論語・陽貨）
昔者有饋生魚	
數罟不入洿池魚	孟子曰："舜發於畎畝之中，傅說舉於版築之間，膠鬲舉於魚鹽之中，……"（孟子・告子下）
二者不可得兼舍魚	
曰殆有甚焉緣木求魚	曰："否。昔者有饋生魚於鄭子產，子產使校人畜之池。……"（孟子・萬章上）

　曰："……。不違農時，穀不可勝食也；數罟不入洿池，魚鱉不可勝食也；……"（孟子・梁惠王上）

　孟子曰："魚，我所欲也；熊掌，亦我所欲也。二者不可得兼，捨魚而取熊掌者也。……"（孟子・梁惠王上）

　曰："殆有甚焉。緣木求魚，雖不得魚，無後災。"（孟子・梁惠王上）

[**出典**] 夫子莞爾而笑，曰："割雞焉用牛刀？"（論語・陽貨第十七）

　孟子曰："……。人有雞犬放，則知求之；有放心而不知求。……"（孟子・告子上）

　孟子曰："今有人曰攘其鄰之雞者，或告之曰：'是非君子之道。'曰：'請損之，月攘一雞，以待來年，然後已。'……"（孟子・滕文公下）

雞	孟子曰："雞鳴而起，孳孳爲善者，舜之徒也；雞鳴而起，孳孳爲利者，跖之徒也。……"（孟子・盡心上）
割雞	
人有雞	
月攘一雞	止子路宿，殺雞爲黍而食之，見其二子焉。（論語・微子第十八）
舜之徒也雞	
止子路宿殺雞	
畜馬乘不察於雞	孟獻子曰："畜馬乘不察於雞豚，伐冰之家不畜牛羊，百乘之家不畜聚斂之臣。……"（大學）
可以衣帛矣五母雞 注1	
今有人日攘其鄰之雞	曰："……。五畝之宅，樹之以桑，五十者可以衣帛矣；雞豚狗彘之畜，無失其時，七十者可以食肉矣；……"。（孟子・梁惠王上）

孟子曰："今有人日攘其鄰之雞者，或告之曰：……"（孟子・滕文公下）

肉	［**出典**］曰："孔子爲魯司寇，不用，從而祭，燔肉不至，不稅冕而行。……"（孟子・告子下）
燔肉	
不宿肉	祭於公，不宿肉。祭肉不出三日。（論語・鄉黨第十）
庖有肥肉	
是鶂鶂之肉	曰：庖有肥肉，"廄有肥馬，民有飢色，野有餓莩，此率獸而食人也。……"（孟子・梁惠王上）
亟問亟饋鼎肉	
七十者衣帛食肉	
聞其聲不忍食其肉	他日，其母殺是鵝也，與之食之。其兄自外至，曰："是鶂鶂之肉也。"出而哇之。（孟子・滕文公下）
朋友饋雖車馬非祭肉 注2	

曰："繆公之於子思也，亟問，亟饋鼎肉，子思不悅。……"（孟子・萬章下）

曰："……。七十者衣帛食肉，黎民不飢不寒，然而不王者，未之有也。……"（孟子・梁惠王上）

曰："……。君子之於禽獸也，見其生，不忍見其死；聞其聲，不忍食其肉。是以君子遠庖廚也。"（孟子・梁惠王上）

朋友之饋，雖車馬，非祭肉，不拜。（論語・鄉黨第十）

533

酒	[出典] 沽酒、市脯不食。（論語・鄉黨第十）
沽酒	子曰："……，喪事不敢不勉，不爲酒困，
不爲酒	何有於我哉？"（論語・子罕第九）
鄉人飲酒	鄉人飲酒，杖者出，斯出矣。（論語・鄉黨第十）
博弈好飲酒	孟子曰："……；博弈，好飲酒，不顧父母
詩云既醉以酒	之養，二不孝也；……"（孟子・離婁下）
是猶惡醉而強酒	《詩》云：'既醉以酒，既飽以德。'言飽
曾元養曾子必有酒	乎仁義也,所以不願人之膏粱之味也；……"（孟
有事弟子服其勞有酒	子・告子上）

孟子曰："……。今惡死亡而樂不仁，是猶惡醉而強酒。"（孟子・離婁上）

孟子曰："事，孰爲大？……曾子養曾晳，必有酒肉；……"（孟子・離婁上）

子曰："色難。有事，弟子服其勞；有酒食，先生饌，曾是以爲孝乎？"（論語・爲政第二）

粟	[出典] 交聞文王十尺，湯九尺，今交九尺四
食粟	寸以長，食粟而已，如何則可？（孟子・告子下）
雖有粟	公曰："善哉！信如君不君，臣不臣，父不
所食之粟	父，子不子，雖有粟，吾得而食諸？"（論語・
則農有餘粟	顏淵第十二）
其後廩人繼粟	孟子曰："……。所食之粟，伯夷之所樹與，
冉子爲其母請粟	抑亦盜跖之所樹與？食未可知也。"（孟子・滕
孟子曰許子必種粟	文公下）
聖人治天下使有菽粟	曰："子不通功易事，以羨補不足，則農有
	餘粟，女有餘布；……"（孟子・滕文公下）

曰："……。其後廩人繼粟，庖人繼肉，不以君命將之。……"（孟子・萬章下）

子華使於齊，冉子爲其母請粟。（論語・雍也第六）

孟子曰："許子必種粟而後食乎？"（孟子・滕文公上）

孟子曰："……。聖人治天下，使有菽粟如水火。菽粟如水火，而民焉

有不仁者乎？"（孟子・盡心上）

| 羊 | [**出典**] 萬章問曰："或曰：'百里奚自鬻於秦養牲者五羊之皮，食牛，以要秦穆公。'信乎？（孟子・萬章上）
| 五羊 |
| 猶犬羊 |
| 其父攘羊 | 文猶質也，質猶文也。虎豹之鞹猶犬羊之鞹。（論語・顏淵第十二）
| 見牛未見羊 |
| 何可廢也以羊 | 葉公語孔子曰："吾黨有直躬者，其父攘羊，而子證之。"（論語・子路第十三）
| 而曾子不忍食羊 |
| 伐冰之家不畜牛羊 | 曰："無傷也，是乃仁術也，見牛未見羊也。……"（孟子・梁惠王上）
| 子貢欲去告朔之餼羊 |

對曰："然則廢釁鐘與？"曰："何可廢也？以羊易之！"（孟子・梁惠王上）

曾晳嗜羊棗，而曾子不忍食羊棗。公孫丑問曰："膾炙與羊棗孰美？"（孟子・盡心下）

孟獻子曰："畜馬乘不察於雞豚，伐冰之家不畜牛羊，百乘之家不畜聚斂之臣。……"（大學）

子貢欲去告朔之餼羊。子曰："賜也！爾愛其羊，我愛其禮。"（論語・八佾第三）

| 湯 | [**出典**]《太誓》曰："我武惟揚，侵于之疆，則取于殘，殺伐用張，于湯有光。"（孟子・滕文公下）
| 于湯 |
| 五就湯 |
| 伊尹相湯 | 孟子曰："居下位，不以賢事不肖者，伯夷也；五就湯，五就桀者，伊尹也；……"（孟子・告子下）
| 冬日則飲湯 |
| 由堯舜至於湯 |
| 伊尹以割烹要湯 | 伊尹相湯以王於天下，湯崩，太丁未位，外丙二年，仲壬四年，太甲顛覆湯之典刑，伊尹放之於桐，三年。……（孟子・萬章上）
| 囂囂然曰吾何以湯 |
| 不識王之可以爲湯 |

公都子曰："冬日則飲湯，夏日則飲水，然

則飮食亦在外也？"（孟子・告子上）

　孟子曰："由堯舜至於湯，五百有餘歲；若禹、皐陶，則見而知之；若湯，則聞而知之。……"（孟子・盡心下）

　萬章問曰："人有言：伊尹以割烹要湯。'有諸？"（孟子・萬章上）

　孟子曰"……。湯使人以幣聘之，囂囂然曰：'我何以湯之聘幣爲哉？……'……"（孟子・萬章上）

　孟子去齊，尹士語人曰："不識王之不可以爲湯武，則是不明也；識其不可，然且至，則是干澤也。……"（孟子・公孫丑下）

なお，第39回で痴鴛が"造塔未要塔箇尖箇呀！'肉雖多'，'魚躍于淵''雞鳴狗吠相聞'，才是有尖箇塔。耐說箇酒，《四書上》浪句子'酒'字打頭阿有嘎？"と，"肉""魚""雞"で始まる語句が『四書』にあり，"酒"で始まる語句が『四書』にないことを言っているが，彼の挙げる語句は次の書に見える。

肉雖多　論語・郷黨第十（肉雖多，不使勝食氣。）
魚躍于淵　中庸（《詩》云："鳶飛戾天，魚躍于淵。"言其上下察也。）
雞鳴狗吠相聞　孟子・公孫丑上（雞鳴狗吠相聞，而達乎四境，而齊有其民矣。）

注1　1894年石印初刊本による。人民文学出版社は"可以衣帛矣,雞"とする。
　　出典からすると，人民文学出版社のものとなるが，字数はあわなくなる。
注2　出典では"朋友之饋"としているが，上記2版本とも"之"字を省いている。

【附録】

『海上花列伝』聞き書き（二）

　第41回で華鐵眉が"我想着箇花樣來裡。要一箇字有四箇音，用四書句子做引證"と提案し，それぞれが例を挙げているが，その出典は次のとおりである。

　行己有恥
　　行，音蘅。
　　子貢問曰：何貢問曰："何如斯可謂之士矣？"子曰："行己有恥，使於
　　　四方，不辱君命，可謂士矣。"（論語・子路第十三）
　公行子
　　行，音杭。
　　公行子有子之喪，右師往吊。（孟子・離婁下）
　行行如也
　　行，音笁。
　　閔氏侍側，誾誾如也；子路，行行也；……（論語・先進第一）
　夷考其行
　　行，音下孟切。
　　"何以謂之狂也？"曰："其志嘐嘐然，曰：'古之人，古之人。'夷考其
　　　行，而不掩焉者也。……"（孟子・盡心下）

　射不主皮
　　射，神夜切。
　　子曰："射不主皮，爲力不同科，古之道也。"（論語・八佾第三）
　弋不射宿
　　射，音實。
　　子釣而不綱，弋不射宿（論語・述而第七）

537

矧可射思
 射，音約。
 "《詩》曰：'神之格思，不可度思，矧可射思。'夫微之顯，誠之不可揜，如此夫。"（中庸）
在此無射
 射，音妒。
 《詩》曰："在此無惡，在此無射；庶幾夙夜，以永終譽。"（中庸）

相維辟公
 辟，音璧。
 子曰："'相維辟公，天子穆穆。'奚取於三家之堂？"（論語・八佾第三）
放辟邪侈
 辟，音僻。
 曰："無恆產而有恆心者，惟士能爲。若民，則無恆產，因無恆心。苟無恆心，放辟邪侈，無不爲已。……"（孟子・梁惠王上）
賢者辟世
 辟，音避。
 子曰："賢者辟世，其次辟地，其次辟色，其次辟言。"（論語・憲問第十四）
辟如登高
 辟，音譬。
 君子之道，辟如行遠，必自邇；辟如登高，必自卑。（中庸）
なお，韻叟は以上の4音のほかに，なお1音があるとして，下例を挙げている。
欲辟土地
 辟，音闢。
 曰："然則王之所大欲可知已。欲辟土地朝秦楚，莅中國而撫四夷也。……"（孟子・梁惠王上）

從吾所好

從，墻容切。

子曰："富而可求也，雖執鞭之士，吾亦爲之。如不可求，從吾所好。"（論語・述而第七）

從者見之

從，才用切。

儀封人請見，曰："君子之至於斯也，吾未嘗不得見也。"從者見之。（論語・八佾第三）

從容中道

從，七恭切。

誠者不勉而中，不思而得，從容中道，聖人也。（中庸）

從之純如也

從，音縱。

子語魯大師樂，曰："樂其可知也：始作翕如也；從之純如也，皦如也，繹如也，以成。"（論語・八佾第三）

同じく第41回で華鐵眉が"再有箇花樣，舉四書句子，要首尾同字而異音"として，"朝將視朝"の例を擧げ，他の者もこれにならってそれぞれが例を擧げている。

朝將視朝

朝 zhāo － cháo 注

孟子將朝王，王使人來曰："寡人如就見者也，有寒疾，不可以風。朝，將視朝，不識可使寡人得見乎？"（孟子・公孫丑下）

王之不王

王 wáng － wàng

故王之不王，非挾太山以超北海之類也；王之不王，是几枝折之類也。（孟子・梁惠王上）

治人不治

治　平声—去声に読んだものであろう。

孟子曰："愛人不親，反其仁；治人不治，反其智；……"（孟子・離婁上）

樂節禮樂　樂驕樂　樂宴樂

樂 yào － yuè　　yào － le　　yào － lè

孔子曰："益者三樂，損者三樂。樂節禮樂，樂道人之善，樂多賢友，益矣。樂驕樂，樂佚游，樂宴樂，損矣。"（論語・季氏第十六）

（"樂"には① yuè 音樂，禮樂，② lè 快樂，③ yào 喜好，愛好の3音があり，今は第2音と第3音が合併して lè と読まれる）。

行堯之行　行桀之行

行 xíng － xìng

曰："……。子服堯之服，誦堯之言，行堯之行，是堯而已矣。子服桀之服，通桀之言，行桀之行，是桀而已矣。"（孟子・告子下）

（"行"には① xíng，② xìng 品行，行跡の2音があり，今はともに xíng と読まれる）。

弟子入則孝，出則弟

弟　朱熹の注では，文頭の"弟"は上声，後の"弟"は去声となっている。

子曰："弟子入則孝，出則弟，謹而信。泛愛衆而親仁。行有餘力，則以學文。"（論語・學而第一）

第45回で"四聲酒令"を取り上げ，痴鴛が四書の中から数例を挙げているが，その出典は次のとおりである。

［平上入去］

時使薄斂　　忠信重祿，所以勸士也；時使薄斂，所以勸百姓；……（中庸）

君子不器　　子曰："君子不器。"（論語・爲政第二）

而後國治　　身修而後家齊，家齊而後國治（大學）

無所不至　　小人閑居，爲不善無所不至……（大學）

然後樂正　　子曰："吾自衛反魯，然後樂正，《雅》《頌》各得其所。"（論語・子罕第九）

爲禮不敬　　子曰："居上不寬，爲禮不敬，臨喪不哀，吾何以觀之哉？"（論語・八佾第三）

芸者不變　　歸市者弗止，芸者不變，誅其民，吊其民，如時雨降，民大

540

悦。(孟子・滕文公下)

言語必信　經德不回，非以干祿。言語必信，非以正行也。(孟子・盡心下)

今也不幸　今也不幸至於大故，吾欲使子問於孟子，然後行事(孟子・滕文公上)

中士一位　君一位，卿一位，大夫一位，上士一位，中士一位，下士一位，凡六等。(孟子・萬章下)

君子不亮　孟子："君子不亮，惡乎執？"(孟子・告子下)

來者不拒　夫子之設科也，往者不追，來者不拒(孟子・盡心下)

湯使亳衆　湯使亳衆往爲之耕，老弱饋食。(孟子・滕文公下)

夫豈不義　夫豈不義而曾子言之？是或一道也。(孟子・公孫丑下)

[上去平入]

長幼之節　長幼之節，不可廢也。(論語・微子第十八)

請問其目　顏淵曰："請問其目。"(論語・顏淵第十二)

子路曾晳　子路、曾晳、冉有、公西華侍坐。(論語・先進第十一)

父召無諾　《禮》曰：'父召無諾，君命召，不俟駕。'(孟子・公孫丑下)

五畝之宅　五畝之宅，樹之以桑，五十者可以衣帛矣。(孟子・梁惠王上)

子在陳曰　子在陳曰："歸與，歸與！吾黨之小子狂簡，斐然成章，不知所以裁之。"(論語・公冶長第五)

改廢繩墨　大匠不爲拙工改廢繩墨，羿不爲拙射變其彀率。(孟子・盡心上)

なお，第41回で高亜白が"有箇'敦'字，好像十三箇音哚，限定仔《四書》就難哉。"と言っているが，"敦"の13個の音とは，『広韻』『集韻』で，①都昆切，②都回切，③徒官切，④都困切，⑤主尹切，⑥他困切，⑦丁聊切，⑧都內切，⑨杜皓切，⑩陳留切，⑪徒渾切，⑫亭年切，⑬都鈞切 としていることを指す。"敦"字のこれらの音は四書に限らず，各種の古典のなかに散見される。

541

注　始めの"朝"を"早晨"とせず,"朝見"に解すると,"首尾同字而異音"ではなくなる。

（この『海上花列伝』聞き書き（一）（二）は,先年北京に赴き,江藍生先生にお目にかかったさい,かねて興味を覚えていた『海上花列伝』の中の文字遊びについて教えを乞うことができた。そのときの聞き書きノートをこの論集の刊行を機に,整理したものである。出典はすべて先生の示されたもので,"敦"の13個の音についても先生の教示による。先生の博覧強記には驚嘆するばかりだった。）

【附録】

『海上花列伝』聞き書き（三）

『海上花列伝』第51回に「穢史外編」という1文があるが，淫猥を極めるため，人民文学出版社本などでは削除している（平凡社中国古典文学大系19『海上花列伝』[太田辰夫訳]では，太田先生による読み下し文が示されている）。この文の中の語句には典故をふまえ，換骨奪胎して用いているものが多い。

高唐：地名。古代の伝説で楚の懐王と巫山の神女の幽会の地とされる。戦国時代の楚の宋玉に『高唐賦』があり，楚の懐王が高唐に遊んださい，ある女性と邂逅，その女性が「妾巫山之女也，爲高唐之客，聞君游高唐，願薦枕席」と言うので，懐王が幸したとある。ここでは高および唐の両氏にしている

登徒子：好色の徒を指す。宋玉の《登徒子好色賦》に見える

上下床：人あるいは事柄の高下・格差のこと。『三国志・魏志・陳登伝』の故事から出たもの。

東墻生："東墻"は東の塀。『孟子・告子下』に"逾東家墻而摟其處子"とあることから，"東墻生"でもって好色の徒を指す。

磨厲以須：磨厲以須，王出，吾刃將斬矣。（左傳・昭公12年）

脱穎而出：『史記・平原君列伝』の毛遂の故事に由来する成語。

具體而微：『孟子・公孫丑上』の"昔者竊聞之：子夏、子游、子張皆有聖人之一體，冉牛、閔子、顔淵則具體而微，敢問所安。"に由来する成語。

屠牛坦解十二牛：『荘子・養生主』の"庖丁爲文惠君解牛，……"の故事をふまえている。

批郤導窾：依乎天理，批郤導窾。（荘子・養生主）

招我由房：君子陽陽，左執簧，右招我由房，其樂只且！（詩經・王風）

請君入瓮：『資治通鑑・唐則天皇后天授二年』の故事に由来する成語。
有酒如淮：有酒如淮，有肉如坻（左傳・昭公 12 年）
旨且多：君子有酒，旨且多（詩經・小雅）
美而艷：宋華父督見孔父之妻於路，目逆而送之，曰：'美而艷'（左傳・桓公元年）
寡君有不腆之溪毛：『儀礼・燕礼』の中の"寡君不腆之酒"をふまえている。
溪毛：『左伝・隠公三年』の"澗溪沼沚之毛"をふまえている。
三女成粲：人三爲衆，女三爲粲（史記・周本紀）
恐隕越以貽羞：恐隕越於下，以遺天子之羞（左傳・僖公 9 年）
將厭覆之是懼：敗績厭覆是懼（左傳・襄公 31 年）
三株："三株樹"を指す。古代伝説の珍樹。『山海經・海外南經』に見える。
及鋒而試：日夜企而望歸，及其鋒而用之，可以有大功。（史記・高祖本紀）
不介而馳：不介馬而馳之。（左傳・成公 2 年）
挾潁考叔之輈：公孫閼與考叔爭車，潁考叔挾以走。（左傳・隱公 11 年）
鞭之長不及於腹：雖鞭之，不及馬腹。（左傳・宣公 15 年）
皮之存不傳於毛：皮之不存，毛將焉傅？（左傳・僖公 14 年）
驚退三舍：晉楚治兵，遇於中原，其辟君三舍。（左傳・僖公 23 年）
放踵而摩頂：墨子兼愛，摩頂放踵利天下，爲之。（孟子・盡心上）
龍潛勿用：潛龍勿用，陽氣潛藏。（易經・乾）
屈而不伸：今有無名之指，屈而不信。（孟子・告子上）
無臭無聲：上天之載，無聲無臭。（詩經・大雅）
壁上觀：及楚擊秦，諸將皆從壁上觀。（史記・項羽本紀）
胥臣之虎皮蒙其馬：胥臣蒙馬以虎皮，先犯陳蔡。（左傳・僖公 28 年）
以郈氏之金距介其雞：季、郈之雞鬥，季氏介其雞，郈氏爲之金距。（左傳・昭公 25 年）
華元之甲：華元爲植巡功。城者謳曰："……于思于思，棄甲復來。"（左傳・宣公 2 年）
菫父之布，蘇而復上：主人縣布，菫父登之，及堞而絕之，隊則又縣之，蘇而復上者三。（左傳・襄公 10 年）
一張一弛：一張一弛，文武之道也。（禮記・雜記下）

十蕩十決：隴上壯士有陳安，軀幹雖小腹中寬，七尺大刀奮如湍，丈八蛇矛左右盤，十蕩十決無當前。（樂府詩集・雜歌謠辭・隴上歌）

俍俍乎不知其何之：治國而無禮，譬猶瞽之無相與，俍俍乎其何之。（禮記・仲尼燕居）

捨正路而不由：曠安宅而弗居，舍正路而不由，哀哉。（孟子・離婁上）

從下流而忘反：從流下而忘反，謂之流；從流上而忘反，謂之連。（孟子・梁惠王下）

呂之射戟也轅門：呂布が袁術と劉備を和解させるために戟を軍門に射たという故事を指す。『後漢書・呂布伝』。

羿之行舟也陸地：羿（古代伝説上の人物）は陸地に舟を進めることができたといわれる。

橫看成嶺側看峰：橫看成嶺側看峰，遠近高低無天瓢，不識廬山真面目，只緣身在此山中。（蘇軾：題西林壁）

翻手爲雲覆手雨：翻手作雲覆手雨，紛紛輕薄何須數。（杜甫：貧交行）

乃如之人兮。（詩經・邶風）

染指於鼎：公子怒，染指於鼎，嘗之而出。（左傳・宣公4年）

泉涓涓兮始流：木欣欣以向榮，泉涓涓而始流。（陶淵明・歸去來辭）

涅而不緇，白乎：不曰白乎，涅而不緇？（論語・陽貨第十七）

鑽之彌堅，卓爾：仰之彌高，鑽之彌堅。……欲罷不能，既竭吾才，如有所立卓爾。（論語・子罕第九）

玉杵親搗元霜：裴航という人が玉の杵（きね）を聘金ととし、それで薬を百日搗（つ）いて美女玉英をめとったという故事（唐・裴鉶：伝奇・裴航）をふまえている。

瞻其腹：睅其目，瞻其腹，棄甲而復。（左傳・宣公2年）

交綏：乃皆出戰，交綏。（左傳・文公12年）

大嚼於屠門：人聞長安樂，則出門而笑，知肉味美，則對屠門而大嚼。（漢・桓譚：新論）

熟聞於鮑肆：如入鮑魚之肆，久而不聞其臭。（孔子家語・六本）

不度玉門關：羌笛何須怨楊柳，春光不度玉門關。（王之渙：涼州詞）

直至黃龍府，與君痛飲：岳飛が"直抵黃龍府，與諸君痛飲爾"と言った

545

という説がある。黄龍府は今の吉林省農安を治下においていたところ。

既獸畜而不能豕交：食而弗愛，豕交之也；愛而不敬，獸畜之也。（孟子・盡心上）

寧雞口而毋爲牛後：臣聞鄙語曰："寧爲雞口，無爲牛後。"（戰國策・韓策一）

子盍爲我圖之：子盍爲我言之？（孟子・公孫丑下）

蚯蚓竅之蒼蠅聲：時於蚯蚓竅，鳴作蒼蠅聲。（宋・俞琰：席上腐談）

雖糟亦醉：但多與我錢，吃糟亦醉，不煩酒也。（說郛12卷）

捫燭而得其形：或告之曰："日之光如燭。"捫燭而得其形。他日揣籥，以爲日也。（蘇軾：日喻說）

嘗鼎而知其味：嘗一脟肉而知一鑊之味，一鼎之調。（呂氏春秋・蔡今）

刮垢磨光：爬羅剔抉，刮垢磨光。（唐・韓愈・進學解）

新硎乍發：所解數千牛矣，而刀刃若新發於硎。（莊子・養生主）

游刃有餘：以無厚入有間，恢恢乎，其于游刃必有餘地矣。（同上）

左旋右抽：左旋右抽，中軍作好（詩經・鄭風）

大含細入：大者含元氣，細者入無間。（揚雄・解嘲）

神龍夭矯：龍夭矯，燕枝拘。（淮南子・修務訓）

揉若無骨："揉"は"柔"に同じ。"丰若有肌，柔若無骨"（飛燕外傳）

旅而進，旅而退：今夫古樂，進旅退旅。（禮記・樂記）。吾不欲匹夫之勇也，欲其旅進旅退。（國語・越語下）"旅"は"一起""俱"の意。

曲奏三終：乃歌'鹿鳴'三終。（儀禮・大射禮）

下視其轍：下視其轍，登軾而望之。（左傳・莊公10年）

血流漂杵：前徒倒戈，攻于后以北，血流漂杵。（尚書・武成）

晝日猶可接三：康侯用錫馬，晝日接三。（周易・晉）。李鏡池：周易通義では"康侯用成王賜給他的良種馬來繁殖馬匹，一天多次交配"と訳している。

背城借一：請收合餘燼，背城借一。（左傳・成公2年）

興辭：主人阼階前，西面坐，奠爵，興，辭降。（儀禮・射禮）

采葑之首章：『詩經』に"采葑"の詩はないが，国風・唐風に"采苓"三章があり，その中に"采葑"を用いた章がある。

附録

　先年蘇州に畏友石汝杰君を訪ね，『海上花列伝』中の蘇州語について教えを乞うたさい，高齢に免じてご教示いただければと，厚顔にも人民文学出版社本で削除されている部分の語句の出典についてお尋ねした。同君はかなりお困りのようであったが，ていねいにその出所を教えてくださり，私の誤解も正してくださった。この『海上花列伝』聞き書き（三）は，その時の聞き書きノートを，この論文集の刊行を機会に整理したもので，他に同君から注釈・口語訳していただたものもあるが，文字化をはばかれるものが多く，これらは，出所の明らかでないものとともに割愛した。）

【著者経歴】

　1923年福井市に生まれる。1940年上海に渡り,東亜同文書院大学に学ぶ。同大学予科在学中に太平洋戦争勃発。学部に進むも,1943年12月いわゆる学徒出陣により応召。1944年南京の軍営において戦時繰上げ卒業による卒業証書を受け取る。終戦により召集解除,上海に戻る。1946年帰国,爾来福井市に居住する。福井県立高校教員・福井県教育委員会事務局職員として勤務するかたわら,多年にわたり福井大学に出講し,中国語文法作文・中国文学演習を担当する。1969年大阪市立大学に招聘され,講師・助教授を経て,1976年教授,文学部において中国語・中国文学の教育研究に従事する。その間NHKテレビ中国語講座講師を兼担（6年間）。1985年同大学を辞し,大東文化大学外国語学部教授,1986年京都外国語大学教授,1988年北陸大学教授。この間NHKラジオ中国語講座講師を兼担（2年間）,上海語を講ずる。1991年北陸大学を辞し,第一線を退く。現在は京都外国語大学国際言語平和研究所客員研究員,北陸大学客員教授。

　なお,中国より1984年上海科技大学（後に上海大学に統合）顧問教授,1988年復旦大学顧問教授,1991年上海大学顧問教授,1991年蘇州大学顧問教授,2003年北京東方大学客座教授の称号を送られた。

【著者論著目録】

◇著　書

『簡明中国語解釈』（共著）　　　　　　　　　　（江南書院,1957年3月）
『中国標準文法』（共著）　　　　　　　　　　　（江南書院,1958年6月）
『江南語語彙集解』　　　　　　　（明清文学言語研究会,1963年3月）
『官場現形記語彙注釈索引（附版本考）』（明清文学言語研究会,1965年3月）
『児女英雄伝語彙索引』（共著）　　　　　　　　（采華書林,1970年6月）
『現代中国語作文』（共著）　　　　　　　　　　　（光生館,1971年3月）

『紅楼夢語彙索引』　　　　　　　　　　　　（采華書林，1973 年 2 月）
『現代日中辞典』（共著）　　　　　　　　　（光生館，1973 年 12 月）
『中国新故事集』（共著）　　　　　　　　　（光生館，1977 年 9 月）
『二十年目睹之怪現状語彙索引』　　（明清文学言語研究会，1978 年 7 月）
『中国語作文テキスト』（共著）　　　　　　（光生館，1981 年 1 月）
『海上花列伝呉語語彙索引』　　　　　　　　（龍渓書舎，1981 年 8 月）
『中国故事新篇』（共著）　　　　　　　　　（光生館，1982 年 12 月）
『上海語・蘇州語―学習と研究―』（共著）　（光生館，1984 年 2 月）
『上海語常用同音字典』　　　　　　　　　　（光生館，1988 年 9 月）
『文型を中心にした中国語文法演習』（共著）（光生館，1992 年 2 月）
『漢語方言大詞典』（共著）　　　　　　　　（中華書局，1999 年 4 月）
『中国語文法演習テキスト』（共著）　　　　（光生館，2002 年 11 月）
『明清呉語詞典』（共著）　　　　　　　（上海辞書出版社，2005 年 1 月）

◇訳　書
楊伯峻『中国文語文法』（共訳）　　　　　　（江南書院，1956 年 2 月）
『新華字典　日本語版』（共訳）　　　　　　（光生館，1974 年 1 月）
李臨定『中国語文法論』　　　　　　　　　　（光生館，1993 年 5 月）
『新華字典　第 10 版　日本語版』（編訳）　（光生館，2005 年 6 月）

◇論　文
「中国語に於ける関係詞の考察」　　　　　（漢文学第 3 輯，1954 年 10 月）
「中国語構造の見方について」　　　　　　（中国語学 46 号，1956 年 1 月）
「『的』字の用法について」　　　　　　　（漢文学第 6 輯，1957 年 10 月）
「単語の限界について」　　　　　　　　　（中国語学 78 号，1958 年 9 月）
「存現文の統合関係について」　　　（中国語学研究集刊 2 号，1959 年 10 月）
「中国語の主述関係について」　　　　　　（漢文学第 8 輯，1959 年 10 月）
「文の構造についての試論」　　　　　　　（漢文学第 9 輯，1960 年 10 月）
「『官場現形記』を一読して」　　（清末文学言語研究会会報 1 号，1962 年 7 月）
「補語構造について」　　　　　　　　　　（漢文学第 10 輯，1962 年 10 月）

「上海方言語彙例解（一集）」　　（清末文学言語研究会会報2号，1962年10月）
「『官場現形記』の印本について」
　　　　　　　　　　　　　　　（清末文学言語研究会会報3号，1963年3月）
「江南語語彙集解（二集）」　　（清末文学言語研究会会報4号，1963年10月）
「『官場現形記』の版本と語彙」
　　　　　　　　　　　　　　（『明清文学言語研究会論集』第1冊，1964年2月）
「白話文に於ける呉語系語彙の研究」
　　　　　　　　　　　　　　　　（高志高等学校研究集録4号，1964年4月）
「現代文学作品にみられる呉語系語彙」
　　　　　　　　　　　　　　　（明清文学言語研究会会報5号，1964年11月）
「『二十年目睹之怪現状』語彙調査」
　　　　　　　　　　　　　　　（明清文学言語研究会会報7号，1965年2月）
「李伯元」　　　　　　　（『中国語と中国文化』，光生館，1965年5月）
「助詞『〜了』について」　　（坂本一郎先生還暦記念中国研究，1965年6月）
「『馬跑de快』について」　　　（明清文学言語研究会会報9号，1967年9月）
「近世語にみえる介詞について——在・向・去——」
　　　　　　　　　　　　　　（明清文学言語研究会会報10号，1968年8月）
「『官場現形記』の言語」　　（明清文学言語研究会会報11号，1968年9月）
「動詞かさね式と賓語」　　　　　（『人文研究』21巻4分冊，1970年3月）
「ローマ字正書法に於ける単語概念の変遷」　（中国語学論集，1970年3月）
「"〜看"について」　　　　　　（『人文研究』22巻11分冊、1971.11）
「文学作品における語気詞について」（『人文研究』23巻3分冊，1972年1月）
「反復疑問について」　　　　　（『人文研究』24巻2分冊，1972年9月）
「語気助詞《咧》の用法の変化」（『鳥居久靖先生華甲記念論集』，1972年10月）
「『紅楼夢』のことばについて（一）」（『人文研究』25巻3分冊，1973年11月）
「『紅楼夢稿』后四十回について」　（『人文研究』26巻7分冊，1974年11月）
「『儒林外史』のことば」　　　（『人文研究』28巻4分冊，1976年10月）
「『金瓶梅』のことば（Ⅰ）」　（『人文研究』29巻7分冊、1977年11月）
「『金瓶梅』のことば（Ⅱ）」　（『人文研究』30巻2分冊，1978年10月）
「呉語の語助詞（一）」　　　　（『人文研究』32巻4分冊，1980年12月）

「呉語の語助詞（二）」	（『人文研究』33巻2分冊，1981年11月）
「呉語，近世語をめぐって」	（『中国語研究』第31号，1989年12月）
「蘇州語の文法」	（『東洋研究』62/63/64，1982年2月）
「蘇州語の文法（II）」	（『東洋研究』65，1983年1月）
「蘇州語の文法（III）」	（『東洋研究』69，1984年2月）
「『海上花列伝』の言語」	（『東洋研究』73，1985年1月）
「文学作品の言語と方言（I）」	（『東洋研究』78，1986年2月）
「上海方言研究（I）」	（『京都外国語大学研究論叢』28，1987年3月）
「上海方言研究（II）」	（『京都外国語大学研究論叢』30，1988年3月）
「『海上花列伝』方言詞語匯釈」	（『京都外国語大学研究論叢』，1989年3月）
「『九尾亀』方言詞語匯釈（一）」	（『京都外国語大学研究論叢』，1989年3月）
「『九尾亀』方言詞語匯釈（二）」	（『京都外国語大学研究論叢』，1990年3月）
「『岳飛』方言詞語匯釈（一）」	（『京都外国語大学研究論叢』，1991年3月）
「『岳飛』方言詞語匯釈（二）」	（『京都外国語大学研究論叢』，1991年9月）
「『岳飛』方言詞語匯釈（三）」	（『京都外国語大学研究論叢』，1992年3月）
「上海方言の変遷」	（北陸大学紀要14号，1990年3月）
「蘇州語の字音」	（北陸大学外国語学部紀要1号，1992年3月）
「蘇州弾詞《三笑》方言語彙索引」	（北陸大学外国語学部紀要2，1993年12月）
「蘇州弾詞《三笑》方言語彙索引（続）」	（北陸大学紀要18号，1995年3月）
「昆曲裏的呉方言詞語」	（北陸大学紀要19号，1995年12月）

あとがき

　本論文集には、宮田一郎先生の多くの論考の中から特に、中国近世語と呉語に関するものを中心に収めることとした。最近でこそ明清の白話を中心とする中国近世語の研究に方言からの視点を加味することはごく当たり前になっているが、先生はまさにこのことをすでに60年代から始めておられたのであり、まさに先駆者と呼ぶにふさわしい成果であるからである。それは恐らくは先生の上海東亜同文書院での学問形成と深く関わっていることであり、当時は先生にしか為し得なかったことであろうと思われる。また、多くの論考は、その頃、大阪市大が中心になって組織していた「明清文学言語研究会」の会報や、大阪市大文学部の紀要である『人文研究』に掲載されたものである。かつての大阪市大はまさに「明清文学言語」研究のメッカであり、宮田先生は香坂順一先生とともにその中核を担っておられたわけである。

　先生のこれまでの研究成果には、今回の論文集に収められた以外にも現代語法に関するものや、『上海語常用同音字典』『漢語方言大詞典』『明清呉語詞典』などの辞書類や、さらには『江南語彙集解』『官場現形記語彙注釈索引』『児女英雄伝語彙索引』『海上花列伝呉語語彙索引』といった索引類も数多くあるが、それらは全て「著者論著目録」に収めておいた。

　また、先生の学問の語学研究史上での位置付けについては今更言うまでもないことであるが、とりわけ、『海上花列伝』や『九尾亀』、さらには『新約全書』（蘇州土白、上海土白）といった近世呉語資料に真正面から取り組んだ論考は先生以外にはこれまで皆無であったものである。中国近世語を取り扱う場合には、「呉語」との関連を抜きには語れないものであるが、先生の論考は単なる方言研究にとどまらず、それらを白話研究、中国近世語史と結びつけられたところに大きな意義があると私は思っている。なお、『呉語研究』（上海教育出版社、2005.4）に復旦大学の許宝華先生による「友好的合作，卓越的貢献—在庆贺宫田一郎教授八十华诞寿宴上的致词」と蘇

州大学の石汝杰先生による「宮田一郎教授的学術成就」という文章が掲載されていることを紹介しておきたいと思う。

さて、人生には様々な「出会い」というものがある。そして、その中にはその後の生き方まで決定するような「運命的」な出会いというものも含まれるものである。私にとっての宮田先生との出会いというのは、まさにそのような出会いの一つであり、先生と出会っていなければ今の私は存在しないと言っても過言ではないのだ。

先生との出会いは、私が福井大学の2年の学生の時「中国文学演習」という授業を受講したのが最初である。茅盾の『林家舗子』をテキストにされたが、そこで初めて「ほんものの中国語」に触れることが出来たのである。もちろん、それまでも第2外国語とはいえ、曲がりなりにも1年間は中国語を履修してきたわけであるが、宮田先生の授業は明らかにそれまでの中国語の授業とは異質なものであった。そして、それ以降、私の中国と中国語への興味は増幅されていったのである。高校時代から国語学をやろうと思っていたのだが、先生との出会いによってその決意は徐々に変化を見せていった。その後も、卒業まで先生の授業は全て受講した。と言っても、「中国文学演習」以外には「中国語文法作文」しか開講されておらず、それを重複履修したわけである。他の必修科目と時間が重なっていても、宮田先生の授業を優先させたものである。「記録新聞」という北京放送のテープを聴いたのも先生の授業が初めてであった。そして、卒論を書く段階になり、最終的には中国語でいこうと決めたのである。卒論は「現代中国語における単語の認定」を取り上げたが、『中国語文』などの文献は福井ではなかなか見ることが出来なかった。それらを先生は全て大阪市大からコピーして持ってきて下さった。

その後、大阪市大の大学院に進学することとなったが、その合格の報告にご自宅にお邪魔した時、先生の表情は、それまでの温和なそれではなく、極めて厳しいものであった。研究者とはどうあるべきか等々をお話しされた後、最後にこう言われたのである。

「路是人踏出来的」（道は人が歩いて出来るもの）
恐らくは魯迅に出自するこの言葉は今も私の座右の銘となっている。

市大に入ってからは先生の『儒林外史』の授業を受講したが、私の勝手な思いこみかも知れないが、私に対する先生の対応は他の院生に対するそれとは違っていたように思う。私がある語の解釈について思いつきから「こうじゃないですか」と言えば、必ず「根拠を示しなさい」と厳しく指摘されたものである。多分、それは田舎の大学から出てきて、しかもいわゆる中文出身でない私への愛の鞭であったように私は思っている。学問とはかくも厳しいものであることを先生は私に伝えようとされたのだと思う。

　先生は常々、「ある作品を授業で取り上げる場合、必ず2, 3回は通読し、しかも語彙索引を作ってからでないと危なくて授業では使えない」とおっしゃっていた。これなど私には未だにそのことを実行できていない。まこと、不肖の弟子と恥じ入るばかりである。

　先生とは院生時代から10年間「福井聞く話す中国語講座」を主催したことも私にとってはかけがえのない財産の一つである。当時、先生はNHKの中国語講座を担当されておられたが、ある時、研究室で「内田君、福井で中国語の講習会をやりましょう。講師陣は私が東京から陳文芷さんたちを連れてくるから」と言われた。その頃、大阪では香坂先生の主催された「愚公会」があり、私もそこで他の市大のメンバーと共に中国語を社会人に教えていたこともあって、民間での講習会の重要性を感じていた私は即座に「ええ、やりましょう」とお返事した。それ以降この講座は夏の一大イベントとなり、毎回、全国から多くの中国語学習者が福井に集うことになったのである。そこでの経験は今も私の中国語教育実践に生かされていると思っている。

　先生のご経歴を拝見すればわかることであるが、先生が常勤の大学教員となられたのは決して早くはない。それまでは、福井の地において高校や教育委員会に勤務されていた。しかしながら、そのような決して恵まれたとは言えない研究環境の下でもずっと研究活動を継続され、多くの成果を発表されてきたのである。人は置かれた環境よりも、最終的にその人の価値を決定するものは「意志」であることを私は先生の生き方から学んだつもりである。そのことを始め、多くの学恩を私は先生から蒙ってきたが、未だにその学恩には報えずにいる。でもいつの日か「先生、こんなものが

書けました」と自信を持って言えるような仕事を先生の下にお届けしたいと願っている。そのためには、研鑽あるのみである。

　今回の論文集の構成等は私の一存で決めさせていただいた。先生の意に添えたかどうか気懸かりではあるが、限られた紙幅の中で出来る限りの選択をさせていただいたことでお許しを願いたいと思う。

　また本論文集刊行の企画は実はもう4,5年前になるかも知れない。好文出版の尾方社長との話の中で「宮田先生の論文集を是非出しましょう」ということになったのだが、私の生来の怠惰のためにかくも刊行が遅れてしまったことを先生にお詫びしなければならない。それでも、ようやく刊行まで辿り着いたのは、ひとえに尾方社長や編集の竹内路子さん、舩越國昭さんの熱意によるものである。何はともあれ、呉語研究と明清白話研究において後進のものたちへの道標となる本論文集の刊行を心から喜ぶ次第である。

2005年8月20日

内田慶市

人名・書名・事項索引

○事項の一部・欧文書を除いて，日本漢字音の 50 音順に配列してある。
○書名・論文名は著者・編者名の後に記号〔：〕で区切って示してある。書名で著者名を記さない場合は，記号（『 』）で囲んである。
○注釈に見える人名・書名・事項などは一部を除いて，収めていない。

あ

亜東本 ……………………… 320, 327, 335
阿英：晩清戯曲小説目 …………………… 197
阿英：晩清文芸報刊述略 ………………… 199

え

『英漢翻訳理論与技巧』 ………… 438, 441
『越諺』 …………………………………… 91
袁家驊：漢語方言概要 …… 353, 408, 417, 425, 427
袁静等：新児女英雄伝 …………………… 88
遠指 ………………… 490, 499, 501, 505, 517

お

太田辰夫 ………………… 429, 435, 441, 543
太田辰夫：海天鴻雪記語彙 …………… 108
太田辰夫：官場現形記のことば ……… 197
太田辰夫：紅楼夢の言語について（試稿）
　　　　　　　　　　　　　　　　　316
太田辰夫：中国語歴史文法 ………… 69, 371
王希廉本 ………………………… 383, 386
王古魯 ………………………………… 92, 187
王珮璋 ………………………………… 332
王力：中国現代語法 …………………… 111
欧陽巨源 ………………………… 197, 229
欧陽鉅元 ……………………………… 197

か

『海上花列伝』『海上花』 …… 51, 281, 393, 444, 472, 479, 504, 507, 510, 512, 517, 519, 521, 523
『海上寄書』 …………………………… 512

『海天鴻雪記』 ………………………… 94
郭沫若 ………………………………… 88
『官場維新記』 ………………………… 94
『官場現形記』 …… 10, 31, 51, 70, 85, 123, 189, 211, 226, 229, 235, 350, 351
『官話指南』 ………………………… 312
『官話類篇』 …………… 68, 307, 341, 344
韓邦慶（子雲） ………………… 512, 523
臥閑草堂本 …………………………… 339

き

許宝華 ………………………………… 430
『金瓶梅』『金瓶梅詞話』 …… 2, 30, 48, 57, 58, 69, 306, 338, 339, 352, 356, 361
金受申：北京話語匯 …………… 378, 382, 389
近指 …………… 490, 494, 498, 500, 504, 517
近・中指 ……………………………… 499

く

『九尾亀』 …… 393, 444, 472, 480, 497, 500, 507, 513, 517, 519, 521, 523
『苦社会』 ……………………………… 94

け

『京本通俗小説』 …… 24, 361, 362, 366, 369, 384
『景徳伝灯録』 ………………………… 44, 45
桂乗権 ………………………………… 337
桂乗権：儒林外史的方言口語 ……… 382
『警世通言』 …………………………… 57
『乾隆抄本百廿回紅楼夢稿』 …… 310, 317
『乾隆壬子年木活字本百廿回紅楼夢』 … 333
倪海曙：雑格嚨咚 …………………… 516

『元曲選』(『元曲』) …… 26, 34, 46, 65, 77, 366, 375, 376, 377
『現代漢語八百詞』……………………441, 482

こ

胡適 ………………………………… 93, 210, 229
『紅楼夢』………… 4, 28, 30, 37, 69, 78, 82, 301, 338, 343, 344, 345, 346, 349, 353, 366, 375, 376
『紅楼夢八十回校本』…… 28, 59, 302, 354
香坂順一………187, 213, 226, 429, 431, 441
香坂順一：近世語ノート………………… 28
香坂順一：「哩」「呢」不分………………360
香坂順一：明代の呉語………………108, 187
香坂順一：「普通話」語彙小史………109, 188
庚辰本……………………………381, 383, 384, 386
江成：北方話江南話語辞辨異…………110
江藍生………………………………………542
高顎…………………………………317, 330, 331
『孔子項託相問書』……………………… 62
甲戌本……………………………………… 59
『五経正義』……………………………… 62

さ

『西遊記』……………… 14, 29, 30, 35, 42, 306
『三俠五義』…………………………50, 82, 83
伍賽文：三個母親…………………………165

し

『市声』……………………………………… 94
『七十二家房客』(滑稽劇)………………173
脂本………………………………………302, 307
『上海市区方言志』……………432, 433, 437
『上海十年文学選集曲芸選』……………165
周而復：上海的早晨……………… 98, 165
『昌黎方言志』………………383, 389, 390
『照世杯』……………………………… 16, 357
蕭璋：略談現代漢語詞彙規範問題…… 98
清末文学言語研究会……………………429
『新約聖書』……………………… 432, 439
『新約全書』(官話)………474, 490, 502
『新約全書』(現代中文訳本)……484

『新約全書』(蘇州土白)……421, 444, 452, 467, 472, 474, 490, 500, 507, 511, 517, 524
『児女英雄伝』…… 5, 31, 37, 50, 60, 82, 83, 350, 351, 353, 366, 367, 375, 387
『儒林外史』… 8, 93, 336, 365, 367, 382, 434

す

『水滸』… 3, 12, 35, 42, 57, 58, 65, 304, 305, 338, 361, 362, 363, 366, 369, 374, 375, 384, 433
『萃文書屋再排一百二十回紅楼夢』……431

せ

『正音咀華』………………………… 61, 64, 387
『清平山堂話本』………………………24, 57, 366
『醒世姻縁伝』………… 48, 59, 64, 371, 375, 376, 382, 384, 389
『醒世恒言』…………………………………431
齊省堂増補本………………………………339
石汝杰………………………………………547
戚本………………………………59, 375, 381, 383, 384
銭玄同………………………………………336
銭乃栄………………………………………433
詹伯慧：現代漢語方言……………………434
詹伯慧：収集和整理漢語方言語彙……182

そ

『祖堂集』………………………………………44
『蘇州市方言志』………………………432, 433
『蘇州評話岳飛』………………434, 437, 440

ち

『竹坡本金瓶梅』…………………381, 388
中指…………………490, 495, 502, 505, 517
中・遠指………………………………………511
趙景深…………………………………………516
趙月朋：洛陽方言詞匯……………………380
趙元任：現代呉語的研究………424, 427
趙岡………………………………………329, 331
趙樹理…………………………………………79, 88
趙樹理：劉二与王継聖…………………… 80
趙樹理：福貴……………………………… 80

て

趙樹理：李有才板話 …………… 80
趙樹理：三里湾 ………………… 80
趙樹理：小二黒的結婚 ………… 80
趙樹理：李家荘的変遷 ………… 387

て

程本 …………………………… 302, 304
程乙本 …… 59, 302, 306, 307, 309, 311, 315,
　　　　317, 318, 319, 328, 339, 345, 352,
　　　　358, 375, 381, 384, 386
程甲本 ……………………… 59, 328, 339, 352
鄭重：現代漢語詞彙規範問題 ………… 97

と

東観閣本 ……………………………… 383, 386
敦煌変文・変文 ……………… 22, 44, 56, 61
動詞かさね式 …………………………… 26, 38

に

『二十年目睹之怪現状』 …………… 170
二重賓語 ………………………………… 444
任均沢：河南方言詞匯 ………………… 368
任均沢：魯西方言詞匯 …………… 380, 389
任明：北方土語辞典 ………… 385, 388, 391

は

『拍案驚奇』 ……………… 7, 16, 17, 303, 431
范方蓮：試論所謂"動詞重畳" ………… 26
范哈哈：三毛学生意 …………………… 165
范寧 ……………………………………… 334

ひ

賓語の前置 …………………………… 447

ふ

『負曝閒談』 ………… 94, 198, 230, 339, 351
『文明小史』 …………………………… 94

へ

北京大学：漢語方言詞匯 …… 383, 389, 408
『北京官話古今奇観』 ………………… 313

ほ

鮑楽楽・王一明・火焼豆腐店 ………… 165
茅盾：子夜 ………………………… 6, 20, 165
茅盾：霜葉紅似二月花 …………………… 6
『朴通事諺解』 …………………………… 57

み

明清文学言語研究会 …………………… 429

も

『磨難曲』 …………………………… 69, 386

ゆ

兪平伯 …………………………………… 28
『喩世明言』 ………………………… 19, 24

よ

姚蔭梅 ………………………………… 509
姚蔭梅：評弾「方珍珠」演出本 … 508, 524
姚霊犀：瓶外卮言 ……………………… 382
『揚州評話「武松打虎」』 ……… 342, 349
葉聖陶 ………………………………… 187
葉聖陶：什麽叫漢語規範化 …………… 98
『揚振雄演出本「西廂記」』 ………… 515

ら

『洛陽伽藍記』 ………………………… 62

り

李伯元 …………………………………… 94
陸澹安：小説詞語匯釈 ……… 387, 515, 523
陸宗達：關於語法規範化問題 …… 53, 109

れ

黎錦熙 …………………………………… 86

ろ

呂叔湘 ……………………………… 81, 86, 431
呂叔湘：釈景德伝灯録中在，著二助詞 …
　　　　　　　　　　　　　　　　408
魯迅：肥皂 …………………………… 108

人名・書名・事項索引

魯迅：阿Q正伝 …………………… 245
『老残遊記』………………………… 12, 85
老舎：牛天賜 ……………………… 1
老舎：離婚 ………………………… 1
〔比不上他〕………………………… 306
〔比他不上〕………………………… 306
〔来不？〕…………………………… 64
〔来也不来？〕…
〔来已不？〕………………………… 62
〔瞧瞧他〕〔看看他〕……………… 354, 373
〔瞧他瞧〕〔看他看〕……………… 354, 373
〔瞧他一瞧〕………………………… 355
〔瞧一瞧他〕………………………… 355
〔我給你錢〕………………………… 398
〔我給錢你〕………………………… 398
〔想××吃〕………………………… 303, 355
〔想吃××〕………………………… 303, 356
〔VOV'〕…………………… 29, 30, 31, 36
〔VV'O〕…………………………… 29
〔VO―V'〕………………………… 28, 36, 37
〔V―V'O〕………………………… 28, 32
〔V了V'O〕………………………… 34
〔V了OV'〕………………………… 34
〔V了O―V'〕……………………… 33
〔V了―V'O〕……………………… 34
〔V-不出+O〕…………………… 289
〔V+O+不出〕…………………… 289
〔V-不到+O〕…………………… 290
〔V+O+不到〕…………………… 290
〔V-不倒+O〕…………………… 290
〔V+O+不到〕…………………… 290
〔V-不得+O〕…………………… 290
〔V+O+不得〕…………………… 290
〔V-不動+O〕…………………… 293
〔V+O+不動〕…………………… 293
〔V-不過+O〕…………………… 291
〔V+O+不過〕…………………… 291
〔V-不了+O〕…………………… 291
〔V-不起+O〕…………………… 291
〔V+不起+O〕…………………… 291
〔V+O+不上〕…………………… 293
〔V-不下+O〕…………………… 292
〔V+O+不下〕…………………… 292
〔V-不着+O〕…………………… 292
〔V+O+不着〕…………………… 292
〔V-不住+O〕…………………… 292
〔V+O+不住〕…………………… 292
〔V+O+不中〕…………………… 293
〔V+O+不清〕…………………… 293
〔V+O+不轉〕…………………… 293
〔V了進来〕………………………… 308
〔V了下来〕………………………… 308

F. L. Hawks Pott: *Lessons In The Shanghai Dialect* …………… 410
Gilbert McIntosh: *Useful Phrases of the Shanghai Dialect* ……………… 475

（完）

559

語彙索引

○近世語語彙・方言語彙を中心に,「漢語拼音方案」のローマ字音節順に配列してある。
○特殊な方言字については,形声字では旁（ぼう）の音に,会意字では主なる意味を表す部分の音によっている。
○意味・用法の異なる語が同一字で表記されている場合は,記号〔;〕で分けてある。

a

阿 …176, 393, 450, 235, 468, 469, 470, 473, 474, 475, 486
阿曾 …………………… 235, 486
阿飛 …………………………… 168
阿姐 …………………………… 122
阿木林 ………………………… 177
阿儂 …………………………… 177
阿哥 ………………… 121, 244, 235
阿嫂 …………………………… 122
阿姨 …………………… 167, 236
阿侄 …………………………… 236
挨 ……………………………… 135
捱上門 ………………………… 236
哀面 …………………………… 479
安逸 …………………………… 154
暗 ……………………………… 174

b

巴結 …………………… 141, 252
巴細 …………………………… 175
巴望 …………………………… 146
巴掌 …………………………… 252
把 … 341; 252; 527; 156, 251
把細 …………………………… 175
罷咧 …………………………… 323
白相 ………………… 177, 236, 245
白相人 ……………………… 168, 177
搬場 ……………………… 137, 177
板定 …………………………… 176
辦頭 …………………………… 130
棒冰 …………………………… 102

包打聽 ………………… 126, 127
本自 …………………………… 525
繃場面 ………………… 141, 177
被頭 …………………… 117, 252
碧波爽清 ……………………… 273
壁脚 …………………………… 175
便當 …………………… 152, 252
標致 …………………………… 253
癟三 …………………… 168, 177
蹩脚 …………………… 175, 177
別 ……………………………… 371
別個 …………………………… 152
別人家 ………………………… 159
別要 …………………………… 370
撥 …………………… 398, 446
撥來 …………………………… 398
撥勒 …………………… 236, 400
伯伯 …………………………… 124
伯子 …………………………… 124
孛相 …………………………… 177
捕面 …………………………… 528
部 ………… 157, 177, 253, 527
不曾 …………………… 163, 302
不當家 ………………………… 379
不當家化化的 ……………… 379
不犯着 ………………………… 288
不捨得 ………………………… 145
不算得 ………………………… 288

c

拆爛污 ………………… 174, 178
拆梢 …………………… 139, 178, 253
才 ……………………………… 236

采 ……………………………… 144
睬 ……………………………… 144
孱頭 …………………………… 273
側 ……………………………… 142
長遠 …………………… 154, 253
常遠 …………………………… 253
場化 …………………… 236, 496
叉麻雀 ………………… 138, 253
車子 …………………………… 128
晨光 …………………… 178, 180
成功 ………………… 148, 172, 253
喫 ……………………………… 133
喫豆腐 ………………………… 173
喫力 …………………………… 273
喫排頭 ………………………… 171
喫苦頭 ………………………… 139
喫生活 ………………………… 171
喫湯糰 ………………………… 173
赤 ……………………………… 139
赤老 …………………………… 168
赤佬 …………………………… 168
瞅 ……………………………… 280
出娘肚皮 …………… 138, 254
出色 …………………………… 153
出送 …………………………… 140
初起頭 ………………………… 163
觸霉頭 ………………………… 172
從 … 1, 5, 6, 8, 10, 12, 19, 22

d

搭 … 236, 237; 454; 254, 497
搭漿 …………………… 140, 254
搭之 …………………………… 454

語彙索引

搭子 …… 237	短打 …… 274	剛巧 …… 259
答 …… 129	對過 …… 129	剛正 …… 259
打緊 …… 275	頓 …… 255	高頭 …… 275
打磕銃 …… 135, 254, 529	頓時 …… 255	哥子 …… 244
打烊 …… 173, 178	多 …… 320	格 … 237; 238; 497, 517, 518
打圓場 …… 274	多們 …… 289	格格 …… 237
大班 …… 126		格號 …… 237
大亨 …… 167, 178	**e**	格咯 …… 415
大姐 …… 126	屙 …… 178	格哉 …… 422, 423
大塊頭 …… 167	額角 …… 120	个 …… 494, 517
大老官 …… 168	額角頭 …… 166	个邊 …… 491
大老倌 …… 168	訛原 …… 171	个搭 …… 495
代為 …… 282	恩 …… 237	个个 …… 493, 498
當心 …… 145, 254	二婚頭 …… 124	个日 …… 493
檔口 …… 274		个樣 …… 492
檔手 …… 274	**f**	個哉 …… 422, 423, 424, 425
當頭 …… 131, 255	發寒熱 …… 140	給 …… 321
道 …… 281	發鬆 …… 530	更加 …… 161
道地 …… 154	哦 …… 474	更為 …… 282
道理 …… 133	反為 …… 282	更自 …… 525
～得很 …… 352	反行 …… 284	公公 …… 121
～得緊 …… 352, 353, 525	飯碗頭 …… 118	公婆 …… 123
登 …… 255	方為 …… 282	孤孀 …… 124
登時 …… 255	房間 …… 115, 257	故 …… 518
地頭 …… 129, 255	非但 …… 257	故歇 …… 519
第 …… 519	肥皂 …… 117, 178	刮刮叫 …… 151
怗記 …… 383	否 …… 61, 63, 69, 475	慣 … 134, 178, 259, 344, 375
電氣燈頭 …… 118	弗 …… 164, 178	光頭 …… 114
吊脖子 …… 274		過世 …… 138
調牌 …… 274	**g**	過頭 …… 274
調頭 …… 131	軋朋友 …… 172, 178	歸 …… 490, 497, 517
掉槍花 …… 140	軋姘頭 …… 141, 172, 178	歸邊 …… 490
掉頭 …… 178	軋賬 …… 172, 178	歸搭 …… 490
頂真 …… 274	該 …… 103, 104, 147, 257;	歸个 …… 493
丢 …… 344, 374	497, 500, 517, 518	歸面 …… 513
東 …… 244	該搭 …… 497	歸日 …… 493
動氣 …… 255	該首 …… 513	歸樣 …… 492
都 …… 320, 323	該應 …… 149, 258	歸置 …… 389
都為 …… 282	概行 …… 284	鬼戲 …… 274
讀 …… 143	尷尬 …… 153, 178	
篤定 …… 174	幹嗎 …… 279	**h**
肚皮 …… 121, 256	剛剛 …… 159, 258	海外 …… 178, 274

561

喊 ………… 105, 143, 260	假徹清 ………………… 279	快 ……………… 431, 444
好生 …………………… 275	間 ………………… 500, 517	快當 …………………… 279
號頭 ……………… 131, 165	間邊 …………………… 491	筷 ……………………… 118
合 ……………………… 367	間搭 ……………… 494, 497	塊頭 …………………… 158
合式 …………………… 238	間个 …………………… 493	虧得 …………………… 162
和 ……………………… 366	講 ………………… 142, 275	困 ………… 136, 179, 261, 529
很 ………………… 351, 353	交關 …………………… 178	困覺 ………… 136, 179, 262
橫豎 …………………… 163	澆裏 …………………… 279	困醒 …………………… 179
烘 ……………………… 137	脚踏車 ………………… 128	
後晌 …………………… 389	叫門 …………………… 346	**l**
後生 …………………… 152	叫名頭 ………………… 261	拉 …………… 445, 447; 449
後首 …………………… 274	叫做 ………… 106, 107, 108	拉篤 ………… 464, 500, 501,
忽剌八 ………………… 376	接着 ……………… 135, 286	503, 524
泅浴 …………………… 178	結棍 …………………… 174	拉裏 ……………… 500, 524
猢猻 …………………… 114	介 ………………… 178, 467	拉上 ……… 500, 502, 503, 524
滑頭 …………………… 155	吤 ………… 449, 467, 468,	蠟燭 …………………… 118
話頭 …………………… 130	471, 472, 520	啦 ………………… 79, 80, 81
劃一 …………………… 155	今早 …………………… 347	來 …………… 400; 416; 322
歡喜 ……………… 144, 259	今朝 ……………… 112, 347	來東 …………………… 244
喚 ………… 104, 143, 260	經絡 …………………… 274	來哚 … 400, 402, 403, 406,
喚做 ……………… 106, 143	頸脖子 ………………… 120	407, 438, 504, 505, 523
慌自 …………………… 525	竟自 …………………… 525	來浪 … 400, 401, 402, 403,
回頭 …… 132, 148, 178, 260	就 ………………… 3, 15, 19	404, 405, 406, 407, 504,
回嘴 …………………… 178	舊年 …………………… 111	505, 507, 523
會得 …………………… 149	絹頭 …………………… 166	來裡 … 400, 401, 402, 403,
火輪船 ………………… 128	覺着 ……………… 144, 287	404, 405, 406, 407, 438,
貨色 …………………… 127		504, 507, 510, 523
	k	來路貨 ………………… 169
j	開火倉 ………………… 139	來頭貨 ………………… 169
鷄蛋 …………………… 115	開間 ……………… 175, 178	來着 …………………… 322
即行 …………………… 285	開年 …………………… 111	爛泥 …………………… 114
極爲 …………………… 282	開外 …………………… 275	嘮叨 …………………… 381
幾化 …………………… 238	開心 ……………… 154, 261	老板 ………… 125, 179, 262
幾幾化化 ……………… 238	揩 ………… 136, 261, 528	老板娘 ………………… 179
幾首 …………………… 513	揩面 …………………… 528	老媽 …………………… 123
記 ………… 145, 261, 530	揩油 ……………… 173, 178	老門檻 ………………… 170
記掛 ……… 145, 260, 382	坎坎 ……………………… 79	老母 …………………… 123
加二 …………………… 163	～看 ……… 41, 42, 43, 44,	老實頭 ………………… 127
家生 ……………… 116, 261	49, 50, 51, 52	咾 … 409, 410, 411, 412, 415,
家頭 ……………… 159, 261	可爲 …………………… 282	432, 453, 454, 455, 456, 464
家主公 …………… 122, 178	剋己 ……………… 151, 261	郎頭 ……………… 119, 275
家主婆 …………… 122, 178	空心湯糰 ………… 170, 179	郎中 ………… 125, 179, 262

語彙索引

浪 …… 238	**m**	佛 …… 517
勒 …… 239, 409, 411, 414; 238, 482	姆媽 …… 179	哪哼 …… 522
勒篤 …… 408	嘸撥 …… 436	㨆亨 …… 522
勒海 …… 239	嘸不 …… 179, 239, 437	哪 …… 74, 77, 87
勒拉 …… 481, 482	嘸沒 …… 436, 481, 482	奶娘 …… 179
勒浪 …… 401, 402, 403, 405, 408, 481, 508, 509, 511	嗎 …… 308, 321	耐 …… 240
勒裏 …… 408, 481, 508, 509, 511	麼 …… 245; 308, 321	耐篤 …… 240, 517
嘞篤 …… 524	買賣 …… 267	耐朵 …… 240, 517
了 … 71, 73, 79, 81, 87, 311, 408; 409, 410, 411, 412, 413, 415, 433	饅頭 …… 179, 347	男人家 …… 121
冷 …… 152	蠻 …… 160, 179	囡 …… 179
冷水 …… 263	毛 …… 159, 179, 274	囝 …… 179
俚 …… 179, 239	門檻精 …… 170	難末 …… 240
俚篤 …… 517	～面 …… 130	難為情 …… 155, 264
俚哚 …… 517	面孔 …… 119, 263	鬧到 …… 287
俚乃 …… 517	面盆 …… 117, 264	鬧得 …… 287
俚耐 …… 517	面皮 …… 120	鬧忙 …… 240
理信 …… 274	面色 …… 119	鬧熱 …… 151, 264
立 …… 135, 263, 528	面水 …… 527	呢 …… 71, 72, 77, 78, 81, 87, 451
哩 …… 77, 84, 86, 87, 359	苗頭 …… 131	呢啥 …… 452
連搭 …… 239	名堂 …… 130, 264	能 …… 313, 315
連着 …… 164	名頭 …… 130	能個 …… 179
臉孔 …… 166	名朝 …… 112, 240	能着 …… 386
兩頭 …… 158	末 …… 239, 245	能仔 …… 387
撂 …… 344, 375	末哉 …… 240	倪 …… 179, 240
咧 …… 81, 83, 84, 85, 313	莫得 …… 370	倪搭 …… 179
鄰舍 …… 129	莫要 …… 370	倪子 …… 179
拎 …… 133, 179, 263	沒的 …… 370	泥 …… 114
弄堂 …… 128, 179, 265	沒得 …… 276	年紀 …… 276
露水夫妻 …… 179	沒要 …… 370	年頭 …… 111
洛 …… 409, 410, 414	蕹生 …… 154	念 …… 156
落 …… 149	陌生 …… 154, 179	娘 …… 427
落雪 …… 142		娘舅 …… 264
落雨 …… 142	**n**	娘姨 …… 126, 179
掠 …… 374	唔篤 …… 517	哩 …… 425, 426, 427, 520
略為 …… 283	拿 …… 240, 245, 347	儂 …… 179, 517
	那答兒 …… 391	醲 …… 387
	那個 …… 341	濃着 …… 385
	那亨 …… 522	膿着 …… 385
	那哼 …… 240	弄到 …… 287
	那价 …… 521, 522, 523	弄得 …… 287
	那末 …… 240	弄着 …… 387

563

女娘家 … 121	却 … 369	賸到 … 287
女婿 … 277	**r**	賸得 … 287
p	人頭 … 121, 267	師母 … 277
怕水勢勢 … 274	認得 … 530	拾掇 … 388
爿 … 156, 177, 180, 236, 245	認帳 … 144	實頭 … 161
泡 … 158; 137, 179	扔 … 344, 375	事體 … 133, 241, 247
泡茶 … 265, 345	仍自 … 525	試 … 45, 46, 48, 49
泡飯 … 180	日脚 … 111, 180	適意 … 155
朋友 … 530	日裏 … 113, 267	識相 … 171
碰和 … 138, 180, 265	日天 … 180, 241	收着 … 286
碰頭 … 147, 180, 265	日頭 … 180	壽頭 … 127, 186, 274
碰着 … 265	日逐 … 112	舒齊 … 241
偏生 … 162, 265	肉圓 … 180	叔子 … 124
票頭 … 130, 266	偌 … 280	熟落 … 530
撇脱 … 180	**s**	摔 … 375
姘頭 … 266	撒爛污 … 174	爽性 … 268
平頭百姓 … 339	賽過 … 148	睡 … 345
頗爲 … 282	三不知 … 357	說話 … 131, 241, 247
q	掃帚 … 184	司務 … 125
沏茶 … 345	殺 … 184	死氣白賴 … 378
齊頭 … 161, 180, 266	殺千刀 … 170	隨 … 268
起碼 … 164	煞 … 241	隨便 … 153, 268
前埭 … 241	啥 … 241	**t**
前晌 … 389	啥個 … 241	揚 … 269
掮客 … 126	山芋 … 114	檯面 … 117
牆頭 … 102, 116	尚自 … 525	太煞 … 269
敲 … 134	上半日 … 113	坍臺 … 141, 269
敲門 … 277, 346	上晝 … 113	湯糰舞女 … 173
敲竹槓 … 139	稍爲 … 284	堂子 … 180, 242, 247
瞧 … 279	燒 … 137	躺 … 345
瞧見 … 280	韶刀 … 338, 381	淘裏 … 171
且自 … 525	韶道 … 382	淘氣 … 346
親眷 … 124, 266	勺刀 … 382	討 … 184
撳 … 137, 180, 270	身體 … 119	討人 … 242
清爽 … 152, 266	甚爲 … 283	特爲 … 160
清頭 … 180, 531	生 … 102, 138	天井 … 116
渠儂 … 180	生病 … 267	填房 … 274
去 … 3, 12, 14, 16, 21, 23, 24, 362, 524	生得 … 267	亭子間 … 166, 180
	生活 … 169	停當 … 277
	生意 … 127, 267, 530	通通 … 269
全行 … 285		通同 … 269

語彙索引

銅板 …………… 180	勿要 …………… 243	y
統通 …………… 269	勿有 …… 478, 479, 515	
頭 ……………… 155	饢 ……………… 178	牙齒 …………… 120
頭頸 …………… 530	餇 ……………… 436	牙刷 …………… 117
忒 ………… 160, 269	物件 …………… 384	呀 ……………… 59
忒煞 ……… 160, 269	物事 ………… 166, 530	呀呀乎 ………… 274
推板 ……… 151, 269		佯 ……………… 180
推頭 …………… 146	x	樣式 …………… 243
吞 ……………… 141		要緊 …………… 164
脫 ………… 242, 247	稀奇 …………… 277	爺娘 …………… 123
拖油瓶 ………… 124	熄 ……………… 142	也 ……… 56, 57, 58, 59,
駝 ……………… 134	瞎來來 ………… 274	60, 62, 63, 65
	下半日 ………… 113	也爲 …………… 283
w	下晝 …………… 113	也自 …………… 525
	先起頭 ……… 102, 180	夜飯 …… 115, 271, 346, 530
歪刺骨 ………… 377	先行 …………… 285	夜裏 ………… 113, 271
外快 …………… 128	先自 …………… 525	夜頭 ………… 113, 180
豌 ………… 416, 417	閑話 ………… 185, 531	一冲性兒 ……… 378
忘記 ……… 146, 270	現世 …………… 277	一冲性子 ……… 377
望頭 …………… 132	響 ………… 147, 243, 248	一銃子性兒 …… 378
爲之 …………… 458	向 …… 2, 4, 6, 7, 8, 9, 12,	一寵性兒 ……… 377
爲仔 …………… 514	14, 15, 16, 19, 21,	一答兒 ………… 390
味道 …………… 114	22, 349, 363, 526	一答裏 ………… 390
問 ……… 350, 365, 367	小幹仔 ………… 531	一道 …………… 162
我儂 …………… 178	小開 …………… 167	一泡 …………… 271
龌龊 ……… 150, 180, 270	小老媽 ………… 243	一塲括仔 ……… 180
屋 ……………… 180	曉得 …… 243, 249, 302, 480	一淘 …… 161, 243, 250, 530
屋裏 ………… 185, 242	歇 ……………… 158	一歇 …………… 250
屋裏向 ………… 242	邪氣 …………… 176	一歇歇 ………… 243
無 ……………… 477	寫意 …………… 155	伊 ………… 517, 519
無撥 …………… 519	寫字間 ………… 165	衣裳 …………… 530
無不 ………… 477, 478	信殼 …………… 270	已 …………… 61, 62, 66
無麼 …………… 519	興頭 …………… 277	已自 …………… 525
無沒 …………… 478	休 …………… 362; 370	以 …………… 61, 62, 66
無倈 …………… 530	休得 …………… 370	亦 ……………… 162
兀自 ……… 281, 525	休要 …………… 370	亦自 …………… 525
杌子 ……… 117, 274	懸进 …………… 514	益自 …………… 525
勿 ………… 242, 482	懸遠 ………… 514, 515	意意思思 ……… 379
勿曾 …… 436, 477, 478	學生 …………… 125	意意似似 ……… 379
勿曾有 ……… 436, 478	學生子 ………… 125	因頭 …………… 132
勿看見 ……… 483, 485	嚛頭 …… 169, 178, 180	因爲仔 ………… 514
勿殼張 ………… 242	尋 ………… 134, 270	音頭 …………… 132
勿聽見 ………… 486		

565

用場	132, 180
尤爲	281
由	1
油水	128
猶自	525
與	66, 322
預爲	283
遇着	147
原	163, 530
月頭	111
越性	301
運道	170

Z

哉	408, 419, 420, 460, 461, 462
在	5, 6, 7, 8, 9, 10, 12, 16, 17, 18, 19, 20, 350
在那裏	278
再行	285
再有	162, 184
簪頭	131
暫行	285
遭	158
早半日	113
早上	278
早爲	283
則個	361
賊骨頭	126
站頭	169
張	157, 271
這答兒	391
這們	288
着咧	83
着呢	83
眞叫	106
眞眞	161, 278
眞眞叫	106
眞正	161, 278
正自	525
之	421, 460, 461, 462, 463, 464
直頭	161, 243
只道	146
紙頭	118, 272
至於	148
中飯	115, 272, 346, 530
中午	278
終久	162
晝飯	115
磚頭	119
轉	135, 272; 158
轉來	150, 272, 529
轉念頭	147
轉去	150, 273
賺	184
樁	157, 273
幢	157, 178
撞木鐘	139
着	102, 136, 273, 528
鐲頭	273
子	462, 463
仔	243, 408, 421, 462, 463
自	3, 363
自家	159, 243, 250
自來火	118
自行	285
總爲	283
走	348
嘴脣皮	120
昨日	112
作興	149, 244, 251
做親	244, 251
做人家	140
座頭	132

（完）

宮田一郎中国語学論集

2005 年 11 月 1 日　初版発行

- ■　著　者　　宮田一郎
- ■　発行者　　尾方敏裕
- ■　発行所　　株式会社 好文出版
　　　　　　　〒162-0041　東京都新宿区早稲田鶴巻町 540 林ビル 3 F
　　　　　　　Tel. 03-5273-2739　Fax. 03-5273-2740
　　　　　　　http://www.kohbun.co.jp/
- ■　組　版　　木曽川写植社
- ■　装　丁　　関原直子
- ■　印刷／製本　音羽印刷株式会社

Ⓒ Ichiro Miyata 2005　Printed in Japan　　ISBN4-87220-099-3
本書の内容をいかなる方法でも無断で複写・転載使用することは法律で禁じられています。
定価は函に表示されています。
乱丁落丁の際はお取替えいたしますので，直接弊社宛てお送りください。